그레이들

문법과 구조에서 활용까지 빌드의 모든 것

그레이들
문법과 구조에서 활용까지 빌드의 모든 것

초판 1쇄 2017년 11월 3일

지은이 여경수
발행인 최홍석

발행처 (주)프리렉
출판신고 2000년 3월 7일   제 13-634호
주소 경기도 부천시 원미구 길주로 77번길 19 세진프라자 201호
전화 032-326-7282(代)   **팩스** 032-326-5866
URL www.freelec.co.kr

기획편집 안동현
디자인 이대범

ISBN 978-89-6540-185-8

이 책은 저작권법에 따라 보호받는 저작물이므로 무단 전재와 무단 복제를 금지하며,
이 책 내용의 전부 또는 일부를 이용하려면 반드시 저작권자와 (주)프리렉의 서면 동의
를 받아야 합니다.
'열혈강의'와 '熱血講義'는 프리렉의 등록상표입니다.
책값은 표지 뒷면에 있습니다.
잘못된 책은 구입하신 곳에서 바꾸어 드립니다.
이 책에 대한 의견이나 오탈자, 잘못된 내용의 수정 정보 등은 프리렉 홈페이지
(freelec.co.kr) 또는 이메일(webmaster@freelec.co.kr)로 연락 바랍니다.

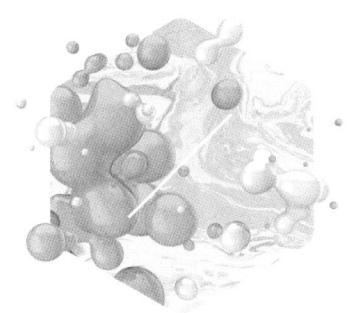

#열혈강의
알기쉽게
풀어놓은
비법강의

문법과 구조에서 활용까지
빌드의 모든 것

그레이들
Gradle

여경수 지음

프리렉

시작하며

어렸을 적에는 경찰이나 군인처럼 제복을 입는 게 꿈이었습니다. 그래서 중고등학교 때까지만 해도 프로그래머로서 프로그래밍을 하게 될 줄은 상상도 못하였습니다. 당시 컴퓨터는 옆집 친구네 가야 겨우 한번 키보드 만져볼 수 있을 정도로 드물면서도 없어도 상관없는, 그런 제품이었습니다. 대학에 진학하면서 집에 드디어 컴퓨터가 생겼고 생기고 나서도 한동안은 컴맹으로서 아무것도 할 줄 아는 게 없고 게임만을 위해 방 한쪽을 차지했을 뿐이었습니다. 대학 입시 시험을 치르고 성적에 맞춰 진로를 고민하던 차에 당시 대학교에는 컴퓨터 공학이나 컴퓨터 관련 학과들이 다양한 이름으로 존재하였고 컴퓨터 관련 학과가 나중에 먹고 살기에도 괜찮을 것 같아서 경찰이나 군인이 아닌 새로운 길로 접어들게 되었습니다.

대학에 진학하여 처음으로 접한 프로그래밍 언어가 C 언어였습니다. C 언어를 처음 접하고 배울 때에는 내가 손수 프로그램을 작성하여 구동시킨다는 것 자체가 신기하고 재미있었습니다. 컴맹이었던 내가 책에 나온 예제를 입력하고 컴파일, 빌드라는 개념도 몰랐지만, 아무튼 실행을 하게 되면 관련 내용이 출력되었고 이러한 부분에 흥미를 얻어 몰입하게 되었습니다. 수업 관련 과제가 나오면 다른 학우들보다 더 멋있고 더 있어

보이게 프로그램을 작성하려고 노력하였고 책에 나온 것뿐만 아니라 여러 커뮤니티나 인터넷 검색을 통하여 새로운 기능이나 프로그래밍 부분을 찾아 적용하곤 하며 프로그래머로서 기본기를 다지게 되었습니다. 중간마다 포인터나 자료구조와 같은 산들이 존재하였지만, 무사히 넘고 새롭게 C++, Java 등 언어도 배우며 빨리 사회로 나가 일을 해보고 싶었습니다.

이렇게 기본적인 학습을 수양하면서 목표가 생겼었습니다. 당시에 프리렉에서 열혈강의 포인터, C 언어 책이 출간되었는데, 책과 동영상 강의를 보며 감명을 받았고 나도 이 책의 저자처럼 열심히 노력해서 나의 경험과 노하우를 책과 강의에 담아보고 싶은 욕심이 생겼습니다. 그리고 그 욕심과 목표는 10여 년이 흐른 지금에서야 다다르게 되었습니다. 이 책을 쓰는 지금은 또 다른 목표를 세우고 그 목표를 향하여 나아가는데 디딤돌로 삼을 생각을 하고 있습니다. 프로그래밍을 시작한 지 10여 년이 지났지만, 새로운 기술들은 계속 나오고 있고 그래서 끊임없이 공부하고 자기 개발을 해야 하는 분야가 프로그래머, 개발자인 것 같습니다. 많은 프로젝트를 수행하고 개발을 해도 부족한 부분은 본인의 노력으로 채워나가야 다음의 목표를 향하여 나아갈 수 있지 않을까 생각됩니다.

이렇게 스스로 부족한 부분을 채워나가고 역량을 강화하기 위하여 공부하다가 그레이들(Gradle)을 접하게 되었고 관심을 갖게 되었습니다. 기회가 되어 관련 강의도 하게 되고 저도 모르는 사이에 노하우가 쌓이게 되었고 이를 기반으로 풋풋했던 대학 시절에 목표한 꿈을 이루고자 도전하게 되었습니다. 이 책을 보시는 모든 분도 저와 같거나 아니면 다른 목표를 세웠을 거라 생각됩니다. 언제가 될지언정 포기하지 말고 도전하셨으면 좋겠습니다. 모든 분이 목표를 이룩하기를 응원하도록 하겠습니다.

끝으로 책을 집필하는 도중 사랑스러운 아들이 태어났습니다. 제 목표를 이루겠다고 책상에서 글 쓰고 작업을 할 때에도 뒤에서 응원해준 아내에게 고맙다는 이야기를 하고 싶습니다. 그리고 갓 태어난 아들에게 부끄럽지 않은 아빠가 되고자 더 열심히 노력하도록 하겠습니다. 멀리서 응원해주고 격려를 아끼지 않은 부모님과 동생에게도 고맙다는 이야기 하고 싶고 책 집필하는 동안 많은 도움을 준 친구 병무에게도 고맙다고 이야기하고 싶습니다.

여경수

㈜ 토마토시스템, 더케이손해보험 정보시스템부 시스템개발팀 근무
숭실대학교 정보과학대학원 소프트웨어 공학 석사
한국정보시스템감사통제협회(ISACA) 아카데미 연구회 간사 활동 중

이책의 구성

이 책은 크게 다음과 같이 3가지 부분으로 구성됩니다.

Part 1	Part 2	Part 3
그레이들 기본	그레이들 일반	그레이들 활용
1 ~ 4장	5 ~ 10장	11 ~ 15장

Part 1

그레이들 기본

빌드와 그레이들에 대한 기본 지식을 배우는 부분입니다.

Chapter 1	Chapter 2	Chapter 3	Chapter 4

그레이들(Gradle)이 무엇인지에 대한 개괄 및 설치 부분이 나와 있는 1장과 빌드 시스템과 빌드 시스템으로서의 그레이들에 대한 설명 및 실습을 위한 개발 도구 관련 설명이 2장에서 이루어집니다. 그리고 3장에서는 그레이들의 기본 문법 구조에 대하여 설명하고 있으며 4장에서는 그레이들에서 사용하는 주요 기본 객체에 대하여 설명하였습니다. 그레이들이 설치되어 있거나 빌드 시스템에 대한 개괄 부분을 알고 계신 독자라면 4장부터 학습을 시작하여도 괜찮을 것 같습니다.

Part 2 그레이들 일반

그레이들을 사용하기 위한 기본 문법 구조 및 문법을 설명한 부분입니다.

Chapter 5	Chapter 6	Chapter 7	Chapter 8	Chapter 9	Chapter 10

빌드 시스템인 그레이들을 이용하여 파일을 처리하는 5장과 그레이들과 같은 빌드 시스템에서 중요한 의존 관계에 대하여 6장에서 설명하고 있습니다. 그리고 그레이들을 활용한 테스트 자동화 부분을 7장에서 다루고 있으며 이러한 부분들을 활용하여 로컬 환경이나 외부 환경으로 퍼블리싱하기 위한 부분을 실습과 함께 알아 볼 수 있도록 8장에서 관련 내용을 기술하였습니다. 그리고 앤트(Ant)나 메이븐(Maven)으로 구성된 시스템을 그레이들로 도입하거나 사용하기 위하여 변환하는 방법을 9장을 통하여 학습할 것이고 10장에서는 그레이들의 빌드 스크립트를 구조화하여 운영 및 활용적인 측면에서 유리하도록 하는 방법을 알아볼 예정입니다.

Part 3 그레이들 활용

Part1과 Part2에서 학습한 내용을 토대로 그레이들을 응용 및 활용하는 부분입니다.

Chapter 11	Chapter 12	Chapter 13	Chapter 14	Chapter 15

11장에서는 스프링 부트(Spring Boot)를 STS에서 그레이들과 함께 실습을 진행하며 어떻게 스프링 부트를 그레이들에서 사용하는지를 학습하며 12장에서는 유연하고 강력한 기능을 제공하는 IntelliJ IDEA를 이용하여 그레이들과 스프링을 연계하는 방법을 알아보도록 하겠습니다. 13장에서는 스프링 MVC 모델을 이용하여 그레이들과 접목한 간단한 웹 프로젝

트를 진행하여 그레이들의 활용할 것이고 14장에서는 젠킨스(Jenkins)를 이용하여 그레이들과 함께 CI 환경의 구성과 CI 환경에 대하여 알아보도록 하겠습니다. 끝으로 15장에서는 그레이들과 연계하여 알아 두면 좋은 플러그인과 그 활용을 알아보도록 하겠습니다.

이 책의 각 단원은 그레이들의 개념과 이와 연관된 실습 예제를 중심으로 구성되어 있습니다. 개념 부분을 학습하시면서 실습 예제의 작성을 통하여 그레이들의 활용 방법을 익히고 응용하시면 좋을 것 같습니다. 참고로 그레이들은 계속해서 발전하고 보완되고 있으며 변화하고 있습니다. 그래서 그레이들을 학습하시는 독자분들께서는 그레이들 홈페이지와 DSL을 수시로 참고하여 학습하시기 바랍니다.

끝으로 밤낮으로 책을 집필하며 좀 더 유용하고 이해하기 쉽게 구성하고 설명하려고 노력하였으나 부족한 부분이 많을 것으로 생각합니다. 강의를 통하여 이러한 부분을 보완하고자 하였으니 많은 양해 부탁하겠습니다.

▶ www.youtube.com/FREELECKOR 이 책의 동영상 강의는 유튜브를 통해 시청하실 수 있습니다.

차례

시작하며 4

이 책의 구성 7

chapter 1 그레이들의 시작 15

1. 그레이들이란? 15
2. 그레이들 설치 18
3. 그레이들 vs. 메이븐 24

chapter 2 그레이들과 빌드 27

1. 빌드란? 27
   - 1.1 빌드 도구와 빌드 자동화 28
2. 그레이들의 빌드 29
   - 2.1 그레이들의 스크립트 30
   - 2.2 그레이들의 속성 파일 31
   - 2.3 환경 변수/명령어 옵션과 buildSrc 32
3. 그레이들의 빌드 수행 32
4. 그레이들의 스크립트 파일 38
   - 4.1 그루비 39
   - 4.2 그레이들의 스크립트 파일 구조 42
5. 그레이들 실습 준비 50
   - 5.1 메모장 활용 51
   - 5.2 이클립스 활용 51
   - 5.3 안드로이드 스튜디오 55
   - 5.4 IntelliJ 57

chapter 3 그레이들 기본 61

1. 그레이들의 태스크 61
1.1 태스크의 기본 61
1.2 태스크를 활용한 다양한 실습 66
1.3 조건에 따른 빌드 74
1.4 실행 순서 제어 77
1.5 의존 관계와 순서 지정 방법 간의 차이 80

2. 그레이들의 태스크 그래프 81

chapter 4 그레이들의 도메인 객체 89

1. Project 객체 89
1.1 Project 객체의 생명주기 89
1.2 Project 객체의 구조 90
1.3 Project 객체의 속성 91
1.4 Project 객체의 API 98

2. Task 객체 100
2.1 Task 객체의 동작 100
2.2 Task 객체의 종속성과 작업 순서 101
2.3 Task 객체의 속성 102
2.4 Task 객체의 API 104

3. Gradle 객체 107
3.1 Gradle 객체의 속성 107
3.2 Gradle 객체의 API 109

4. Settings 객체 113
4.1 Settings 객체의 속성 114
4.2 Settings 객체의 API 114
4.3 Settings 객체와 멀티 프로젝트 115

5. 기타 객체들 116

chapter 5 그레이들의 파일 처리 119

1. 파일 관리   119
   1.1   파일 참조   119
   1.2   여러 개의 파일 참조: FileCollection   124
   1.3   여러 개의 파일 참조: FileTree   134

2. 파일 복사   142
   2.1   Copy 태스크   142
   2.2   앤트 패턴을 이용한 파일 복사   143
   2.3   rename()을 이용한 파일 복사   145
   2.4   클로저를 이용한 파일 내용 편집   146
   2.5   태스크를 이용한 파일 복사   148

3. 파일 삭제와 디렉터리 생성   150
   3.1   파일 삭제   150
   3.2   디렉터리 삭제   151

chapter 6 의존 관계   153

1. 의존 관계 관리   154

2. 환경 구성 정의   174

3. 저장소 정의   176

chapter 7 테스트 자동화   183

1. 환경 차이 제어   184

2. 테스트 자동화   192
   2.1   패턴을 사용한 테스트   192
   2.2   Junit을 이용한 테스트   195
   2.3   소스 세트 단위 테스트   201
   2.4   병렬 테스트   203

chapter 8 그레이들 퍼블리싱   213

1. 압축하기   213

1.1 zip 213
1.2 tar 225
1.3 jar 227
1.4 war 229
1.5 ear 234
1.6 Distribution 플러그인을 이용한 압축 238

2. **파일 퍼블리싱** 239

2.1 메이븐 퍼블리싱 플러그인 239
2.2 아이비 퍼블리싱 플러그인 253

3. **인터넷에 배포하기** 261

chapter 9 그레이들로 변환하기 275

1. **앤트, 메이븐에서 그레이들** 275

2. **그레이들에서 앤트 사용** 276

3. **그레이들에서 메이븐 사용** 288

4. **그레이들로 배포하기** 300

chapter 10 그레이들 구조화 313

1. **객체지향적인 빌드 스크립트** 313

2. **프로젝트 구조화하기** 316

3. **외부 자원 사용** 321

chapter 11 스프링 부트와 그레이들 339

1. **스프링 부트** 339

2. **그레이들에서 스프링 부트 사용하기** 340

3. **STS를 이용한 스프링 부트와 그레이들** 352

3.1 STS 설치 352

3.2 의존 관계 지정　360
3.3 데이터베이스 연동　364
3.4 간단한 웹 프로젝트 생성　365

chapter 12 IntelliJ IDEA에서 그레이들 활용　373

1. IntelliJ와 그레이들　373
2. IntelliJ에서 그레이들, 스프링, MySQL 연동　381
3. IntelliJ에서 그레이들과 스칼라 사용　393

chapter 13 스프링 MVC 모델과 그레이들　403

1. 스프링 MVC 모델　403
2. 그레이들을 이용한 스프링 MVC 프로젝트　406

chapter 14 CI 환경과 그레이들　431

1. CI 환경　431
2. 젠킨스와 그레이들　434
    2.1 젠킨스 플러그인　449
    2.2 그레이들과 젠킨스 플러그인　451

chapter 15 그레이들의 기타 활용　455

1. 플러그인의 비교　455
2. 그레이들과 통합 테스트　462
3. 그레이들과 코드 품질 관리　464

찾아보기　471

Chapter

1

그레이들의 시작

1. 그레이들이란? **2.** 그레이들 설치 **3.** 그레이들 vs. 메이븐

1. 그레이들이란?

개발 프로젝트 수행에서는 작성한 소스 코드를 빌드하거나 빌드된 결과를 반영하는 작업을 하게 됩니다. 이때 빌드 수행은 패키징 형식으로 도입된 솔루션을 통하여 진행할 수도 있고 자체 개발을 통하여 진행할 수도 있습니다. 빌드라는 부분이 애플리케이션 개발자에게는 당연히 제공되어야 하는 기능으로 여겨질 수도 있는 부분이고 대수롭지 않게 취급할 수도 있으나 행여나 프로젝트 수행 시 이런 기본적인 빌드가 정상적으로 동작하지 않는다면 개발 작업은 멈춰질 수밖에 없을 정도로 중요한 부분이기도 합니다.

그레이들(Gradle)은 이렇게 당연하면서도 중요한 빌드 수행을 담당하는 빌드 도구라고 할 수 있습니다. 그레이들을 빌드 도구, 빌드 툴, 빌드 시스템 등 다양하게 의역하여 표현하고 있는데, 이 책에서는 **빌드 도구**로 통일하여 부르도록 하겠습니다. 현재 앤트(Ant)나 메이븐(Maven)이 많이 사용되고 있지만, 그레이들은 유연함과 더불어 스크립트 기반의 처리 구조로 빌드 도구의 세계에서 강력함을 지니고 탄생했습니다. 그레이들은 2007년부터 오픈소스 소프트웨어로 시작되었으며 짧은 역사에도 불구하고 주목받는 빌드 도구이기도 합니다. 2013년도에는 구글에서 안드로이드 애플리케이션 개발에 사용되는 공식 빌드 도구로 그레이들을 채택하는 등 앞으로 더욱 발전하여 강력한 빌드 도구가 될 것으로 보입니다.

최근 자바 기반 프로젝트에 스프링을 많이 사용하고 있는데, 스프링으로 구현함에 있어서

빌드 도구로는 그레이들을 도입하는 프로젝트가 증가하고 있습니다. 이렇게 그레이들이 빠르게 인기를 끄는 이유는 바로 스크립트 기반이기 때문입니다. 스크립트 기반이기 때문에 현재 많이 사용되고 있는 메이븐보다 배우기도 쉽고 유지관리도 쉬운 특징이 있으며, 그루비(Groovy) 기반이기 때문에 문법 구조가 자바와 비슷한 부분이 있어서 자바를 배우거나 접했다면 더욱 손쉽게 배우고 사용할 수 있습니다. 그루비가 JVM 기반 언어이기 때문에 그레이들은 그루비가 가진 장점을 가지고 있습니다. 이와 함께 자바에 없는 클로저와 같은 기능은 그레이들을 더욱 유연한 빌드 도구로 사용할 수 있도록 도와주고 있습니다. 그리고 메이븐이 처리 기반인 데 비해 그레이들은 스크립트 기반으로 메이븐과 차이는 있지만, 메이븐과 마찬가지로 규칙 기반 빌드를 수행하게 되어 있습니다. 이러한 규칙 기반은 정해진 규칙에 따라 프로젝트의 구조를 만들고 빌드 스크립트와 프로젝트를 체계적이고 손쉽게 관리하고 이에 접근할 수 있습니다. 이뿐만 아니라 그레이들은 빌드의 순서를 태스크에 의한 의존 관계로 정하기 때문에 빌드 스크립트에서 빌드의 순서를 제어하기도 쉽습니다.

그레이들이 가진 또 하나의 강력한 장점 중 하나가 이식성입니다. 현재 많이 사용되고 있는 빌드 도구인 앤트나 메이븐 등에 대하여 이를 그레이들로 이식하여 사용할 수 있습니다. 예를 들어, 앤트가 적용된 시스템을 메이븐으로, 또는 메이븐이 적용된 시스템을 앤트로 변경하려면 문법적 지원이나 구조적인 차원에서 어려움이 있을 수 있으나, 그레이들은 앤트나 메이븐으로 구축된 시스템에 대해서도 인식할 수 있도록 관련 라이브러리 및 기능을 제공하고 있습니다. 그뿐만 아니라 자바 이외에도 스칼라(Scala), 그루비, C/C++ 등 다양한 언어에 대해서도 빌드가 가능하도록 지원해주고 있습니다.

그리고 현재에도 계속하여 새로운 기능들이 추가되고 보완되고 있으며 새로운 기능을 추가할 때에는 단계적으로 추가하고 있습니다. 그레이들은 빌드 스크립트를 활용하여 다양한 기능을 손쉽게 참고하고 사용하도록 DSL (Domain Specific Language) 문법도 제공하고 있습니다. DSL 역시 그루비를 기반으로 간단하게 빌드 스크립트에서 사용할 수 있도록 해주는 것으로, 그루비의 동적 타이핑 기능을 활용하여 구현된 부분입니다. 그루비를 기반으로 한 그레이들이기 때문에 DSL에 있는 문법 요소 역시 그레이들에서 바로 가져다 사용할 수 있으며 간결하게 기능을 활용할 수 있어 편리하면서 유용한 부분입니다. 이러한 DSL에는 새로운 기능이 계속해서 추가되고 있으며 기능 추가에 있어서 바로 적용하기보다는 단계와 시간을 두고 적용하고 있습니다. DSL (https://docs.gradle.org/current/dsl/)은 그레이들을 활용하는 데 있어서 필수적인 부분이므로 많이 찾아보고 적용해봐야 하는 부분이기도 합니다.

DSL의 기능은 비공개(Internal), 실험 상태(Incubating), 공개 상태(Public), 폐지 상태(Deprecated) 등으로 나눌 수 있습니다. 비공개는 말 그대로 DSL이나 API에 공개하지 않는 상태라고 보면 되겠습니다. 실험 상태는 **그림 1-1**에서 보는 것처럼 DSL을 방문하여 해당 제공 기능을 찾아볼 때 incubating으로 표시된 부분으로, 기능을 추가하였으나 추후에 기능 개선이나 변경이 있을 수 있는 부분이라고 보면 되겠습니다. 새로운 기능이 추가되면 실험 상태로 표시되며 이 기능에 대하여 의견을 게재할 수도 있습니다.

그림 1-1 실험 상태(Incubating)

includedBuilds	*incubating*	The included builds for this build.
parent		The parent build of this build, if any.
pluginManager	*incubating*	The plugin manager for this plugin aware object.

다음으로, DSL을 방문해보면 아무것도 표시되지 않은 기능이 있는데, 대부분 공개 상태라고 보면 되겠습니다. 공개 상태에 있는 기능들은 향후에 비공개나 폐지 상태로 변경될 수도 있습니다. 다음으로, 폐지 상태가 있는데, **그림 1-2**와 같이 deprecated로 표시된 것으로, DSL을 보다 보면 발견할 수 있습니다. 이 폐지 상태는 그레이들이 버전이 업그레이드 되면서 필요가 없어지거나 새로운 기능의 추가로 말미암아 불필요해진 경우 표시되는데, 폐지 상태의 기능이라고 해도 사용은 가능하지만 될 수 있으면 사용하지 않고 해당 기능을 담당하는 새로운 기능을 찾아 사용할 것을 권장합니다.

그림 1-2 폐지 상태(deprecated)

```
leftShift(action)    deprecated  Adds the given closure to the end of this task's action list. The closure is passed
                                 this task as a parameter when executed. You can call this method from your build script
                                 using the << left shift operator.
```

그레이들은 탄생한 기간은 짧지만 강력한 기능과 유연성과 이식성 등의 이유로 주목받는 빌드 도구라고 할 수 있습니다. 이 책에서는 그레이들을 이용한 다양한 활용 방법을 알아보고 익힘으로써 여러분들로 하여금 주목받는 빌드 도구인 그레이들을 원활하게 활용하도록 하고자 합니다.

2. 그레이들 설치

그레이들 설치에 앞서 앞으로 실습을 진행할 환경에 대하여 설명하도록 하겠습니다. 그레이들을 이용하려면 JDK 1.7 버전 이상을 권장하고 있으므로 실습을 위하여 JDK 1.7 이상의 버전 사용을 추천합니다. 그리고 실습을 위한 운영체제는 윈도우 기반에서 진행하도록 하겠습니다. 리눅스나 유닉스, 맥 OS 등에서 실습한다고 해도 그레이들을 사용하는 문법은 크게 변동 없으니 참고하기 바랍니다.

그럼 그레이들을 설치해보도록 하겠습니다. 먼저 그레이들을 설치하기 위하여 그레이들 홈페이지(https://gradle.org/)로 이동하도록 하겠습니다. 공식 홈페이지로 이동하게 되면 그레이들을 상징하는 코끼리 심볼과 함께 특징적인 부분에 대한 키워드들을 확인해 볼 수 있을 것입니다.

그림 **1-3** 그레이들 홈페이지

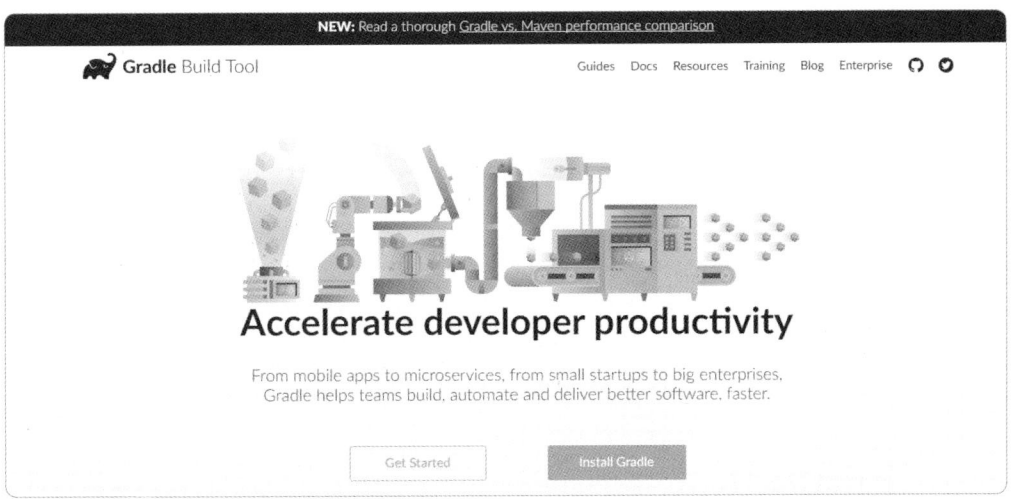

그레이들 홈페이지로 이동하면 시작 화면에 Install Gradle이라는 버튼이 있습니다. 이 버튼을 클릭하면 설치를 위한 매뉴얼 형식으로 된 화면이 보이는데, 이 부분에서 Install manually로 이동하기 바랍니다

그림 **1-4** 내려받기

Step 1에서 Download를 클릭하여 내려받을 수 있는 화면으로 이동하여 해당 화면에서 최신 버전 혹은 원하는 버전의 그레이들을 내려받으면 되겠습니다. 현재 최신 버전인 Gradle 4.0 버전에 있는 Complete를 클릭하면 관련 그레이들이 있는 zip 파일을 내려받을 수 있습니다. 참고로 지금 이 순간에도 그레이들은 계속 변경되고 있습니다. 그레이들 버전이 변경된다고 해도 앞서 살펴본 **그림 1-1**, **그림 1-2**와 같이 그레이들의 DSL에서 상태를 확인하여 사용한다면 그레이들 버전은 실습이나 향후에 사용하는 데 크게 문제 되지는 않을 것으로 생각합니다.

그림 1-5 최신 버전 확인

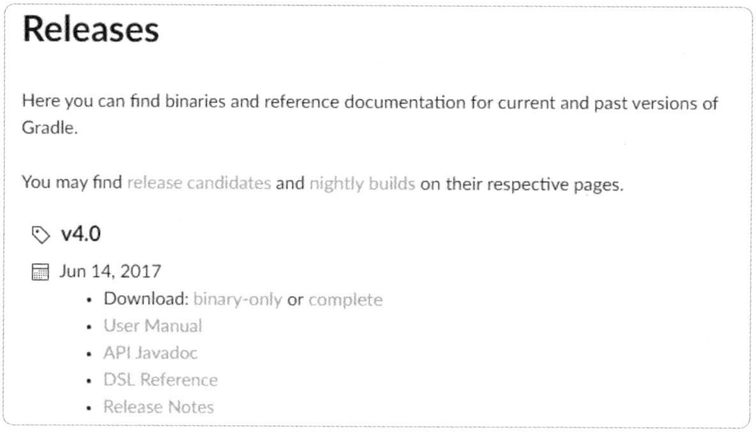

이렇게 내려받기가 완료되었으면 내려받은 압축 파일을 압축 해제하도록 하겠습니다. 압축을 풀고 나서 윈도우 기반에서 실습을 진행하기 때문에 C 드라이브 밑에 그레이들 디렉터리를 생성하고 압축을 해제한 파일을 복사하여 넣도록 하겠습니다(압축을 해제하고 나면 gradle-4.0 디렉터리가 생기는데, 해당 디렉터리를 복사하거나 드래그하여 이동하면 되겠습니다). 이렇게 작업을 수행하고 나면 C:₩Gradle₩gradle-4.0라는 디렉터리 구조가 생성됩니다.

다음으로, 환경 변수를 설정하도록 하겠습니다. 시스템 속성에서 환경 변수를 클릭하여 설정하면 됩니다.

그림 1-6 시스템 속성

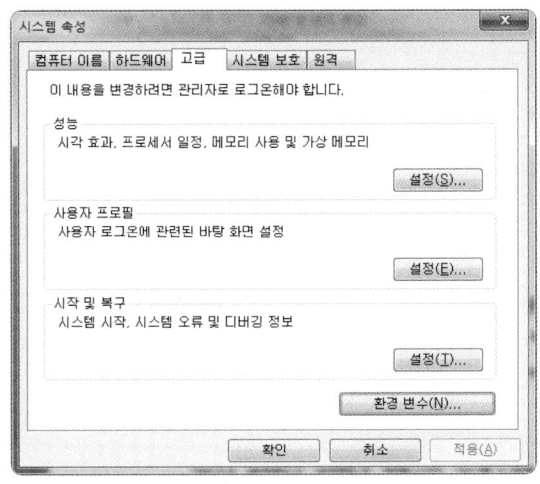

환경 변수를 클릭하여 시스템 변수에 GRADLE_HOME을 등록하도록 하겠습니다. GRADLE_HOME을 등록하기 위해서 새로 만들기 버튼을 클릭하여 다음과 같이 설정하면 됩니다.

그림 1-7 시스템 변수 추가

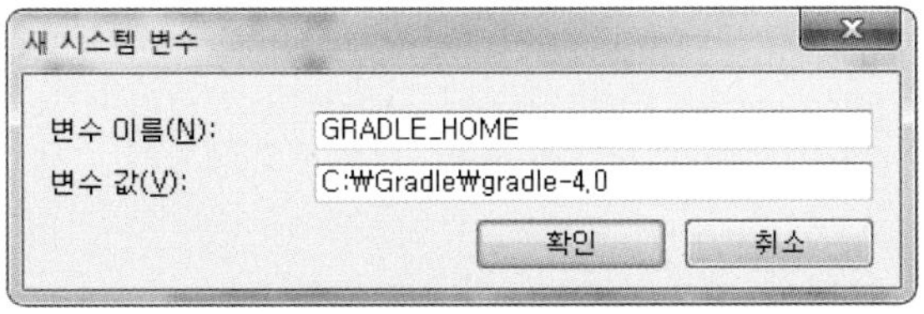

변수 이름에는 GRADLE_HOME, 변수 값에는 그레이들이 설치된 디렉터리 경로를 입력하면 됩니다.

다음으로, Path를 설정하도록 하겠습니다. 시스템 변수에 있는 Path를 찾아 편집하면 되는데 방금 전에 설치한 경로인 'C:\Gradle\gradle-4.0'을 변수 값으로 지정한 후 확인 버튼을 클릭하겠습니다. 변수 값에 '%GRADLE_HOME%₩bin'을 추가하면 되는데, 다음과 같이 추가하면 됩니다.

그림 1-8 시스템 변수 편집

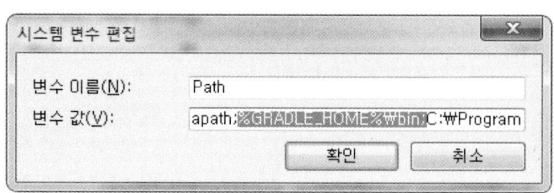

이렇게 하면 그레이들을 사용하기 위한 준비가 마무리됩니다.

그레이들 설치가 정상적으로 마무리되었는지 확인해 보도록 하겠습니다. 설치를 확인하기 위해서 명령 프롬프트를 열고 명령어를 수행하면 되는데, 명령어 수행 위치는 크게 상관이 없습니다. 수행할 명령어로는 'gradle -version'을 입력하면 됩니다.

그림 1-9 그레이들 버전 확인

'gradle -version' 명령어를 입력하면 설치한 그레이들 버전 및 그루비, 앤트, JVM, 운영체제 와 관련하여 해당 작업을 수행할 PC 혹은 서버(Server)에 설치된 버전 정보들이 표시됨을

확인할 수 있습니다. 실습을 진행할 PC에는 방금 설치한 Gradle 4.0을 비롯하여 그루비는 2.4.11이 함께 설치되었으며 JVM은 1.8 버전을 사용하였고 Windows 7 기반에서 수행하였음을 알 수 있습니다.

참고로 윈도우가 아닌 다른 운영체제에서 작업을 하고자 한다면 조금 전 살펴봤던 Gradle Install 페이지에서 관련 내용을 참조하여 설치하면 됩니다.

Installation: https://gradle.org/install

그림 **1-10** 설치 방법 안내

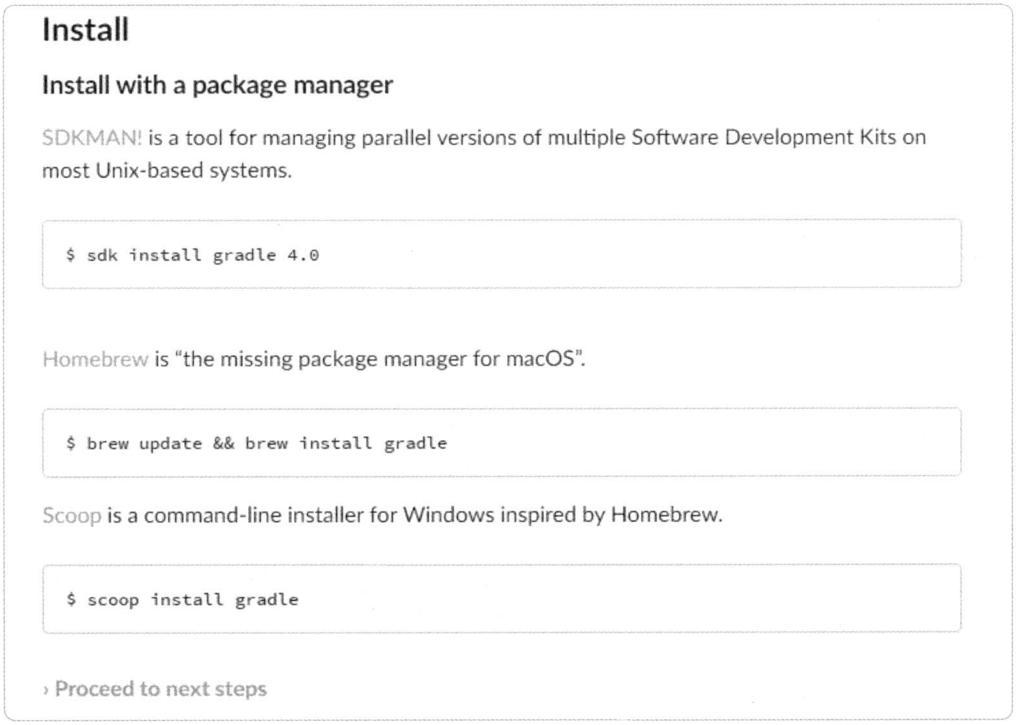

Install

Install with a package manager

SDKMAN! is a tool for managing parallel versions of multiple Software Development Kits on most Unix-based systems.

```
$ sdk install gradle 4.0
```

Homebrew is "the missing package manager for macOS".

```
$ brew update && brew install gradle
```

Scoop is a command-line installer for Windows inspired by Homebrew.

```
$ scoop install gradle
```

› Proceed to next steps

3. 그레이들 vs. 메이븐

앞서 그레이들의 특징과 장점, 그리고 설치에 대하여 간략히 알아봤습니다. 이번 절에서는 그레이들의 장점이 현재 많이 사용되고 있는 메이븐보다 무엇이 어떻게 얼마나 나은지 잠시 살펴보도록 하겠습니다.

우선 메이븐의 특징으로 XML 기반으로 컨벤션(Convention)에 의존하고 이용할 수 있는 타깃을 제공하고 네트워크를 통하여 의존(Dependency) 관계의 모듈을 내려받아 사용할 수 있습니다. 이러한 부분이 XML의 규칙 기반으로 이루어져서 정형화되고 빌드를 비교적 손쉽게 할 수 있습니다. 그러나 XML을 기반으로 빌드 환경을 구성하다 보니 프로젝트의 규모가 커지고 복잡해질수록 메이븐의 빌드 환경 구성인 build.xml 파일도 복잡해지고 점점 코드의 양도 많아져 관리의 어려움이 있었습니다.

이러한 어려움과 함께 DSL (Domain Specific Language)에 대한 관심이 증가하고 이를 이용하여 빌드의 환경을 구성하고자 하면서 그레이들이 탄생하게 되었습니다. 그레이들은 앤트의 장점, 메이븐의 장점을 모두 수용하면서 간결하고 짧은 빌드 스크립트의 구성으로 주목받고 있습니다.

그레이들 공식 홈페이지에서는 메이븐과 비교하여 그레이들의 우수함을 보여주고 있습니다(https://gradle.org/maven-vs-gradle/). 그레이들과 메이븐 모두 컨벤션에 대한 설정을 제공하지만, 메이븐은 설정과 사용에서 엄격한 부분이 있으나 그레이들은 능동적으로 처리하고 사용하도록 그리고 사용자 입장에서 편리하게 제어 가능하도록 열어뒀습니다. 또한, 그레이들과 메이븐 모두 병렬 프로젝트에 대한 빌드 및 의존성 해결을 가능하도록 하고 있는데, 그레이들이 메이븐보다 빌드 수행에서 최대 100배나 빠르다고 합니다.

그레이들과 메이븐 성능 비교: https://gradle.org/gradle-vs-maven-performance/

그림 1-11 그레이들 vs. 메이븐: 빌드 수행 비교

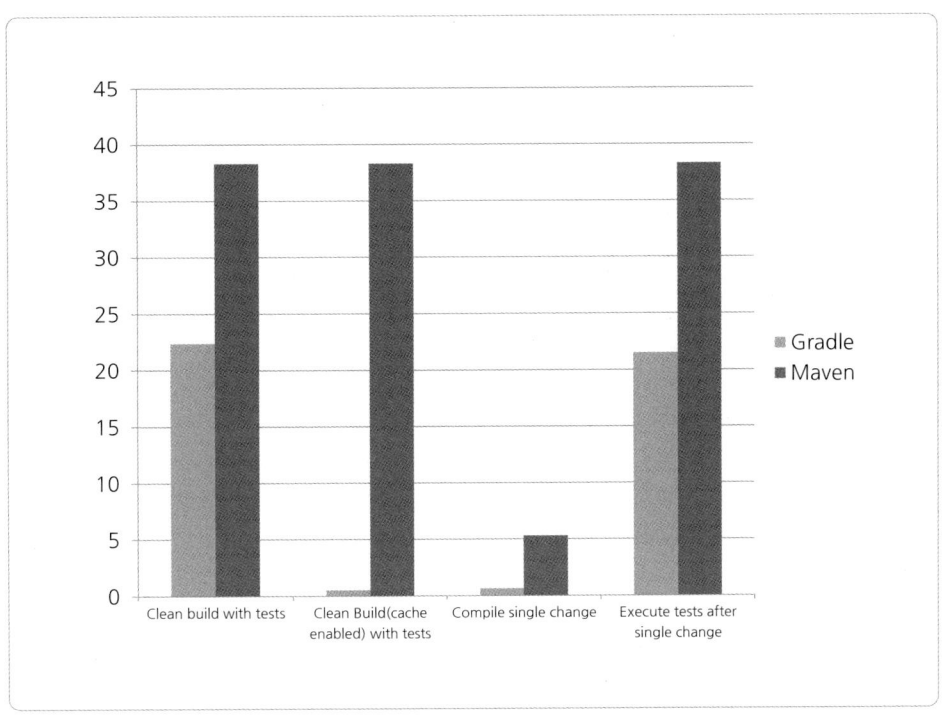

그림 1-11과 같이 빌드 수행에서 성능면에서 빠른 속도를 보여주는 이유를 그레이들에서는 3가지로 꼽아서 이야기하고 있습니다. 첫 번째로는 빌드를 수행할 때 작업의 입출력을 추적하여 필요한 작업에 대하여 실행하고 가능하다면 변경된 부분만을 처리하여 중복 작업을 수행하지 않도록 하는 증분적인 방법(Incrementally)으로 빌드를 수행하는 부분입니다. 두 번째로는 빌드 캐시(Build Cache)를 사용하여 빌드 출력에 이용하고 있으며 세 번째로는 그레이들 데몬(Gradle Daemon)을 사용하여 빌드 관련 정보가 메모리에서 최신의 상태를 유지하도록 프로세스를 사용합니다. 이밖에도 그레이들의 성능적인 우수함에 대하여 홈페이지에서는 메이븐과 비교하여 빌드 수행 테스트를 하였고 그에 대한 설명과 수치를 비교한 그래프, 그리고 예제 소스까지 제공하고 있습니다.

그레이들은 구글에서 안드로이드의 공식 빌드 도구로 선정할 만큼 강력한 특징과 장점이

있는 빌드 도구라고 할 수 있습니다. 앤트처럼 유연한 범용 빌드 도구이며, 메이븐을 사용할 수 있는 변환 가능 컨벤션 프레임워크를 제공하고 있으며, 멀티 프로젝트에서 간결한 빌드 스크립트로 강력한 빌드 수행이 가능한 등 많은 장점이 있습니다. 그럼 이러한 장점들이 그레이들에서 어떻게 구현되어 있고 사용하는지 하나씩 알아보도록 하겠습니다.

빌드(Build)와 컴파일(Compile)의 차이

빌드는 소스 코드 파일들을 컴퓨터에서 수행할 수 있도록 소프트웨어로 변환하는 일련의 과정이었다면 컴파일은 소스 코드 파일 등의 원시 파일을 실행 파일이나 라이브러리 등과 같은 Object 파일로 바꾸는 과정이라고 할 수 있습니다. 컴파일보다 빌드가 상위의 개념이며 컴파일은 빌드 수행 과정의 하나로 생각할 수 있습니다. 컴파일은 빌드를 수행하기 위한 단계 중 하나 혹은 부분 집합으로, 다음과 같은 일련의 수행 과정을 거치게 됩니다. 그럼 빌드와 컴파일의 수행 과정을 살펴보도록 하겠습니다.

소스 코드 작성 → check-out을 통한 소스 코드 등록 → 컴파일 시작 → 에러 체크 → 관련 결과물(산출물) 생성 및 작성 (예: javaDoc) → 테스트 실시 및 결과 처리 → 컴파일 결과 전송 → 배포/릴리즈

Chapter 2 그레이들과 빌드

1. 빌드란? **2.** 그레이들의 빌드 **3.** 그레이들의 빌드 수행 **4.** 그레이들의 스크립트 파일 **5.** 그레이들 실습 준비

1. 빌드란?

앞서 그레이들은 최신의 빌드 도구라고 하였습니다. 이번 장에서는 '빌드'라는 용어에 대해 알아보도록 하겠습니다. 프로젝트에서 개발을 진행하면 소스 코드를 프로그래밍하고 컴파일한 후 이를 검증하고 테스트를 진행하게 됩니다. 이러한 작업이 완료된 소스 코드는 서버에서 실행될 수 있도록 배포되어 반영하게 되고 이 과정에서 결과물이 생성되기도 합니다. 이러한 일련의 작업이 **빌드**(Build)입니다.

작성된 소스 코드를 빌드 수행을 통하여 수정 사항 및 변경 사항 등을 관리할 수도 있고 소스 코드에 대한 품질 또한 관리할 수 있습니다. 예를 들어 자바 애플리케이션 같은 경우 작성이 완료된 소스 코드를 컴파일하여 클래스 파일(.class)을 생성한 다음 해당 소스 코드와 연관된 프로젝트 자원(Resource)들을 JAR나 WAR, EAR 형태로 압축하여 웹 애플리케이션 서버와 같은 곳에 배포하게 되는데, 이러한 일련의 작업이 빌드라고 할 수 있습니다.

빌드(Build)

프로그래밍한 소스 코드를 컴파일(Compile), 테스트(Test), 배포(Deploy), 문서화(Reports) 등을 수행하는 일련의 작업을 말한다.

위키피디아에서의 '소프트웨어 빌드(Software Build)'

소스 코드 파일을 컴퓨터에서 실행할 수 있는 독립 소프트웨어 가공물로 변환하는 과정을 말하거나 그에 대한 결과물을 일컫는다.

1.1 빌드 도구와 빌드 자동화

빌드 도구인 그레이들은 컴파일, 테스트, 배포, 문서화 등의 일련의 빌드 작업을 지원한다고 했습니다. 그리고 그레이들 외에도 앤트, 메이븐 등도 빌드 도구로 많이 사용한다고 했습니다. 이러한 빌드 도구는 **그림 2-1**에서와 같이 작성된 소스 코드를 컴파일(Compile)하여 시스템에서 인식할 수 있는 바이너리 코드로 변환하고, 테스트를 거친 후 해당 프로젝트의 리소스(Resource), 바이너리 코드(Binary Code) 등을 배포 가능한 형태로 압축(jar, war, ear 등)하고, 테스트 서버나 운영 서버와 같은 실행 환경으로 배포하고, 해당 프로젝트와 연관된 각종 문서를 만드는 순서로 작업을 수행하게 됩니다.

그림 2-1 빌드 도구의 작업 수행 과정

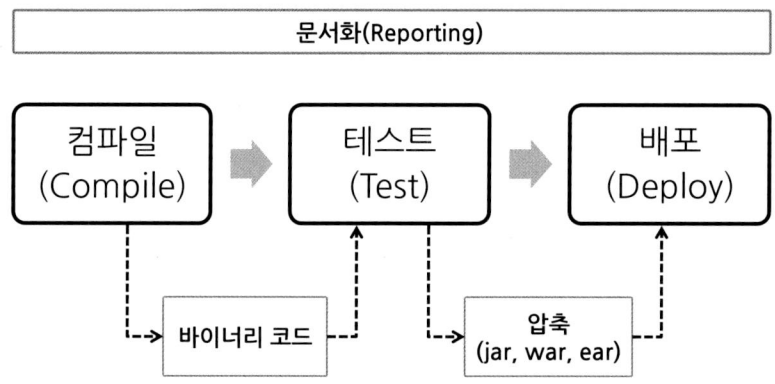

빌드 자동화(Build Automation)는 반복적으로 수행되는 빌드를 자동화 또는 스크립트 파일로 만들어 적용 대상 소스 코드에 대한 작업을 자동으로 수행할 수 있도록 하는 것이라고 할 수 있습니다. 프로젝트에서 개발자는 빌드 작업을 반복적으로 소스 코드 작성이 완료되면 수행하게 되는데, 빌드를 수행할 때는 빌드에 대한 깊은 고민 없이 작성한 소스 코드를 빌드 자동화를 통하여 수행하게 됩니다.

빌드 자동화는 지시 자동화, 유발 자동화, 예약 자동화 등의 이벤트에 의해 구분될 수 있습니다. 지시 자동화는 개발자의 명령어 수행으로 주로 이루어지게 되고, 예약 자동화는 원하는 시점을 지정하고 해당 시점에 빌드를 수행하게 되며, 유발 자동화는 특정 조건의 수행한 후에 빌드가 수행되는 것을 의미하게 됩니다.

그림 2-2 빌드 자동화의 유형

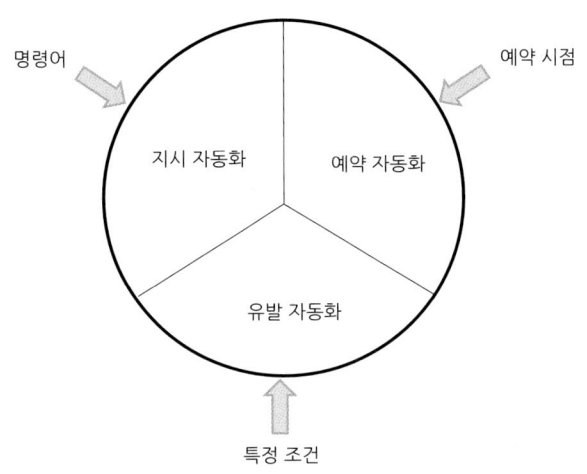

2. 그레이들의 빌드

그레이들에서 빌드는 어떻게 수행되는지 알아보도록 하겠습니다. 그레이들은 빌드를 수행하기 위해 스크립트 파일, 속성 파일, 환경 변수나 명령어의 옵션 속성, buildSrc 프로젝트 디렉터리 등의 정보를 참조하게 됩니다. 참조하게 되는 요소들은 **그림 2-3**과 같습니다.

그림 2-3 그레이들의 빌드와 참조 요소

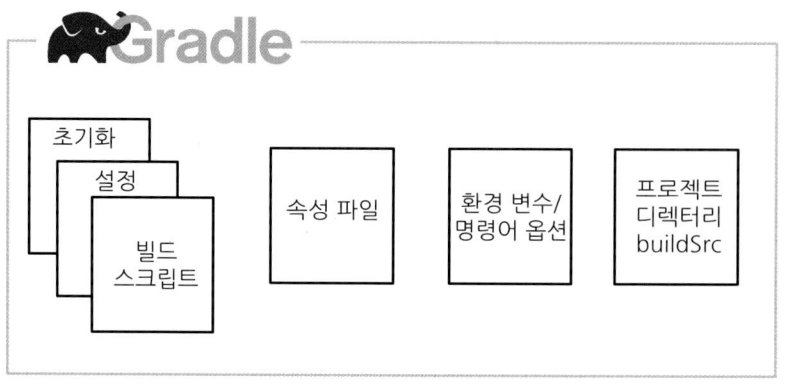

2.1 그레이들의 스크립트

그레이들의 스크립트(Script)는 3가지 종류로 나누어 볼 수 있습니다. 가장 먼저 실행되는 **초기화 스크립트**(init script), 해당 프로젝트의 빌드 관련 설정을 정의하는 **설정 스크립트**(settings script), 그레이들의 빌드 수행과 관련한 내용이 기술되는 **빌드 스크립트**(build script)가 있습니다. 이들 스크립트 파일은 그레이들에서 제공하는 기본 내장 객체와 대응이 되는데, 초기화 스크립트는 Gradle 객체, 설정 스크립트는 Settings 객체, 빌드 스크립트는 Project 객체로, 빌드를 수행하게 되면 해당 객체에서 각 스크립트 파일에 기술된 내용을 위임받아 사용합니다. **표 2-1**은 그레이들 스크립트 파일과 대응되는 기본 내장 객체를 나타낸 것입니다.

표 2-1 그레이들 스크립트 파일과 기본 객체

그레이들 스크립트	그레이들 기본 객체
초기화 스크립트(init script) 설정 스크립트(setting script) 빌드 스크립트(build script)	Gradle 객체 Settings 객체 Project 객체

초기화 스크립트(init script)는 주로 **init.gradle**로 파일 이름이 명명되고, 사용자 정보, 실행 환경, 초기 선언 값 설정 등 초기 설정 정보를 기술하고 정의하여 설정하는 데 사용합니다. 설정 스크립트(setting script)는 **settings.gralde**로 명명되며, 빌드의 대상이 되는 프로젝트를 정의하고 해당 프로젝트가 싱글 프로젝트(single project)인지, 멀티 프로젝트(multi project)인지를 결정하게 되고 프로젝트의 인스턴스를 생성할 수 있습니다.

그레이들에서는 settings.gradle 파일로 싱글 프로젝트인지 멀티 프로젝트인지를 해당 스크립트 파일의 유무를 확인하여 인식하고 실행합니다. 즉, 현재 작업 중인 디렉터리에 settings.gradle 스크립트 파일이 없다면 상위 디렉터리를 탐지하고 상위 디렉터리에도 settings.gradle 파일이 없다면 다시 상위 디렉터리를 탐색하게 됩니다. 이렇게 settings.gradle 스크립트 파일을 탐색한 결과 파일이 없다면 해당 프로젝트는 싱글 프로젝트로 인식하게 되고 settings.gralde 스크립트 파일이 있다면 멀티 프로젝트로 인식하게 되어 해당 프로젝트를 실행하게 됩니다.

빌드 스크립트(build script)는 그레이들의 핵심 스크립트라고 할 수 있습니다. 빌드 수행과 관련된 의존 관계 정의, 태스크 정의 등의 내용이 기술되고 기본 파일 이름은 **build.gradle**로, 이 파일만 있어도 빌드를 수행하기에 필요충분한 요소라고 할 수 있습니다. 또한, build.gradle 스크립트 파일은 settings.gradle 스크립트 파일이나 init.gradle 스크립트 파일을 참조하거나 상호작용하여 빌드 수행이 이루어지게 됩니다. 각 스크립트 파일의 사용이나 멀티 프로젝트 구성 방법, 그레이들의 내장 객체에 대해서는 뒷부분에서 자세히 다루도록 하겠습니다.

2.2 그레이들의 속성 파일

속성 파일은 **gradle.properties**로 명명되며 해당 프로젝트에 gradle.properties 파일이 있다면 빌드 수행 시 자동으로 참조하여 해당 파일의 내용을 확인하게 됩니다. 속성 파일인 gradle.properties에는 빌드 스크립트에 기술하지 않은 환경의 변화에 따른 속성 정보 및 내용 등이 기술됩니다.

2.3 환경 변수/명령어 옵션과 buildSrc

환경 변수는 그레이들 설치 시 시스템에 등록된 내용이고 명령어 옵션은 그레이들의 태스크를 수행할 때 수행을 위한 그레이들 명령어에 옵션과 함께 인수를 전달하여 사용하는 부분입니다.

```
> gradle -Pname=gradle hello
```

해당 명령어에서 보면 -P라는 명령어 옵션에서 name에 gradle이라는 값을 지정하여 전달하고 있는데, 이러한 부분이 그레이들에서 해당 태스크를 수행하면서 명령어 옵션과 인수를 전달하는 방법이라고 할 수 있습니다. 해당 명령어 수행과 동작에 대해서는 뒤에서 다시 설명하도록 하겠습니다.

buildSrc는 그레이들이 빌드를 수행할 때 클래스 파일이나 플러그인을 저장하여 참조하는 디렉터리를 의미합니다. 빌드 스크립트들이 공통으로 참조하게 되는 내용을 모아두는 디렉터리이며 프로젝트를 분할할 때도 사용하게 되는데, 사용 방법은 뒤에서 실습 예제와 함께 다루도록 하겠습니다.

3. 그레이들의 빌드 수행

그레이들의 빌드 수행에 대하여 알아보도록 하겠습니다. 그레이들의 기본적인 빌드 수행은 **그림 2-4**와 같이 6단계로 나누어 볼 수 있습니다.

그림 2-4 그레이들의 빌드 수행 단계

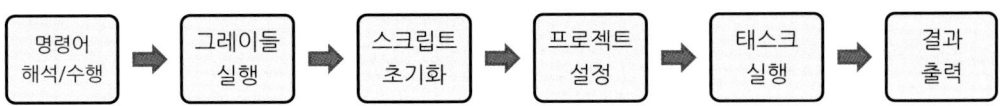

그림 2-4에서와 같이 그레이들 빌드 수행 단계를 알아보고자 간단한 그레이들 예제를 작성하여 실습과 함께 설명하도록 하겠습니다. 우선 디렉터리 하나를 생성하도록 하겠습니다. 디렉터리는 원하는 경로에 원하는 이름으로 생성해도 문제는 없습니다. 생성한 디렉터리에 build.gradle 파일을 생성하고 해당 파일에 다음과 같은 스크립트 코드를 작성하도록 하겠습니다.

```
task hello<<{
    println "Hello Gradle!"
}
```

해당 스크립트 코드는 'Hello Gradle!'이라는 문자열을 println 키워드를 통하여 결과로 보여주는 예제입니다. 해당 스크립트 코드를 build.gradle 파일에 작성을 하였으면 명령 프롬프트 상에서 스크립트 파일에 작성된 소스 코드를 빌드하도록 하겠습니다. 명령 프롬프트를 열고 방금 소스 코드를 작성한 디렉터리 경로로 이동한 후 다음 명령어를 입력하고 수행하면 되겠습니다(반드시 소스 코드가 작성된 위치에서 다음의 명령어를 수행해야 합니다).

```
> gradle hello
```

gradle이라는 명령어 다음에 태스크가 위치하였는데, 스크립트 파일에 작성한 코드에서 task 다음에 있는 hello가 바로 gradle 명령어 다음에 위치하여 해당 태스크의 내용을 출력하게 해주는 역할을 합니다. 이렇게 명령어를 입력하고 수행하게 되면 명령 프롬프트 상에 스크립트 파일에 작성한 소스 코드에서의 문자열인 'Hello Gradle!'이 출력되는 것을 확인할 수 있습니다.

그림 2-5 실행 결과

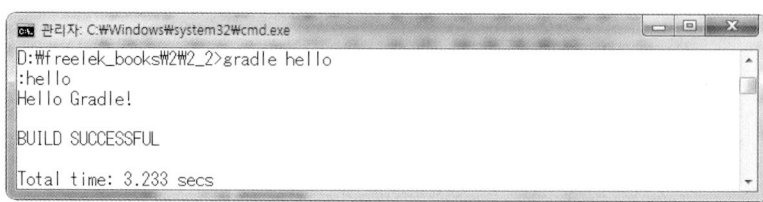

실행 결과를 확인해 보면 'Hello Gradle!'이라는 문자열 이외에 3줄이 더 출력된 것을 확인할 수 있습니다. ':hello'는 스크립트 파일에 작성한 그레이들의 태스크를 의미합니다(태스크에 대해서는 다음 장에서 자세히 다루도록 하겠습니다). 그리고 'BUILD SUCCRSSFUL'은 빌드 성공 여부를 나타내는 부분이며, 'Total time:3.233 secs'는 빌드를 수행하는 데 소요된 수행 시간을 나타내는 부분입니다. 실습 예제를 보면 그레이들은 사용자가 입력한 명령어를 해석 및 수행하면서 내부적으로 사용자가 정의한 태스크가 실행되어 결과가 출력되었음을 알 수 있습니다. **그림 2-4**에서와 같은 단계들이 그레이들 내부적으로 동작하게 된 것입니다.

간단한 예제를 통하여 그레이들의 빌드 수행 단계를 실습하였습니다. 지금부터는 **그림 2-4**의 그레이들의 빌드 수행 단계를 자세히 알아보도록 하겠습니다. 스크립트 코드를 작성하고 해당 스크립트(build.gradle)를 수행하기 위해 명령 프롬프트 상에서 명령어를 입력하였습니다. 명령 프롬프트 상에서 명령어를 입력하게 되면 그레이들은 내부적으로 전달받은 명령어를 해석하고 수행하게 됩니다. 명령어를 해석할 때에는 명령어 부분에 옵션 및 전달되는 인수가 제대로 지정되었는지 확인하게 됩니다. 명령어 부분의 확인이 끝나면 그레이들이 실행되게 됩니다. 이때 명령어의 옵션 및 인수에 의해 프로젝트 및 해당 프로젝트의 루트 디렉터리 등을 확인하고 관련 속성 파일을 참조합니다. 그리고 그레이들을 실행하기 위한 실행 모드를 명령어 옵션에서 확인하여 CLI (옵션 지정 없음), 데몬(명령어 옵션으로 --daemon 지정), GUI (명령어 옵션으로 --gui 지정) 세 가지 중에서 판단하게 됩니다. 그리고 실행 환경에 맞는 클래스 인스턴스를 생성하게 됩니다.

그림 2-6 명령어 해석/수행과 Gradle 실행 단계

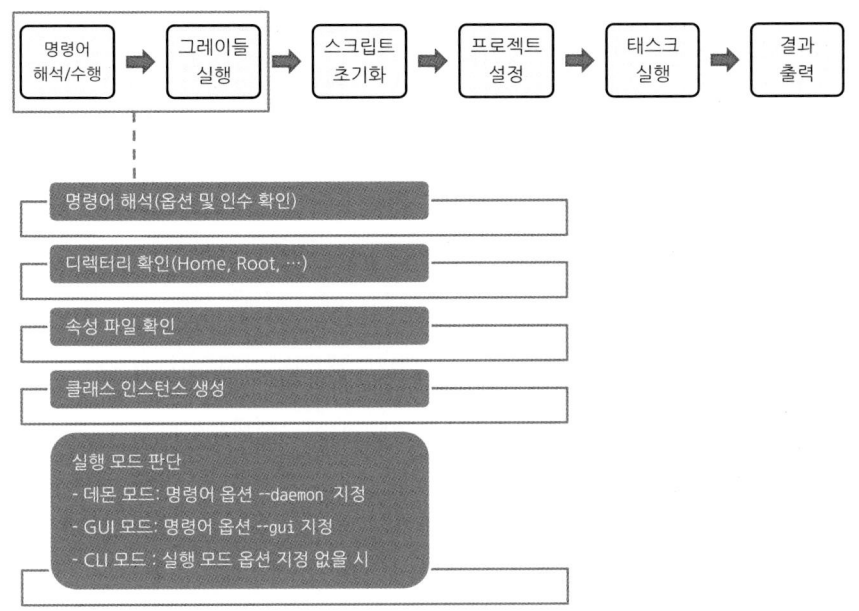

참고로 실행 모드와 관련된 옵션인 --daemon, --gui 옵션을 동시에 지정하게 되면 그레이들은 내부적으로 지정된 명령어 옵션 우선순위에 따라 판단한 후 수행하게 됩니다. 다시 말해서 'gradle --daemon --gui hello'라고 명령어를 입력하게 되면 gradle은 GUI 모드로 실행하게 됩니다. 왜냐하면, 내부적으로 내장 옵션, --gui, --daemon 순으로 우선순위가 되어 있기 때문에 --daemon 옵션이 먼저 지정되어 있어도 --gui 옵션을 먼저 조사하여 실행하게 됩니다.

명령어를 해석하고 그레이들이 실행되면 이제 본격적인 빌드를 수행하게 됩니다. 그레이들의 빌드가 본격적으로 실행되는 단계가 스크립트 초기화 단계인데, 이 단계부터 태스크 실행 단계까지를 하나의 생명주기(LifeCycle)로 나누어 정의하기도 합니다. 즉 초기화 단계, 설

정 단계, 실행 단계의 세 단계로 나눠서 정의한다고 보면 되겠습니다.

그림 2-7 그레이들 생명주기

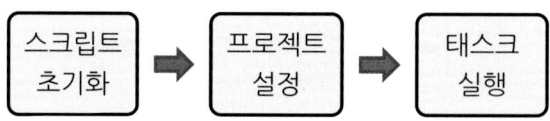

스크립트 초기화 단계에서는 그레이들의 스크립트 파일을 읽거나 그레이들의 도메인 객체가 생성됩니다. 앞에서 살펴본 **표 2-1**에서와 같이 그레이들은 해당 프로젝트에 생성된 스크립트 파일을 읽어서 그레이들의 도메인 객체를 생성하고 참조할 수 있도록 합니다. 이 단계에서 바로 해당 프로젝트의 디렉터리 구조와 settings.gradle 파일 유무를 확인하여 멀티 프로젝트인지 싱글 프로젝트인지를 판단하게 됩니다. 빌드를 수행하고자 하는 프로젝트의 디렉터리를 대상으로 Project 객체를 생성하며, 이 객체를 생성한 후 명령어에 있는 옵션 및 인수를 설정하게 됩니다.

그림 2-8 그레이들의 스크립트 초기화

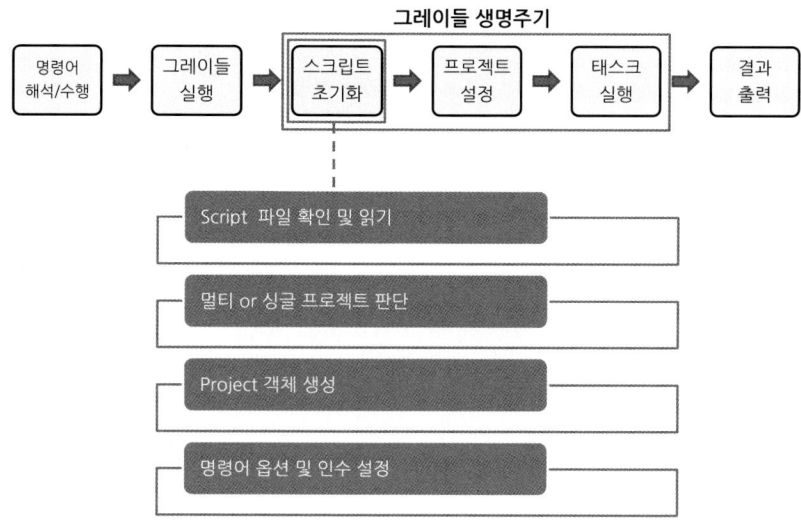

다음으로, 프로젝트 설정 단계를 거치게 됩니다. 이 단계에서는 프로젝트를 빌드하기 위해 필요한 정보 및 자원들에 대한 설정이 이루어지는 단계입니다. 프로젝트에서 참조하고 있는 각종 라이브러리(의존 라이브러리)들을 읽어들여 확인하고 태스크를 생성하는 등 프로젝트의 빌드를 수행하기 위한 기반 작업을 수행하게 됩니다.

이 단계에서는 **태스크 그래프**(Task Graph)라는 것이 작성됩니다. 태스크 그래프는 프로젝트에서 빌드를 수행하기 위해 정의되어 있는 태스크들을 확인하여 태스크들 사이의 의존 관계를 확인하게 되고 확인된 의존 관계를 바탕으로 태스크 그래프를 생성하게 됩니다.

태스크 그래프는 태스크를 노드로 표시하여 태스크 사이의 의존 관계를 화살표의 방향 선으로 표시하여 도식화하게 되는데, 그레이들의 태스크 그래프는 방향성이 있는 비순환 그래프로 표현되며 순환 구조로 표현되지는 않습니다. 태스크 그래프와 관련해서는 뒤에서 태스크 간의 의존 관계를 설명할 때 자세히 다루도록 하겠습니다. 그리고 프로젝트 설정 단계에서는 그레이들의 도메인 객체 중 Task 객체가 생성됩니다.

그림 2-9 그레이들의 프로젝트 설정

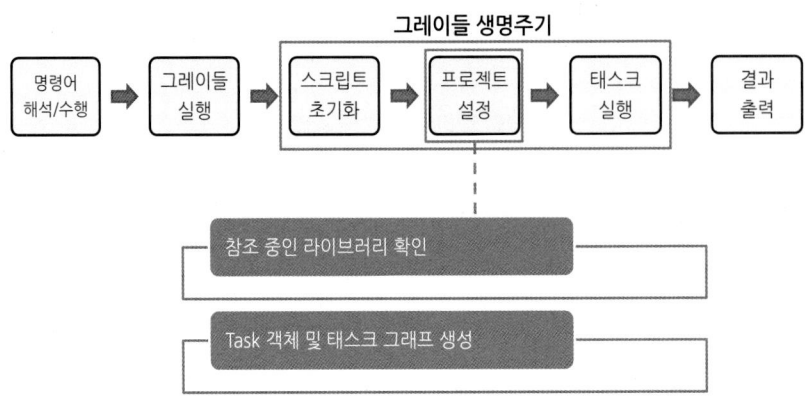

다음으로, 태스크를 실행하게 됩니다. 태스크 실행은 프로젝트 설정 단계에서 작성된 태스크 그래프에서 대상이 되는 태스크를 확인하여 빌드를 실행하게 됩니다. 그리고 실행이 마무리되면 결과를 출력하여 빌드를 마무리하게 됩니다.

끝으로 빌드 수행이 마무리되면 빌드 수행과 관련된 결과 및 결과와 관련된 정보를 출력하게 되며, 출력은 조금 전에 실습한 것처럼 명령 프롬프트 상에서와 같이 나타날 수도 있으며 HTML이나 XML과 같은 형태로 결과물을 얻을 수도 있습니다.

그림 2-10 그레이들의 태스크 실행

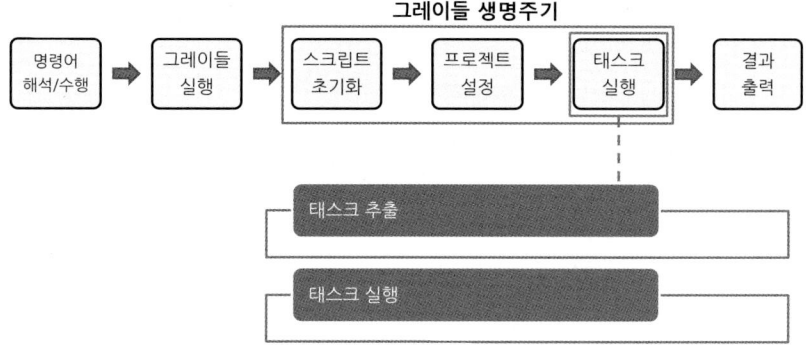

4. 그레이들의 스크립트 파일

그레이들의 스크립트 파일의 구조와 구성 요소, 특징을 알아보도록 하겠습니다. 그레이들은 그루비를 기반으로 하므로, 그레이들의 스크립트 파일에는 그루비 문법을 기반으로 한 스크립트 코드를 작성하게 됩니다. 그레이들의 스크립트 파일 구조를 이해하려면 그루비와 해당 문법에 대한 이해가 있어야 합니다. 그루비를 모른다고 그레이들의 스크립트 파일 구조를 이해하는 데 어려움 있는 것은 아닙니다. 그루비는 자바와 비슷한 문법 구조를 가지고 있기 때문에 기본적인 자바 문법을 이해한다면 그루비를 기반으로 작성된 그레이들 스크립트 파일을 이해하는 데 큰 어려움은 없을 것입니다. 그럼 먼저 그루비에 대해 간단히 살펴보고 다시 그레이들의 스크립트 파일을 알아보도록 하겠습니다.

4.1 그루비

그루비(Groovy)는 스크립트 언어로 JVM에서 동작하는 JVM 언어 중 하나이고 DSL (Domain Specific Language)에 의한 확장성이 좋은 언어라고 할 수 있습니다. 자바처럼 소스 코드를 컴파일하여 클래스를 생성할 수도 있으며 컴파일을 거치지 않고 직접 실행할 수 있어 스크립트처럼 사용할 수 있습니다. 그루비의 가장 큰 특징 중 하나는 그루비 문법이 자바와 호환된다는 것입니다. 즉, 자바 코드를 그대로 그루비 코드로 활용할 수 있습니다. 또한, 자바 라이브러리를 호출할 수 있으며 자바에서 그루비로 작성한 라이브러리를 호출할 수도 있습니다. 그래서 앞에서 설명한 것처럼 그루비 문법을 몰라도 자바 기본 문법을 이해하고 있다면 어렵지 않게 그루비 스크립트 또는 그레이들의 빌드 스크립트를 알아볼 수 있습니다. 하지만, 그루비만의 문법적인 특징과 형식이 있으므로 이 부분을 알고 있어야 그레이들의 빌드 스크립트를 작성할 때 도움이 될 수 있습니다. 그루비 문법과 관련된 부분을 간략히 알아보도록 하겠습니다.

1) def 형 사용

자바와 같은 형을 지정해서 사용할 수도 있지만, 그루비에서 형 지정을 하지 않을 때에는 def를 사용합니다. def는 메서드의 매개 변수나 반환값을 받을 때에도 적용할 수 있으며 메서드에서 매개 변수의 형을 생략하면 def로 인식하게 됩니다. 또한, def 형도 객체의 메서드나 속성 등 명시적인 형 지정 때와 같이 참조할 수 있습니다.

```
// 자바와 같이 형 지정
String id = 'gradle'
// 형 지정 생략(Groovy의 형 지정 특징)
def id = 'gradle'
println id.toUpperCase() // 속성 참조 가능
```

2) 문자열 사용

그루비는 문자열을 표기할 때 작은따옴표(' ')와 큰따옴표(" ")를 사용하며 각각은 서로 그 쓰임이 다릅니다. 작은따옴표는 자바에서 사용할 때와 유사하게 문자열을 지정할 때 사용한다고 보면 되겠습니다. 큰따옴표는 문자열에 $ 기호를 사용하여 동적으로 내용을 지정할 때 사용합니다.

```
def id = "ID : ${project.id}"
String id = "ID : $id" // {} 생략 가능
```

또한, 작은따옴표와 큰따옴표는 중첩되게 세 개를 이용하여 여러 개의 문자열을 사용할 수도 있습니다.

```
def id = '''gradle
        Groovy
           script'''

def id = """gradle
        Groovy
           script"""
```

3) 괄호의 생략

그루비는 메서드를 호출할 때 괄호 ( )를 생략할 수 있습니다. 단, 모든 경우에 생략할 수 있는 것은 아닙니다.

```
// 생략 가능한 경우
println('hello')
println 'hello'
```

4) 클로저의 사용

그레이들 스크립트 파일에서 클로저(closure)는 많이 사용되는 구조입니다. 앞에서 그레이들의 빌드 흐름을 설명할 때 본 간단한 task 예제에서처럼 중괄호 { }로 지정된 부분이 클로저입니다. 클로저는 중괄호를 이용하여 정의하고 해당 클로저를 call( ) 속성이나 일반 메서드처럼 호출하여 실행할 수 있습니다.

```
// task 정의 시 클로저
task hello<<{
 println "Hello Gradle!"
}

// 클로저 사용
def id = { closer -> println "id , $closer"}
// call() 이용한 사용
id.call('gradle')
// 일반 메서드 호출 방식 사용
id('gradle')
// 괄호를 생략하고 사용
id 'gradle'
```

5) 명령문

명령문 뒤에 세미콜론(;)은 생략할 수 있습니다. 지금까지 보여 드렸던 예제 코드들의 뒷부분을 보면 세미콜론을 붙이지 않았는데, 생략 가능하기 때문입니다.

6) 리스트와 맵

리스트(List)는 배열처럼 사용하고 배열처럼 접근할 수 있습니다.

```
def id = ['grade','Groovy']
id[1] = 'script'
assert id[1]=='script'
```

맵(Map)도 리스트처럼 대괄호 [ ]를 이용하여 정의하고 접근할 수 있습니다.

```
def id = ['a':'grade', 'b':'Groovy']
assert id['a'] == 'gradle'
```

7) 비교

자바의 equals( )와 동일하게 그루비는 ==를 이용하여 문자열 등을 비교하게 됩니다. 그러나 객체가 같은지 비교하려면 is( )를 사용하여 비교해야 합니다.

4.2 그레이들의 스크립트 파일 구조

그레이들의 스크립트는 그루비 스크립트라고 할 수 있습니다. 그레이들의 스크립트 파일은 두 가지 요소로 구성되어 있는데, 처리문(statement) 영역과 스크립트 블록(script block) 영역입니다. **그림 2-11**에서와 같이 하나의 그레이들 스크립트 파일은 여러 개의 처리문과 스크립트 블록으로 구성되어 있습니다.

그림 2-11 그레이들의 스크립트 파일 구성 요소

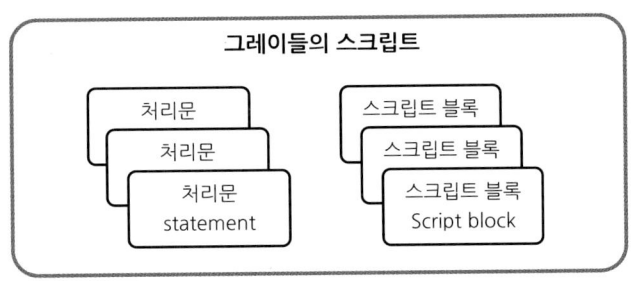

처리문은 일반적인 프로그래밍에서의 지역 변수, 속성 정의 및 설정, 메서드 등이고, 스크립트 블록은 특정한 그레이들의 프로젝트를 빌드하기 위한 부분으로 그레이들에서 사용되는 개념으로, 앞에서 살펴본 task 선언 시 정의한 클로저와 같은 부분이라고 할 수 있습니다.

```
// 처리문
def id = 'gralde'

// 스크립트 블록
repositories{
```

```
    mavenCentral()
}

task idCheck<<{
    def id = 'check'
    println 'id : ' + id
}
```

스크립트 블록은 클로저를 인수로 하는 메서드로 그레이들의 주요 스크립트 블록으로는 buildsciprt, subprojects, repositories, dependencies 등이 있습니다. 이번 장에서는 주요 스크립트 블록만 **표 2-2**를 통해 살펴보고 넘어가도록 하겠습니다.

표 2-2 그레이들의 주요 스크립트 블록

스크립트 블록	주요 내용
repositories	저장소 설정
dependencies	의존 관계 설정
buildscript	빌드 스크립트 클래스 패스 설정
initscript	초기화 스크립트 설정
configurations	환경 구성 설정
allprojects	서브 프로젝트 포함 전체 프로젝트 설정
subprojects	서브 프로젝트 설정
artifacts	빌드 결과에 대한 설정

그레이들의 스크립트 블록에 대해서는 DSL Reference에서도 주요 내용과 그 활용에 대해서 살펴볼 수 있습니다.

그레이들의 스크립트 블록 DSL Reference: https://docs.gradle.org/current/dsl/index.html

그레이들의 스크립트 파일에서 변수 부분을 살펴보도록 하겠습니다. 그레이들의 스크립트 파일에서 사용되는 변수는 지역 변수, 시스템 속성, 확장 속성, 빌드 스크립트에서 사용되는 프로젝트 속성으로 나누어 볼 수 있습니다. 지역 변수는 그레이들의 스크립트 파일 어디서나 선언해서 사용할 수 있으며 선언된 범위에서만 유효한 변수입니다. 시스템 속성은 지역 변수처럼 모든 스크립트 파일에서 사용 가능하지만, 지역 변수와 다르게 시스템 정보와 관련된 설정 정보를 지정하기 위해 사용하는 변수입니다. 확장 속성 또한 그레이들의 모든 스크립트 파일에서 사용 가능하며 도메인 객체의 확장을 위한 용도로 사용하는 변수이며, 프로젝트 속성은 앞의 3가지 변수와 다르게 빌드 스크립트에서만 사용 가능하며 프로젝트에서 사용하는 변수입니다.

표 2-3 그레이들의 변수

변수	설명	사용 범위
지역 변수	선언된 부분에서 영향력 있는 변수	그레이들의 모든 스크립트 파일
시스템 속성	시스템 관련 정보를 저장하는 변수	
확장 속성	도메인 객체 확장 용도로 사용하는 변수	
프로젝트 속성	프로젝트에서 사용하는 변수	빌드 스크립트

지역 변수는 선언된 영역 안에서 영향력이 있는 변수입니다. 스크립트 전체 영역에 전역적으로 선언되었다면 그 변수는 해당 스크립트에 대해 영향력이 있어서 해당 스크립트 파일 안 어디서나 사용할 수 있으며, 해당 변수가 스크립트 블록 또는 태스크에 선언되어 있다면 해당 블록 안에서만 영향력이 있어서 사용 가능합니다. 지역 변수에서 한가지 주의할 부분은 해당 스크립트 파일 수행 시 그루비로 수행할 때와 그레이들로 수행할 때 변수 사용에서 차이가 있다는 점입니다. 그레이들이 그루비 기반으로 되어 있지만 그루비 스크립트에서는 변수의 형 지정이 필수 요소가 아니지만 그레이들에서는 필수 요소이기 때문에 형 지정을 생략하고, 그레이들에서 빌드를 수행하면 에러가 발생하지만, 그루비로 그루비 스크립트 파일을 수행하면 에러가 발생하지 않습니다.

시스템 속성은 시스템 관련 정보를 저장하기 위한 변수로, 명령어에 인수로 지정하는 방법과 그레이들의 속성 파일에서 systemProp를 이용하여 정의하면 시스템 속성 변수로 사용할 수 있습니다. 명령어 인수로 사용하려면 -D 옵션이나 --system-prop 옵션을 사용하여 그 뒤에 속성명과 속성값을 설정하면 됩니다. 이렇게 속성을 지정하면 해당 속성은 속성명에 대하여 탐색되어 스크립트 블록이나 태스크 등에서 시스템 속성을 사용하고자 지정된 부분에 그 값을 대입하여 사용하게 됩니다. **그림 2-12**는 그레이들에서 시스템 속성을 사용하는 방법에 대하여 나타낸 그림입니다.

그림 2-12 그레이들의 시스템 속성

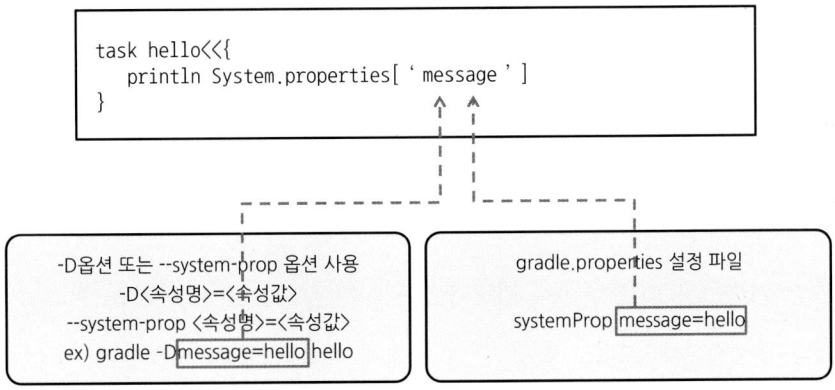

확장 속성은 ext라는 예약어를 사용하여 스크립트 파일에서 도메인 객체의 속성을 추가할 때 사용하게 됩니다. 확장 속성은 뒤에서 조금 더 자세히 다룰 그레이들의 도메인 객체 중에서 ExtraPropertiesExtension 객체와 관련이 있습니다. ext 키워드와 함께 ExtraPropertiesExtension 객체에서 제공하는 API를 이용하여 속성으로 지정된 킷값을 확인하거나 변경하여 변경된 값을 읽어 올 수 있습니다.

```
// 확장 속성 지정 방법
ext{
    extPro1 = 'pro1'
    extPro2 = 'pro2'
}
// 사용 방법
println '속성값 1 : '+ext.extPro1
println '속성값 2 : '+ext.extPro2
```

빌드 스크립트에서 사용할 수 있는 **프로젝트 속성**이 있습니다. 프로젝트 속성은 빌드 대상 프로젝트의 속성으로 사용되며 확장 속성과 유사하게 사용됩니다. 확장 속성과 프로젝트 속성은 설정 방법에서 차이점이 있습니다. 프로젝트 속성은 속성 파일, 환경 변수, 명령어 인수 등 방법을 모두 사용할 수 있지만, 확장 속성은 사용에 제약이 있습니다.

4.2.1 속성 파일에서 속성 추가 방법

속성 파일인 gradle.properties에 '속성명=속성값' 형식으로 정의하게 되면 프로젝트 속성의 변수가 선언되어 속성을 추가할 수 있는데, 간단한 실습을 통하여 알아보도록 하겠습니다. 실습을 진행하기 위해 임의의 디렉터리를 만들고 디렉터리 안에 속성 파일인 gradle.properties를 생성합니다. 그리고 해당 속성 파일에 다음과 같은 '속성명=속성값'을 지정하면 됩니다.

그림 2-13 프로젝트 구조

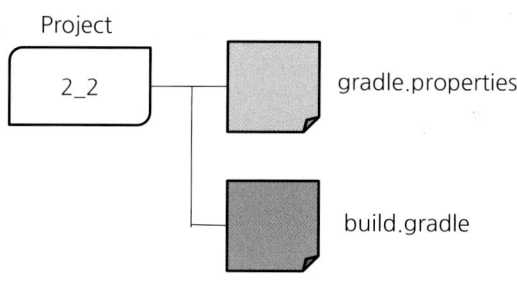

```
// gradle.properties
msg=Hi, Gradle!
```

속성 파일을 설정하였으면 다음으로 빌드 스크립트인 build.gradle 파일을 해당 디렉터리에 만들고 다음 스크립트 코드를 작성하면 됩니다.

```
// build.gradle
task hello<<{
 println msg
}
```

다음으로, 명령어 프롬프트를 열고 해당 디렉터리 경로로 이동한 후 build.gradle 파일에 정의된 태스크를 실행하도록 하겠습니다. 실행을 하게 되면 속성 파일에 정의된 속성명에 대한 속성값이 결과로 출력되는 것을 확인할 수 있습니다. 프로젝트에서 공통으로 사용해야 하는 속성이 있다면 gradle.properties 파일을 이용하여 변수를 선언하고 값을 지정하여 사용하면 됩니다.

그림 2-14 실행 결과

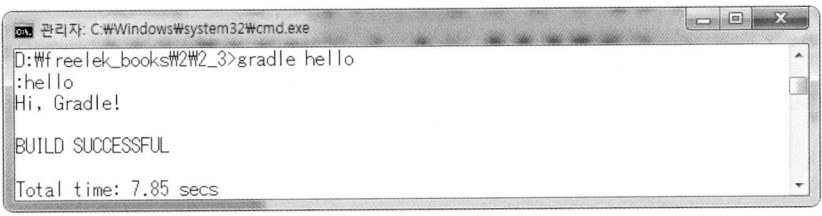

4.2.2 명령어 인수로 프로젝트 속성 지정 방법

해당 프로젝트의 빌드를 수행하기 위해 명령어를 사용할 경우, 명령어 인수에 프로젝트 속성과 값을 지정하여 사용할 수 있습니다. 앞에서 시스템 속성을 사용할 때는 -D 옵션 또는 --system-prop 옵션을 사용했었는데, 프로젝트 속성일 경우에는 -P 옵션 또는 --project-prop 옵션을 사용하면 됩니다. 사용 방법은 시스템 속성을 사용할 때와 비슷하게 -P <속성명>=<속성값> 또는 --project-prop <속성명>=<속성값>으로 지정하면 됩니다.

그림 2-15 실행 결과

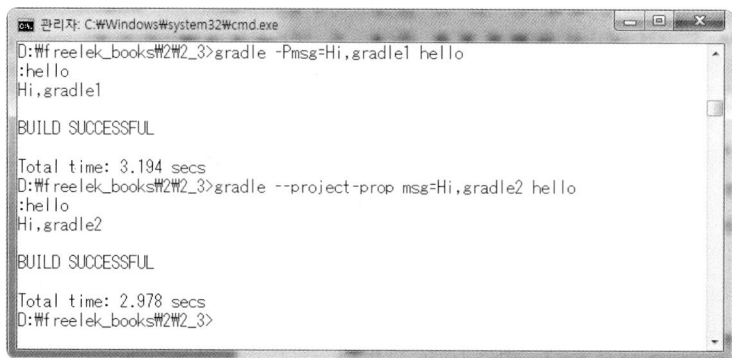

참고로 시스템 속성 -D 옵션에 org.gradle.project를 붙이고 그 뒤에 속성명과 속성값을 지정하게 되면 프로젝트 속성으로 인식하여 사용됩니다.

그림 2-16 실행 결과

만약에 속성 파일에 지정된 속성명과 명령어 인수로 지정된 속성명이 일치할 경우 내부적으로 정의되어 있는 순서로 속성명과 값을 읽어들이고 최종적으로 마지막 순서에 있는 속성명에 대한 속성값이 지정되게 됩니다.

표 2-4 프로젝트 속성에 대한 로드 순서에 따른 지정 순서

로드 우선순위	프로젝트 속성 지정 방법	속성값 지정
1	프로젝트 디렉터리의 gradle.properties 지정	동일한 속성명으로 지정될 경우 로드 우선순위가 늦은 것에 대하여 지정
2	홈 디렉터리의 gradle.properties 지정	
3	환경 변수 지정	
4	명령어 옵션 지정 -D 옵션	
5	명령어 옵션 지정 -P 옵션	

그레이들의 시스템 속성들

1) **gradle.user.home**: 그레이들이 참조할 사용자 고유 디렉터리를 지정. 기본값: home/.gradle
2) **org.gradle.daemon**: 데몬 설정(true 설정 시)
3) **org.gradle.java.home**: 빌드 수행 시 사용할 java home 디렉터리 지정
4) **org.gradle.jvmargs**: JVM 프로세스 실행 시 사용할 인수 지정
5) **org.gradle.project.속성명**: 프로젝트 속성 지정
6) **org.gradle.configureondemand**: Configure on demand 모드 설정(true 설정 시 관련 프로젝트만 설정)
7) **org.gradle.parallel**: 병렬 빌드 설정(true 설정 시)

5. 그레이들 실습 준비

이 책에서는 그레이들과 관련된 많은 실습과 간단한 프로젝트들을 다룰 예정입니다. 그레이들 실습을 진행하는 데 있어서 소스 코드 작성과 빌드를 수행하는 데는 다양한 방법이 있는데, 먼저 실습을 수행하는 데 필요한 준비를 하도록 하겠습니다. 지금 이 부분에서 다뤄진 내용 이외에도 이 책에서는 그레이들을 활용할 수 있는 개발 도구가 있다면 활용하고 소개하도록 하겠습니다. 실습을 진행하기 위하여 참고하고 원하는 환경에서 실습을 진행하면 됩니다.

5.1 메모장 활용

이 방법은 개발을 위한 별도의 도구 없이 프로젝트 수행을 위한 디렉터리 생성한 후 해당 디렉터리 하위에 build.gradle 파일을 생성하고 메모장이나 텍스트 편집 도구(Edit plus, utra Edit, Acro Edit 등)를 이용하여 빌드 스크립트 코드를 작성하고 명령 프롬프트에서 해당 디렉터리로 이동하여 빌드 수행 명령어를 입력한 후 빌드 수행으로 결과를 확인하는 방법입니다. 이 책에서는 진행된 간단한 실습 예제들은 프로젝트 생성을 위하여 디렉터리를 생성하고 생성된 디렉터리 하위에 build.gradle 파일을 생성하였고 생성된 빌드 스크립트 파일은 Acro Edit 편집 도구를 사용하여 명령 프롬프트에서 빌드를 수행하였습니다. Acro Edit 편집 도구 이외에도 메모장이나 다른 편집 도구를 이용하여 작성하여 빌드를 수행하여도 같은 결과를 얻을 수 있습니다.

5.2 이클립스 활용

이클립스(eclipse)에 그레이들 플러그인을 설치하여 실습을 진행하는 방법입니다. 우선 이클립스를 설치하고 이클립스 설치가 완료되었으면 그레이들 플러그인을 이클립스에 설치하는데, 다음과 같은 순서로 진행하면 되겠습니다. 참고로 이 책에서도 이클립스를 기반으로 실습을 병행하였습니다. 참고로 이클립스는 '인디고(Indigo)' 버전을 사용하였습니다.

① 이클립스에 그레이들 설치 1: [Eclipse Marketplace...] 메뉴로 이동

그림 2-17 이클립스에 그레이들 설치

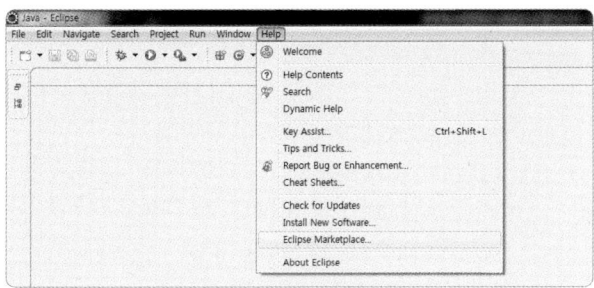

② 이클립스에 그레이들 설치 2: 'Gradle'로 검색 후 'Buildship Gradle Integration' 설치

그림 2-18 Eclipse Marketplace

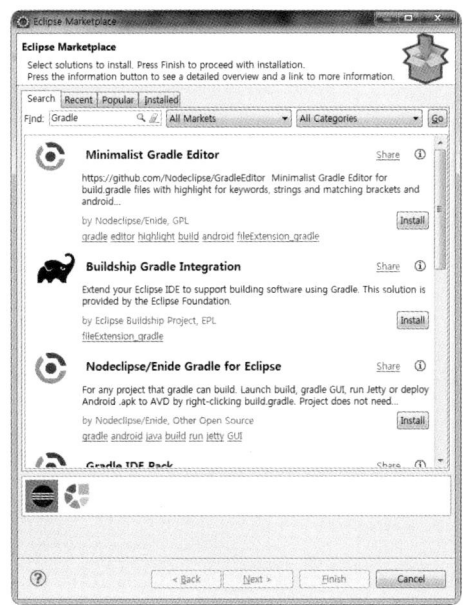

③ 이클립스에 그레이들 설치 3: 프로젝트 생성

그림 2-19 프로젝트 생성

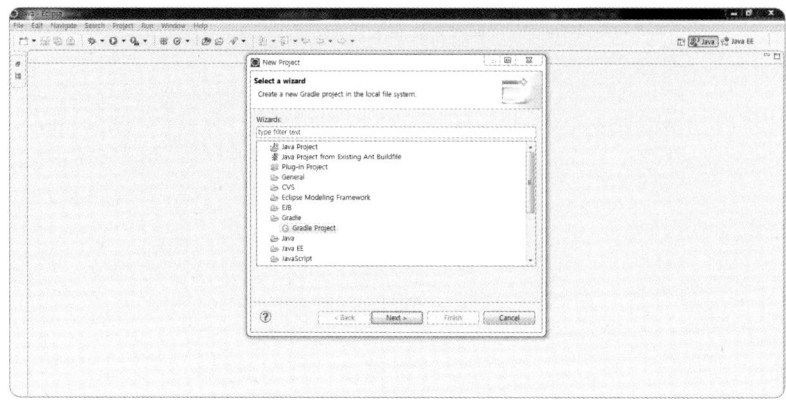

그레이들 프로젝트를 클릭한 후 Next 버튼을 클릭하고 프로젝트 이름을 입력하고 Finish 버튼을 클릭합니다.

그림 2-20 프로젝트 생성 완료

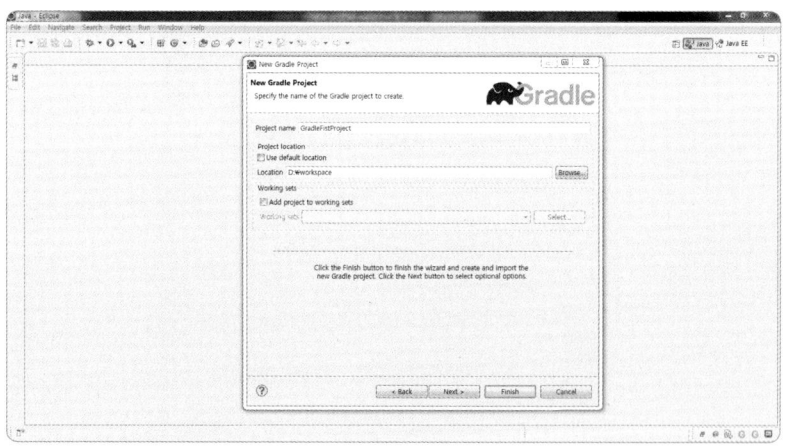

참고로 이클립스를 이용할 경우 단순히 Java Project나 Project를 선택하여 프로젝트를 생성

한 후 프로젝트 안에 build.gradle 파일을 생성하여도 문제는 없습니다.

④ 이클립스에 그레이들 설치 4: 빌드 수행

빌드 수행은 이클립스에서 그레이들 플러그인이 설치되어 있기 때문에 이클립스를 이용해도 되고 앞에 1번 실습처럼 명령 프롬프트 상에서 빌드를 수행해도 상관없습니다. 이클립스를 이용할 때는 다음과 같이 빌드를 수행하면 되겠습니다.

그림 2-21 빌드 수행

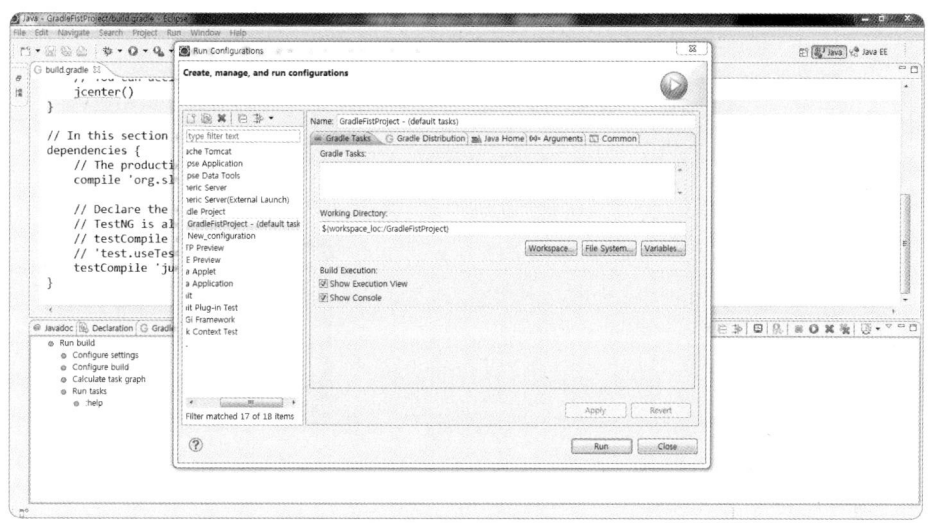

Gradle Tasks 부분에 수행하고자 하는 태스크를 입력하고 빌드를 수행하면 되겠습니다. 참고로 이 책에서는 명령 프롬프트 상에서 빌드 수행을 하도록 하겠습니다. 윈도우 기반으로 진행하지만, 빌드 시스템의 특성상 프로젝트 진행 시에 셸 스크립트에서 빌드 수행 명령어 등을 수행하도록 지정하여 작성하는 때도 있고 테스트 수행 시 콘솔 모드에서도 빌드 수행을 하는 경우가 많기 때문에 콘솔 환경에서 다양한 빌드 수행 명령어 실습도 학습할 겸 명령 프롬프트에서 진행하도록 하겠습니다.

5.3 안드로이드 스튜디오

안드로이드 스튜디오에 기본으로 탑재되어 있을 만큼 그레이들은 안드로이드 스튜디오와 최적으로 결합되어 있다고 보면 되겠습니다. 안드로이드 스튜디오를 내려받아 설치하고 프로젝트 생성을 해보도록 하겠습니다.

안드로이드 스튜디오: https://developer.android.com/studio/index.html

① 안드로이드 스튜디오 설치

그림 2-22 안드로이드 스튜디오 홈페이지

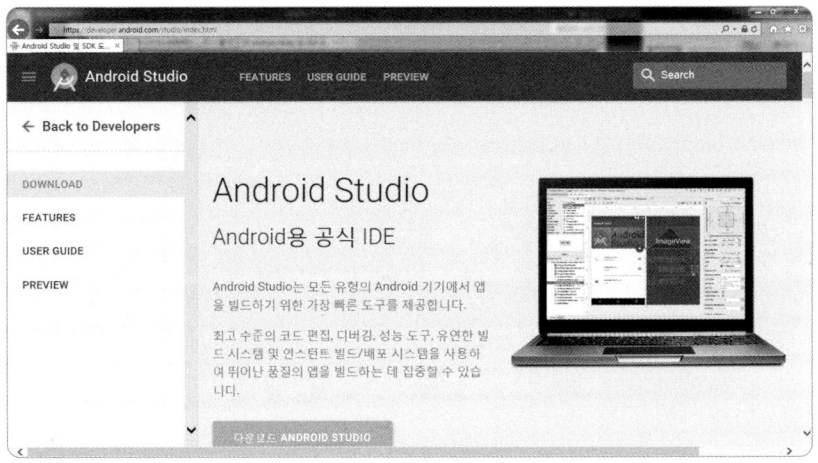

② 안드로이드 스튜디오 설치 완료

안드로이드 스튜디오 기타 활용이나 기능 관련해서는 안드로이드 스튜디오 전문 서적을 참고하기 바랍니다. 이 책에서는 그레이들과 관련된 내용 위주로 설명하도록 하겠습니다.

그림 2-23 설치 완료

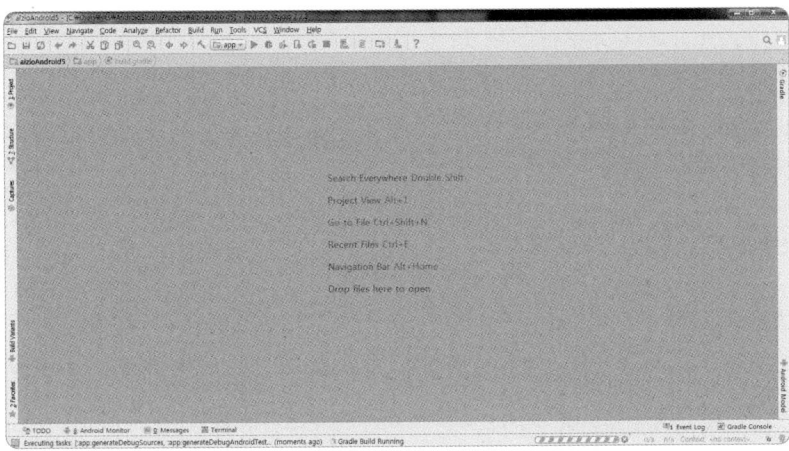

③ 안드로이드 스튜디오 프로젝트 생성

그림 2-24 프로젝트 생성

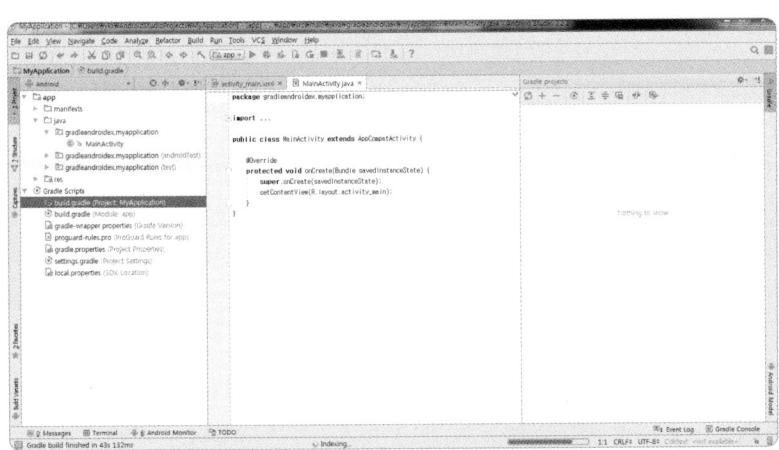

안드로이드 스튜디오를 이용하여 프로젝트를 생성할 경우 기본적으로 Gradle Scripts 부분에 그레이들과 관련된 부분이 생성되고 관련 부분을 제어해서 안드로이드 스튜디오에서 스

마트폰이나 태블릿과 관련된 프로젝트를 수행할 수 있습니다. 이 책에서도 안드로이드 스튜디오를 이용한 간단한 프로젝트를 통하여 그레이들의 활용 방법을 알아보도록 하겠습니다. 참고로 안드로이드 스튜디오를 이용할 경우 간단한 빌드 스크립트의 빌드 수행에는 다소 무겁고 불편한 부분이 있으니 실습을 진행할 때 참고하기 바랍니다.

5.4 IntelliJ

그레이들과 스프링(Spring)과 함께 연계하여 사용할 때 IntelliJ IDEA를 활용하면 편리한 부분이 있습니다. 물론 간단한 빌드 스크립트를 작성하거나 활용할 때에도 불편함이 없는 특징도 있습니다. 하지만, IntelliJ가 유료 도구이기 때문에 시험 사용 기간이 지나면 사용을 못하므로 이 부분 참고하기 바랍니다. IntelliJ를 활용할 경우 우선 IntelliJ를 설치하면 됩니다.

IntelliJ IDEA: https://www.jetbrains.com/idea/

① IntelliJ IDEA 설치

그림 2-25 IntelliJ IDEA 홈페이지

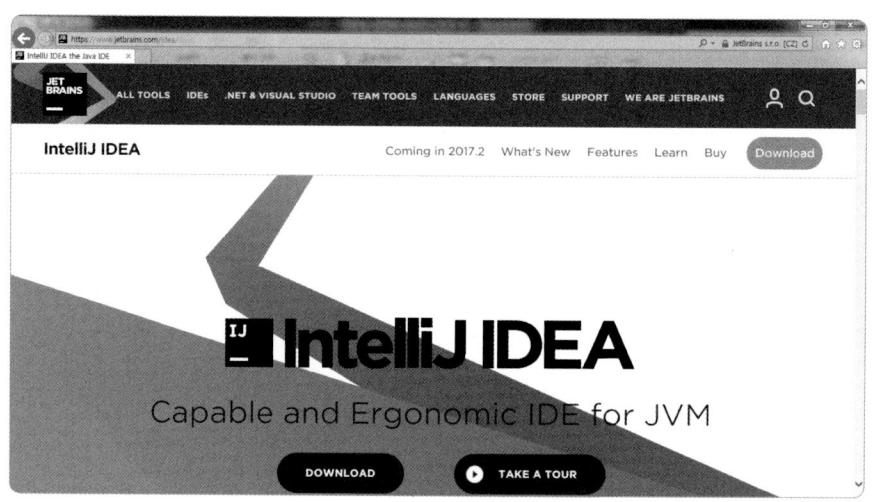

IntelliJ에도 그레이들이 기본적으로 추가되어 있기 때문에 그레이들을 이용하여 실습하기 위하여 별도의 플러그인 설치는 필요가 없습니다.

② IntelliJ IDEA 프로젝트 생성

그림 2-26 프로젝트 생성

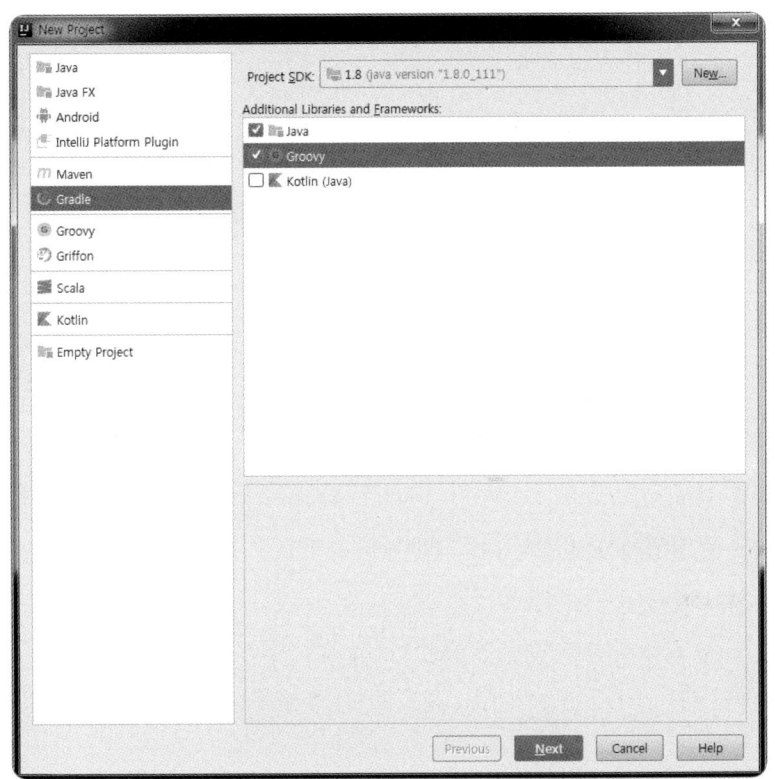

IntelliJ에서 프로젝트 생성 시 그레이들이 기본적으로 탑재되어 제공되고 있기 때문에 그레이들을 체크한 후 프로젝트를 생성하면 되겠습니다.

③ IntelliJ IDEA 프로젝트 생성 시 만들어진 build.gradle

그림 2-27 build.gradle

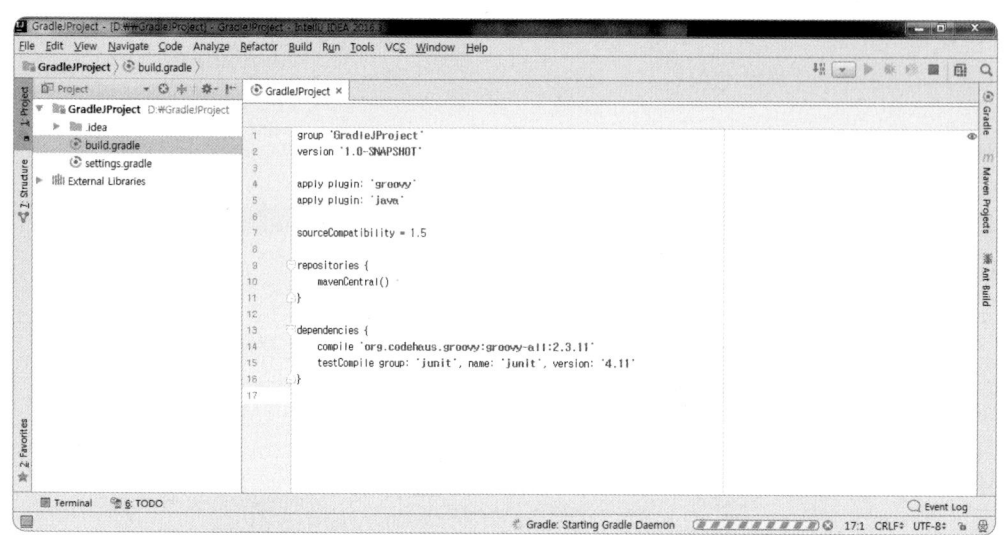

그림에서 기본적으로 build.gradle 파일이 생성되고 해당 빌드 스크립트에 기본 코드가 자동으로 생성된 것을 확인할 수 있습니다. IntelliJ IDEA와 관련해서는 스프링과 연계하여 간단한 프로젝트를 진행해서 인텔리 J와 그레이들 그리고 스프링과 연계된 활용과 실습을 학습하도록 하겠습니다.

Chapter

3 그레이들 기본

1. 그레이들의 태스크 **2.** 그레이들의 태스크 그래프

1. 그레이들의 태스크

1.1 태스크의 기본

그레이들과 빌드에 관하여 살펴보면서 **코드 3-1**과 같은 간단한 실습 예제를 진행하였습니다. **코드 3-1**을 실행하게 되면 "Hello Gradle!"이라는 문자열 출력과 함께 빌드 수행 결과를 확인할 수 있었습니다. 지금부터는 그레이들의 기본이 될 수 있는 태스크(Task)에 대해서 알아보도록 하겠습니다.

코드 3-1 "Hello Gradle!" 문자열 출력 예제

```
task hello<<{
    println "Hello Gradle!"
}
```

hello로 정의된 태스크를 실행하기 위해 명령 프롬프트 상에 gradle 명령어를 입력하고 수행하게 되면 gradle 명령은 빌드 스크립트인 build.gradle을 읽어들이고 명령어에 지정된 태스크를 실행하게 됩니다. **코드 3-1**의 실습 예제를 살펴보면 hello라는 태스크를 정의하기 위하여 《 연산자를 사용한 것을 확인할 수 있습니다. 그레이들에서 태스크를 지정하기 위해서

는 《 연산자를 사용해야 하는데, 이 연산자는 leftShift( )의 생략형으로, **코드 3-2**처럼 작성할 수도 있습니다.

코드 3-2 "Hello Gradle!" 문자열 출력 예제 2

```groovy
// 출력할 문자열을 def 형으로 선언 및 클로저 정의
def strMsg = { println 'Hello Gradle!' }
// hello 태스크
task hello{}
// leftShift() 를 사용한 문자열 출력
hello.leftShift(strMsg)
```

코드 3-2 역시 **코드 3-1**처럼 gradle 명령어를 실행하면 다음과 같이 동일한 결과를 확인할 수 있습니다.

그림 3-1 실행 결과

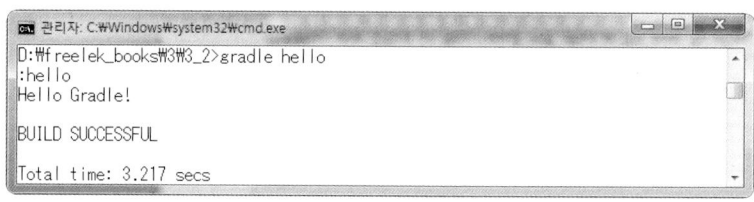

그레이들에서 태스크로 인식하게 하고 정의하기 위해서는 《 연산자를 이용하여 **코드 3-1**처럼 표현해야 합니다. 그러면 태스크에 《 연산자를 사용했을 때와 사용하지 않았을 때를 비교해서 살펴보도록 하겠습니다.

코드 3-3 태스크 비교

```groovy
task gradleTask1<<{
    println 'This is Gradle Task One'
```

```
}

task gradleTask2{
    println 'This is Gradle Task Two'
}
```

코드 3-3을 보면 gradleTask1은 《 연산자를 지정하였고 gradleTask2는 《 연산자 지정 없이 태스크를 표현하였습니다. 그럼 **코드 3-3**을 build.gradle 파일에 작성하고 명령 프롬프트 상에서 실행해보고 결과를 확인해 보도록 하겠습니다. 실행 결과 3-2와 같이 명령 프롬프트 상에서 gradle 명령어 'gradle gradleTask1 gradleTask2'를 입력하고 수행하면 다음과 같은 결과를 확인할 수 있습니다.

그림 3-2 실행 결과

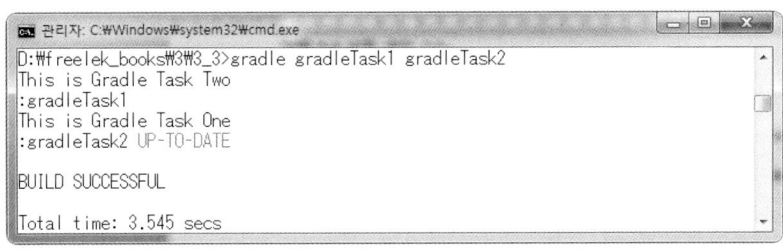

실행 결과를 확인해 보면 'This is Gradle Task Two' 문자열이 가장 먼저 출력되었고 다음으로 gradleTask1이 수행되었음이 표시되었고, gradleTask1에서 지정된 'This is Gradle Task One' 문자열이 출력되고 다음으로 gradleTask2가 수행되었음이 표시되며, 빌드 성공 여부와 빌드 수행 시간 표시와 함께 결과가 확인되었습니다. 비슷해 보이는 두 개의 태스크인데, gradleTask2가 먼저 출력되고 gradleTask1이 나중에 출력되었습니다. 이렇게 차이가 나는 이유는 《 연산자를 기준으로 그레이들 내부에서 태스크로 인식했는지 여부에 따른 차이라고 볼 수 있습니다. gradleTask1은 《 연사자를 사용하여 정의되어 태스크로 인식되어 수행되었지만, gradleTask2는 태스크로 인식되지 않았습니다. 그레이들에서 《 연산자를 지정하지 않고 클로저를 이용하여 gradleTask2와 같이 정의할 경우 설정을 위한 블록이 됩니다. 앞서 살펴본 **그림 2-7** 그레이들 생명주기(Life Cycle)를 보면 설정은 프로젝트 설정 단계에서 수행되고 실행은 태스크 실행 단계에서 수행됩니다. 그래서 블록으로 인식된 gradleTask1이 먼저 수행되고 다음으로 태스크로 인식된 gradleTask2가 수행되어 **그림 3-2** 실행 결과와 같은 결과가 나오게 됩니다.

태스크 작성 시 주의해야 할 점은 《 연산자를 사용하게 되면 설정을 위한 태스크로 사용할 수 없으며 태스크 관련 처리 구문은 태스크 정의 다음에 작성해야 한다는 것입니다. **코드 3-4**와 **코드 3-5**를 비교해보도록 하겠습니다.

코드 3-4 태스크 정의

```
task goodTask<<{
    println description + 'This is Good!'
}
goodTask.description = 'Task Execution->'
```

그림 3-3 실행 결과

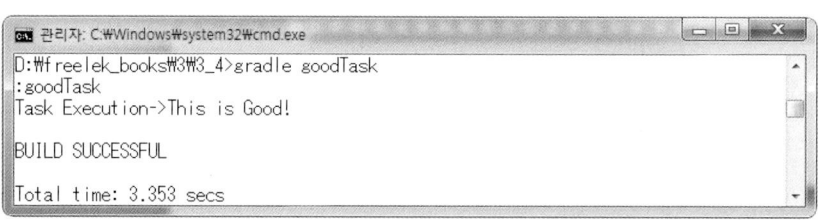

코드 3-5 태스크 정의

```
badTask.description = 'Task Execution->'
task badTask<<{
```

```
    println description + 'This is Bad!'
}
```

그림 3-4 실행 결과

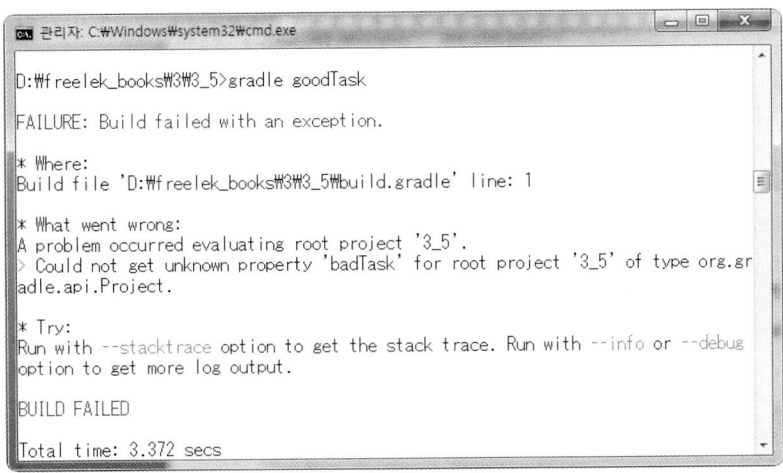

코드 3-4를 빌드하게 되면 정상적으로 수행이 성공되는 반면, **코드 3-5**와 같이 태스크를 정의하기 전에 선언한 태스크 속성을 이용하려고 하면 빌드 실패 관련 메시지를 확인할 수 있습니다. 만약, 태스크에 대하여 속성에 먼저 접근하여 사용해야 한다면 **코드 3-6**과 같이 작성하면 됩니다.

코드 3-6 태스크 정의

```
task prevTask
prevTask. description = ' <Task Execution >'
prevTask <<{
    println description + 'This is Good!'
}
```

1.2 태스크를 활용한 다양한 실습

그레이들의 태스크를 활용한 실습을 다양하게 진행해보도록 하겠습니다. 그레이들은 그루비를 기반으로 하므로 그루비에서 제공하는 다양한 기능을 사용할 수 있습니다. toUpperCase( )나 toLowerCase( )와 같은 문자열 처리 메서드를 이용하여 지정된 문자열을 대소문자로 변환할 수 있고 times{ }를 이용하여 지정된 횟수만큼 루프를 수행할 수도 있습니다. toUpperCase( )나 toLowerCase( )는 자바에서도 비슷한 기능의 메서드들이 있어서 자바 문법을 알고 있다면 그루비 문법을 알지 못하더라도 어느 정도 이해할 수 있습니다. 실습을 진행하기 위하여 디렉터리를 생성하여 임의의 프로젝트를 만든 후 **코드 3-7**을 build.gradle 파일에 작성하고 실행해보도록 하겠습니다.

코드 3-7 태스크 활용

```
task exeTask1<<{
    String strOutput = 'Have a Good Day'
    println '1. String change : ' + strOutput.toUpperCase()
    println '2. String change : ' + strOutput.toLowerCase()
}

task exeTask2<<{
    10.times { println "$it" }
}
```

그림 3-5 실행 결과

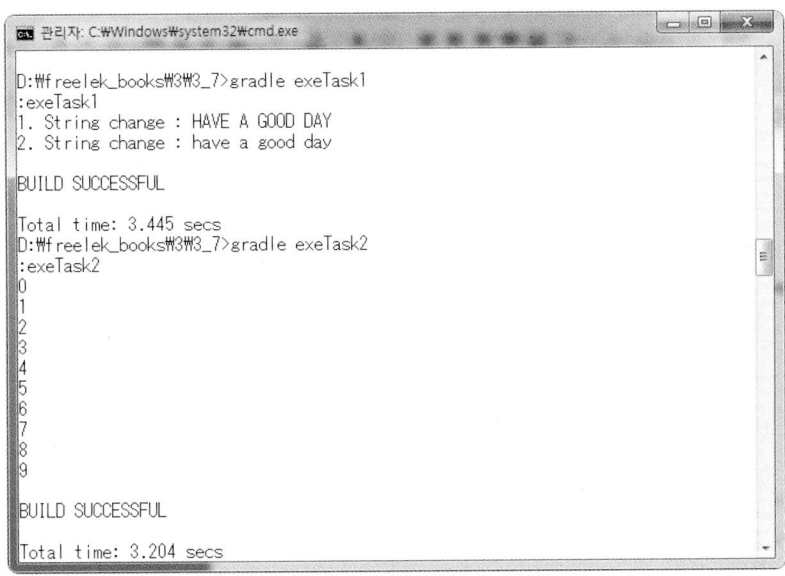

참고로 **코드 3-7**에서는 하나의 빌드 스크립트에 두 개의 태스크를 정의하여 작성하였고 실행은 각각의 태스크에 대하여 실행하였습니다. 하나의 빌드 스크립트에서 독립된 두 개의 태스크 정의가 가능하며 정의된 태스크는 각각에 대하여 수행할 수 있습니다. 그리고 exeTask1 태스크를 보면 자바에서와 비슷하게 문자열 메서드를 이용하여 String으로 선언된 문자열을 대문자, 소문자로 변환된 결과를 확인할 수 있는데, 이 부분이 그루비를 기반으로 한 그레이들의 특징으로 자바 문법에 대하여 학습을 했다면 어려움 없이 그레이들의 빌드 스크립트 코드를 이해할 수 있습니다. exeTask2 태스크는 10.times{ }를 통하여 루프를 10회 수행하는데, 그 출력으로 $it을 사용하여 0부터 9까지 카운트되며 출력되고 있습니다. 그레이들에서 제공되는 times라는 예약어는 **코드 3-7**처럼 태스크 내부에서뿐만 아니라 태스크에도 지정하여 사용할 수 있습니다.

계속해서 실습을 진행하도록 하겠습니다. 임의의 디렉터리를 생성한 후 **코드 3-8**을 build.gradle 파일을 생성하여 작성하도록 하겠습니다.

코드 3-8 태스크 활용

```
3.times{counter->
    task "exeTask$counter"<<{
        println "task counter : $counter"
    }
}
exeTask1.dependsOn exeTask0,exeTask2
```

코드 3-8을 보면 3.times{ } 블록 안에 exeTask로 시작하는 태스크가 정의된 것을 볼 수가 있습니다. 3.times{ }는 0~2까지 루프를 수행하도록 예약되어 있고 그 안에는 exeTask0, exeTask1, exeTask2의 태스크가 정의됩니다. 참고로 3.times{ } 블록에서의 반복은 0~2까지 루프 수행이기 때문에 만약 빌드 수행 시 exeTask3을 빌드하려면 정의되지 않은 태스크 호출로 빌드 실패와 함께 에러가 발생합니다. 그러면 명령 프롬프트 상에서 각 태스크를 빌드해서 수행해보면 실행 결과 **그림 3-6**을 확인할 수 있습니다.

그림 3-6 실행 결과

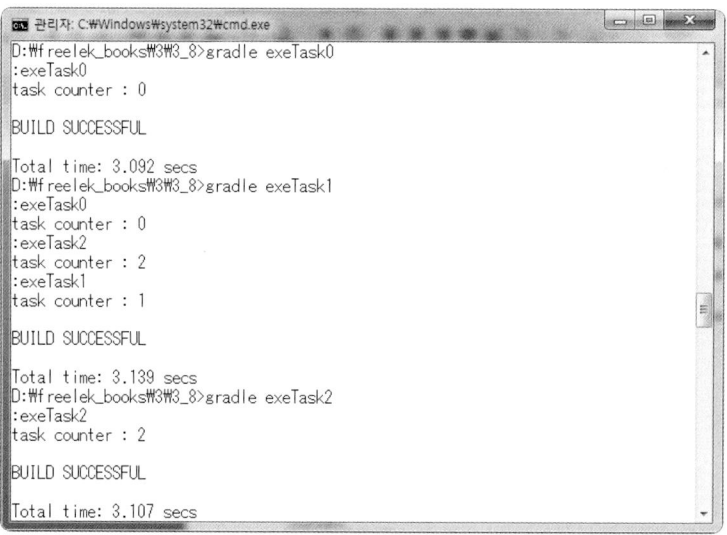

그림 3-6을 보면 extTask0, exeTask1, exeTask2에 대하여 각각 빌드를 수행하였고 해당 수행 결과가 출력되었음을 알 수 있습니다. exeTask1의 빌드 결과를 보면 exeTask0이나 exeTask2 와는 다르게 다른 태스크들도 함께 빌드되서 결과가 출력되었는데, **코드 3-8**에서 지정된 'exeTask1.dependsOn exeTask0, exeTask2' 코드 부분에서 dependsOn에 의해 태스크 간에 의존 관계가 형성되어 exeTask1에 대하여 빌드 수행 시 exeTask0과 exeTask2도 함께 빌드되어 출력되었습니다. 이 의존 관계에 대해서는 뒷부분에서 좀 더 자세히 살펴보도록 하겠습니다.

코드 3-9 태스크 활용

```
task exeTask(description : "Thsi is gradle description")<<{
    println description
}
```

그림 3-7 실행 결과

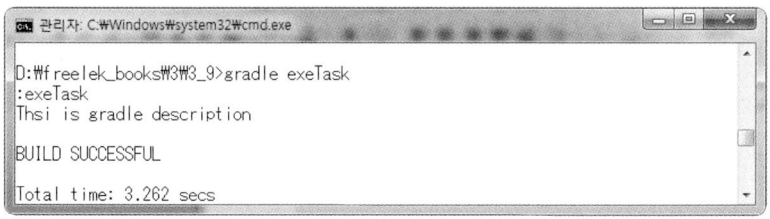

코드 3-9는 태스크에 인수를 Map 형식으로 속성과 속성값을 지정하여 나타낼 수 있습니다. 이와 유사하게 태스크 이름도 인수로 넣어 **코드 3-10**과 같이 사용할 수 있습니다.

코드 3-10 태스크 활용

```
task (exeTask,description : "Thsi is gradle description")<<{
    println description
}
```

그림 3-8 실행 결과

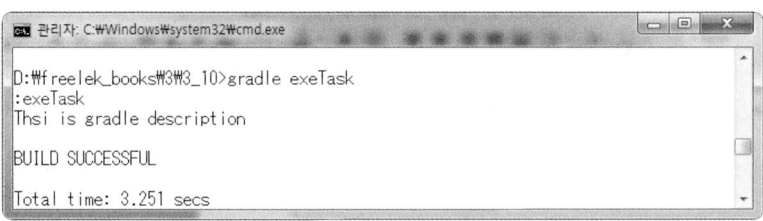

필요에 의해 **코드 3-9**나 **코드 3-10**과 같이 태스크를 표현해도 무방하나 태스크에 설정하는 인수의 개수가 늘어난다면 정의한 태스크에 대한 가독성이 떨어지는 문제가 있을 수 있으니 상황에 맞게 태스크를 정의해서 사용하면 됩니다.

태스크를 정의할 때 doFirst( ), doLast( )를 사용하여 태스크의 실행을 위한 처리를 할 수 있습니다. doFirst( )는 지정된 태스크가 실행되기 전에 먼저 실행되어 수행되며 doLast( )는 지정된 태스크가 지정이 완료된 후에 실행되는 특성이 있습니다. 또한, doFirst( )와 doLast( ) 안에서는 Task 객체에서 제공하는 속성을 이용할 수도 있습니다. **코드 3-11**을 작성하고 명령 프롬프트에서 수행해보도록 하겠습니다.

코드 3-11 태스크 활용

```
task exeTask<<{
    println '   exeTask task'
}
exeTask.doFirst{
    println '>>> exeTask doFirst'
}
exeTask.doLast{
    println ">>> exeTask doLast - END : $exeTask.name" // name 속성을 통하여 Task 이름 출력
}
```

그림 3-9 실행 결과

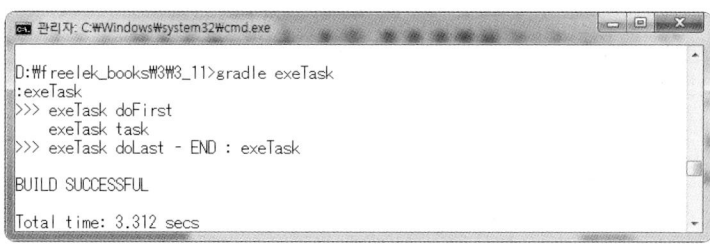

속성 블록에서 지정한 값을 태스크에서 호출하여 사용하는 방법을 살펴보도록 하겠습니다. 지금 살펴볼 방법 이외에도 태스크에서 속성으로 지정된 값을 호출하여 사용하는 방법은 여러 가지가 있습니다. 앞에서 확장 속성으로 ExtraPropertiesExtension 객체와 ext 키워드를 이용한 부분을 살펴봤습니다. 이 확장 속성을 속성 블록에서 사용하고 지정된 속성과 속성 값을 태스크에서 호출해보도록 하겠습니다.

코드 3-12를 작성한 후 명령 프롬프트에서 실행해보면 userInfo로 지정된 속성 블록의 내용을 exeTask에서 userInfo 이름을 통하여 호출하여 사용하는 것을 알 수 있습니다. 이렇게 속성 블록에 공통으로 정의하거나 지정해야 할 사항을 저장한 후 태스크에서 사용하는 방법은 자주 사용되는 방법이니 참고하면 좋을 것 같습니다.

코드 3-12 태스크 활용

```
task userInfo{
    ext.userName="John"
    ext.userAge="20"
    ext.userGen="Man"
}

task exeTask<<{
    println "Name : "+userInfo.userName
    println "Age : "+userInfo.userAge
    println "Gen : "+userInfo.userGen
}
```

그림 3-10 실행 결과

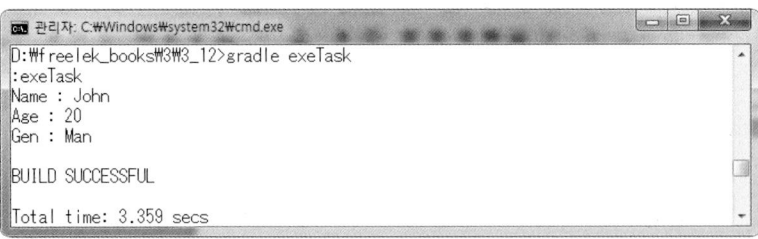

빌드 스크립트에서 빌드 수행 시 기본 동작하도록 태스크를 지정하는 방법이 있습니다. defaultTasks라는 키워드를 사용하여 빌드 스크립트에 정의된 태스크들을 **코드 3-13**과 같이 나열하여 표현하면 됩니다. 명령 프롬프트를 열고 해당 프로젝트의 디렉터리에서 'gradle'이라고 명령을 입력하여 해당 빌드 스크립트를 빌드하게 되면 defaultTasks 뒤에 나열된 태스크 순서대로 태스크가 수행되는 것을 실행 결과 **그림 3-11**에서 알 수가 있습니다.

코드 3-13 태스크 활용

```
defaultTasks 'exeTask1','exeTask2','exeTask3'

task exeTask1<<{
    println 'Thsi is exeTask1 Project'
}

task exeTask2<<{
    println 'Thsi is exeTask2 Project'
}

task exeTask3<<{
    println 'Thsi is exeTask3 Project'
}
```

그림 3-11 실행 결과

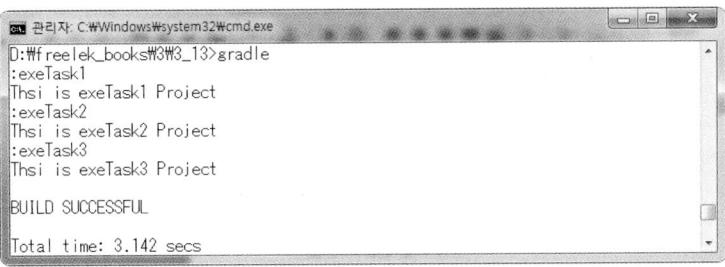

def 형을 이용하여 Map 형식으로 객체를 생성한 후 해당 객체에 대하여 반복 루프를 수행시키며 태스크를 수행할 수 있습니다. 앞에서 살펴본 times 키워드처럼 each를 사용하여 태스크를 반복 수행하도록 하겠습니다. each 키워드는 자바에서 for 문이나 while 문과 비슷하다고 보면 되겠습니다. **코드 3-14**를 보면 def 형으로 선언된 Map 형식 변수가 있고 그 아래의 소스 코드에서 Map에 지정된 개수만큼 반복을 수행하도록 each를 활용하여 태스크가 정의되어 있습니다. each 구문을 보면 confMap의 속성과 속성값을 매칭하기 위한 svDomain과 domainAddr을 선언하였고 이 두 개의 선언된 변수를 통하여 each{ } 안에 정의된 태스크로 confMap의 속성과 속성값이 전달되어 사용됩니다. 그리고 each{ }에 정의된 태스크도 ${ }을 사용하여 confMap에 지정된 속성의 이름을 인수로 받아 태스크명으로 활용하고 있습니다. 그럼 명령 프롬프트를 열고 해당 빌드 스크립트를 빌드해보도록 하겠습니다. 빌드를 수행할 때에는 실행 결과 **그림 3-12**와 같이 gradle 명령어 뒤에 루프를 돌면서 수행할 태스크의 이름을 나열하게 되면 나열된 순서대로 태스크를 수행하게 됩니다.

코드 3-14 태스크 활용

```
def confMap =['imgConf':'img.freelec.co.kr' , 'smsConf':'sms. freelec.co.kr']

confMap.each { svDomain,domainAddr->
    task "exeTask${svDomain}"<<{
        println domainAddr
```

        }
    }

그림 3-12 실행 결과

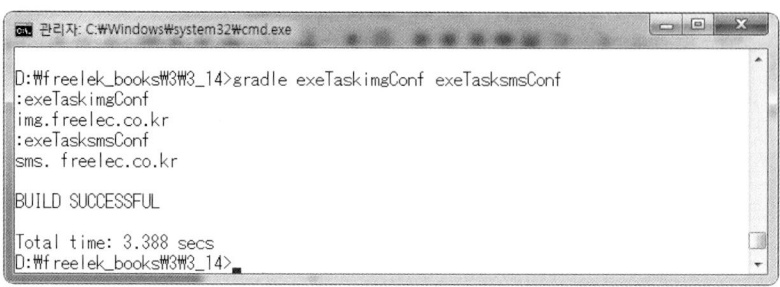

1.3 조건에 따른 빌드

그레이들에서 빌드를 수행할 때 특정 조건에 합당할 경우 빌드가 수행되도록 하는 방법에 대해서 알아보도록 하겠습니다. 빌드를 수행할 때 빌드의 타입을 지정하여 해당 빌드 타입일 때 빌드가 정상적으로 수행되도록 할 수 있는데, 이때 onlyIf 키워드를 사용하여 태스크에 지정하면 되겠습니다. **코드 3-15**에서 보면 exeTask에 빌드 성공 시 출력하고자 하는 문자열을 지정하였고 그 밑에 exeTask.onlyIf로 하여 exeTask 태스크에 대하여 onlyIf로 빌드 타입을 지정하였습니다. 즉, buildType이 'partial-build'일 경우에 빌드가 성공적으로 수행되며 그렇지 않을 때에는 빌드가 실패하게 됩니다. 실행 결과 **그림 3-13**은 빌드 수행 시 명령어에 빌드가 성공적으로 수행될 조건인 buildType을 지정하지 않고 실행한 결과이며 실행 결과 **그림 3-14**는 빌드가 성공적으로 수행되도록 buildType을 명령어 인수로 전달하여 수행한 결과입니다.

코드 3-15 태스크 활용

```
task exeTask<<{
    println 'Gradle Build Success !!!'
}

exeTask.onlyIf{
    buildType == 'partial-build'
}
```

그림 3-13 실행 결과

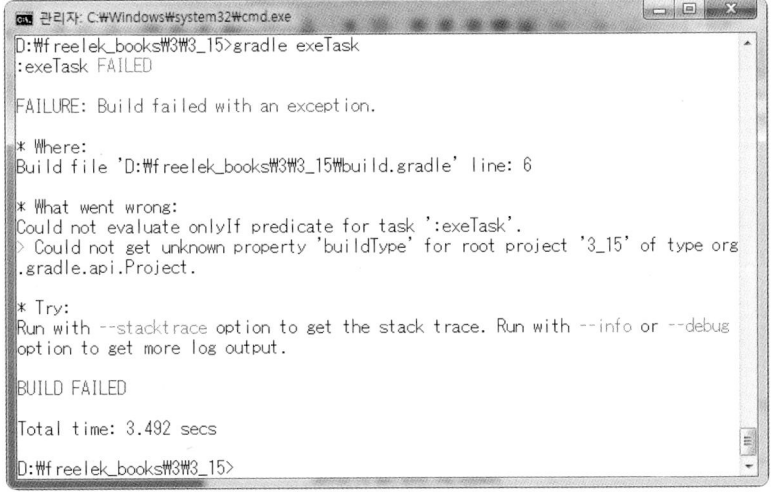

그림 3-14 실행 결과

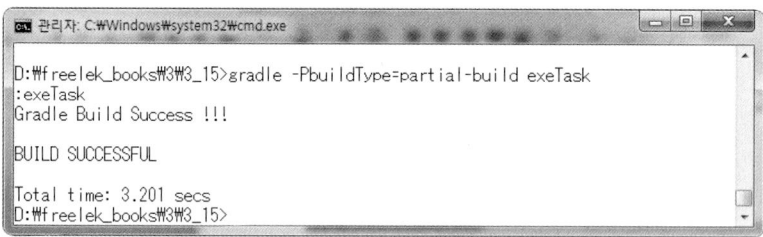

코드 3-15에서는 조건에 맞지 않을 경우 빌드 수행 결과가 실패로 표시되었는데, 이번에는 빌드를 수행할 때 그 조건에 일치하지 않아도 빌드의 결과가 실패가 아닌 성공으로 표시되어 진행할 수 있도록 소스 코드를 작성해보도록 하겠습니다. 코드 3-16은 if 문을 이용하여 빌드를 수행할 때 전달받은 명령어의 인수에 일치할 경우 빌드 수행을 멈추고 결과를 반환하도록 작성되었습니다. if 문의 조건과 일치하지 않을 때에는 빌드가 다음 수행 구문까지도 정상적으로 수행되고 결과를 반환합니다. 그림 명령 프롬프트를 열고 해당 소스 코드를 작성한 후 빌드를 수행해보면 실행 결과가 그림 3-15처럼 나타나는 것을 확인할 수 있습니다. 빌드 수행 시 명령어에 인수로 '-Pporcess=ok'로 지정했을 때 exeTask는 지정된 수행을 정상적으로 마무리하게 되는데, '-Pprocess=error'로 인수를 지정한 후 빌드를 수행했을 때는 예외 처리한 StopExecutionException( )으로 인하여 빌드 수행은 정지되며 마무리됩니다.

코드 3-16 태스크 활용

```
task exeTask<<{
    println 'exeTask Build SUCCESS'
}

exeTask<<{
    if(process=='error'){
        throw new StopExecutionException()
    }
}
```

```
exeTask<<{
    println '-- Build END --'
}
```

그림 **3-15** 실행 결과

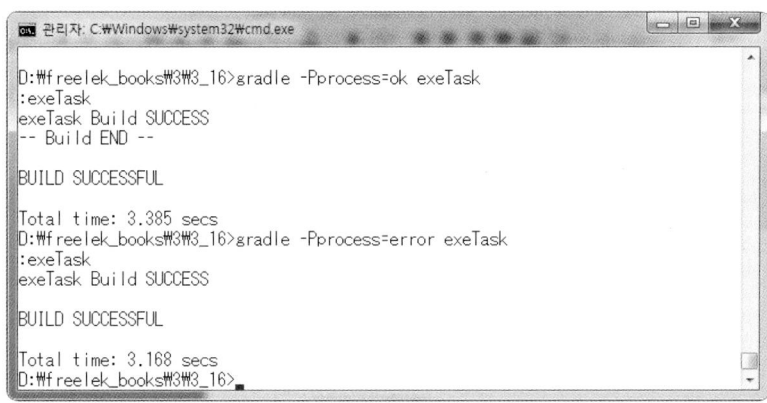

1.4 실행 순서 제어

그레이들에서는 태스크 간의 실행 순서를 제어할 수 있습니다. 태스크 간에 의존하는 부분이 있다면 의존 관계 지정을 통하여 태스크의 실행 순서를 제어할 수 있지만, 의존적인 요소가 존재하지 않고 빌드 실행을 위해 실행 순서를 제어해야 할 경우 mustRunAfter와 shouldRunAfter를 이용하여 제어할 수 있습니다. mustRunAfter와 shouldRunAfter의 기능은 비슷하지만, 차이가 있습니다. 둘 다 태스크 간의 실행 순서를 제어하지만, 강제성의 정도에 따른 차이가 있다고 보면 되겠습니다. 코드를 살펴보면서 사용 방법과 차이를 알아보도록 하겠습니다.

코드 3-17 태스크 활용

```
task task exeTaskBefore<<{
    println 'exeTaskBefore ---- 1'
}

task exeTaskAfter<<{
    println ' exeTaskAfter ---- 2'
}

exeTaskAfter.mustRunAfter exeTaskBefore
```

코드 3-17에서 보면 exeTaskBefore 태스크와 exeTaskAfter 태스크 두 개가 있으며 두 태스크 밑에 mustRunAfter로 두 태스크 간의 실행 순서가 지정되어 있습니다. 'exeTaskAfter. mustRunAfter exeTaskBefore'는 "exeTaskAfter 태스크는 exeTaskBefore 태스크를 실행한 후에 실행해야 한다."라는 뜻으로 보면 되겠습니다. **코드 3-17**의 빌드 수행 결과를 보면 실행 결과 **그림 3-16**과 같습니다. 빌드 수행 명령에서 두 태스크의 수행 순서를 바꾸어도 mustRunAfter에 의해 지정된 순서대로 빌드가 실행됨을 알 수 있습니다.

그림 3-16 실행 결과

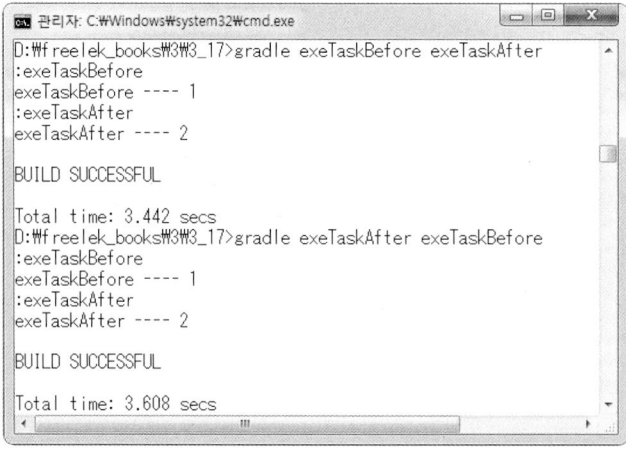

다음으로, shouldRunAfter를 살펴보도록 하겠습니다. shouldRunAfter는 mustRunAfter와 같이 태스크 간의 실행 순서를 제어할 수 있습니다. 차이점은 mustRunAfter처럼 강제적이지 않고 태스크 간의 실행 순서 제어에 예외가 있는 부분이 있습니다. 예외적인 부분은 태스크 간에 순환 참조일 때나 의존 관계에 있는 태스크가 병렬로 실행되서 나누어 실행될 경우입니다. 순환 참조일 때는 태스크 수행 시 예외가 발생하지만 sholdRunAfter로 순서가 지정되었을 경우에는 순환 참조 구조가 무시되어 shouldRunAfter로 지정된 순서대로 태스크가 수행됩니다. 또한, 병렬 실행에 의한 의존 관계의 태스크들이 실행될 때에는 shouldRunAfter의 순서로 지정된 태스크가 의존 관계에 있는 태스크가 실행되지 않더라도 실행됩니다. 그러면 **코드 3-18**을 통해 shouldRunAfter를 살펴보도록 하겠습니다.

코드 3-18 태스크 활용

```
task exeTaskBefore<<{
    println 'exeTaskBefore ---- 1'
}

task exeTaskAfter<<{
    println ' exeTaskAfter ---- 2'
}

exeTaskAfter.shouldRunAfter exeTaskBefore
```

코드 3-17과 **코드 3-18**을 살펴보면 mustRunAfter과 shouldRunAfter의 사용 방법이 유사한 부분을 확인할 수 있습니다. 앞에서 설명한 바와 같이 shouldRunAfter의 예외적인 부분을 제외한다면 유사한 수행 결과를 확인할 수 있습니다. mustRunAfter와 shouldRunAfer는 태스크를 실행할 때 엄격한 강제성이 필요한지에 따라 판단하여 사용하면 됩니다.

그림 3-17 실행 결과

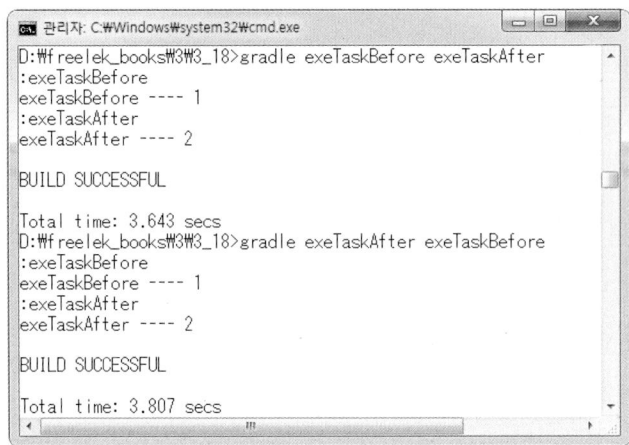

1.5 의존 관계와 순서 지정 방법 간의 차이

뒤에서 살펴볼 의존 관계와 mustRunAfter와 shouldRunAfter를 이용한 태스크의 순서 지정 방법 간의 차이점에 대해서 알아보도록 하겠습니다. 의존 관계의 경우 태스크 간에 지정된 의존 관계에 의해서 지정된 태스크의 흐름에 따라 빌드 수행 시에 태스크가 실행되지만 mustRunAfter와 shouldRunAfter를 이용하여 순서를 지정하였을 때에는 지정된 태스크만 실행되며 실행하려면 실행 대상으로 지정할 태스크 모두를 실행 대상이 될 수 있도록 실행 결과 **그림 3-16**, **그림 3-17**과 같이 빌드 수행 시 지정해야 합니다. **그림 3-18**을 통해 의존 관계와 mustRunAfter와 shouldRunAfter를 통한 순서 지정 방법 간의 차이점을 알아보도록 하겠습니다.

그림 3-18 의존 관계와 순서 지정 방법 간의 차이점

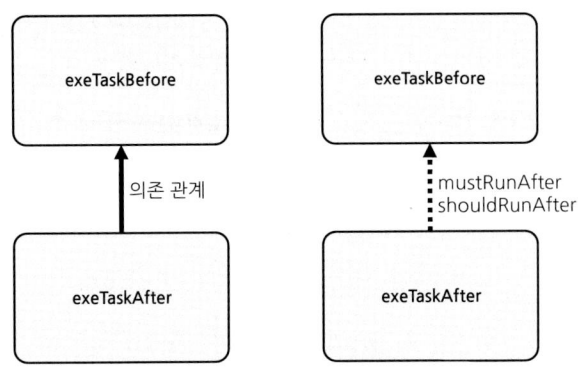

의존 관계가 아닌 태스크 간에 mustRunAfter이나 shouldRunAfter 지정이 없다면 해당 태스크들의 연관 관계는 없으며, mustRunAfter이나 shouldRunAfter로 지정되어 있다면 해당 태스크는 모두 실행 대상에 지정되어야 지정된 실행 순서에 따라 수행된다.

2. 그레이들의 태스크 그래프

그레이들의 태스크 그래프는 설정 단계에서 정의된 태스크들을 확인하여 태스크 간의 의존 관계를 시각적으로 나타낸 것입니다. 그래프의 이론 중에서 방향성 비순환 그래프(Directed Acyclic Graph, DAG)라는 개념을 바탕으로 만들어졌습니다. 방향성 비순환이라는 단어에서 알 수 있듯이 태스크 그래프는 방향성은 있지만 순환하지 않는 특성이 있습니다. 만약 태스크 간에 순환을 구조를 갖게 된다면 무한 반복되는 문제를 갖게 되고 실제 그레이들의 빌드에서 에러가 발생하게 됩니다.

방향성 비순환 그래프: https://en.wikipedia.org/wiki/Directed_acyclic_graph

그림 3-19 태스크 의존 관계와 실행 순서

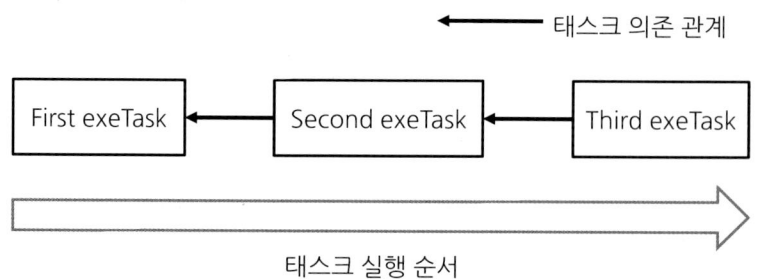

태스크 그래프가 만들어질 때 의존 관계에 있는 태스크들도 실행 대상이 되어 태스크 그래프에 추가되고 수행됩니다. **그림 3-19**를 보면 First exeTaks 태스크, Second exeTask 태스크, Third exeTask 태스크가 있습니다. Third exeTask는 Second exeTask에 의존 관계에 있으며 Second exeTask는 First exeTask에 의존 관계에 놓여 있습니다. Third exeTask를 실행하게 되면 의존 관계에 의해서 Second exeTask가 실행 대상으로 추가되는데, Second exeTask는 First exeTask에 의존 관계가 정의되어 있어서 First exeTask가 실행 대상으로 먼저 추가되어 먼저 실행되고 다음으로 Second exeTask가 실행되고 마지막으로 Third exeTask가 실행됩니다. 그럼 **코드 3-19**를 통해 그래들 태스크 그래프와 의존 관계, 그리고 실행 순서를 살펴보도록 하겠습니다.

코드 3-19 태스크 그래프

```
task FirstExeTask << {
    println 'FirstExeTask gradle task'
}

task SecondExeTask(dependsOn : 'FirstExeTask') << {
    println 'SecondExeTask gradle task'
}

task ThirdExeTask(dependsOn : 'SecondExeTask') << {
```

```
    println 'ThirdExeTaks gradle task'
}
```

코드 3-19를 보면 dependsOn이라는 키워드를 통하여 태스크 간에 의존 관계가 형성되어 있는 것을 확인할 수 있습니다. dependsOn은 태스크 간에 의존 관계를 지정하는 역할을 하고 있으며 dependsOn 뒤에 있는 태스크에 대하여 의존 관계를 형성한다고 보면 되겠습니다.

코드 3-19를 명령 프롬프트에서 실행해보면 실행 결과 **그림 3-20**처럼 ThirdExeTask를 실행했지만, 태스크 그래프에서 실행 대상으로 의존 관계에 있는 SecondExeTask와 FirstExeTask도 **그림 3-20**과 같이 실행한 것을 확인할 수 있습니다.

그림 3-20 실행 결과

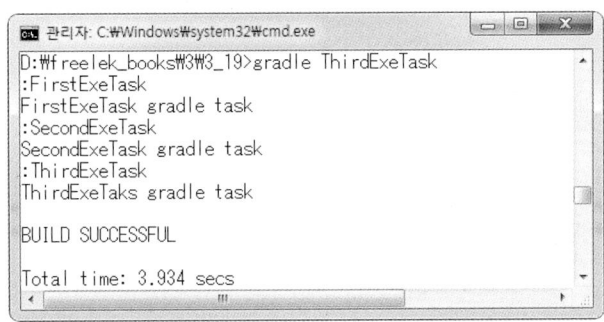

태스크 그래프가 의존 관계에 의해 지정된 태스크들에 의해 정의되지만, 제약 요소가 있습니다.

1) 실행 시 같은 태스크를 실행 대상으로 중복으로 지정한 경우

2) mustRunAfter나 shouldRunAfter를 이용하여 태스크에 순서가 지정된 경우

3) 종료 태스크(Finalizer Task)가 지정된 경우

실행 시 같은 태스크를 실행 대상으로 중복으로 지정한 경우는 빌드를 수행할 때 'gradle ThirdExeTask ThirdExeTask'와 같이 동일한 태스크를 실행 대상으로 지정한 경우를 의미합니다. 이렇게 지정하여도 그레이들에서는 실행 결과 **그림 3-21**과 같이 해당 태스크에 대해서 1회만 실행됩니다.

그림 3-21 실행 결과

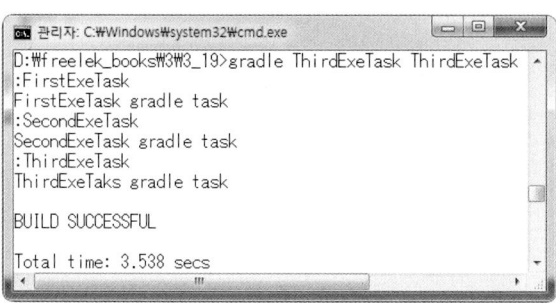

앞에서 살펴본 mustRunAfter나 shouldRunAfter를 이용하여 태스크에 순서가 지정된 경우는 의존 관계가 아닌 명시적으로 지정된 태스크에 대해서 순서대로 수행됩니다. 그리고 특정 태스크에 대하여 해당 태스크가 실행이 완료된 후에 수행되도록 하는 태스크가 있는데, 이를 **종료 태스크**(Finalizer Task)라고 합니다. 종료 태스크는 finalizedBy를 이용하여 특정 태스크의 수행이 끝난 후 수행이 되도록 지정하게 됩니다. 종료 태스크는 자바에서 finally와 유사한 성격을 가지고 있는데, 종료 태스크는 지정된 태스크에서 에러나 예외가 발생하더라도 실행됩니다. 종료 태스크 같은 경우에는 종료하는 태스크가 실행 대상이 될 때 태스크 그래프에 추가되어 종료하는 태스크가 실행된 후에 실행됩니다.

그림 3-22 종료 태스크와 태스크 그래프

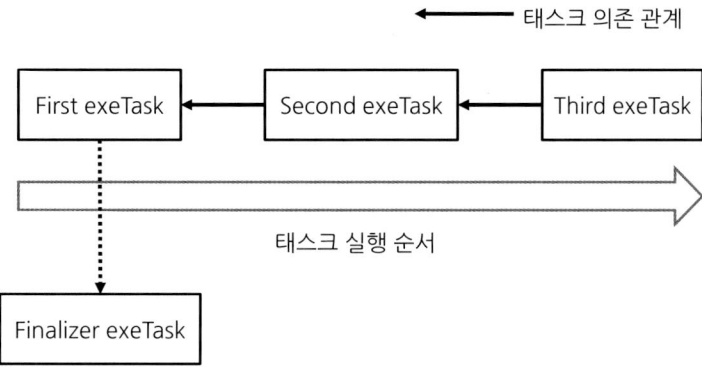

코드 3-20은 FirstExeTask에 예외(Exception)를 인위적으로 발생시켰고 FirstExeTask에 finalizedBy를 이용하여 종료할 경우 종료 태스크로 finishTask를 지정하였습니다.

코드 3-20 종료 태스크

```
task FirstExeTask << {
    println 'FirstExeTask gradle task'
}

FirstExeTask<<{
    throw new Exception('Exception')
}

task SecondExeTask(dependsOn : 'FirstExeTask') << {
    println 'SecondExeTask gradle task'
}

task ThirdExeTask(dependsOn : 'SecondExeTask') << {
    println 'ThirdExeTaks gradle task'
}

task finishTask<<{
```

```
    println 'memory clear'
}

FirstExeTask.finalizedBy finishTask
```

ThirdExeTask를 명령 프롬프트 상에서 실행했는데, 의존 관계에 의해서 FirstExeTask가 수행되었습니다. 그런데 FirstExeTask는 예외가 발생하여 종료되는데, FirstExeTask.finalizedBy finishTask 부분에서 finishTask가 종료 태스크로 지정되어 예외가 발생하여도 수행이 되는 것을 **그림 3-23** 실행 결과를 통해 확인할 수 있습니다. 종료 태스크는 종료하는 태스크에서 프로세스를 종료하거나 자원을 반납해야 하는 경우 등에 사용하면 유용한 태스크 활용 방법입니다.

그림 3-23 실행 결과

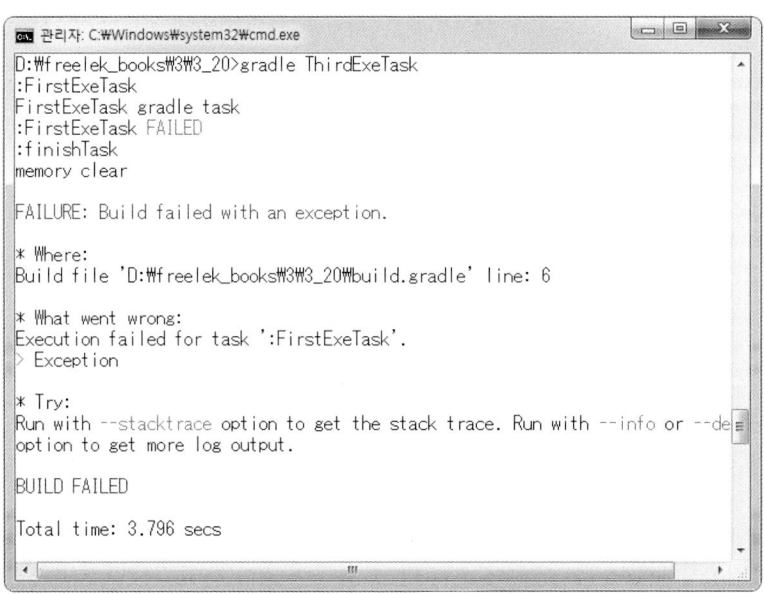

참고로 만약 종료 태스크가 SecondExeTask에 지정이 되었다면 FirstExeTask에서 예외가 발

생하여 종료하게 되므로 SecondExeTask에 지정된 종료 태스크는 실행되지 않습니다.

코드 3-21 종료 태스크가 실행이 안 되는 경우

```
task FirstExeTask << {
    println 'FirstExeTask gradle task'
}

FirstExeTask<<{
    throw new Exception('Exception')
}

task SecondExeTask(dependsOn : 'FirstExeTask') << {
    println 'SecondExeTask gradle task'
}

task ThirdExeTask(dependsOn : 'SecondExeTask') << {
    println 'ThirdExeTaks gradle task'
}

task finishTask<<{
    println 'memory clear'
}

SecondExeTask.finalizedBy finishTask
```

그림 3-24 실행 결과

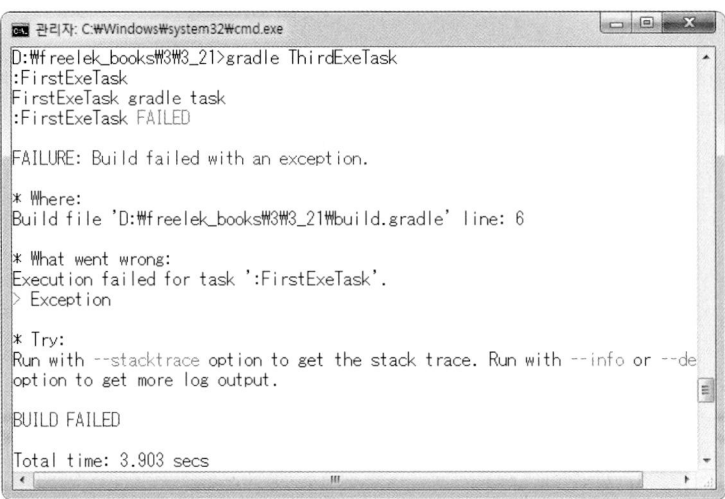

Chapter

4 그레이들의 도메인 객체

1. Project 객체 **2.** Task 객체 **3.** Gradle 객체 **4.** Settings 객체 **5.** 기타 객체들

이제 그레이들에서 제공하는 **도메인 객체**(Domain Object)에 대하여 알아보도록 하겠습니다. 제공하는 도메인 객체는 다양하지만, 여기서는 주로 사용하는 도메인 객체를 중심으로 실습해보도록 하겠습니다. 참고로 좀 더 다양한 그레이들의 도메인 객체에 대하여 알고 싶다면 이에 대하여 정리한 DSL을 참고하면 되겠습니다.

Gradle DSL: https://docs.gradle.org/current/dsl/

1. Project 객체

Project 객체는 빌드 스크립트에서 그레이들을 사용하는 데 있어서 기본 객체 중 하나입니다. 그레이들의 Project 객체에서는 그레이들의 모든 기능에 대하여 프로그래밍 방식으로 접근할 수 있도록 각종 속성 및 메서드 등을 지원하고 있습니다. 해당 프로젝트의 환경 구성, 의존 관계, 태스크 등의 내용을 Project 객체를 통하여 제어하고 참조할 수 있습니다. 그레이들에서 반드시 알아야 할 객체입니다.

1.1 Project 객체의 생명주기

Project 객체는 프로젝트와 build.gradle 파일 간에 일대일 대응 관계에 있으며 빌드가 초기

화될 때 그레이들은 빌드를 수행할 프로젝트의 Project 객체에 대하여 다음과 같은 생명주기를 갖게 됩니다.

- 빌드를 수행하기 위한 Settings 객체 생성
- settings.gradle 스크립트 파일이 있을 경우 Settings 객체와 비교
- 구성된 Settings 객체를 이용하여 Project 객체의 계층 구조 생성
- 프로젝트가 멀티 프로젝트 구조일 경우 부모 프로젝트부터 Project 객체를 생성하고 다음으로 자식 프로젝트의 Project 객체를 생성(Project.evaluationDependsOnChildren( )나 Project.evaluationDependsOn(java.lang.String)으로 순서 제어 가능)

Project 객체 DSL: https://docs.gradle.org/current/dsl/org.gradle.api.Project.html

1.2 Project 객체의 구조

프로젝트는 그레이들이 빌드를 수행하기 위해 갖추어야 할 필수 요소입니다. 프로젝트는 하나의 단일 프로젝트 또는 여러 개의 프로젝트가 모인 멀티 프로젝트로 이루어질 수 있습니다. 이러한 프로젝트의 정보를 참조하고 활용하기 위해 Project 객체가 있으며, Project 객체는 프로젝트의 모든 정보를 참조해야 하기 때문에 다른 도메인 객체보다 다양한 속성과 메서드 등을 제공하며 더 복잡하다고 할 수 있습니다. Project 객체와 관련이 있는 그레이들의 주요 컨테이너의 구조는 **그림 4-1**과 같이 크게 6가지 요소와 연관된 것을 확인할 수 있습니다.

TaskContainer는 TaskContainer.create( )를 이용하여 클래스 컴파일, 단위 테스트 실행, WAR와 같은 압축 등의 작업을 수행하여 프로젝트에 추가하는 기능을 수행하고, TaskContainer에서 제공하는 TaskContainer.getByname( ) 메서드를 이용하게 되면 태스크의 정보를 찾을 수 있습니다. 이렇게 Project 객체는 TaskContainer를 통하여 프로젝트에 추가된 정보를 참조하여 사용할 수 있는 기능을 가지고 있습니다.

ConfigurationContainer를 사용하여 프로젝트의 구성을 관리할 수 있으며 DependencyHandler를 통하여 의존 관계를 관리하게 되고 ArtifactHandler를 이용하여 프로젝트의 결과물을 관리하고 프로젝트의 저장 공간을 RepositoryHandler를 통하여 관리하게 됩니다.

Project 객체를 통하여 상위 프로젝트나 루트 프로젝트 또는 하위 프로젝트의 목록을 파악하고 탐색할 수 있으며 앞에서 설명한 각종 컨테이너를 통하여 환경 구성, 의존 관계, 태스크, 플러그인, 결과물 등을 관리할 수 있습니다.

그림 4-1 Project 객체와 연관 컨테이너

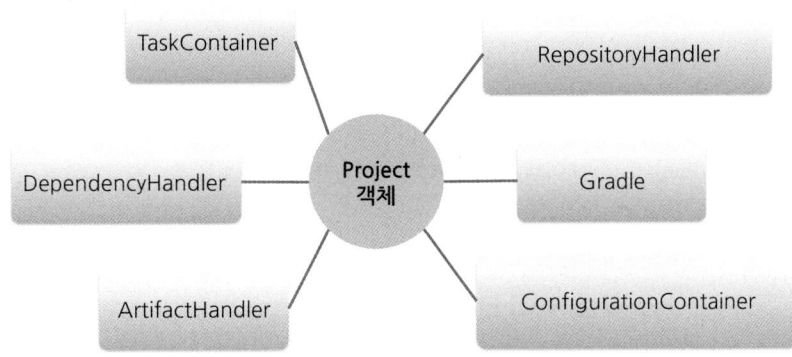

1.3 Project 객체의 속성

Project 객체는 프로젝트와 빌드와 관련된 다양한 정보를 참조하기 때문에 많은 속성을 제공하고 있습니다. 즉, Project 객체를 통하여 프로젝트의 이름, 프로젝트 설명, 프로젝트가 속한 그룹, 프로젝트의 경로, 프로젝트의 빌드 상태 등을 참조할 수 있습니다. Project 객체 중에서 기본적으로 많이 사용하는 속성을 **표 4-1**로 정리하였습니다. **표 4-1** 이외의 Project 객체의 속성은 그레이들에서 제공하는 DSL을 참조하여 활용하기 바랍니다.

Project 객체 속성 DSL: https://docs.gradle.org/current/dsl/org.gradle.api.Project.html

표 **4-1** Project 객체의 속성

속성	설명
version	프로젝트나 결과물의 버전(설정 없을 시 unspecified)
description	프로젝트 설명
name	프로젝트의 이름
state	프로젝트 빌드 상태(프로젝트 상태의 종류: NOT EXECUTED, EXECUTING, EXECUTED, FAILED)
status	프로젝트 결과물의 상태(프로젝트 결과물 상태의 종류: NOT EXECUTED, EXECUTING, EXECUTED, FAILED)
path	프로젝트 경로(경로 구분자 ':')
projectDir	프로젝트 기준 디렉터리
group	프로젝트가 속한 그룹(특별한 경우만 지정, 루트 프로젝트는 공백문자, 하위 프로젝트는 루트 프로젝트나 부모 프로젝트로 지정)
buildDir	프로젝트 빌드 디렉터리(모든 결과물이 생성되는 디렉터리, 기본값: projectDir/build)
plugins	Proejct 객체에 적용된 플러그인의 컨테이너
project	기준 프로젝트 참조
rootProject	루트 프로젝트 참조
parent	기준 프로젝트의 상위(부모) 프로젝트 참조
childProjects	기준 프로젝트의 하위(자식) 프로젝트 참조(Map 형식으로 저장)
allprojects	기준 프로젝트에 포함된 모든 프로젝트 참조(Set 형식으로 저장)
subprojects	기준 프로젝트 이하의 모든 프로젝트 참조(Set 형식으로 저장)

프로젝트의 구성 방식에 따라 프로젝트를 참조하는 속성들은 참조 위치가 달라질 수 있습니다. parent 속성은 기준이 되는 프로젝트의 상위 프로젝트인 부모 프로젝트를 가리키게 되는데, 싱글 프로젝트는 상위 프로젝트가 없으므로 null로 지정됩니다. 마찬가지

로 멀티 프로젝트에서도 루트 프로젝트에서의 parent 속성은 상위 프로젝트가 없기 때문에 null이 됩니다. rootProject 속성의 경우에는 싱글 프로젝트일 경우 해당 프로젝트가 되지만, 멀티 프로젝트의 경우에는 settings.gradle이 있는 프로젝트가 해당하므로 이를 참조하게 됩니다. allprojects 속성은 부모 프로젝트를 제외한 자신을 포함한 모든 프로젝트를 저장하며 subprojects 속성은 자신도 제외하고 그 하위 프로젝트를 포함하여 저장합니다. childProjects 속성은 하위 프로젝트를 가리키는데, 멀티 프로젝트에서는 하위의 하위 프로젝트(자식 프로젝트의 자식 프로젝트)는 포함되지 않는 특성이 있습니다. **그림 4-2**는 그레이들에서의 싱글 프로젝트와 멀티 프로젝트의 구조를 나타낸 것이므로 참고하면 됩니다.

그림 4-2 싱글 프로젝트와 멀티 프로젝트

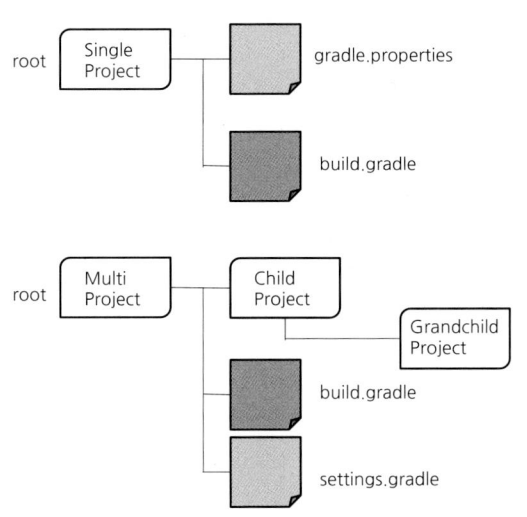

Project 객체의 속성을 **코드 4-1**을 통하여 활용 방법에 대하여 알아보도록 하겠습니다. 실습은 싱글 프로젝트를 기반으로 하여 작성하였고 기본적으로 사용하는 속성들 위주로 실습 예제를 작성하였습니다.

코드 4-1 Project 객체의 속성 예제

```
// defaultTasks 키워드를 통하여 수행할 태스크를 지정
defaultTasks = ['exeTask001', 'exeTask002']

// allprojects 속성
gradle.allprojects{
    project ->
        project.beforeEvaluate{
            println project.name + ' : check start'
        }
        project.afterEvaluate{
            println project.name + ' : check end'
        }
}

// Project 객체 속성
project.description = 'Project Object Description'
project.version = 'exeTask v1.0'

task exeTask001<<{
    println 'Project Name : '+ project.name
    println 'Project description : '+ project.description
    println 'Project group : '+ project.group
    println 'Project path : '+ project.path
    println 'Project projectDir : '+ project.projectDir
    println 'Project status : '+ project.status
    println 'Project state : '+ project.state.toString()
    println 'Project version : '+ project.version
}

task exeTask002<<{
    println project.description
}
```

그림 4-3 실행 결과

코드 4-1을 실행하기 위하여 명령 프롬프트에서 명령어 gradle을 사용하여 defaultTasks에 정의된 태스크를 실행하여 exeTask001과 exeTask002를 수행하여 Project 객체의 속성값이 출력되는 것을 확인해 봤습니다. 앞 장에서 defaultTasks를 살펴봤었는데, 앞에서 살펴본 defaultTasks의 쓰임과 다르게 지금 실습하는 **코드 4-1**에서는 배열 형식을 사용하였으므로 앞에서 살펴본 실습과 비교하여 활용하면 좋을 것 같습니다.

그리고 Project 객체의 속성 중 allprojects 속성을 활용한 스크립트 코드를 작성하였는데, 이번 장에서는 간략하게 설명만 하고 뒤에서 초기화 스크립트나 설정 스크립트를 통한 멀티 프로젝트와 관련된 실습을 진행할 때 다시 설명하도록 하겠습니다. Project 객체의 속성 중 기준 프로젝트를 기준으로 참조하는 속성들은 allprojects 속성처럼 참조하는 프로젝트를 대상으로 루프를 수행하여 참조할 수 있는데, 이는 allprojects 속성이 참조하는 프로젝트를 Set 컬렉션으로 저장하고 있기 때문입니다. allprojects 속성을 이용한 블록 안에서 beforEvaluate( )와 afterEvaluate( ) 두 개의 메서드가 사용되었습니다. 이 두 개의 메서드는 Project 객체가 제공하는 속성 이외의 API 중 하나라고 보면 되겠습니다.

beforEvaluate( )와 afterEvaluate( )는 그레이들이 빌드를 수행하는 동안 콜백(Callback)되는

API이며, beforeEvaluate( )는 프로젝트가 평가(Evaluate)되기 전에 호출되며 afterEvaluate( )는 프로젝트가 평가된 후에 호출되는 메서드라고 보면 되겠습니다. **그림 4-3** 실행 결과에서 allprojects 속성으로 지정한 부분이 출력되지 않은 이유가 빌드 스크립트를 읽기 전에 실행되어야 하기 때문인데, **코드 4-1**에서는 Project 객체의 속성을 살펴보기 위해서 빌드 스크립트에서 해당 API를 사용했기 때문입니다. allprojects 속성의 수행 결과를 확인해 보려면 settings.gradle 파일을 생성하여 **코드 4-1**의 allprojects 속성을 그대로 해당 파일에 작성하면 됩니다. **그림 4-4**를 참고하여 해당 프로젝트에 settings.gradle을 생성하고 스크립트 코드를 작성한 후 빌드를 수행하면 **그림 4-5** 실행 결과처럼 출력되는 것을 확인할 수 있습니다. 실행 결과 **그림 4-1**과 비교해보면 빌드 스크립트에 작성된 내용이 출력되기 전에 settings.gradle에 작성된 allprojects 속성 블록에서 지정된 beforEvaluate( )와 afterEvaluate( )의 내용이 먼저 출력되는 것을 확인할 수 있습니다. 이와 관련된 부분은 초기화 스크립트에서도 마찬가지로 확인할 수가 있습니다.

그림 4-4 Project 객체의 속성 중 allprojects 속성

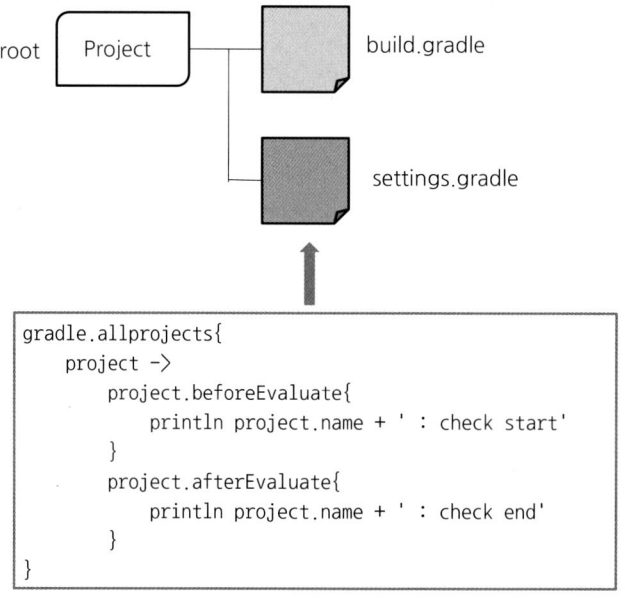

그림 **4-5** 실행 결과

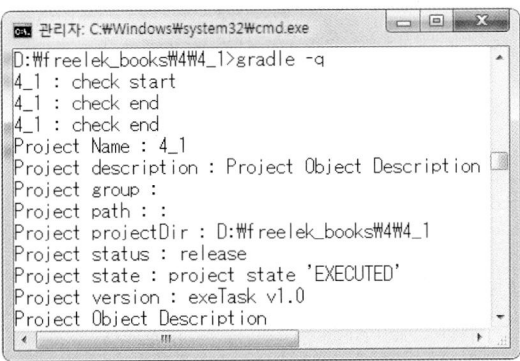

만약 멀티 프로젝트 구조에서 기준이 되는 프로젝트를 포함하여 하위의 모든 프로젝트에 대하여 특정 프로젝트에서만 처리하도록 지정하려면 Project 객체의 allprojects 속성과 name 속성을 **코드 4-2**처럼 사용하면 됩니다.

코드 4-2 Project 객체의 속성 활용

```
gradle.allprojects{
    project ->
        if(project.name == 'subProject'){ // if 문을 이용한 특정 프로젝트 이름에 대한 처리
            project.beforeEvaluate{
                println project.name + ' : check start'
            }
            project.afterEvaluate{
                println project.name + ' : check end'
            }
        }
}
```

표 4-1의 Project 객체의 속성 이외의 속성을 살펴보도록 하겠습니다. **코드 4-1**에서 사용한 defaultTasks도 Project 객체의 속성 중 하나입니다. defaultTasks 속성에 태스크를 지정

하여 사용하면 빌드 수행 시 지정된 태스크를 태스크 그래프에 추가하여 빌드가 수행되며, ant 속성은 빌드 설정에 gradle이나 AntBuilder 인스턴스를 지정하여 설정할 수 있으며, repositories, tasks 속성은 빌드 스크립트에 정의된 도메인을 관리하는 역할을 합니다. 이 밖에도 다양한 Project 객체의 속성들이 있으니 그레이들에서 제공하는 DSL을 참조하기 바랍니다.

표 4-2 Project 객체의 기타 속성

속성	설명
defaultTasks	프로젝트 기본 수행 태스크 설정(빌드 수행 시 태스크 이름이 없을 때 사용)
repositories	의존 관계를 확인하고 프로젝트에서 생성 또는 필요한 라이브러리 등을 업로드하기 위해 사용되는 저장소를 생성 및 설정
tasks	프로젝트의 태스크
ant	AntBuilder를 위해 사용되는 속성(빌드 파일에서 Ant를 실행 가능)

1.4 Project 객체의 API

Project 객체는 다양한 API를 제공하고 있습니다. 이들 API는 빌드 스크립트를 작성할 때 많이 사용하며 여기서는 자주 사용하는 API 위주로 알아보도록 하겠습니다. Project 객체의 API도 많이 API가 제공되고 있는데 그레이들에서 제공하는 DSL을 참조하여 빌드 스크립트 작성 시 필요한 부분에 활용하면 됩니다. **표 4-3**에 Project 객체의 API에 대하여 정리하였습니다.

표 **4-3** Project 객체의 API

API	설명
project(path)	지정된 경로의 프로젝트에 대하여 설정(상대 경로로 지정 가능)
project(path, configureClosure)	지정된 경로의 프로젝트에 대하여 클로저를 사용하여 프로젝트 구성(상대 경로로 지정 가능)
absoluteProjectPath(path)	절대 경로를 변환하여 프로젝트 확인
apply(closure)	플러그인이나 스크립트를 적용
configure(object, configureClosure)	클로저를 통하여 설정된 상태를 이용하여 객체를 구성
subprojects(action)	해당 프로젝트의 하위 프로젝트 설정
task(name)	주어진 이름으로 태스크를 생성하고 프로젝트에 추가
afterEvaluate(action)	프로젝트가 평가된 직후 추가
beforeEvaluate(action)	프로젝트가 평가되기 바로 직전 추가

표 4-3은 Proejct 객체가 제공하는 다양한 API 중에서 사용 빈도가 높은 API들 입니다. API를 참조할 때 같은 이름의 API이지만 API에 사용하는 인자에 따라 사용 방법이 다른 부분이 있으니 그레이들에서 제공하는 DSL을 검토한 후 사용하기 바랍니다.

project( )의 경우 멀티 프로젝트의 루트 프로젝트에서 자식 프로젝트를 설정할 때 사용하는 API로, 프로젝트를 참조하는 API 중 하나입니다. project( )는 지정할 프로젝트의 경로를 지정하여 **표 4-3**에서와 같이 project(path)의 형식으로 사용할 수 있으며 설정을 위해 클로저를 사용할 때는 project(path, configureClosure)와 같이 사용할 수도 있습니다.

```
def subproj = project(':subproj')
```

이렇게 하위 프로젝트에 대하여 project( )를 이용하여 참조한 후에 참조한 subproj 변수를 통하여 하위 프로젝트에 대하여 설정할 수 있습니다.

```
subproj.description = 'subProject Setting'
```

또는 project(path, configureClosure)와 같이 경로와 클로저를 인수로 사용하여 하위 프로젝트에 대하여 설정할 수 있습니다.

```
project(':subproj'){
    description = 'subProject Setting'
}
```

Project 객체에서 제공하는 API는 이 밖에도 파일 조작이나 실행을 위한 API도 존재합니다. 가령 javaexec( )는 자바의 메인 클래스를 실행하기 위한 API이고 exec( )는 외부 운영체제의 명령어를 수행해야 할 경우 사용하는 API이고, zipTree( )는 ZIP 파일로 FileTree를 생성하는 API입니다. 파일 조작 등과 같은 다양한 API의 사용법은 뒷부분에서 관련 예제와 함께 설명하도록 하겠습니다.

2. Task 객체

그레이들에서 태스크는 클래스를 컴파일하거나 Javadoc을 생성하는 것처럼 빌드를 수행하기 위한 하나의 작업 단위를 나타냅니다. 빌드 스크립트에 기술된 태스크들은 프로젝트에 속하게 되며 TaskContainer의 다양한 API를 사용하여 태스크 관련 객체를 작성하거나 참조할 수 있습니다. 이러한 부분을 처리하는 Task 객체는 Project 객체를 통하여 관련 작업을 수행할 수 있도록 위임되어 있습니다.

2.1 Task 객체의 동작

Task 객체는 실행을 위해 execute(Task)가 내부적으로 호출되어 지정된 태스크 순서대로 실행되며 앞에서 살펴본 doFirst( )나 doLast( )를 사용하여 일련의 과정에 태스크를 추가할 수 있습니다. 참고로 doFirst( )나 doLast( )도 Task 객체에서 제공하는 API로, Task.doFirst(org.gradle.Action), Task.doLast(org.gradle.api.Action)으로 처리되어 작업에 추가됩니다. Task 객체는 내부적으로 Action 객체를 상속하여 구성되어 있으며 Actcion 객체는 그레이들 내부의 최소 처리 단위로 그레이들 API 중 하나라고 보면 되겠습니다. Task 객체는 그루비의 클로저를 사용하여 진행할 수 있는데, 클로저가 매개 변수로 사용되어 Taks.doFirst(Groovy.lang.Closure), Task.doLast(Groovy.lang.Closure)와 같이 호출되어 태스크에 추가될 수 있습니다.

Task 객체 DSL: https://docs.gradle.org/current/dsl/org.gradle.api.Task.html

Task 객체가 실행될 때 예외가 발생하더라도 빌드의 성공 여부를 실패로 만들지 않고 계속 다음 단계로 진행하게 예외 처리할 수 있도록 StopActionException과 StopExcutionException을 제공하고 있습니다. StopActionException은 지금 실행되고 있는 태스크를 중단하고 예외를 throw 처리하여 다음에 예정된 태스크를 계속할 수 있도록 해주며, StopExecurtionException은 태스크 실행을 중단하고 다음 태스크로 계속 진행할 수 있도록 하여 빌드를 끝까지 수행할 수 있도록 할 수 있습니다.

2.2 Task 객체의 종속성과 작업 순서

3장에서는 Task 객체의 기본적인 작성법을 살펴보면서 태스크 그래프와 의존 관계, 그리고 태스크 간의 실행 순서 제어를 위한 mustRunAfter( ), shouldRunAfter( )를 살펴봤습니다. 앞에서 살펴본 내용을 상기하기 위해 잠깐 다시 설명하도록 하겠습니다. Task 객체의 의존 관계는 Task.dependsOn(java.lang.Object[ ]) 또는 Task.setDependsOn(java.lang.Iterable)을 이용하여 지정하고 Task 객체의 작업 순서는 Task.mustRunAfter(java.lang.Obect[ ]), Task.shouldRunAfter(java.lang.Object[ ])를 사용하거나 Task.setMustRunAfter(java.lang.Iterable), Task.setShouldRunAfter(java.lang.Iterable)을 사용하여 지정하게 됩니다.

2.3 Task 객체의 속성

Task 객체의 속성에는 기본적인 속성과 함께 태스크를 실행하기 위한 속성, 태스크가 포함된 프로젝트인 Projct 객체의 속성 등이 있으며, 이들 속성에 저장된 정보를 참조하여 사용할 수 있습니다. 표 4-4에 Task 객체의 속성을 정리하였습니다.

표 4-4 Task 객체의 속성

속성	설명
name	태스크 이름(프로젝트 내에서 태스크를 고유하게 식별)
description	태스크 설명
group	태스크가 속한 그룹(태스크 목록을 사용자에게 표시할 때 관련 태스크를 그룹화하는 데 사용)
path	태스크의 경로(태스크의 정규화된 이름으로, 콜론(:)으로 구분)
action	태스크에 의해 실행되는 순서 지정(action 속성으로 Action 객체에 지정한 후 지정된 순서대로 실행)
dependsOn	태스크의 의존 관계 지정 및 표시
enabled	태스크의 실행 여부 설정
finalizedBy	해당 태스크 실행 후 최종 수행할 태스크 지정
inputs	태스크 입력 정보
mustRunAfter	태스크 실행 순서 제어(강제적)
shouldRunAfter	태스크 실행 순서 제어(비강제적)
state	태스크의 실행 상태(실행 여부, 실패 여부 등 태스크 실행 관련 정보 제공)

간단하게 Task 객체의 속성을 활용하여 Task 객체의 속성을 사용하는 방법을 알아보도록 하겠습니다. **코드 4-3**을 build.gradle 파일에 입력한 후 명령 프롬프트에서 수행해 보겠습니다.

코드 4-3 Task 객체의 속성 활용

```
task exeTask<<{
    println 'exeTask name : ' + name
    println 'exeTask path : ' + path
    println 'exeTask description : ' + description
    println 'exeTask group : ' + group
}

exeTask.group = 'Task Object'
// exeTask.group  'Task Object'
exeTask.description = 'Task Object Script Code'
//exeTask.description 'Task Object Script Code'

task exeAnoTask<<{
    println 'dependsOn Task '
}
exeTask.dependsOn exeAnoTask
```

코드 4-3에서 Task 객체의 속성을 사용하였습니다. Task 객체의 속성을 사용하려면 정의된 태스크 안에서 속성을 사용하거나 해당 태스크 이름 다음에 태스크 속성에 지정하여 사용하게 됩니다. Task 객체의 속성 중에는 태스크 간에 의존 관계를 지정할 수 있는 dependsOn 속성이 있습니다. **코드 4-3**에서 exeTask와 exeAnoTask는 dependsOn 속성으로 의존 관계가 형성되어 실행되는데, 'exeTask.dependsOn exeAnoTask' 부분이 의존 관계를 형성하는 부분이라고 보면 되겠습니다. 이 부분은 exeTask가 exeAnoTask에 의존되어 있다고 보면 되며 실행하게 되면 exeAnoTask가 먼저 수행되고 exeTask가 수행되어 결과를 출력하게 됩니다. 실행 결과는 **그림 4-6**과 같습니다.

그림 4-6 실행 결과

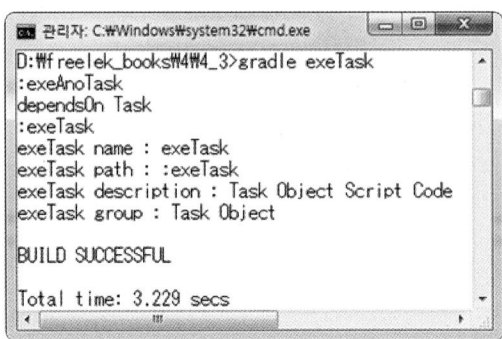

참고로 group 속성이나 description 속성 등에 값을 지정할 경우 '=' 대입 연산을 생략하고 exeTask.group 'Task Object'와 같이 사용할 수 있습니다.

2.4 Task 객체의 API

Project 객체에서와 마찬가지로 Task 객체도 많은 API를 제공하고 있습니다. 태스크를 처리하거나 실행하거나 속성에 접근하기 위한 기능 등을 제공합니다. API마다 오버로딩되어 있어서 인자에 따른 다양한 활용이 가능한 부분이 있습니다. 참고로 자주 사용하는 형태의 API를 위주로 설명하도록 하겠습니다. 오버로딩되어 있는 Task 객체의 API는 그레이들에서 제공하는 DSL을 참고하기 바랍니다.

오버로딩(Overloading)

객체지향 프로그래밍에서 다형성의 특성으로 동일한 이름의 메서드를 파라미터의 타입이나 개수를 다르게 하여 정의하는 것을 말합니다.

표 **4-5** Task 객체의 API

API	설명
doFirst(action)	해당 태스크를 실행하기 위한 Action 객체 리스트의 처음 부분에 위치하여 태스크가 실행될 때 먼저 처리
doLast(action)	해당 태스크를 실행하기 위한 Action 객체 리스트의 맨 마지막 부분에 위치하여 실행
deleteAllAction(action)	해당 태스크의 Action 객체 리스트 모두를 제거
leftShift(action)	<< 연산자를 사용하여 leftShift( ) 호출 Action 객체 리스트의 마지막 부분에 추가시킴
Property(propertyName)	태스크에 지정된 속성의 값을 출력
setProperty(name, value)	태스크의 속성 설정
hasProperty(propertyName)	지정된 속성을 가졌는지를 확인
dependsOn(paths)	태스크 간의 의존 관계
onlyIf(onlyIfSpec)	지정된 조건을 만족할 경우 태스크 실행

코드 4-4 Task 객체의 API 활용

```
task exeTask<<{
    println 'exeTask name : ' + name
    println 'exeTask path : ' + path
    println 'exeTask description : ' + description
    println 'exeTask group : ' + group
}
exeTask.group = 'Task Object'
exeTask.description = 'Task Object Script Code'

task exeAnoTask<<{
    println 'dependsOn Task '
}
exeTask.dependsOn exeAnoTask

exeTask.doFirst{
```

```
    println 'Task Start---->>'
}
exeTask.doLast{
    println '<------Task End'
}
```

코드 4-4에서는 **표 4-5**에 제시한 API 중에서 doFirst( )와 doLast( )를 사용하였습니다. 해당 스크립트 코드를 작성하여 빌드해보면 doFrist( )에 있는 내용이 먼저 출력되고 doLast( )에 있는 내용이 가장 나중에 출력되는 것을 **그림 4-7** 실행 결과를 통해 확인할 수 있습니다.

그런데 **코드 4-4** 마지막에 Task 객체의 API 중 하나인 deleteAllActions( )을 추가해서 수행을 해보면 **그림 4-8**과 같은 결과를 얻을 수 있습니다.

그림 4-7 실행 결과

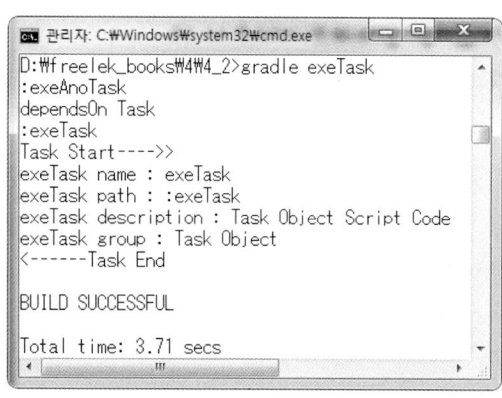

그림 4-8 실행 결과

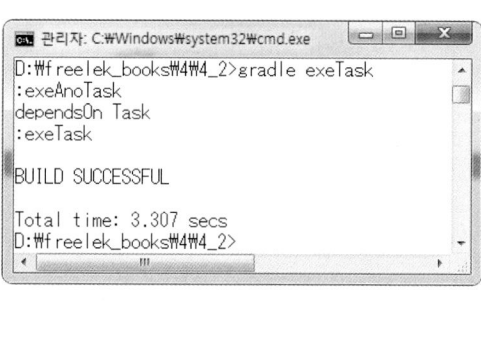

실행 결과를 살펴보면 의존 관계에 있는 exeAnoTask 태스크에서 처리된 내용만 출력되었고 exeTask 객체에서 실행되어 처리하고자 한 내용은 출력되지 않은 것을 확인할 수 있습니다. deleteAllActions( )을 통하여 태스크 처리를 위해 Action 객체의 리스트에 등록된 내용이 삭제되었기 때문이라고 보면 되겠습니다.

3. Gradle 객체

Gradle 객체는 해당 프로젝트에서 그레이들 자체의 실행 환경을 나타내는 객체로, 초기화 스크립트와 연관이 있으며 초기화 스크립트로부터 위임되어집니다. 프로젝트와 관련된 그레이들의 모든 스크립트 파일에서 접근할 수 있으며 Project 객체나 뒤에서 살펴볼 Settings 객체의 속성을 참조하여 사용할 수 있도록 지정되어 있습니다. 그럼 Gradle 객체의 속성과 관련 API를 살펴보도록 하겠습니다.

`Gradle 객체 DSL: https://docs.gradle.org/current/dsl/org.gradle.api.invocation.Gradle.html`

3.1 Gradle 객체의 속성

Gradle 객체는 그레이들과 관련된 설정 및 설치 등의 정보와 빌드와 관련된 정보 등을 참조하거나 확인할 수 있는 속성들을 제공하고 있습니다. Gradle 객체의 속성을 **표 4-6**으로 정리하였습니다.

표 4-6 Gradle 객체의 속성

속성	설명
gradle	Gradle 객체 반환. 초기화 스크립트에서 Gradle 속성과 메서드에 명시적으로 접근할 때 사용
gradleHomeDir	Gradle의 홈 디렉터리 경로
gradleUserHomeDir	사용자의 홈 디렉터리 경로
gradleVersion	현재 사용 중인 Gradle 버전
includeBuilds	포함된 빌드 관련 정보
plugins	Gradle 객체에 적용된 플러그인 컨테이너
rootProject	루트 프로젝트 위치
startParameter	빌드 수행 관련 파라미터 정보
taskGraph	태스크 그래프 정보 표시

코드 4-5는 Gradle 객체의 속성을 이용한 스크립트 코드입니다. Gradle 객체를 사용하려면 gradle 키워드를 속성명 앞에 붙여 **코드 4-5**와 같이 사용하면 되겠습니다. **표 4-6**에 제시한 Gradle 객체의 속성을 **코드 4-5**와 같이 작성하여 명령 프롬프트에서 해당 태스크를 수행하여 결과를 확인해 보기 바랍니다.

코드 4-5 Gradle 객체의 속성

```
task exeTask<<{
    println 'Gradle Instance Properties=>'
    println '1.gradleHomeDir :'+gradle.gradleHomeDir
    println '2.gradleUserHomeDir :'+gradle.gradleUserHomeDir
    println '3.gradleVersion :'+gradle.gradleVersion
    println '4.rootProject :'+gradle.rootProject
    println '5.startParameter :'+gradle.startParameter
    println '6.taskGraph :'+gradle.taskGraph
}
```

그림 4-9 실행 결과

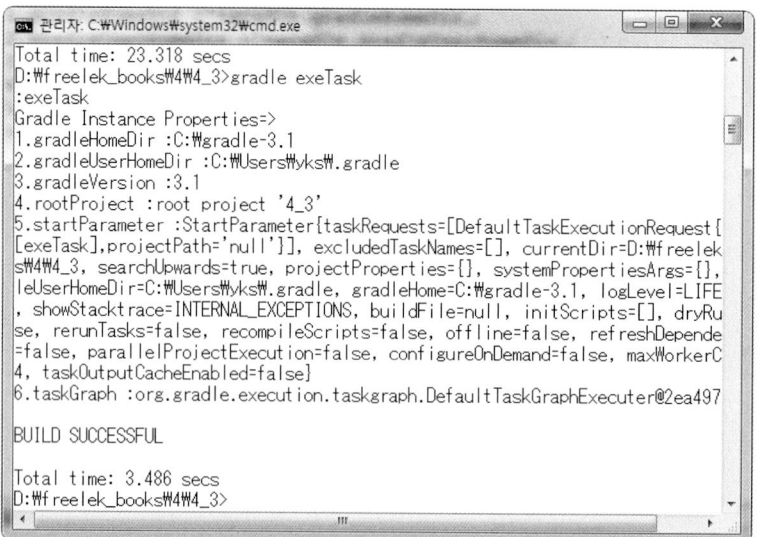

3.2 Gradle 객체의 API

Gradle 객체는 빌드와 관련이 있기 때문에 빌드 실행과 관련된 처리를 할 수 있는 API를 제공합니다. 특히 Gradle 객체는 이벤트 리스너(Event Listener)를 추가할 수 있는 addListener( ) 같은 API를 제공하고 있습니다. **표 4-7**을 통하여 Gradle 객체에서 제공하는 API를 살펴보도록 하겠습니다.

표 **4-7** Gradle 객체의 API

API	설명
addBuildListener(buildListener)	BuildLisener 추가. 빌드 실행 중 발생되는 이벤트 전달
addListener(listener)	지정된 리스너 추가. 지정된 인터페이스 구현 가능
removeListener(listener)	빌드로부터 지정된 리스너 제거
addProjectEvaluationListener(listener)	프로젝트 평가 리스너. 프로젝트 평가 시 이벤트 전달
afterProject( )	프로젝트 평가한 후 바로 호출할 작업 추가
apply( )	플러그인 또는 스크립트 적용
beforeProject( )	프로젝트가 평가되기 바로 전에 호출할 작업 추가
buildFinished( )	빌드가 완료될 때 호출할 작업 추가
projectsEvaluated( )	모든 프로젝트를 평가한 후 호출할 작업 추가
projectsLoaded( )	프로젝트가 빌드를 위해 로드된 후 호출할 작업 추가
settingsEvaluated( )	프로젝트 관련 빌드 설정이 로드 및 평가될 때 호출할 작업 추가
useLogger( )	Logger를 사용할 수 있도록 제공

addListener( )는 이벤트 리스너를 추가하기 위한 API로, 이를 통하여 추가할 수 있는 리스너는 다음과 같습니다.

- BuildListener
- TaskExecutionGraphListener
- ProjectEvaluationListener
- TaskExecutionListener
- TaskActionListener
- StandardOutputListener
- TestListener
- TestOutputListener
- DependencyResolutionListener

Gradle 객체에서 제공하는 이벤트 리스너를 추가하는 addListener( )를 이용한 실습 예제를 살펴보도록 하겠습니다. Gradle 객체는 초기화 스크립트와 관련이 있고 위임을 받기 때문에 **코드 4-6**은 build.gradle 파일에서 작성한 후 실행해도 되지만, 여기서는 init.gradle 스크립트 파일에 작성한 후 빌드를 실행해 보도록 하겠습니다.

코드 4-6 이벤트 리스너 추가: init.gradle

```
class addListenerExe implements TaskExecutionListener{
    void beforeExecute(Task task){
        println 'beforeExecute : ' + task.name
    }

    void afterExecute(Task task,TaskState state){
        if(state.getExecuted()){
            println 'afterExecute : ' + task.name
        }
    }
}

// TaskExecutionListener 를 구현한 addListenerExe를 Gradle에 이벤트 리스너 추가
gradle.addListener(new addListenerExe())
```

코드 4-6은 TaskExecutionListener 인터페이스를 addListenerExe에서 구현하였고 gradle.addListener( )를 통하여 이벤트 리스너를 추가하였습니다. 그럼 해당 스크립트 코드를 빌드

하여 결과를 확인해 보도록 하겠습니다.

그림 4-10 실행 결과

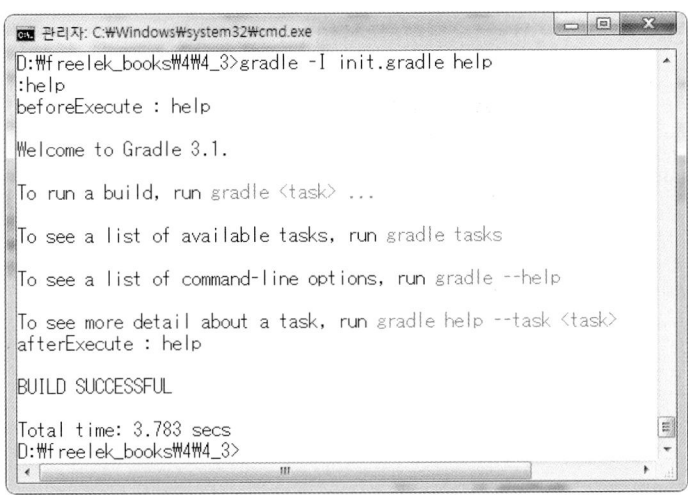

코드 4-6을 확장하여 Gradle 객체의 속성과 API를 이용한 스크립트 코드를 작성하도록 하겠습니다. 먼저 init.gradle 파일에 **코드 4-6**의 내용에 추가로 Gradle 객체의 API를 확인해 볼 수 있도록 스크립트 코드를 추가하겠습니다. 그리고 build.gradle 파일을 생성하여 **코드 4-7**의 내용을 해당 스크립트에 작성한 후 빌드를 수행하도록 하겠습니다. 빌드 수행 명령어는 'gradle -I init.gradle exeTask'입니다.

코드 4-7 Gradle 객체의 속성 및 API 활용

```
class addListenerExe implements TaskExecutionListener{
    void beforeExecute(Task task){
        println 'beforeExecute : ' + task.name
    }
    void afterExecute(Task task,TaskState state){
        if(state.getExecuted()){
            println 'afterExecute : ' + task.name
```

```
        }
    }
}
// TaskExecutionListener를 구현한 addListenerExe를 Gradle에 이벤트 리스너 추가
gradle.addListener(new addListenerExe())
// Gradle 객체의 API 추가
settingsEvaluated{
    println '1 - settingsEvaluated() API'
}
projectsLoaded{
    println '2 - projectsLoaded() API'
}
beforeProject{
    println '3 - beforeProject() API'
}
afterProject{
    println '4 - afterProject() API'
}
projectsEvaluated{
    println '5 - projectsEvaluated() API'
}
buildFinished{
    println '6 - buildFinished() API'
}
```

그림 4-11 실행 결과

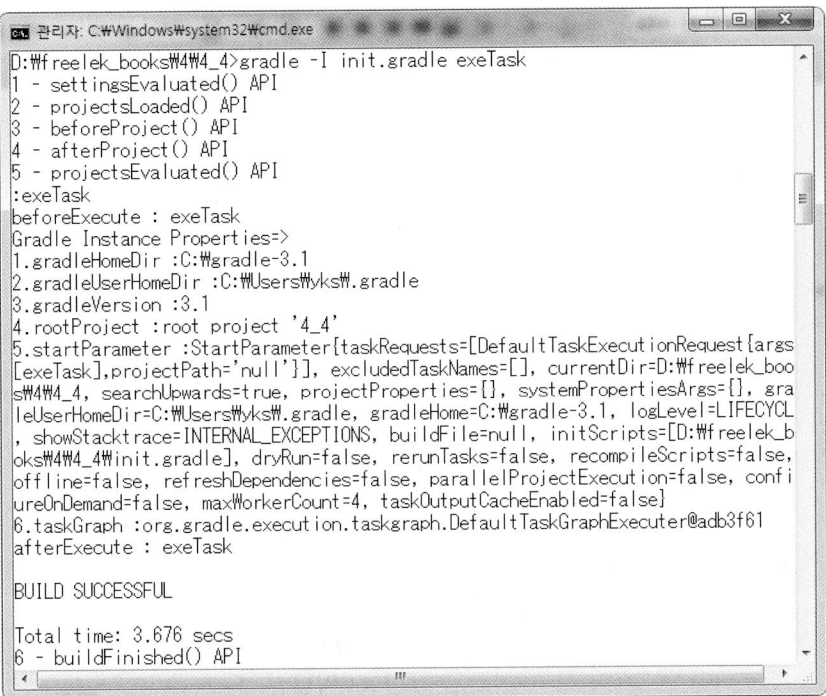

4. Settings 객체

Settings 객체는 설정 스크립트와 관련이 있는 객체입니다. 설정 스크립트를 참조할 수 있게 위임받는 객체로, 주로 멀티 프로젝트를 정의하기 위한 용도로 많이 사용합니다. Settings 객체와 settings.gradle 설정 파일은 일대일 대응 관계가 있어서 그레이들은 프로젝트의 빌드를 수행하기 전에 Settings 객체를 먼저 생성하고 실행합니다.

Settings 객체: https://docs.gradle.org/current/dsl/org.gradle.api.initialization.Settings.html

4.1 Settings 객체의 속성

Settings 객체는 앞에서 살펴본 그레이들에서 제공하는 다른 객체들에 비하여 많이 사용하지 않으며 설정 단계에 생성되는 객체입니다. Settings 객체의 속성을 살펴보도록 하겠습니다.

표 4-8 Settings 객체의 속성

속성	설명
gradle	현재 빌드를 위한 Gradle 객체
plugins	Settings 객체에 적용된 플러그인 컨테이너
rootDir	빌드의 루트 디렉터리 루트 디렉터리는 루트 프로젝트의 프로젝트 디렉터리
rootProject	빌드의 루트 프로젝트
settings	Settings 객체 참조(자기 자신을 참조)
settingsDir	빌드의 설정 디렉터리(설정 디렉터리는 설정 파일을 포함한 디렉터리)
startParameter	그레이들이 빌드를 수행할 때 사용된 명령어 인수

4.2 Settings 객체의 API

Settings 객체의 API 중에서 자주 사용하는 멀티 프로젝트 관련 API를 위주로 살펴보도록 하겠습니다.

표 4-9 Settings 객체의 API

API	설명
findProject( )	지정된 디렉터리 혹은 파일 경로와 일치하는 Project 객체 반환(일치하는 디렉터리 또는 파일 경로가 없을 시 null 값을 반환)
project( )	findProject( )와 동일하나 일치하는 값이 없을 시 에러 발생
include( )	계층형 멀티 프로젝트 추가 시 사용
includeFlat( )	단층형 멀티 프로젝트 추가 시 사용

4.3 Settings 객체와 멀티 프로젝트

표 4-9에 정리한 Settings 객체의 API 중에서 include( ), includeFlat( )에 대해서 알아보도록 하겠습니다. 두 메서드는 모두 그레이들에서 Settings 객체를 이용하여 멀티 프로젝트를 구성하기 위해 사용하는 API입니다. include( )는 루트 프로젝트를 기준으로 계층형 멀티 프로젝트를 구성할 때 사용하며, includeFlat( )은 루트 프로젝트와 동일한 레벨의 디렉터리로 프로젝트를 구성할 때 사용합니다. 그림 4-12는 include( )와 includeFlat( )을 사용했을 때 멀티 프로젝트의 구조가 어떻게 표현되는지를 보여주고 있습니다.

그림 4-12 Settings 객체와 멀티 프로젝트

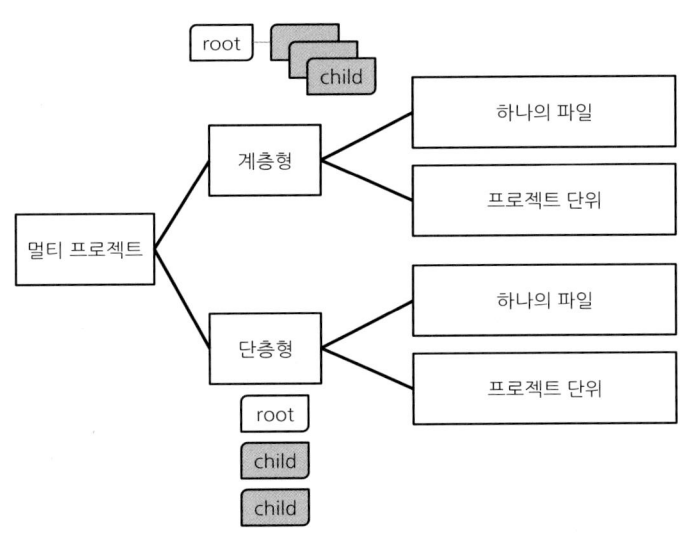

멀티 프로젝트에는 그림 4-12에서 보는 것과 같이 단층형과 계층형이 있으며, 두 가지 구조를 하나의 스크립트 파일에 구성할지, 프로젝트 단위로 각각 빌드 스크립트를 구성할지 결정하여 설정하게 됩니다. 멀티 프로젝트를 설정하는 방법에 대해서는 뒤에서 다시 살펴보도록 하고 include( )와 includeFlat( )에 대하여 좀 더 알아보도록 하겠습니다. include( )는 계층형 멀티 프로젝트를 추가할 때 사용하며 상대 경로를 이용하여 지정하게 됩니다. 경로를 지정할 때에는 ':'을 이용하여 지정하게 되고 include 'subProject' 또는 include 'subProject:subProject1' 또는 배열을 인수로 사용하여 include 'subProject', 'subProject:subProject1' 식으로 프로젝트를 지정하여 사용하면 됩니다. 그리고 includeFlat( )은 단층형 멀티 프로젝트를 추가할 때 사용하는데, include( )와 차이점은 ':'을 이용하여 계층적으로 지정하지 못하는 부분이 있다는 것입니다. 사용 방법은 include( )와 비슷합니다.

5. 기타 객체들

지금까지 그레이들의 주요 객체에 대하여 살펴봤습니다. Project, Task, Gradle, Settings 객체 이외에도 그레이들에는 많은 객체가 있으며, 여기서 몇 가지 객체들에 대해서 알아보도록 하겠습니다.

그레이들 객체: https://docs.gradle.org/current/dsl/index.html

표 **4-10** Gradle의 객체들

객체	설명
Script	그레이들의 특정 메서드를 추가하기 위해 사용. 그레이들의 스크립트에서 Script 객체의 인터페이스를 구현하여 메서드와 속성을 사용
SourceSet	SourceSet은 자바 소스 및 자원에 대하여 그룹을 형성하여 사용
ExtensionAware	런타임에 다른 객체와 함께 확장하여 사용 extensions이라는 확장 속성을 저장하는 컨테이너 이용
ExtraPropertiesExtension	ext로 정의된 확장 속성 has( ), set( ), get( ) 3가지 API로 특정한 키의 값을 제어

SourceSet 객체는 그레이들 프로젝트에 관련 라이브러리가 제공하는 기능을 사용할 경우 특정 부분을 제외하거나 포함할 수 있습니다. 간단히 사용 방법이나 구조를 살펴보면 다음과 같습니다. 뒷부분에서 관련 실습 예제와 함께 자세히 살펴보도록 하겠습니다.

```
apply plugin: 'java'
sourceSets {
    main {
        java {
            exclude 'some/unwanted/package/**'
        }
    }
}
```

ExtraPropertiesExtension 객체의 경우 3장에서 ext 키워드를 사용한 부분을 간단히 살펴봤었습니다. ExtraPropertiesExtension 객체는 properties라는 속성이 있으며 키와 킷값의 형태로 객체의 값을 지정합니다. 그리고 has( ), set( ), get( )의 3가지 API를 제공하고 있는데, properties 속성에 지정된 값에 대하여 지정하거나 참조하거나 제어할 수 있습니다. 또한, ExtraPropertiesExtension 객체는 Project 객체나 Task 객체에서 ext로 정의되어 확장되어 있기 때문에 Proejct 객체나 Task 객체를 통하여 ext 키워드를 사용하게 됩니다. 간단히 구조 및 사용법을 살펴보면 다음과 같습니다.

```
apply plugin: 'java'
project.ext.set('addValue','Value is Gradle')
if(project.ext.has('addValue')){
    println 'Value => ' + project.ext.get('addValue')
}
```

이 밖의 다른 그레이들의 객체에 대해서는 해당 객체와 관련된 실습 예제를 진행하는 뒷부분에서 다루도록 하겠습니다.

Chapter

5 그레이들의 파일 처리

1. 파일 관리   **2.** 파일 복사   **3.** 파일 삭제와 디렉터리 생성

그레이들은 파일을 처리하기 위해 다양한 API를 제공하고 있습니다. 이러한 API를 이용하여 파일 참조, 파일 복사, 파일 삭제, 디렉터리 생성 등을 수행하는 방법을 알아보도록 하겠습니다.

1. 파일 관리

1.1 파일 참조

그레이들에서는 하나의 파일을 참조하거나 여러 개의 파일 묶음을 참조하는 등 다양한 방법으로 파일 참조를 지원하고 있습니다. 먼저 하나의 파일을 참조하는 방법을 살펴보도록 하겠습니다. 하나의 파일, 즉 단일 파일을 참조하기 위해서 그레이들에서는 File 객체를 이용하여 해당 파일을 참조하게 됩니다. File 객체를 사용하여 특정 파일을 참조할 때에는 file()을 사용하는데, 루트 프로젝트의 디렉터리를 기준으로 한 상대 경로나 File 객체를 인수로 지정하게 됩니다. 이렇게 file( )에 상대 경로가 지정되면 인수로 전달받은 상대 경로를 가지고 내부적으로 절대 경로를 찾아 매핑하여 File 객체를 사용하기 위한 클래스가 내부적으로 생성된다고 보면 되겠습니다.

상대 경로를 인자로 지정하여 사용하는 방법

```
File refFile = file('src/main/java/actJava.java')
```

File 객체를 인자로 지정하여 사용하는 방법

```
File refFile = file(new File('src/refLib.txt'))
```

File 객체와 File 객체의 file( )을 이용한 스크립트 코드를 작성해 보도록 하겠습니다. 스크립트 코드 작성에 앞서서 실습 예제에서 파일을 참조하기 위해 생성할 자바 파일이나 txt 파일은 원하는 경로에 생성하면 되는데, 해당 파일에 내용을 작성할 필요는 없습니다.

코드 5-1 File 객체를 이용한 파일 참조

```
// 상대 경로를 인자로 지정
File refFile1 = file('src /java/refJavaFile.java')

// File 객체를 인자로 지정
File refFile2 = file(new File('src/refExeFile.txt'))

task exeTask<<{
    println 'Java File Path : '+ refFile1.absolutePath
    println 'Txt File Path : '+ refFile2.path
}
```

코드 5-1에서 File 객체를 이용하여 루트 디렉터리를 기준으로 file( )에 인자로 지정된 파일을 참조하기 위해 객체를 생성한 것을 볼 수 있으며 exeTask에서 File 객체에 인자로 지정된 파일의 경로가 표시되도록 absolutePath, path 속성을 이용하여 지정하였고 실행 결과 **그림 5-1**과 같이 빌드 스크립트를 수행하면 지정된 파일의 절대 경로를 확인할 수가 있습니다.

그림 5-1 실행 결과

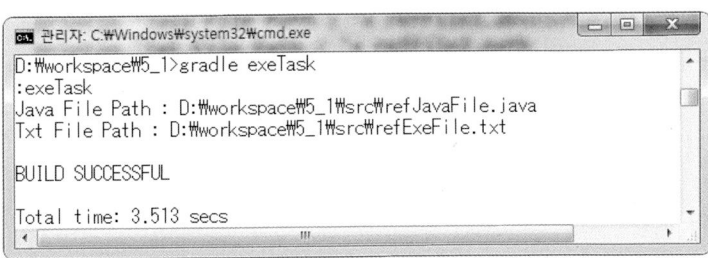

File 객체의 file( )은 특정 파일의 파일 경로뿐만 아니라 URL 객체, URI 객체, Callable 인터페이스, 클로저 등 다양한 형태를 인수로 지정받아 파일 참조를 할 수 있습니다.

이번에는 URL 객체를 이용한 파일 참조 방법을 살펴보도록 하겠습니다. File 객체는 URL 객체에 지정된 파일과 파일의 경로가 지정된 객체를 인수로 받아 file( )에서 참조하게 됩니다. URL 객체에서 경로 지정 및 객체 생성은 'URL url = new URL('file:/urlRef.html')'와 같은데, 'file:' 부분은 루트 디렉터리를 기준으로 한 상대 경로라고 보면 되겠습니다. 그럼 앞에서 작성한 **코드 5-1** 스크립트에 내용을 추가하여 빌드를 수행해보도록 하겠습니다.

코드 5-2 URL객체와 File 객체를 이용한 파일 참조

```
// 상대 경로를 인자로 지정
File refFile1 = file('src /java/refJavaFile.java')

// File 객체를 인자로 지정
File refFile2 = file(new File('src/refExeFile.txt'))

// URL 객체
File urlRef = null
URL url = new URL('file:/urlRef.html')
urlRef = file(url)

task exeTask<<{
    println 'Java File Path : '+ refFile1.absolutePath
```

```
    println 'Txt File Path : '+ refFile2.path
println 'URL Path : ' + urlRef.path
}
```

URL 객체를 인수로 받아 참조하는 File 객체를 exeTask에서 path 속성을 이용하여 경로를 출력하고 있습니다. 빌드 수행 결과는 **그림 5-2**와 같습니다.

그림 5-2 실행 결과

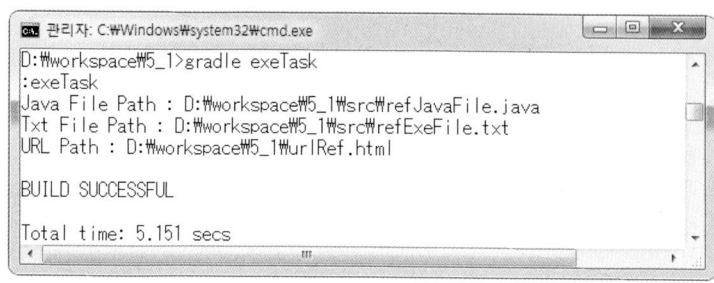

URL 객체와 마찬가지로 URI 객체를 이용하여 File 객체의 file( )에 인수로 지정하여 파일을 참조할 수 있습니다. URI 객체의 생성 및 File 객체를 이용하여 참조하는 방법은 URL 객체의 사용 방법과 유사하므로 다음 스크립트를 **코드 5-1**이나 **코드 5-2**에 추가하여 빌드를 수행해보기 바랍니다. 또한, file( )는 클로저도 인수로 받을 수 있도록 오버로딩되어 있으며 Callable 인터페이스를 이용하여 call( )에서 참조하는 파일의 경로를 file( )에서 참조하도록 지정할 수 있습니다. 다음처럼 File 객체에 인수로 지정하여 사용하면 됩니다.

코드 5-3 URI객체와 File 객체를 이용한 파일 참조

```
// URI 객체
File uriRef = null
URI uri = new URI('file:/uriRef.html')
uriRef = file(uri)
```

```
// 클로저 인수 지정
File closer = file{'/ref.txt'}

// Callable 인터페이스
import java.util.concurrent.Callable

File callRef = file(new Callable<String>(){
    String call(){
        '/refExe.java'
    }
})
```

지금까지는 File 객체의 file( )을 사용해서 참조할 파일의 경로를 지정하는 다양한 방법을 살펴봤습니다. 지금부터는 참조하기 위해 지정된 파일이 올바른 파일인지 검증하는 방법을 살펴보도록 하겠습니다. 그레이들에서는 참조한 파일을 검증하기 위하여 PathValidation 객체를 제공하고 있습니다. 이 객체는 열거형 객체로, file( )에 인수로 사용하여 지정한 파일을 검증할 수 있습니다. PathValidation 객체는 열거형 상수 4가지를 제공합니다.

- **PathValidation.DIRECTORY**: 디렉터리 경로가 올바른지 검증(디렉터리 유무 확인)
- **PathValidation.FILE**: 파일 경로가 올바른지 검증(파일 유무 확인)
- **PathValidation.EXISTS**: 파일 또는 디렉터리 존재 여부 확인
- **PathValidation.NONE**: 파일을 검증하지 않음

PathValidation: https://docs.gradle.org/current/javadoc/org/gradle/api/PathValidation.html

사용 방법은 다음과 같이 file( )에서 참조하기 위해 지정한 파일이나 디렉터리 경로 다음에 인자로 작성하면 됩니다. 앞에서 작성한 **코드 5-1**에 PathValidation 객체를 이용하여 File 객체를 이용하여 참조하려는 파일 또는 디렉터리가 올바른지 스크립트 코드를 추가 작성해

보고 확인해 보기 바랍니다(디렉터리나 파일이 해당 프로젝트에 없거나 맞지 않을 경우 존재하지 않거나 잘못되었다는 메시지와 함께 에러가 발생합니다).

```
File checkFile=file('/index.html', PathValidation.FILE)
File checkDirectory=file('src', PathValidation.DIRECTORY)
```

1.2 여러 개의 파일 참조: FileCollection

하나의 파일을 참조할 때에는 File 객체와 file( )을 사용하였습니다. 이와 함께 그레이들에서 여러 개의 파일을 참조할 때는 FileCollection이라는 인터페이스를 이용하여 이를 처리할 수 있습니다. 여러 개의 파일을 참조하여 처리할 수 있는 FileCollection 인터페이스에 대하여 살펴보도록 하겠습니다.

FileCollection: https://docs.gradle.org/current/javadoc/org/gradle/api/file/FileCollection.html

FileCollection 인터페이스는 그레이들에서 파일을 쉽게 관리하고 처리할 수 있도록 빌드 스크립트 상에 간단하게 작성할 수 있도록 해주는 인터페이스로, files( )를 이용하여 FileCollection의 객체를 생성하여 사용할 수 있습니다. files( )도 앞에서 살펴본 file( )과 같이 인수로 여러 가지 형태의 객체를 전달받아 사용할 수 있습니다. 우선 FileCollection과 files( )의 기본적인 사용 방법을 스크립트 코드를 작성하면서 알아보도록 하겠습니다.

코드 5-4 FileCollection 인터페이스의 사용

```
// FileCollection 사용
FileCollection fileCollection = files('index.txt','intro.txt')

println 'collection files : ' + fileCollection[0].path
```

```
    println 'collection files : ' + fileCollection[1].path

fileCollection.each{
    println it.name + " : " +it.path
}
```

코드 5-4를 보면 files( )를 통하여 FileCollection 객체를 생성하였고 files( ) 안에는 여러 개의 파일이 지정되어 있습니다. files( )에 지정된 각각의 파일을 FileCollection 객체를 통하여 경로를 출력할 수 있도록 작성되었습니다. 그리고 FileCollection 객체에 대하여 each를 이용하여 FileCollection 객체에 지정된 파일들을 각각 참조하여 해당 파일의 이름과 경로를 출력하도록 하였습니다. 이런 식으로 files( )에 참조하고자 하는 파일을 나열하여 사용하고 생성된 FileCollection 객체를 이용하여 참조된 파일 및 디렉터리를 관리하면 되겠습니다. 그럼 **코드 5-4**의 빌드 수행 결과를 살펴보도록 하겠습니다.

그림 5-3 실행 결과

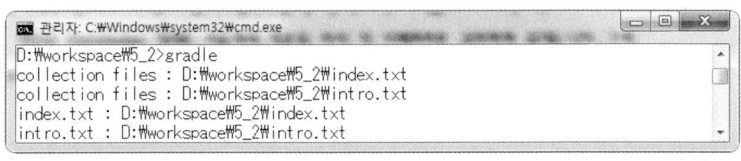

files( )는 file( )에 인수로 지정 가능한 모든 형식에 대하여 지정할 수 있습니다. file( )에서 인수로 지정하였던 File 객체를 비롯하여 URL, URI 등의 객체를 인수로 지정할 수 있으며, 인수로 지정 가능한 객체에 대하여 같은 종류의 인수만이 아닌 서로 다른 종류의 인수를 지정하여 사용할 수 있습니다. 그럼 빌드 스크립트를 **코드 5-5**와 같이 작성한 후 빌드 수행을 통하여 결과를 확인해 보도록 하겠습니다.

코드 5-5 서로 다른 인수 지정

```
// files() 다양한 인수 지정
FileCollection fileCollection = files('index.txt', new File('intro.txt'),
    new URL('file:/web.html'), new URI('file:/log.xml'))

fileCollection.each{
    println it.name + " : " +it.path
}
```

그림 5-4 실행 결과

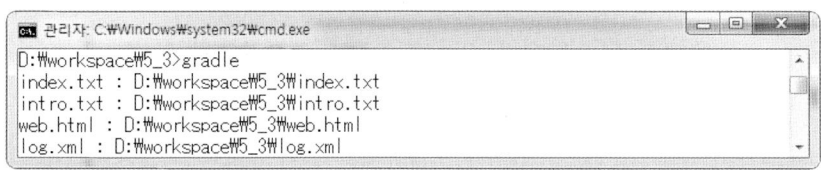

FileCollection 객체는 files( )에서 인수로 리스트나 배열을 받아 지정할 수 있습니다. 그레이들은 그루비를 기반으로 되어 있는데, 그루비에서는 리스트를 기술할 때 [ ]을 사용하여 기술합니다. 따라서 그레이들의 빌드 스크립트에서도 리스트를 작성할 때 [ ]을 사용하여 작성하면 됩니다. **코드 5-6**과 같이 작성하여 FileColletion 객체에서 리스트와 배열을 이용한 참조 방법을 확인해 보도록 하겠습니다.

코드 5-6 리스트와 배열을 이용한 파일 참조

```
// List형 지정
List fileList = [new File('intro.txt'), new File('index.txt'),new File('log.txt')]
FileCollection fileCollection1 = files(fileList)

fileCollection1.each{
    println 'file List 1 : '+it.name + " : " +it.path
}
```

```
// 배열로 지정
FileCollection fileCollection2 = files(fileList as File[])

fileCollection2.each{
    println 'file Array 2 : '+it.name + " : " +it.path
}
```

그림 5-5 실행 결과

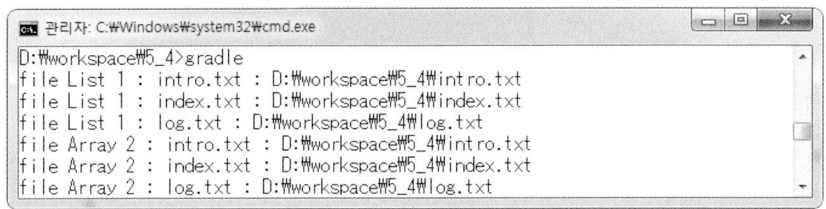

FileCollection 객체는 다른 형의 컬렉션 객체로 변환하여 사용할 수 있다는 특징을 가지고 있습니다. 즉, Set이나 List 형과 같은 컬렉션이나 배열로 변환하여 사용할 수 있습니다. 이때 다른 형의 컬렉션으로 변환하여 사용할 수 있게 해주는 것이 as 연산자입니다. 그루비에서 제공하는 연산자로, as 뒤에 지정된 형으로 형 변환이 이루어집니다. as 연산자를 이용한 FileCollection 객체의 형 변환 부분을 **코드 5-7**과 같이 빌드 스크립트로 작성한 후에 빌드 수행 결과를 확인해 보도록 하겠습니다.

코드 5-7 as 연산자를 이용한 FileCollection 형 변환

```
// 파일 컬렉션 변환
FileCollection fileCollection = files('settings.txt',new File('intro.txt'),
    new File('index.txt'), new File('log.txt'))

// List 형으로 변환
List fileList = fileCollection as List
```

```
fileList.each{
    println 'List collection : ' + it.path
}

// Set 형으로 변환
Set fileSet = fileCollection as Set

fileSet.each{
    println 'Set collection : ' + it.path
}

// 배열로 변환
File[] fileArray = fileCollection as File[]
fileArray.each{
    println 'Array collection : ' + it.path
}
```

그림 5-6 실행 결과

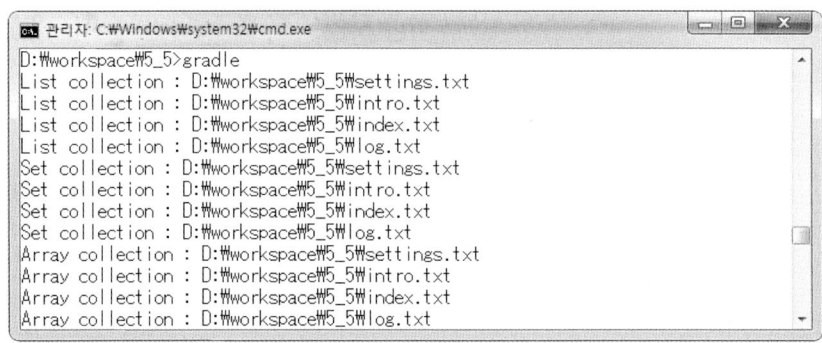

as 연산자가 아닌 FileCollection에서 제공하는 메서드 중 하나인 getFiles( )를 사용하여 FileCollection 객체를 변환하여 사용할 수 있습니다. getFiles( )는 files로 표현하여 사용할 수도 있습니다. 만약에 FileCollection 객체에서 참조로 지정된 파일이 한 개라면 getSingleFlie( )을 사용하면 되고, getSingleFile( )은 singleFile로 표현할 수도 있습니다. 참고로 singleFile을 여러 개의 파일에 대하여 참조하게 된다면 빌드 수행 시 에러가 발생합니다. **코드 5-8**과 같이 빌드 스크립트를 작성한 후에 실행 결과를 확인해 보도록 하겠습니다.

코드 5-8 FileCollection을 변환하여 사용하는 또 다른 방법

```
// 파일 컬렉션 변환
FileCollection fileCollection = files('settings.txt',new File('intro.txt'),
        new File('index.txt'), new File('log.txt'))

// List 형으로 변환
List fileList = fileCollection.files

// 파일 컬렉션 변환
FileCollection singleFileCollection = files('settings.txt')

// 하나의 파일 일 경우 ( 여러 개의 파일에 대하여 사용하면 에러 발생 )
File file = singleFileCollection.singleFile
```

FileCollection 인터페이스를 이용하여 생성된 객체에 대하여 그레이들에서는 덧셈 연산자(+)를 이용하여 객체 간에 연산이 이루어지도록 오버로딩되어 있습니다. 두 개의 FileCollecion 객체에 대하여 덧셈 연산이 이루어지고 더해진 결과에 대하여 파일 개수가 충족한다면 개수와 파일의 이름, 경로를 출력해 주는 실습을 진행해 보도록 하겠습니다. **코드 5-9**와 같이 빌드 스크립트를 작성한 후에 빌드 수행을 통하여 결과를 확인해 보도록 하겠습니다.

코드 5-9 FileCollection의 덧셈 연산자

```
// FileCollection의 덧셈 연산자
FileCollection fc1 = files('log.txt')
FileCollection fc2 = fc1 + files('intro.txt')

// fc2의 파일 개수 확인
```

```
    if(fc2.files.size() == 2){
        println 'fc2 file count : ' + fc2.files.size()

        fc2.each{
            println 'fc2 file => '+it.name + " : " +it.path
        }
    }
```

그림 5-7 실행 결과

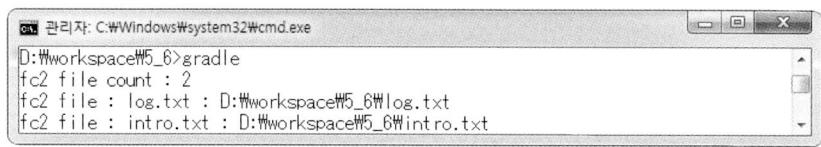

덧셈 연산자뿐만 아니라 뺄셈 연산자(-)도 제공하고 있습니다. **코드 5-10**과 같이 작성해보고 빌드를 수행해보도록 하겠습니다.

코드 5-10 FileCollection의 뺄셈 연산자

```
// FileCollection의 뺄셈 연산자
FileCollection fc1 = files('log.txt', 'intro.txt')
FileCollection fc2 = fc1 - files('intro.txt')

if(fc2.files.size() == 1){
    println 'fc2 file count : ' + fc2.files.size()

    fc2.each{
        println 'fc2 file => '+it.name + " : " +it.path
    }
}
```

| 그림 5-8 | 실행 결과

FileCollection 인터페이스에서는 참조 중인 파일에 대하여 조건을 지정하여 지정된 파일만을 이용할 수 있도록 필터링 기능을 제공하고 있습니다. 필터링을 이용할 때에는 filter를 이용하여 클로저 안에 지정할 조건을 작성하면 됩니다. filter에 작성된 내용은 내부적으로 File 클래스로 전달되어 필터로 지정된 조건에 대한 파일을 FileCollection 객체에서 사용할 수 있도록 하는 역할을 수행합니다. **코드 5-11**에서는 필터 기능을 이용하여 텍스트 파일에 대하여 조건을 지정하였고, 지정된 결과에 대하여 파일 개수와 관련 내용을 출력하도록 스크립트를 작성하였고 빌드를 수행하였습니다.

코드 5-11 FileCollection의 필터링

```
// FileCollection 필터링
FileCollection fileCollection = files('settings.txt','login.txt',
    new File('intro.java'),new File('index.html'), new File('log.txt'))

println 'All File Size : ' + fileCollection.files.size()

// 텍스트 파일에 대하여 필터링
FileCollection txtFilter1 = fileCollection.filter{collectionFile ->
    collectionFile.name.endsWith '.txt'
}

println 'File Filter Size : ' + txtFilter1.files.size()

// 필터링된 파일 내용 출력
txtFilter1.each{
```

```
        println 'txtFilter1 file => '+it.name + " : " +it.path
}
```

그림 5-9 실행 결과

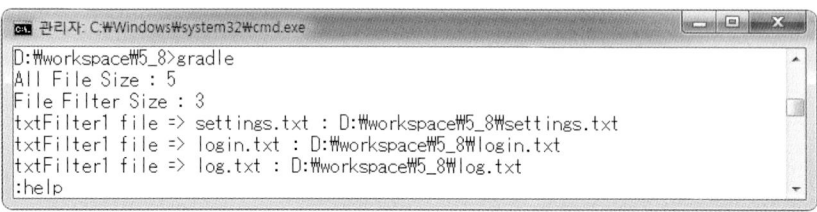

FileCollection 인터페이스의 부가 기능을 살펴보도록 하겠습니다. JAR 파일의 경로를 지정하거나 할 때 유용한 메서드로 getAsPath( )가 있습니다. 이 메서드는 asPath로도 사용할 수 있으며 생성된 FileCollection 객체 다음에 사용하면 됩니다. 사용 방법과 사용된 스크립트에서의 출력 결과를 간단히 살펴보도록 하겠습니다. asPath는 그루비에서 제공하는 getAsPath( )의 축약 표현이니 참고하면 됩니다.

FileCollection 객체가 빈 객체인지 참조 중인 파일이 있는지를 확인하기 위해서는 isEmpty( )를 사용합니다. 이 메서드를 이용하여 FileCollection 객채가 참조 중인 파일의 존재 여부를 체크할 수 있으며 만약 FileCollection 객체가 비어 있다면 앞에서 살펴본 덧셈 연산자(+)를 이용하여 FileCollection 객체에 값을 지정하고, FileCollection 객체가 비어 있지 않고 특정 파일을 참조하고 있다면 해당 부분에 대하여 뺄셈 연산자(-)를 사용하여 제외할 수 있습니다. FileCollection 객체가 비어 있을 경우 예외를 발생시킬 수 있는데, 이때 stopExecutionIfEmpty( )를 사용하면 됩니다.

FileCollection 객체가 특정 파일을 참조하도록 포함하고 있는지를 contains( )를 사용하여 확인할 수 있습니다. 이 메서드를 이용하여 특정 파일의 참조 여부를 확인하고 없을 경우 (+) 또는 (-) 연산자를 이용하여 FileCollection 객체에 추가 또는 제거할 수 있습니다.

코드 5-12 FileCollection의 경로 확인 및 참조 여부 체크

```
// FileCollection 객체 생성
    FileCollection fileCollection = files('settings.txt','login.txt',
    new File('intro.java'), new File('index.html'),new File('log.txt'))

// 참조하는 파일의 경로 출력 getAsPath()
println '1. getAsPath() : ' +fileCollection.getAsPath()
println '2. asPath : ' +fileCollection.asPath

// isEmpty()
if(fileCollection.isEmpty()){
    println '3. isEmpty ----'
}else{
    println '4. is not Empty ----'
    // fileCollection 객체에서 참조 중인 파일 제거 (-) 연산자 사용
        fileCollection = fileCollection - files('settings.txt','login.txt',
        new File('intro.java'), new File('index.html'))
    // 제거 후 파일 경로 출력
    println '5. fileCollection getAsPath() : ' + fileCollection.getAsPath()
}

// contains()
File alzioOneFile = file(new File('log.txt'))

// File 객체에 지정된 파일의 존재여부를 contains()로 확인
if(fileCollection.contains(alzioOneFile)){
    println '6. File is contains'
}else{
    println '7. File is not contains'
}

// stopExecutionIfEmpty()를 이용하여 빈 FileCollection에 대하여 예외 발생
FileCollection emptyFileCollection = null;
emptyFileCollection.stopExecutionIfEmpty()
```

실행 결과 **그림 5-10**을 살펴보면 FileCollection 객체와 관련하여 객체의 상태를 체크한 후

마지막에 FileCollection 객체가 null인 경우 예외를 발생시켰고 예외 발생과 함께 빌드 수행이 실패한 것을 확인할 수가 있습니다.

그림 5-10 실행 결과

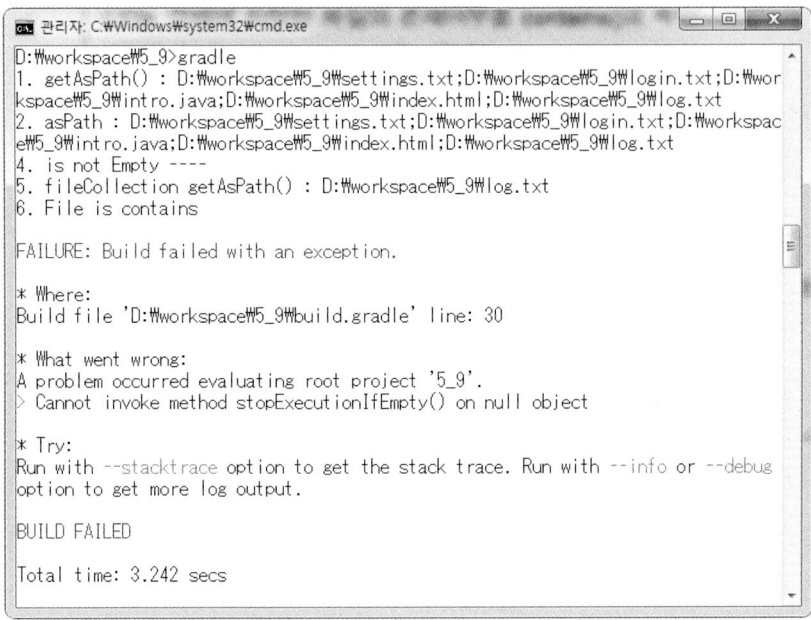

1.3 여러 개의 파일 참조: FileTree

여러 개의 파일을 참조할 때 FileCollection 이외에 FileTree 인터페이스가 있습니다. FileTree 인터페이스는 파일을 트리 구조로 참조하고 처리할 때 사용하는 인터페이스로, fileTree( )를 이용하여 FileTree 객체를 생성하여 사용하게 됩니다. FileTree 인터페이스도 FileCollection과 마찬가지로 ConfigurableFileTree 인터페이스로 구현되어 있지만, 상위 인터페이스인 FileTree를 이용하도록 정의되어 있습니다. FileTree 인터페이스는 FileCollection 인터페이스를 확장하여 파일의 계층 구조를 참조할 수도 있습니다. FileTree 인터페이스를 사용하여 파일을 참조하는 방법에 대하여 알아보도록 하겠습니다.

FileTree: https://docs.gradle.org/current/javadoc/org/gradle/api/file/FileTree.html

코드 5-13 FileTree 인터페이스를 이용한 참조

```
// FileTree 를 이용한 참조
FileTree fileTree = fileTree('settings')

fileTree.each{
    println 'File Name : ' + it.name + ' , Path : ' + it.path
}
```

FileTree 인터페이스를 이용하여 참조하기 위하여 fileTree( )를 사용합니다. 이 메서드를 이용하여 FileTree 객체를 생성하게 되는데, 디렉터리 경로나 클로저, Map을 지정할 수 있습니다. 디렉터리 경로로는 프로젝트 디렉터리를 기준으로 상대 경로를 지정하게 됩니다.

코드 5-13에서는 FileTree 객체를 생성하고 해당 객체에서 참조하는 정보를 출력하도록 스크립트를 작성하였습니다. 해당 빌드 스크립트를 작성하기 전에 생성한 프로젝트, 즉 루트 디렉터리 하위에 settings 디렉터리를 생성하였고 그 밑에 settings.gradle 파일을 생성하였습니다. 그리고 빌드 스크립트인 build.gradle 파일에 **코드 5-13**을 작성하였고 fileTree( )에 settings를 인자로 지정하여 루트 디렉터리를 기준으로 settings 디렉터리를 참조하게 하였고 fileTree.each를 이용하여 fileTree 객체가 참조하는 내용을 출력하도록 하였습니다.

그림 5-11 실행 결과

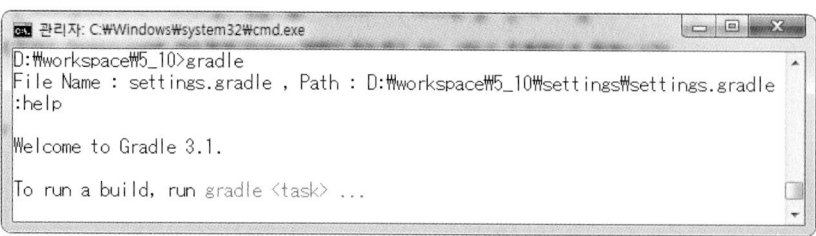

그림 5-11 실행 결과를 살펴보면 FileTree 객체로 참조한 settings 디렉터리에 있는 settings.gradle 파일의 명칭과 경로가 출력된 것을 확인할 수 있습니다.

1.3.1 클로저를 이용한 파일 참조

다음으로, 클로저를 이용하여 파일 참조하는 부분을 살펴보도록 하겠습니다. 클로저를 이용하여 fileTree( )에서 참조하기 위해서 fileTree( )에 기준이 되는 디렉터리를 지정하고 클로저에 참조하고자 하는 파일에 대한 정보를 입력하여 FileTree 객체를 생성할 수 있습니다. 빌드 스크립트를 작성하기 전에 프로젝트 디렉터리를 생성한 후 해당 디렉터리에 src 디렉터리를 생성하고서 하위에 자바 파일을 몇 개 생성하였습니다. 그리고 자바 파일 중에 actionTest.java 파일을 생성하여 FileTree 객체에서 해당 파일을 제외하고 관련 내용을 출력하도록 빌드 스크립트를 작성하였습니다. 특정 확장자나 파일 이름에 대하여 포함할 때에는 include를 사용하였고, 특정 파일을 제외하기 위하여 exclude 키워드를 사용하여 해당 키워드 뒤에 제외하고자 하는 파일 이름을 지정하였습니다.

코드 5-14 FileTree 객체를 이용한 참조 - 클로저 사용

```
// 클로저를 이용한 FileTree 객체 생성
FileTree fileTreeEx = fileTree('src'){
    include '**/*.java'
}
```

```
// src 디렉터리를 기준으로 참조 중인 파일 내용 출력
fileTreeEx.each{
    println '1. fileTree Name : ' + it.name
}

// src 디렉터리를 기준으로 특정 파일 제외
fileTreeEx = fileTree('src'){
    exclude '**/action????.java'
}

// src 디렉터리를 기준으로 참조 중인 파일 내용 출력
fileTreeEx.each{
    println '2. fileTree Name : ' + it.name
}
```

fileTree( )에서 src 디렉터리를 기준 디렉터리로 지정하였습니다. src 디렉터리는 루트 디렉터리, 즉 프로젝트를 중심으로 생성한 하위 디렉터리로, 자바 파일들이 자리 잡고 있습니다. 이 자바 파일들을 include를 이용하여 추가하였습니다. include를 이용하여 추가한 자바 파일의 이름을 출력하였고, 다음으로 exclude를 이용하여 'action'으로 시작하는 자바 파일을 제외하고서 제외된 내용을 출력하도록 작성하였습니다. 여기서 include와 exclude의 뒷부분을 살펴보면 '*'와 '?'와 같은 기호가 사용된 부분을 볼 수 있는데, 이 부분은 앤트 패턴으로, 앤트 패턴에 지정된 부분 이외의 문자에 대하여 표현하고자 할 때 사용할 수 있습니다. 앤트 패턴에 대해서는 **표 5-1**로 간략히 정리하였습니다.

표 5-1 앤트 패턴 표현식

표현 방법	설명
*	임의 문자열로 길이에 제한 없이 패턴으로 처리 예) *.java: 확장자가 java인 파일
?	임의 문자에 대하여 패턴으로 처리 예) action?.java: action 다음에 어느 문자가 되었든 하나의 문자에 대하여 일치하는 자바 파일 예) action????.java: 여러 문자에 대하여 지정할 경우 문자의 개수만큼 사용
**	임의 계층의 디렉터리 예) **/*.java: 지정된 디렉터리를 기준으로 하위 디렉터리 모두에 포함된 자바 파일

코드 5-14 빌드 스크립트를 수행하면 다음과 같은 결과를 확인할 수 있습니다. 실행 결과를 보면 actionTest.java 파일 처음에 포함되어 있다가 제외된 것을 알 수 있습니다.

그림 5-12 실행 결과

1.3.2 Map을 이용한 FileTree 객체 생성

계속해서 Map을 이용한 FileTree 객체 생성을 알아보도록 하겠습니다. Map 형식을 이용할 때에는 fileTree( )에 디렉터리 경로와 포함할 파일과 제외할 파일을 지정하여 작성하는데, 이때에도 포함하거나 제외할 때 앤트 패턴을 이용할 수 있으며 include와 exclude를 이용하게 됩니다. Map 형식을 이용할 경우에도 앞에서 살펴본 클로저 실습과 마찬가지로 프로젝트를 생성한 후 프로젝트 디렉터리 하위에 src 디렉터리를 생성하였고 하위에 자바 파일을 생성하였습니다. src 디렉터리를 기준 디렉터리로 잡기 위하여 dir 키워드를 사용하였고 dir 키워드 뒤에 콜론(:)을 사용하여 지정하였습니다.

코드 5-15 FileTree 객체를 이용한 참조 – Map 사용

```
// Map 을 이용한 FileTree 객체 생성
FileTree fileMap = fileTree(dir:'src', include:'**/*.java' ,
    exclude:'**/action????.java' )

fileMap.each{
    println 'fileMap Name : ' + it.name
}
```

그림 5-13 실행 결과

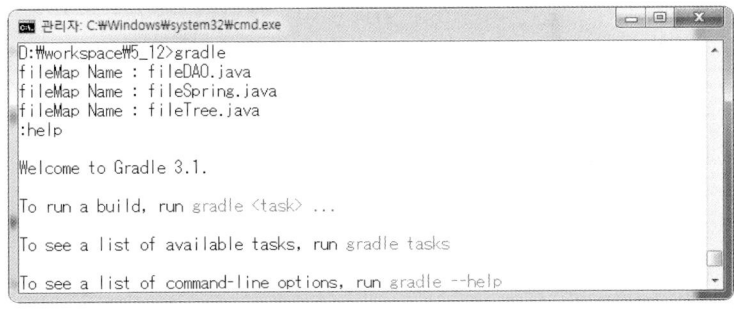

지정한 조건과 일치하는 파일에 대하여 FileTree 객체를 생성할 수 있도록 match( )를 제공하고 있습니다. match( )는 FileCollection 인터페이스에서 filter( )와 비슷한 기능을 한다고 보면 되겠습니다. 앞에서 실습한 클로저나 Map을 이용한 FileTree 객체 생성 실습과 동일하게 프로젝트를 생성하고 다음의 빌드 스크립트를 작성하고 빌드를 수행해보도록 하겠습니다.

코드 5-16 match( )을 이용한 FileTree 객체 생성

```
// matching()
FileTree fileMatch = fileTree('src')

FileTree ft1 = fileMatch.matching{
    include '**/*.java'
}
ft1.each{
    println '1. File Name : ' + it.name
}

FileTree ft2 = fileMatch.matching{
    exclude '**/action????.java'
}

ft2.each{
    println '2. File Name : ' + it.name
}
```

그림 5-14 실행 결과

그리고 트리 구조의 각 노드를 탐색하기 위해 visit( )를 제공하고 있습니다. fileTree( )에서 기준으로 작성된 디렉터리를 기준으로 순서대로 탐색을 수행하게 됩니다. isDirectory( )를 이

용하여 해당 파일에 대하여 디렉터리 유무를 체크하여 있을 경우와 없을 경우에 대하여 나눠서 결과를 출력하도록 하였습니다.

코드 5-17 visit( )를 이용한 탐색

```
// 파일 탐색
FileTree fileVisit = fileTree('src')

fileVisit.visit{fileDetails->
    println 'fileVisit File Name : ' + fileDetails.getName()

    if(fileDetails.isDirectory()){
        println '  isDirectory Yes : ' + fileDetails.getPath()
            + ' size : ' + fileDetails.getSize()
    }else{
        println '  isDirectory No : ' + fileDetails.getPath()
            + ' size : ' + fileDetails.getSize()
    }
}
```

그림 5-15 실행 결과

```
D:\workspace\5_14>gradle
fileVisit File Name : actionTest.java
  isDirectory No : actionTest.java size : 36
fileVisit File Name : com
  isDirectory Yes : com size : 0
fileVisit File Name : test
  isDirectory Yes : com/test size : 0
fileVisit File Name : dir
  isDirectory Yes : com/test/dir size : 0
fileVisit File Name : dirTest.java
  isDirectory No : com/test/dir/dirTest.java size : 54
fileVisit File Name : fileDAO.java
  isDirectory No : fileDAO.java size : 33
fileVisit File Name : fileSpring.java
  isDirectory No : fileSpring.java size : 36
fileVisit File Name : fileTree.java
  isDirectory No : fileTree.java size : 34
:help
```

2. 파일 복사

2.1 Copy 태스크

그레이들은 파일을 복사하기 위해 Copy라는 태스크를 제공하고 있습니다. 파일을 대상이 되는 디렉터리에 복사하는 기능을 제공하고 있으며 파일을 복사할 때 파일의 이름을 바꾸거나 필터링하여 파일을 제어할 수 있는 기능도 제공하고 있습니다. Copy 태스크는 CopySpec 인터페이스를 구현한 것으로, 나중에 살펴볼 파일 압축과 연관 있는 zar, tar, zip 등 압축 파일을 생성하는 기능을 제공하는 태스크의 상위 인터페이스이기도 합니다. 파일을 복사하기 위해서 태스크에서 Copy 형을 지정하여 사용할 수도 있고 스크립트 상에서 copy( )를 이용하여 파일을 복사할 수도 있습니다.

Copy: https://docs.gradle.org/current/dsl/org.gradle.api.tasks.Copy.html

CopySpec: https://docs.gradle.org/current/javadoc/org/gradle/api/file/CopySpec.html

먼저 스크립트 상에서 copy( )를 이용한 파일 복사 방법을 살펴보도록 하겠습니다. 파일을 복사하려면 대상이 되는 파일을 지정하고, 복사하고자 하는 목적지 경로를 지정해야 합니다. 복사 대상 파일을 지정하기 위해서는 from( )을 사용하고 목적지 경로를 지정하기 위해서는 into( )를 사용하게 됩니다.

코드 5-18 copy( )를 이용한 파일 복사

```
// 파일 복사
copy {
    from 'src/com/org/file' // 대상 파일의 경로
    into 'src/com/des/file' // 목적지 경로
}
```

from( )과 into( )는 생성한 프로젝트를 기준(루트 디렉터리)으로 상대 경로를 지정하게 됩니다. 그리고 from( )에서 지정한 디렉터리는 복사 대상에서 제외되며 into( )로 파일이 복사될 때 into( )에 지정된 디렉터리가 없을 경우 into( )에 지정된 목적지 디렉터리가 루트 디렉터리를 기준으로 하여 생성됩니다.

코드 5-18을 build.gradle 파일에 작성하고 'src/com/org/file' 경로에 임의의 자바 파일을 생성하도록 하겠습니다. 그리고 해당 빌드 스크립트를 gradle 명령어로 빌드를 수행하고 into( )에 지정한 경로에 파일이 생성되었는지 확인해 보면 from( )에 지정된 경로의 파일이 생성된 것을 알 수 있습니다.

그림 5-16 파일 복사 결과

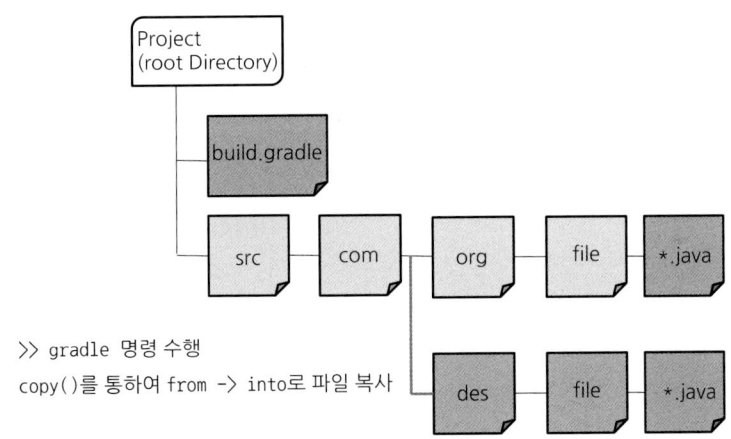

2.2 앤트 패턴을 이용한 파일 복사

파일을 복사하는 데 있어서 파일 트리에서 살펴봤던 앤트 패턴, include( ), exclude( )를 이용하여 특정 파일을 추가하거나 제거하여 파일을 목적지 위치로 복사할 수 있습니다. copy( )에서도 include( )에 지정된 파일은 복사 대상이 되며 exclude( )에 지정된 파일은 복사 대상에서 제외되게 됩니다. include( )와 exclude( )의 뒤에 지정할 조건에 대하여 앤트 패턴을 이용할 수 있으며 **코드 5-19**와 같이 빌드 스크립트를 작성하게 됩니다.

코드 5-19 앤트 패턴을 이용한 파일 복사

```
// 파일 복사
copy {
    from 'src/com/org/file' // 대상 파일의 경로
    into 'src/com/des/file' // 목적지 경로

    include '**/*.java'
    exclude '**/*Dao.java'
}
```

from( )에서 지정된 대상 파일의 경로를 into( )에 지정된 목적지 경로로 파일을 복사할 때 include( )를 이용하여 java 확장자를 가진 파일을 복사 대상으로 조건을 지정하면서 exclude( )로 java 확장자 파일 중에서 Dao로 끝나는 자바 파일은 복사 대상에서 제외되도록 하였습니다. 실습을 위해 복사 대상이 되는 파일 경로에 임의의 자바 파일을 여러 개 생성하고 그중에서 *Dao.java 파일을 생성한 후에 해당 빌드 스크립트를 빌드해보면 java 확장자 파일 중에서 *Dao.java 파일을 제외하고 파일이 복사되는 것을 확인할 수 있습니다.

그레이들에서 파일을 복사하는 copy( )는 from( )에 대상이 되는 경로 하위에 빈 디렉터리가 있으면 기본적으로 빈 디렉터리도 복사합니다. 만약 비어 있는 디렉터리는 제외하고 복사하고자 한다면 includeEmptyDirs 속성을 이용하면 됩니다. 사용 방법은 다음과 같습니다. from( )에 지정된 경로 하위에 빈 디렉터리를 생성하고 **코드 5-19**에 다음 코드를 작성한 후 빌드 수행으로 확인해 보기 바랍니다.

코드 5-20 빈 디렉터리 제외 방법

```
...
    includeEmptyDirs = true      // 빈 디렉터리도 복사(기본값)
    includeEmptyDirs = false     // 빈 디렉터리 제외
...
```

2.3 rename()을 이용한 파일 복사

파일을 복사할 때 rename( )을 사용하면 변경된 파일 이름으로 복사가 이루어집니다. rename( )에는 인수로 클로저나 정규 표현식을 사용할 수 있습니다. 정규 표현식을 사용할 때에는 rename( )에 대상이 되는 파일의 이름 또는 대상이 되는 파일을 나타내는 표현식과 변경하게 될 파일의 이름을 지정합니다.

코드 5-21 rename( )을 이용한 파일 이름 변경

```
...
    rename 'originalTest.java', 'destination.java'
...
```

코드 5-21에서 rename( )을 이용하여 대상 경로에 'originalTest.java' 파일이 있다면 해당 파일을 복사할 때 'destination.java'로 파일 이름을 바꾸어 저장하도록 추가한 후 빌드를 수행하면 복사가 이루어지며 변경된 파일 이름으로 복사가 이루어진 것을 확인할 수 있습니다. 정규 표현식을 이용하여 파일의 이름을 변경하고자 한다면 변경하고자 하는 대상의 파일에 대하여 정규 표현식 패턴을 사용하여 지정하고 변경할 파일의 이름을 지정하면 되겠습니다. 코드 5-22는 Test.java로 끝나는 파일에 대하여 'changeName.java'로 파일 이름을 바꾸도록 작성한 스크립트입니다. 주의해야 할 점은 이렇게 정규 표현식을 이용하여 파일 이름을 변경할 경우 유사한 패턴의 파일들이 많아 파일 이름 변경으로 말미암아 시스템에 문제를 일으킬 수 있으므로 명시적으로 이름을 지정한 후 사용해야 한다는 것입니다.

코드 5-22 rename( )을 이용한 파일 이름 변경—정규 표현식 사용

```
...
rename '(.*)Test.java', 'changeName.java'
...
```

파일 이름을 변경하여 지정할 경우 from( )에 클로저를 인수로 지정하여 사용할 수 있습니다. 이런 경우 클로저 안에 rename( )을 사용하여 지정하면 되겠습니다.

코드 5-23 from( )에 클로저와 rename( )을 이용한 파일 이름 변경

```
// 파일 복사
copy {
    from('src/com/org/file') {
        rename 'original.java', 'usingCloser.java'
    }
    into 'src/com/des/file'
}
```

파일을 복사하면서 파일 이름만 변경하는 것이 아니라 파일의 내용을 변경하여 복사할 수 있습니다. 파일의 내용을 변경할 때는 filter( )를 이용하게 됩니다. 이 메서드는 파일의 내용을 필터링하여 편집을 하게 되며 클로저나 java.io.FilterReader의 서브 클래스를 인수로 지정할 수 있습니다.

2.4 클로저를 이용한 파일 내용 편집

클로저를 이용하여 파일의 내용을 편집하여 복사하는 부분을 살펴보도록 하겠습니다.

코드 5-24 filter( )를 이용한 파일 편집

```
// 파일 복사
```

```
copy {
    // filter()를 이용한 파일 편집 및 복사
    from('src/com/org/file') {
        include '**/original.java'
        rename 'original.java', 'editCloser.java'
    }

    into 'src/com/edit/file'

    // filter() 이용
    filter { line ->
        line.replaceAll 'com.org.file', 'com.edit.file'
    }
    // filter() 이용
    filter { line ->
        line.replaceAll 'original', 'editCloser'
    }
}
```

코드 5-24를 빌드 스크립트를 수행하고 테스트하기 위해 루트 프로젝트에 자바 파일을 from( )에 지정된 경로로 생성합니다. 루트 디렉터리를 기준으로 'src/com/org/file'에 'original.java' 파일을 생성하였고 해당 파일에는 간단한 자바 코드를 삽입하도록 하겠습니다. 파일 복사 및 편집을 위해 자바 파일을 생성한 것이기에 해당 파일에는 특별한 소스 코드를 입력할 필요는 없습니다.

```
// original.java
package com.org.file;
public class original {}
```

해당 빌드 스크립트 및 자바 파일 생성이 완료되었으면 빌드를 수행한 후 복사된 자바 파일의 패키지 경로 및 클래스 이름이 바뀐 것을 확인할 수 있습니다. filter( )를 이용하여 해당 파일의 내용 중 지정한 내용과 일치하는 부분을 변경하고자 하는 문자열로 바꾼 후 복사가 이루어진 것인데, filter( )는 하나의 줄 단위로 복사를 수행하기 때문에 **코드 5-24**에서와 같이 패키지 경로와 클래스 이름을 바꾸기 위하여 filter( )를 2개 사용하였습니다.

2.5 태스크를 이용한 파일 복사

지금까지 태스크를 사용하지 않고 빌드 스크립트 상에서 파일 복사와 관련된 다양한 기능을 살펴봤습니다. 그럼 태스크를 이용한 파일 복사 부분을 알아보도록 하겠습니다. 태스크를 이용한 파일 복사도 앞서 빌드 스크립트 상에서 살펴본 rename( ), filter( ) 등을 사용할 수 있습니다. 태스크를 이용하여 파일을 복사할 경우에는 태스크를 선언한 후 태스크에 대한 유형을 지정해야 합니다.

코드 5-25 태스크를 이용한 파일 복사

```
// 태스크를 이용한 파일 복사
// type에 copy를 지정해야 한다.
task copyTask(type: Copy) {
    // filter()를 이용한 파일 편집 및 복사
    from('src/com/org/file') {
    include '**/original.java'
    rename 'original.java', 'editCloser.java'
}

    into 'src/com/edit/file'
    // filter() 이용
    filter { line ->
        line.replaceAll 'com.org.file', 'com.edit.file'
    }

    // filter() 이용
    filter { line ->
        line.replaceAll 'original', 'editCloser'
    }
}
```

코드 5-25에서 보면 task copyTask(type: Copy)에서 태스크 이름 뒤에 type:Copy가 지정된 부분을 볼 수 있는데, 이 부분이 해당 태스크 파일을 복사하기 위한 태스크의 기능을 수행하도록 지정한 부분이라고 보면 되겠습니다. Copy 태스크는 CopySpec 인터페이스를 구현한 태스크인데, def 형을 이용하여 CopySpec에 대하여 대상 경로를 지정한 다음, 파일 복사를 위해 생성한 태스크에서 해당 def 형으로 선언된 파일 복사 대상을 호출하여 사용할 수도 있습니다. 해당 태스크를 작성한 빌드 스크립트를 호출하여 파일이 복사된 결과를 확인해 보기 바랍니다.

코드 5-26 태스크를 이용한 파일 복사

```
// 파일 복사 def 형과 copySpec 이용한 대상 경로 지정 객체 생성
def dataContent = copySpec {
    from('src/com/org/file') {
        include '**/original.java'
        rename 'original.java', 'editCloser.java'
    }
}

task fileCopy(type: Copy) {
    // copySpec을 이용하여 대상 경로가 지정된 def 형 변수
    with dataContent
    into 'build/target/back_up'
}
```

3. 파일 삭제와 디렉터리 생성

3.1 파일 삭제

파일을 삭제하기 위해서 그레이들에서는 Delete 형 태스크를 이용하여 태스크에서 처리하는 방법이 있고 delete( )를 이용하여 빌드 스크립트 상에서 삭제하고자 하는 파일 이름을 지정하여 삭제하는 방법이 있습니다. 두 가지 모두 delete( )에 인수를 지정하여 파일을 삭제하게 되는데, 인수로는 삭제하고자 하는 파일의 이름이나 삭제하고자 하는 디렉터리를 지정하면 됩니다. 또한 delete( )는 가변 길이 인수를 지정하여 사용하므로 여러 개의 파일을 삭제할 때는 쉼표(,)로 파일을 구분하여 나열하면 되겠습니다. 그럼 파일 삭제를 위한 빌드 스크립트를 어떻게 작성하는지 살펴보도록 하겠습니다.

Delete: https://docs.gradle.org/current/dsl/org.gradle.api.tasks.Delete.html

코드 5-27 파일 삭제

```
// delete()를 이용한 파일 삭제
delete 'src/com/org/file/original.java','src/com/org/file/originalDao.java'

// 태스크의 type을 Delete로 지정하여 파일 삭제
task delFile(type: Delete) {
    delete 'src/com/org/file/original.java','src/com/org/file/originalDao.java'
    // 심볼릭 링크 사용 여부 설정
    followSymlinks = true
}
```

followSymlinks는 파일을 삭제할 때 심볼릭 링크를 따라야 하는지 여부를 지정하는 것으로, true일 경우 심볼릭 링크에 의하여 파일 삭제가 이루어진다고 보면 되겠습니다.

3.2 디렉터리 삭제

그레이들의 빌드 스크립트에서 디렉터리를 생성하려면 mkdir( )을 사용하면 됩니다. mkdir()을 이용하여 디렉터리를 생성할 경우 인수로는 생성한 프로젝트, 즉 루트 디렉터리를 기준으로 하여 상대 경로를 지정하면 되겠습니다. 만약 디렉터리를 생성할 때 생성할 디렉터리의 상위 디렉터리가 없을 경우 상위 디렉터리도 생성하게 되며 프로젝트 외부에도 디렉터리를 생성해 사용할 수 있습니다.

코드 5-28 디렉터리 생성

```
// mkdir()을 이용한 디렉터리 생성
mkdir 'src/com/test/dir'
```

Chapter
6

의존 관계

1. 의존 관계 관리 **2.** 환경 구성 정의 **3.** 저장소 정의

대부분 프로젝트는 단순하게 하나의 프로젝트로 이루어져 있지 않고 여러 개의 단일 프로젝트들이 모여서 하나의 거대한 멀티 프로젝트를 구성하고 있습니다. 즉, 완전히 독립적인 것이 아니라 다른 프로젝트 또는 다른 라이브러리를 참조하면서 종속적으로 구성되어 있습니다. 라이브러리를 참조하여 사용한다는 것은 사용하고자 하는 라이브러리를 수행 중인 프로젝트에 포함하는 것인데, 이렇게 포함한 라이브러리 자체도 하나의 프로젝트 수행을 통하여 만들어진 결과물입니다. 만약 프로젝트 내에 하이버네이트(Hibernate)를 사용하려면 클래스 패스에 하이버네이트를 사용하기 위해 제공되는 jar를 포함해야 합니다. 이렇게 프로젝트에서 참조되는 파일들은 프로젝트의 종속성(The Dependencies of the Project) 또는 의존 관계를 형성하게 됩니다.

그레이들에서는 이러한 프로젝트의 종속성을 찾아 빌드를 수행할 때 사용하는 방법을 제공하고 있습니다. 이러한 종속성 또는 의존 관계를 앞으로는 의존 관계로 통일하여 부르도록 하겠습니다. 원격지의 메이븐 또는 아이비(Ivy) 저장소와 같은 곳에서 프로젝트에 필요한 라이브러리를 내려받거나 로컬 디렉터리에 위치시킨 다음, 이를 프로젝트에서의 의존 관계를 해결하는 데 사용하게 됩니다. 그레이들에서 제공하는 의존 관계 관리 기법을 앤트에서의 의존 관계와 비교하면 명확하게 그 장점을 알 수 있습니다. 앤트를 이용하게 되면 특정 jar에 대하여 절대 또는 상대 경로를 지정하여 로드하게 됩니다. 하지만, 그레이들은 사용하고자 하는 라이브러리에 대하여 해당 라이브러리 이름을 이용하여 의존 관계를 지정한 후

사용할 수 있어서 간결하고 유연하게 대응할 수 있다는 장점이 있습니다. 그럼 그레이들에서의 의존 관계와 의존 관계 관리가 어떻게 이루어지는지 알아보도록 하겠습니다.

프로젝트의 의존 관계: https://docs.gradle.org/current/userguide/artifact_dependencies_tutorial.html

1. 의존 관계 관리

그레이들에 앞서서 메이븐이나 아이비를 이용하여 의존 관계를 관리하고 있을 것입니다. 그레이들의 의존 관계에서의 특징 중 하나는 메이븐이나 아이비의 기존 환경을 그대로 변경하지 않고 바로 그레이들에서 인식하여 사용할 수 있도록 의존 관계 관리 기능을 제공하는 부분입니다. 이처럼 그레이들의 의존 관계 관리는 메이븐이나 아이비와 같은 다른 빌드 도구처럼 저장소를 사용할 수 있을 뿐만 아니라 저장소 없이도 관련 라이브러리를 프로젝트에 추가하여 사용할 수도 있습니다.

그레이들에서는 특정 위치에서 프로젝트에 필요한 파일 또는 라이브러리를 내려받아 프로젝트에 추가하여 의존 관계 해결을 자동화하고, 프로젝트에서 필요한 외부 파일, 라이브러리 또는 다른 프로젝트를 추가하였는데, 이 추가한 부분도 외부의 파일이나 라이브러리 등을 참조해야 하는지에 대해 전이적으로 관리할 수 있습니다('전이적'에 대해서는 뒤에서 다시 설명합니다). 또한, 프로젝트가 외부 라이브러리의 어떠한 버전에 의존하는지 표시할 수 있도록 하고 있습니다. 이러한 부분이 그레이들에서 의존 관계를 관리하는 목적이며 이를 간략히 정리하면 **표 6-1**과 같습니다.

표 6-1 의존 관계 관리 목적

목적	설명
의존 관계 해결 자동화	설정 지정을 통하여 특정 위치에서 필요한 라이브러리를 내려받거나 복사하여 추가
전이적 의존 관계 관리	외부의 라이브러리나 프로젝트 등이 추가로 다른 외부의 라이브러리나 프로젝트가 필요한지를 파악하거나 관리
의존 관계 표시	프로젝트가 특정 외부 라이브러리의 어떤 버전에 의존하는지 여부 표시

그레이들에서 의존 관계 관리를 어떻게 하는지 목적에 맞춰 살펴보도록 하겠습니다. 그레이들은 스크립트 상에서 설정에 필요한 파일을 받아올 수 있도록 지정할 수 있기 때문에 XML 상에서 작성하는 메이븐이나 아이비보다 유연하다는 장점이 있습니다. 간단한 빌드 스크립트를 작성해서 설명하도록 하겠습니다. 임의의 프로젝트를 생성한 후 **코드 6-1**을 build.gradle 파일에 작성하고 빌드를 수행하면 되겠습니다.

코드 6-1 그레이들의 의존 관계 관리

```
// build를 위한 환경 구성/환경 설정
configurations {
    conf1
}

// 의존 관계 정의
dependencies {
    // 의존 관계 지정
    conf1 gradleApi()
}

task exeTask << {
    // 설정된 환경 구성을 사용
    configurations.conf1.each {
        println it.absolutePath
    }
}
```

코드 6-1에서 보면 관련 태스크인 exeTask에서 환경 구성이 정의된 configurations 블록을 이용하여 conf1으로 정의된 환경을 참조하여 해당 환경 구성을 사용하고 있습니다. configurations 블록은 conf1으로 환경 구성을 정의하였고 conf1은 dependencies 블록에서 gradleApi( )를 참조하도록 의존 관계가 지정되어 있습니다. 코드 6-1로 빌드를 수행해보면 dependencies 블록에서 정의된 gradleApi( )에 정의되어 있는 관련 라이브러리 경로가 출력됨을 확인할 수 있습니다. 참고로 gradleApi( )는 그레이들에서 제공해주는 각종 라이브러리의 집합체를 사용할 수 있도록 해주는 API 메서드라고 보면 되겠습니다. 코드 6-1의 빌드 수행 결과를 확인해 보도록 하겠습니다.

configurations 블록: https://docs.gradle.org/current/dsl/org.gradle.api.Project.html#org.gradle.api.Project:configurations(Groovy.lang.Closure)

dependencies 블록: https://docs.gradle.org/current/dsl/org.gradle.api.Project.html#org.gradle.api.Project:dependencies(Groovy.lang.Closure)

그림 6-1 실행 결과

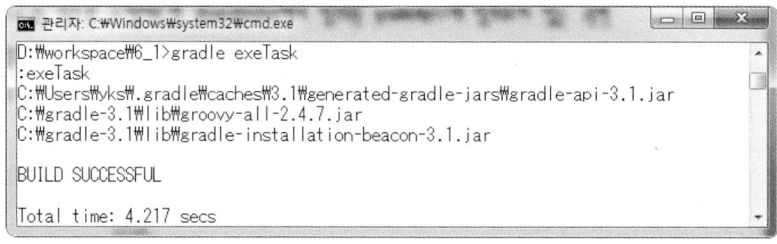

그레이들의 의존 관계 관리를 살펴보기 위해 간단한 빌드 스크립트를 작성해서 수행해보았습니다. **코드 6-1**에서 의존 관계 관리가 이루어지는 부분을 개념적으로 도식화하면 **그림 6-2**와 같습니다.

그림 6-2 의존 관계 관리

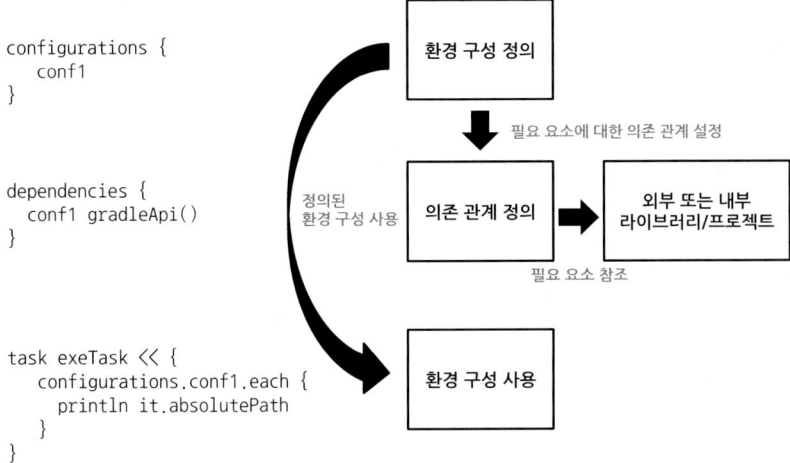

그림 6-2를 좀 더 자세히 살펴보도록 하겠습니다. 그레이들에서 환경 구성을 정의하려면 configurations 블록을 사용하면 되는데, 메이븐을 사용해봤다면 메이븐의 스코프(Scope)와 유사한 부분이라고 보면 되겠습니다. 그레이들은 컴파일 스코프, 런타임 스코프와 같이 약속된 영역에 정의해야 하는 메이븐과 다르게 configurations 블록을 사용하여 어떤 부분이 필요한지를 빌드 스크립트에서 정의해야 합니다.

이렇게 환경 구성에 대한 정의가 configurations 블록에서 정의되었으면 다음으로 의존 관계에 대하여 정의를 하면 되는데, 의존 관계 정의는 dependencies 블록에서 정의합니다. **그림 6-2**에서 dependencies 블록을 보면 configurations 블록에서 환경 구성으로 정의한 conf1에 대하여 dependencies 블록에서 gradleApi( )를 의존 관계로 지정하였습니다. dependicies 블록에서 지정한 의존 관계를 통하여 conf1은 지정된 의존 관계상의 라이브러리를 참조하여 사용할 수 있도록 설정되었고 해당 환경 구성 정의를 이용하여 빌드를 수행할 수 있습니다.

dependencies 블록에서 의존 관계를 지정하는데, 'conf1 gradleApi( )' 형태로 그레이들에서 제공하는 API 메서드를 이용하여 의존 관계를 지정하였습니다. 이 밖에도 다양한 방법으로 의존 관계를 지정할 수 있는데, 이를 **표 6-2**로 정리하였습니다.

표 6-2 의존 관계 지정 방법

지정 방법	설명
외부 모듈 의존 관계 지정	인터넷 저장소에 대하여 의존 관계 지정(저장소 정의 필요)
파일 의존 관계 지정	파일 시스템의 파일에 대하여 의존 관계 지정
프로젝트 의존 관계 지정	특정 프로젝트에서 다른 프로젝트에 대하여 의존 관계 지정
Gradle API 의존 관계 지정	사용 중인 API가 포함된 라이브러리 파일에 대하여 의존 관계 지정
로컬 그루비 의존 관계 지정	현재 사용 중인 그루비에 대하여 내장된 라이브러리를 의존 관계 지정

의존 관계를 정의할 때 많이 사용하는 방법 중 하나가 외부 모듈 의존 관계 지정을 통해 정의하는 것입니다. 메이븐이나 아이비 같은 다른 빌드 도구에서도 많이 사용하는 방법으로, 인터넷 저장소에 있는 라이브러리 파일들을 내려받아 참조할 수 있도록 합니다. 외부 모듈 의존 관계에 대하여 정의하려면 저장소에 대한 정의가 반드시 필요한 부분이 있습니다. 인터넷 저장소에 있는 라이브러리 파일을 내려받아 사용할 수 있도록 하는 것은 인터넷 저장소에 있는 라이브러리 파일들에는 라이브러리마다 메타 데이터로 참조할 수 있도록 꼬리표가 붙어 있어서 이 메타 데이터 정보를 알고 있다면 손쉽게 의존 관계를 정의하여 사용할 수 있도록 하기 위해서입니다. 보통 외부 모듈 의존 관계를 지정하려면 다음과 같은 형식을 사용합니다.

일반적인 형식

'그룹명', '모듈명', '버전 번호'

예제

```
dependencies {
    conf1 'ch.qos.logback:logback-classic:1.0.13'
    conf1 'org.springframework:spring-orm:4.0.2.RELEASE'
    conf1 (group: 'org.gradle.api.plugins', name: 'gradle-cargo-plugin',
        version: '0.6.1')
}
```

'그룹명', '모듈명', '버전 번호' 순으로 하여 외부 모듈 의존 관계를 지정할 때에는 그룹, 모듈, 버전에 대하여 'org.gradle.api.plugins:gradle-tomcat-plugin:1.0'처럼 작성할 수도 있지만, 명시적으로 group, name, version을 사용하여 (group: 'org.gradle.api.plugins', name: 'gradle-cargo-plugin', version: '0.6.1')과 같은 방법으로도 사용할 수 있습니다. 모듈에 따라 환경 구성이나 식별자(classifier) 등을 사용하여 지정하는 때도 있습니다.

그럼 스크립트 코드를 작성하면서 그레이들에서 어떻게 외부 모듈에 대한 의존 관계를 지정하는지 알아보도록 하겠습니다. 임의로 프로젝트를 만든 후 build.gradle 파일을 생성하여 **코드 6-2**를 작성해보겠습니다.

코드 6-2 외부 모듈 의존 관계 지정

```
// 환경 구성 정의
configurations {
    conf1
}

// 저장소 정의
repositories {
    mavenCentral()
}

// 의존 관계 정의
dependencies {
```

```
    // 외부 모듈 의존 지정
    conf1 'ch.qos.logback:logback-classic:1.0.13'
    conf1 'org.springframework:spring-orm:4.0.2.RELEASE'
    // 아래와 같은 형식으로 지정 시 괄호()는 사용해도 되고 제거해도 무방함.
    conf1 (group: 'org.gradle.api.plugins', name: 'gradle-cargo-plugin',
        version: '0.6.1')
}

task exeTask << {
    configurations.conf1.each {
        println it.absolutePath
    }
}
```

코드 6-2를 보면 저장소를 정의하기 위하여 repositories 블록을 사용하였습니다. repositories 블록을 정의해서 참조하고자 하는 모듈이 있는 곳에 대한 정의를 하게 됩니다. **코드 6-2**에서는 repositories 블록에서 mavenCentral( )라는 메이븐 중앙 저장소를 사용하였습니다. 메이븐 중앙 저장소에는 이미 프로젝트에 필요한 다양한 라이브러리들이 등록되어 있으며 메이븐 중앙 저장소에 등록된 라이브러리들을 사용하기 위하여 repositories 블록에서 mavenCentral( )을 사용하여 정의하였습니다. 그리고 이를 통하여 dependencies 블록에서 그룹명, 모듈명, 버전을 지정하여 사용하고자 하는 라이브러리에 대하여 지정하여 정의하였습니다. **코드 6-2**로 빌드를 수행해서 결과를 살펴보면 **그림 6-3**과 같이 출력되는 것을 확인할 수 있습니다.

repositories 블록: https://docs.gradle.org/current/dsl/org.gradle.api.Project.html#org.gradle.api.Project:repositories(Groovy.lang.Closure)

mavenCentral( ): http://repo1.maven.org/maven2/

메이븐 중앙 저장소에 있는 모듈 참조: http://mvnrepository.com/

그림 6-3 실행 결과

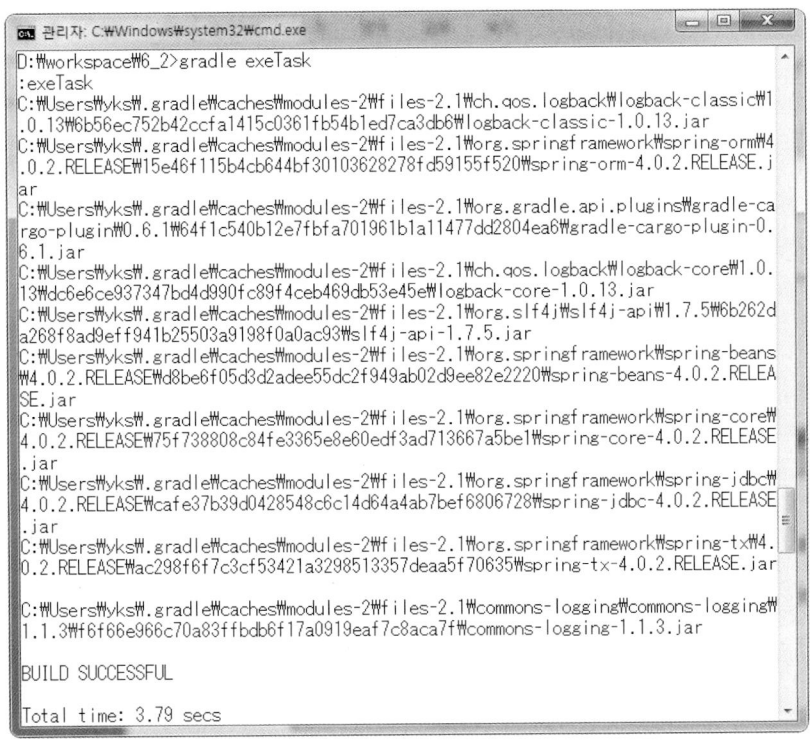

빌드 수행 결과를 살펴보면 해당 라이브러리들을 어느 경로에 내려받았는지 확인할 수 있습니다. 참고로 메이븐 중앙 저장소에 존재하지 않는 라이브러리를 지정한 후에 빌드를 수행할 경우 빌드 수행 결과는 실패하면서 관련 라이브러리가 없다는 에러 메시지를 표시하게 됩니다.

특정 라이브러리나 파일을 지정하여 의존 관계를 정의하는 파일 의존 관계에 대하여 알아보도록 하겠습니다. 파일 의존 관계는 사용하고자 하는 파일에 대하여 직접적으로 의존 관계를 정의할 수 있습니다. 파일 의존 관계를 지정하려면 앞에서 살펴본 files( )나 fileTree( )를 사용합니다. 특정 파일이나 라이브러리를 지정할 때에는 files( )를 이용하여 지정하게 되고 디렉터리에 대하여 해당 디렉터리에 있는 모든 내용을 의존 관계로 정의하기를 원한다면 fileTree( )를 사용하면 되겠습니다. 파일 의존 관계는 버전 관리 시스템에서 커밋(commit)할 때 자주 사용합니다. 임의의 프로젝트를 생성한 후 build.gradle 파일에 **코드 6-3**을 작성하고 빌드를 수행해서 결과를 살펴보도록 하겠습니다.

코드 6-3 파일 의존 관계 지정

```
// 환경 구성 정의
configurations {
    conf1
}

// 의존 관계 정의
dependencies {
    // 1. 파일 의존 관계 - 특정 파일이나 라이브러리 지정
    conf1 files("lib/commonLib.jar")

    // 2. 파일 의존 관계 - 디렉터리 지정
    conf1 fileTree(dir:"lib",include:"**/*.jar")
}

// 태스크 정의
task exeTask << {
    configurations.conf1.each {
        println it.absolutePath
    }
}
```

앞에서 살펴본 외부 모듈 의존 관계와 다르게 저장소를 정의하지 않은 부분을 볼 수 있습니다. 그리고 fileTree( )를 이용할 경우 디렉터리를 지정하고 앤트 패턴을 이용하여 관련 라이브러리가 있으면 포함하도록 작성되었습니다. 빌드 실행 결과는 다음과 같습니다.

그림 6-4 실행 결과

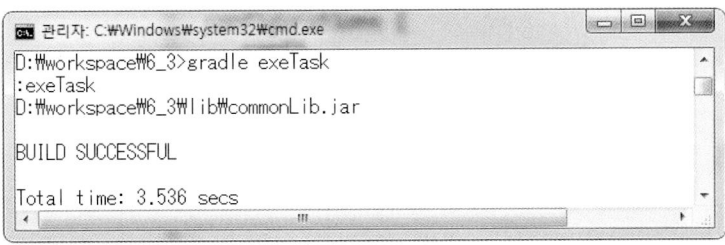

멀티 프로젝트일 경우 프로젝트 간에 의존 관계를 지정하여 사용하는 프로젝트 의존 관계가 있습니다. 멀티 프로젝트 구조에서 특정 프로젝트에서 다른 프로젝트를 참조할 경우 사용하며 이때 project( )를 사용하게 됩니다. project( )는 그레이들의 Project 객체를 이용한 것으로, 인수로 참조하고자 하는 프로젝트 경로를 지정하면 되고 프로젝트의 경로는 루트 프로젝트를 기준으로 하게 됩니다. 그리고 프로젝트 계층의 구분은 콜론(:)으로 표시하게 됩니다. 임의의 프로젝트를 생성한 후 build.gradle 파일에 다음 스크립트 코드를 작성하고 빌드를 수행해보기 바랍니다. 임의의 프로젝트를 생성할 때 멀티 프로젝트 구조로 생성하고 빌드를 수행하면 됩니다. 멀티 프로젝트 구조가 아니면서 다른 프로젝트를 참조하게 되면 빌드 수행 시 해당 프로젝트를 찾지 못하여 에러가 발생하게 됩니다.

코드 6-4 프로젝트 의존 관계 지정

```
// 환경 구성 정의
configurations {
    conf1
}

// 의존 관계 정의
dependencies {
    // project 의존 관계
    compile project(':subProject')
}
```

```
task exeTask << {
    configurations.conf1.each {
        println it.absolutePath
    }
}
```

그레이들에서 의존 관계를 지정하는 방법 중 Gradle API를 이용하는 방법과 로컬 그루비를 이용한 방법을 알아보도록 하겠습니다. **코드 6-1**을 통하여 Gradle API를 이용한 의존 관계를 설명하기 위하여 살펴보았었습니다. Gradle API에 대하여 의존 관계를 지정하여 사용하는 경우는 그레이들 플러그인이나 관련 기능을 확장하여 사용할 때 입니다. Gradle API를 이용한 의존 관계를 다시 한번 **코드 6-5**를 통하여 살펴보고 로컬 그루비에 대하여 설명하도록 하겠습니다.

코드 6-5 Gradle API와 로컬 그루비에 대한 의존 관계 지정

```
// 환경 구성 정의
configurations {
    conf1
}

repositories {
    mavenCentral()
}
// 그루비 플러그인 사용
apply plugin: 'Groovy'

dependencies {
    // gradle api 의존 관계
    conf1 gradleApi()
    compile gradleApi()

    // local Groovy 의존 관계
```

```
        conf1 localGroovy()
        compile localGroovy()
    }

    task exeTask << {
        configurations.conf1.each {
            println it.absolutePath
        }
    }
```

코드 6-5에서 dependencies 블록에서 환경 설정과 컴파일을 위하여 localGroovy( )를 사용하였습니다. localGroovy( )는 빌드를 수행하기 위하여 그루비를 참조하기 위해 지정한 부분이라고 보면 되겠습니다. conf1에 localGroovy( )를 사용하여 환경 설정에 대하여 의존 관계를 지정하였고 compile에 localGroovy( )를 지정하여 빌드 수행 시 컴파일할 때 localGroovy( )에 대하여 의존 관계를 지정하도록 하였습니다. **코드 6-5**를 보면 compile에서 localGroovy( )를 사용하고자 apply plugin을 사용하여 'Groovy'를 지정한 부분이 있는데, 이 부분이 그루비 플러그인을 사용하도록 정의한 부분이라고 보면 되겠습니다. apply plugin에 대해서는 뒷부분에서 좀 더 자세히 살펴보도록 하겠습니다. 만약 complie localGroovy( )를 지정할 때 apply plugin : 'Groovy'를 선언하지 않으면 빌드를 수행할 때 빌드가 실패하므로 참고하기 바랍니다.

그림 6-5 실행 결과

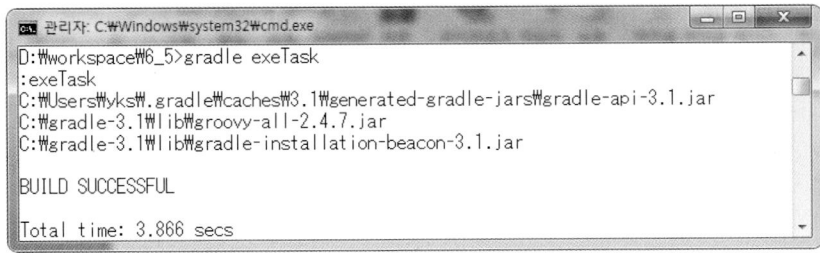

그레이들의 의존 관계의 선언은 내부적으로 DependencyHandler를 이용하여 정의됩니다.

DependencyHandler: https://docs.gradle.org/current/dsl/org.gradle.api.artifacts.dsl.DependencyHandler.html

dependencies 블록에서 의존 관계를 정의할 때 시간이 경과하면서 정의된 모듈 또는 라이브러리의 버전은 새롭게 출시되어 변경됩니다. 이럴 때 참조하고자 지정한 의존 관계의 모듈의 버전을 동적으로 관리하는 방법을 간단히 살펴보도록 하겠습니다. 이 부분은 그레이들의 유연성이라는 특징을 나타내주는 부분이라고 할 수 있습니다. 임의의 프로젝트를 생성한 후 프로젝트에 build.gradle 파일을 생성하고 다음의 빌드 스크립트 코드를 작성해보도록 하겠습니다.

코드 6-6 의존 관계에서의 버전 관리

```
// 환경 구성 정의
configurations {
    confDef
}

// 변경성 모듈에 대한 캐시 간격 지정
configurations.confDef.resolutionStrategy.cacheDynamicVersionsFor 10, 'minutes'
configurations.confDef.resolutionStrategy.cacheChangingModulesFor 10, 'hours'

// 저장소 정의
repositories {
    mavenCentral()
    maven {
        url "http://repository.apache.org/content/groups/snapshots"
    }
}

// 의존 관계 정의
```

```
dependencies {
    // 버전 중 최신 버전에 대한 지정
    confDef 'org.slf4j:slf4j-api:1.+'
    // 출시 버전 중 최신 버전에 대한 지정
    confDef 'commons-cli:commons-cli:latest.integration'

    // 배포된 버전 중 최신 버전에 대한 지정
    confDef 'junit:junit:latest.release'
}

task exeTask << {
    configurations.confDef.each {
        println it.absolutePath
    }
}
```

dependencies 블록을 보면 3개의 모듈에 대하여 의존 관계가 지정된 것을 알 수가 있습니다. 먼저 confDef 'org.slf4j:slf4j-api:1.+' 부분은 현재 배포된 버전 중에서 1.x 대 버전 중 최신 버전을 참조하여 가져올 수 있게 하여 프로젝트에서 사용할 수 있도록 지정한 부분입니다. 그리고 confDef 'commons-cli:commons-cli:latest.integration' 부분은 출시 버전 중에서 최신 버전을 가져와 참조할 수 있게 하는 부분인데, 출시 버전의 안정도 유무에 상관없이 모든 출시 버전 중에서 최신 버전을 참조하도록 지정한 부분이라고 보면 되겠습니다. 그리고 confDef 'junit:junit:latest.release' 부분은 출시 버전 중에서 최신 버전을 참조하도록 지정한 부분인데, 출시 버전 중에서도 안정성이 검증된 버전 중에서 최신 버전을 참조하도록 지정한 부분이라고 보면 되겠습니다.

그레이들에서 특정 버전에 대하여 라이브러리를 사용하도록 정의했을 경우 해당 라이브러리의 특정 버전에 대한 의존 관계를 해결하기 위하여 24시간 캐시하게 되고 24시간이 지나게 되면 동적으로 정의된 의존 관계에 대하여 다시 해당 라이브러리를 체크하여 저장소에 내려받는 액션이 일어나게 됩니다. 이렇게 요청하는 간격을 환경 구성을 통하여 제어할 수 있습니다. 그 부분은 **코드 6-6**의 configurations 블록 아래에 있는 부분에서 보듯이 configurations.confDef.resolutionStrategy.cacheDynamicVersionsFor 10, 'minutes'과 configurations.confDef.resolutionStrategy.cacheChangingModulesFor 10, 'hours'으로 제어할 수 있습니다. 이 부분은 의존 관계에서 버전에 대한 의존 관계를 해결하기 위한 것으로, cacheDynamicVersionsFor은 동적으로 지정된 버전 지정에 대한 캐시의 간격을 설정하도록 한 부분이고 cacheChangingModulesFor은 변경성 라이브러리에 대한 캐시의 간격을 지정한 부분으로, 각각 그 뒤에 시간과 단위를 사용하여 지정함으로써 시간 간격을 지정할 수 있습니다.

이번에는 의존 관계를 통하여 해당 프로젝트가 사용하는 라이브러리를 확인하는 방법을 알아보도록 하겠습니다. 그레이들에서는 의존 관계에 대하여 참조하고 관리하는 내장 태스크가 있는데, 바로 dependencies 태스크입니다. dependencies 태스크는 해당 프로젝트에서 의존하는 라이브러리를 확인할 때 사용할 수 있는 기능을 제공하며, 모든 프로젝트에서 사용 가능한 그레이들의 내장 태스크입니다. 의존 관계를 실습하는 임의의 프로젝트에서 dependencies 태스크를 이용하여 해당 프로젝트와 의존 관계에 있는 라이브러리를 확인해 보도록 하겠습니다.

그림 6-6 실행 결과

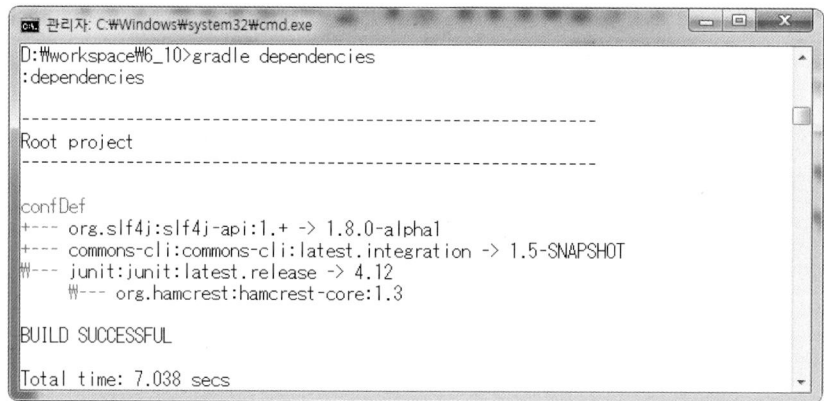

명령 프롬프트에서 해당 프로젝트가 있는 디렉터리로 이동하여 'gradle dependencies' 명령어를 입력하면 **그림 6-6**과 같은 결과를 확인할 수가 있는데, 해당 프로젝트와 의존 관계에 있는 라이브러리는 confDef 밑에 있는 부분이라고 할 수 있습니다. 이 부분은 해당 프로젝트와 의존 관계에 있는 라이브러리를 확인하거나 잠시 후 살펴볼 의존 관계에 대한 경합을 확인하고 해결할 때 유용한 부분입니다. 참고로 의존 관계에 있는 라이브러리가 경합하게 되어 강제로 특정 라이브러리를 사용하도록 지정하였다면 '->'로 표시됩니다.

의존 관계를 통하여 특정 라이브러리를 사용하도록 지정하면 내부적으로 필요한 파일이나 라이브러리를 받아 사용하게 됩니다. 의존 관계에서 정의한 라이브러리가 추가로 다른 라이브러리를 필요로 하여 사용하도록 하는 것을 **전이적 의존 관계** 또는 **추이적 의존 관계**라고 합니다. 전이적 또는 추이적이라는 표현이 생소할 수 있는데, 전이적 또는 추이적이라는 말은 다음과 같습니다. 수학에서 임의의 세 원소 a, b, c가 있다면 a>b이고 b>c이면 a>c가 됩니다. 여기서 a와 c는 b를 통하여 a>c라는 것을 알게 되었는데, 이처럼 특성과 특성이 연결되어 이어진 것을 전이적 또는 추이적이라고 합니다. 이 부분은 앞에서 실습한 **그림 6-3**을 살펴보면 의존 관계로 지정한 라이브러리 이외에도 다른 라이브러리들을 내려받아 사용한 것을 확인할 수 있는데, 바로 이 부분이 전이적 또는 추이적 의존 관계라고 할 수 있습니다. 앞으로는 '전이적'이라는 용어를 사용해서 전이적 의존 관계로 통일하여 표현하도록 하겠습니다.

다양한 라이브러리를 사용하다 보면 의존 관계에서 사용하고자 하는 라이브러리 또는 해당 라이브러리가 다시 필요에 의해 참조하는 라이브러리 간에 버전으로 말미암은 충돌이 일어날 수 있습니다. **그림 6-7**과 같이 라이브러리 A와 라이브러리 B에는 각각 동일한 라이브러리가 의존 관계에 의해 전이적으로 버전만 다르게 최적화되어 참조되어 사용되고 있다면 프로젝트는 라이브러리 A와 라이브러리 B 중에서 어떤 라이브러리의 버전을 사용해야 할지 판단의 문제가 발생할 수 있습니다.

그림 6-7 의존 관계 버전 사용 문제

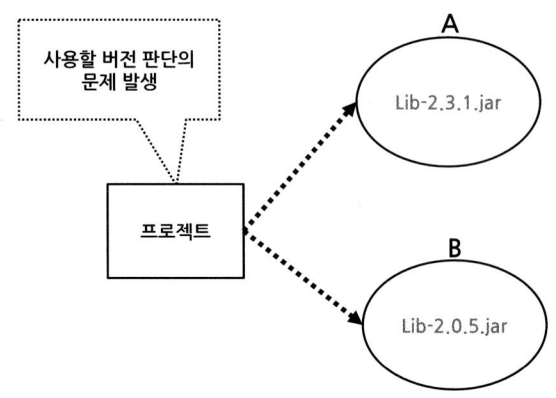

그레이들에서는 이럴 때 기본적으로 가장 최신 버전의 의존 관계를 사용하도록 지정되어 있습니다. **그림 6-8**과 같이 문제가 발생하였을 때 그레이들은 최신 버전인 A 라이브러리를 참조하여 사용하게 됩니다.

그림 6-8 의존 관계에서의 버전 관리

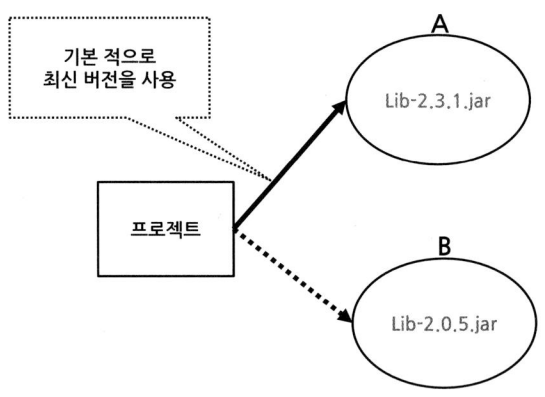

이처럼 그레이들에서는 의존 관계에서 버전이 충돌하여 판단의 문제가 발생하였을 때 기본 적으로는 최신의 버전을 사용하게 되어 있지만, 예외를 발생시켜서 처리할 수도 있습니다.

표 **6-3** 버전에 따른 관리 정책

방법	설명
Newest 정책	버전이 충돌할 경우 최신 버전을 사용
Fail 정책	버전이 충돌할 경우 에러를 발생시켜 빌드가 실패하도록 함

Fail 정책을 사용할 경우 configurations 다음 환경 설정 블록에서 정의한 환경 설정 변수를 지정한 후에 해당 블록에서 resolutionStrategy 블록을 선언한 후에 failOnVersionConflict( ) 를 **코드 6-7**과 같이 사용하면 되겠습니다. 코드의 위치는 환경 구성 configurations 블록 다음에 위치하면 됩니다.

코드 6-7 의존 관계에서의 버전 문제에 대한 Fail 정책

```
// 환경 구성 정의
configurations {
    conf1
    testConf1.extendsFrom  conf1
}

// Fail 정책 사용
configurations.testConf1 {
    resolutionStrategy {
        failOnVersionConflict()
    }
}
```

버전이 충돌하여 failOnVersionConflict( )가 된다면 실행 결과 **그림 6-9**와 같이 빌드는 실패하고 실패와 관련하여 표시되는데, 살펴보면 사용하고자 하는 라이브러리 버전에 대하여 찾을 수 없다는 내용입니다.

그림 6-9 실행 결과

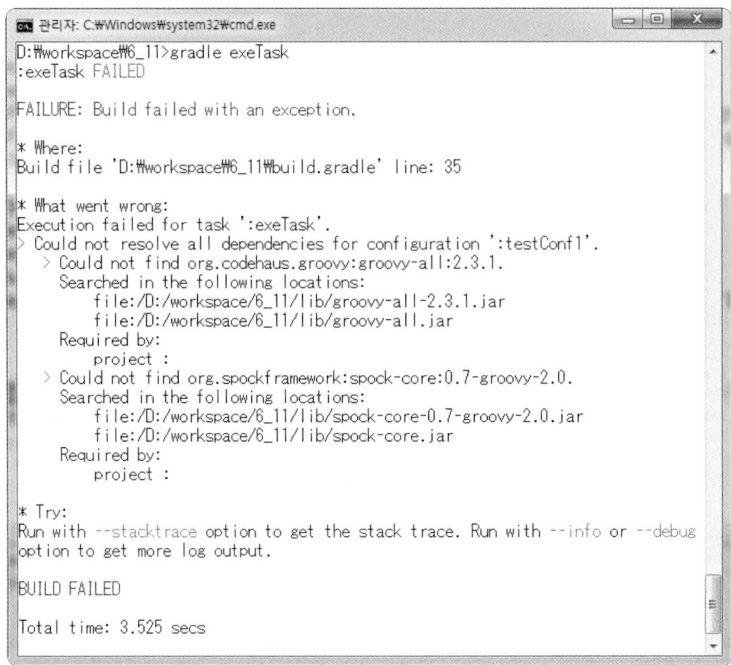

그림 6-9 실행 결과와 같이 에러가 발생했을 경우 문제가 되는 그룹에 대하여 제외를 할 수 있습니다. **그림 6-9**에서 Groovy-all-2.3.1.jar와 Groovy-all.jar, spock-core-7.0-Groovy-2.0.jar와 spock-core.jar에 대하여 충돌이 일어났을 때 이러한 충돌을 피하기 위한 방법의 하나가 exclude( )를 사용하여 문제가 되는 그룹에서 관련 라이브러리를 제외하는 것입니다.

코드 6-8 의존 관계 충돌을 피하기 위한 exclude( ) 사용

```
// exclude를 사용하여 충돌되는 라이브러리 제외
dependencies {
    ...(생략)...
    testConf1 (group: 'org.spockframework', name: 'spock-core',
        version: '0.7-Groovy-2.0'){
        exclude module: 'Groovy-all'
```

                }
            }

코드 6-8에서 보면 dependencies 블록에서 정의된 의존 관계 안에서 exclude module을 이용하여 그 뒤에 제외하고자 하는 라이브러리의 그룹명을 써넣음으로써 의존 관계로 말미암은 충돌을 피하도록 하였습니다.

사용하고자 하는 버전이 최신 버전은 아니지만, 시스템과의 호환성 등의 이유 등으로 특정 버전의 라이브러리를 반드시 사용하도록 지정할 수 있습니다. 제외할 때에는 앞에서 살펴본 **코드 6-7**에서 환경 구성과 의존 관계에서 버전에 대한 정책을 지정한 resolutionStrategy 블록에서 지정할 수 있습니다. **코드 6-9**는 Fail 정책 사용으로 의존 관계 버전이 충돌하면 빌드 실패가 발생하는데, failOnVersionConflict( ) 밑에 force( )를 사용하여 특정 버전을 반드시 사용하도록 지정할 수 있습니다.

코드 6-9 의존 관계에서의 버전 문제에 대한 Fail 정책 - 강제적 버전 사용

```
// 환경 구성 정의
configurations {
    conf1
    testConf1.extendsFrom conf1
}

// Fail 정책 사용
configurations.testConf1 {
    resolutionStrategy {
        failOnVersionConflict()

        // 버전 사용 강제적 지정 부분
        force 'org.codehaus.Groovy:Groovy-all:2.3.1'
    }
}
```

2. 환경 구성 정의

그레이들의 의존 관계에 대하여 살펴보면서 예제 코드에서 configurations 블록에 대하여 간략히 설명하였습니다. 여기서는 configurations 블록에 대하여 좀 더 알아보도록 하겠습니다. configurations 블록은 ConfigurationContainer에 대하여 클로저로 실행되게 되어 있습니다. ConfigrationContainer는 4장에서 Project 객체를 설명할 때 **그림 4-1**에서 Project 객체와 연관된 컨테이너 중 하나로, DependencyHandler와 함께 살펴봤습니다. ConfigrationContainer는 해당 프로젝트의 구성을 선언하고 관리하는 역할을 하며 Project.getConfigurations( )를 호출하거나 빌드 스크립트에 환경 구성과 관련 정보를 등록하여 ConfigurationContainer의 인스턴스를 얻게 됩니다. configurations 블록을 이용하여 환경 구성을 정의하고 활용하는 방법을 살펴보도록 하겠습니다.

코드 6-6 환경 구성을 참조하는 방법

```
apply plugin : 'java'

task exeTask(type: Copy){
    // compile에 정의된 모든 의존 관계에 대하여 특정 부분에 복사
    from configurations.compile
    into 'allLibs'
}
```

코드 6-6은 compile에 지정된 모든 의존 관계에 대하여 특정 디렉터리, 즉 allLibs로 복사되도록 한 부분으로, compile에 대한 환경 구성 정보를 참조하기 위한 부분이라고 보면 되겠습니다.

환경 구성은 다른 환경 구성을 상속할 수 있는데, 이럴 때는 extendsFrom을 사용하게 됩니다. **코드 6-7**을 살펴보면 configurations 블록에 confDef을 선언하였고 newConfDef을 extendsFrom을 사용하여 confDef로부터 상속받도록 정의하였습니다. 그리고 dependencies

블록에서 conDef와 newConfDef에 각각 라이브러리를 참조하도록 의존 관계를 정의하였고 exeTask에서 newConfDef 환경 구성에 정의된 내용을 출력하도록 빌드 스크립트를 작성하였습니다. 임의의 프로젝트를 생성한 후에 build.gradle 파일에 **코드 6-7**를 작성하고 빌드를 수행하면 실행 결과 **그림 6-10**과 같이 newConfDef에 정의된 환경 구성뿐만 아니라 conDef에 정의된 환경 구성에 대해서도 상속받아 출력되는 것을 확인할 수 있습니다.

코드 6-7 환경 구성의 상속

```
// 저장소 정의
repositories {
    mavenCentral()
}

// 환경 구성 정의
configurations {
    confDef
    // 환경 구성 상속
    newConfDef.extendsFrom confDef
}

// 의존 관계 지정
dependencies {
    confDef group: 'org.codehaus.Groovy', name: 'Groovy-all', version: '2.3.1'
    newConfDef group: 'junit', name: 'junit', version: '4.11'
}

task exeTask << {
    configurations.newConfDef.each {
        println it.absolutePath
    }
}
```

그림 6-10 실행 결과

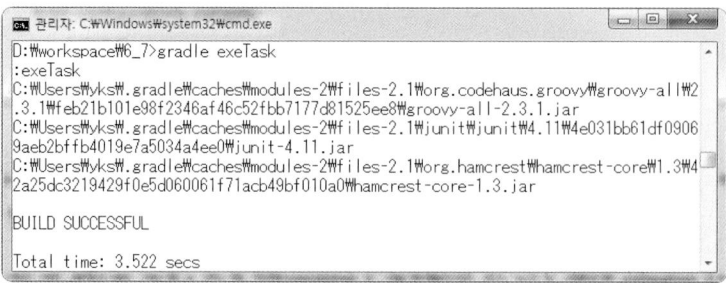

3. 저장소 정의

코드 6-2에서 외부 모듈 의존 관계를 설명할 때 저장소에 대해서 간략히 설명하였습니다. 저장소를 정의하려면 repositories 블록을 사용하게 되는데, **코드 6-2**에서는 메이븐 저장소를 이용한 저장소 정의 부분을 살펴봤습니다. 그러면 저장소에 대해서 좀 더 알아보도록 하겠습니다. 저장소로는 메이븐 중앙 저장소를 비롯하여 아이비(Ivy) 저장소, 메이븐 로컬 저장소, 빈트레이(BinTray)의 JCenter 메이븐 저장소, 로컬 디렉터리 등 저장소를 정의하여 사용할 수 있으며 그레이들은 이 모든 저장소를 사용할 수 있습니다.

메이븐 중앙 저장소는 앞에서 살펴본 것과 같이 repositories 블록에 mavenCentral( )을 사용하여 정의합니다. 메이븐 중앙 저장소는 자주 사용하는 저장소이기 때문에 저장소의 URL 경로인 http://repo1.maven.org/maven2 대신 mavenCentral( )을 사용합니다. URL을 이용하여 사용할 경우는 다음과 같이 사용하면 되겠습니다.

코드 6-8 메이븐 중앙 저장소 URL 지정 사용 방법

```
// 메이븐 중앙 저장소 URL 사용 정의
repositories {
    maven{
        url "http://repo1.maven.org/maven2"
    }
}
```

코드 6-8에서 보듯이 메이븐 저장소를 사용할 때 maven 블록을 repositories 블록 안에서 선언하고 그 안에 url을 이용하여 저장소를 나타내는 경로를 지정하면 되겠습니다. url 이외에 artifactUrls가 있는데, url과 다르게 특정 파일 형식을 지정하여 사용할 수 있습니다. 예를 들어 artifactUrls "http://ex-module.repo.com/jars"와 같이 지정한 곳은 JAR 파일에 대한 저장소를 지정한 부분이라고 보면 되겠습니다.

메이븐 중앙 저장소 이외에도 메이븐 로컬 저장소가 있는데, 메이븐 로컬 저장소는 repositories 블록에 mavenLocal( )을 사용하여 정의하게 됩니다. 사용 방법은 **코드 6-9**와 같습니다.

코드 6-9 메이븐 로컬 저장소

```
// 메이븐 중앙 저장소 URL 사용 정의
repositories {
    mavenLocal()
}
```

JCenter 메이븐 저장소가 있는데 빈트레이의 JCenter 메이븐 저장소를 이용하는 것으로, repositories 블록에 jcenter( )를 지정하여 사용하면 됩니다. 빈트레이는 뒷부분에서 직접 저장소에 빌드를 수행한 후 결과물을 배포하는 프로젝트에서 좀 더 자세히 알아보도록 하고 지금은 간단히 코드 형식에 대해서만 살펴보도록 하겠습니다.

코드 6-10 JCenter 메이븐 저장소

```
// JCenter 메이븐 저장소
repositories {
    jcenter()
}
```

임의의 프로젝트를 생성하고 build.gradle 파일을 생성한 후 **코드 6-11** 코드를 작성하여 저장소를 정의하여 사용 방법을 확인해 보기 바랍니다.

코드 6-11 저장소 사용

```
repositories {
    //mavenCentral() // 메이븐 중앙 저장소
    // 메이븐 저장소
    //maven{
    //    url "http://repo1.maven.org/maven2"
    //    artifactUrls "http://repo1.maven.org/maven2/jars"
    //}
    //mavenLocal()    // 메이븐 로컬 저장소

    jcenter() // https://jcenter.bintray.com/
}

configurations {
    conf1
    testConf1.extendsFrom conf1
}

dependencies {
    conf1 group: 'org.codehaus.Groovy', name: 'Groovy-all', version: '2.3.1'
    testConf1 group: 'junit', name: 'junit', version: '4.11'
}

task exeTask << {
    configurations.testConf1.each {
        println it.absolutePath
    }
}
```

그레이들에서는 아이비 저장소도 사용할 수 있도록 지원하고 있습니다. 아이비 저장소는 메이븐 저장소와 다르게 repositories 블록에 ivy 블록을 사용하면 됩니다. 아이비 저장소와 메이븐 저장소는 유사한 부분이 많지만, 아이비 저장소가 더 유연한 특징을 가지고 있으며 메

이븐 저장소보다 모듈 속성을 좀 더 상세하게 지정할 수 있습니다. 아이비 저장소는 디렉터리 구조를 지정해야 하는데, 디렉터리 구조는 ivy 블록에 layout( )을 이용하여 지정할 수 있습니다. 아이비 저장소를 사용하는 방법은 **코드 6-12**와 같습니다.

IVY 참고: http://ant.apache.org/ivy/history/latest-milestone/concept.html

코드 6-12 아이비 저장소

```
// Ivy 저장소
repositories {
    ivy{
        url "http://"
        layout "maven" // 저장소 디렉터리 구조 지정
    }
}
```

아이비 저장소를 이용하여 빌드를 수행하는 빌드 스크립트를 작성하기 위하여 임의의 프로젝트를 생성하고 build.gradle 파일을 생성하고 **코드 6-13**을 작성하도록 하겠습니다. 그리고 실습을 위하여 프로젝트 하위에 ivy 디렉터리를 생성하고 ivy.xml 파일과 ivy_1.0.jar 파일을 생성해놓도록 하겠습니다. ivy_1.0.jar 파일은 단순 참조를 위한 jar 파일이므로 임의로 비어 있는 jar 파일을 생성하면 됩니다.

코드 6-13 아이비 저장소 사용 실습

```
// 저장소 정의
repositories {
    // ivy 저장소 블록
    ivy {
        // 저장소 위치 지정
        url "../"
        // 아이비 저장소 구조 정의
```

```
        layout 'pattern' , {
            artifact '[organisation]/[module]/[artifact]-[revision](.[ext])'
            ivy '[organisation]/[module]/ivy.xml'
            m2compatible =true
        }
    }
}

configurations {
    compile
}

dependencies {
    compile group: '6_9', name: 'ivy', version: '1.0', configuration: "conf1"
}

task exeTask << {
    configurations.compile.each {
        println it.absolutePath
    }
}
```

코드 6-13에서는 아이비 저장소에 대해 정의되어 있습니다. repositories 블록 안에 ivy 블록이 정의되어 있습니다. ivy 블록 안에는 url을 통하여 아이비 저장소의 위치가 지정되어 있는데, 예제 코드에서는 루트 프로젝트를 기준으로 한 디렉터리를 아이비 저장소의 위치로 지정하였습니다. 그리고 layout 블록을 정의하여 아이비 저장소의 구조를 나타냈습니다. layout 옆을 보면 pattern으로 지정된 부분이 있는데, 이 부분은 레이아웃을 상세하게 설정하기 위하여 사용한 부분입니다. ivy 블록 내부를 살펴보면 다소 복잡하게 선언된 부분을 확인할 수 있습니다. 우선 artifact '[organisation]/[module]/[artifact]-[revision](.[ext])' 부분이 있는데, 이 부분은 결과물의 위치를 가리키는 부분이고 ivy '[organisation]/[module]/ivy.xml'는 ivy.xml 메타 데이터가 있는 곳을 가리키는 부분입니다. 그리고 m2compatible =true 부분은 메이븐 호환 설정을 나타내는 부분입니다. ivy 블록의 내용은 ivy.xml에서 대응되는 내용을 자세히 살펴볼 수 있습니다. ivy.xml 내용은 다음과 같습니다.

코드 6-14 ivy.xml

```xml
<?xml version="1.0" encoding="UTF-8"?>
<ivy-module version="2.0">
<info organisation="6_9" module="ivy" revision="1.0" />

    <configurations>
        <conf name="conf1" visibility="public"/>
    </configurations>

    <publications>
        <artifact name="ivy" type="jar" conf="conf1" ext="jar"/>
    </publications>

    <dependencies>
        <dependency org="6_9" name="ivy" rev="1.0" conf="conf1->compile(*)"/>
    </dependencies>

</ivy-module>
<!-- http://ant.apache.org/ivy/history/latest-milestone/concept.html#patterns -->
```

코드 6-14의 ivy.xml과 ivy 블록에서의 artifact와 ivy 뒤에 정의된 내용을 살펴보도록 하겠습니다. ivy.xml에는 ivy 블록에서 사용하기 위한 내용이 표현되어 있는데, artifact 뒤에는 결과물의 위치를 지정하는 부분으로, ivy.xml에서 보면 〈info organisation="6_9" module="ivy" revision="1.0" /〉와 〈artifact name="ivy" type="jar" conf="conf1" ext="jar"/〉을 통하여 위치와 결과물 파일에 대한 내용을 알아볼 수 있으며 ivy 뒤에 있는 내용은 ivy.xml이 위치한 부분을 정의한 것으로, 〈info organisation="6_9" module="ivy" revision="1.0" /〉을 통하여 6_9 프로젝트 디렉터리 밑에 ivy 디렉터리 밑에 있음을 알 수 있습니다. 이외에도 의존 관계를 위해 dependencies 태그를 사용하여 정의되어 있으며 환경 구성 부분도 configurations 태그를 사용하여 정의되어 있습니다.

저장소를 지정할 때 로컬 디렉터리를 저장소로 지정할 수 있습니다. 로컬 디렉터리를 저장소로 지정하여 사용하는 방법은 repositories 블록 안에 flatDir 블록을 선언해서 정의하는 것입니다. flatDir 블록 안에는 dirs를 이용하여 dirs 뒤에 지정하고자 하는 로컬 디렉터리의 경로를 지정하면 되는데, 경로 지정은 루트 디렉터리를 기준으로 상대 경로를 지정하면 되겠습니다. 로컬 디렉터리를 저장소로 사용할 때는 주로 개발 프로젝트에서 특정 라이브러리 파일을 참조할 때입니다. 사용 방법은 **코드 6-15**와 같습니다.

코드 6-15 로컬 디렉터리 저장소 사용

```
// 저장소 정의
repositories {
    flatDir {
        dirs "local_lib", "introHtml"  // 로컬 디렉터리 지정
    }
}
```

코드 6-15에서 dirs 뒤에 지정하는 로컬 디렉터리에는 참조하고자 하는 디렉터리를 쉼표(,)로 구분하여 나열하여 여러 개를 지정하여 사용할 수 있습니다.

Chapter

7 테스트 자동화

1. 환경 차이 제어 **2.** 테스트 자동화

그레이들은 최신의 빌드 도구 중 하나이자 테스트를 위한 테스트 도구로서의 기능도 제공하고 있습니다. 그레이들은 테스트를 자동화하여 빌드 도구로서의 역할에 테스트 자동화 기능을 더하여 효율적인 개발과 비용적 측면에서의 절감 및 프로젝트의 안정적인 유지관리를 할 수 있도록 도와주고 있습니다. 그레이들과 비교가 되는 메이븐이나 앤트도 테스트 자동화 기능을 제공하고 있지만 그레이들은 그레이들만의 특징과 유연성의 장점을 살려 기능을 제공하고 있습니다.

빌드 도구인 그레이들이 테스트 도구로서 역할이 가능한 이유는 크게 다음의 3가지를 들 수 있습니다.

1. 환경 차이에 대한 제어가 가능하다.
2. 특정한 조건 또는 범위에서 테스트 수행이 가능하다.
3. 느린 테스트를 지양하기 위한 기능을 가지고 있다.

그럼 그레이들과 테스트, 그리고 테스트 자동화에 대하여 그레이들에서는 어떻게 기능을 제공해주고 있는지 알아보도록 하겠습니다.

1. 환경 차이 제어

프로젝트를 수행하거나 운영 중일 때 환경 구성은 단일하게 이루어지지 않습니다. 개발하고 운영하는 상황에 맞게 개발 환경, 테스트 환경, 검증 환경, 운영 환경 등 다양하게 환경을 구성할 수 있으며 환경 구성에는 차이가 있을 수밖에 없습니다. 이렇게 다양하게 환경이 구성된 상황에서 환경의 구성 또는 설정의 변경이 발생한다면 해당 환경 구성 파일마다 각 부분을 찾아 확인하고 이를 수정해야 하는 번거로움이 생길 수 있습니다. 그러므로 환경 구성의 차이를 그레이들을 이용하여 제어할 수 있다면 프로젝트 개발 및 운영에서 효율성 향상뿐만 아니라 비용 절감의 효과까지도 기대할 수 있습니다.

그레이들을 이용하여 환경 차이를 제어하는 데에는 환경 구성에 대한 파일에 접근하여 제어하거나 환경 구성의 내용을 하나의 파일로 통합 후에 제어하는 방법이 있습니다. 우선 환경 구성에 대한 파일에 접근하여 제어하는 방법을 알아보도록 하겠습니다. 앤트나 메이븐에서도 사용하는 방법으로, 각각의 프로젝트 또는 서버의 운영 환경마다 환경 설정을 위한 파일이 배치되고 실행 시 각각의 환경 구성 파일에 접근하여 제어하게 됩니다. 실습을 위하여 임의의 프로젝트를 생성한 후에 다음과 같은 디렉터리 구조를 만들도록 하겠습니다.

그림 7-1 프로젝트 디렉터리 구조

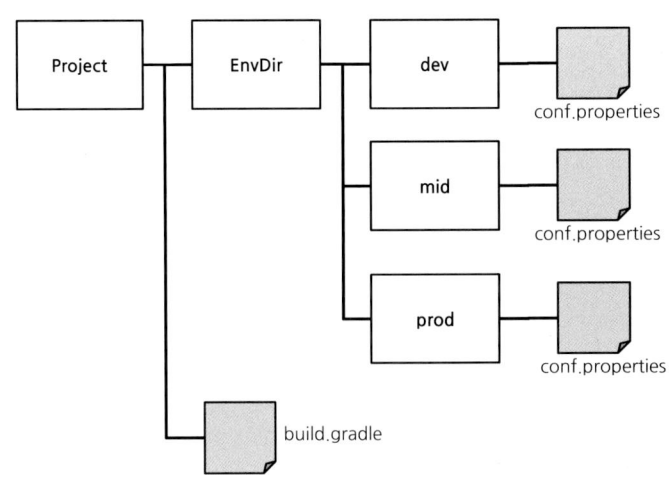

다음으로, 각각의 환경 구성마다 환경 구성에 관한 정보가 있는 conf.properties 파일에 다음의 환경 구성을 위한 실습 코드를 작성하도록 하겠습니다. 환경 구성 정보는 개발, 검증, 운영 환경에 따라 임의의 IP 주소와 도메인 주소를 설정 정보로 세팅하여 사용할 수 있는 형식으로 구성하였습니다.

```
EnvDir/dev/conf.properties
server_ip=10.1.1.151
domain_nm=https://dev.gradleTest.co.kr
EnvDir/mid/conf.properties
server_ip=10.1.1.152
domain_nm=https://mid.gradleTest.co.kr
EnvDir/prod/conf.properties
server_ip=10.1.1.153
domain_nm=https://prod.gradleTest.co.kr
```

환경 구성 파일 작성이 완료되었으면 build.gradle 파일에서 각각의 환경 구성에 접근하는 태스크를 작성하도록 하겠습니다. build.gradle 파일을 생성한 후에 **코드 7-1**을 작성하면 됩니다.

코드 7-1 환경 구성 샘플 코드 작성

```
task exeTask << {
    // 개발 환경
    def dev = new Properties()
    dev.load(new FileInputStream("EnvDir/dev/conf.properties"))

    println "***************Dev Environments******************"
    println "Server IP : ${dev.server_ip}"
    println "Domain Name : ${dev.domain_nm}"

    // 검증 환경
    def mid = new Properties()
```

```
    mid.load(new FileInputStream("EnvDir/mid/conf.properties"))
    println "***************mid Environments*******************"
    println "Server IP : ${mid.server_ip}"
    println "Domain Name : ${mid.domain_nm}"

    // 운영 환경
    def prod = new Properties()
    prod.load(new FileInputStream("EnvDir/ prod /conf.properties"))
    println "***************prod Environments*******************"
    println "Server IP : ${prod.server_ip}"
    println "Domain Name : ${prod.domain_nm}"
}
```

코드 7-1을 실행하면 그림 7-2와 같은 결과를 얻을 수 있습니다.

그림 7-2 실행 결과

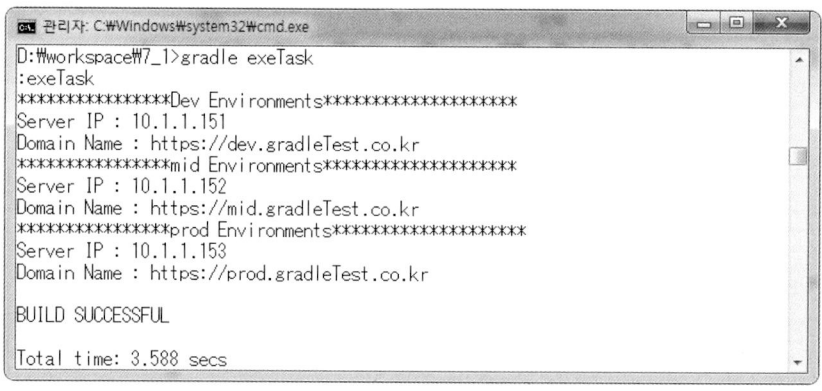

방금 살펴본 코드 7-1과 환경 구성 파일들은 메이븐이나 앤트에서도 사용하는 방법입니다. 그럼 그레이들만의 환경 구성 정보를 제어하여 처리하는 방법을 살펴보도록 하겠습니다. 임의의 프로젝트를 생성한 후 앞에서 실습한 코드 7-1과 비슷하게 디렉터리 구조를 그림 7-3과 같이 만들도록 하겠습니다.

그림 7-3 디렉터리 구조

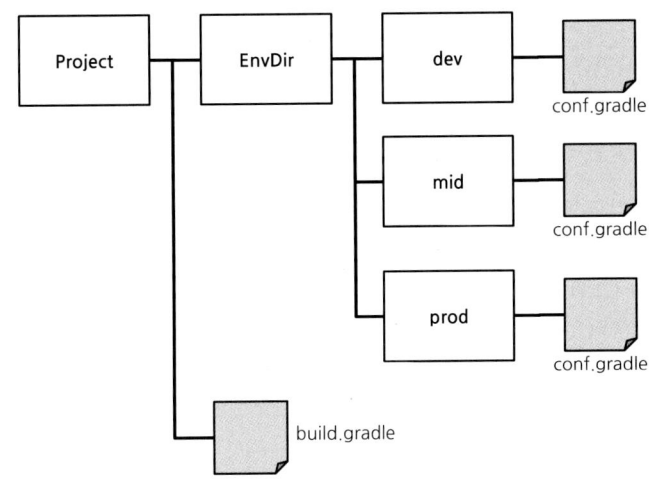

프로젝트 생성한 후 EnvDir 디렉터리 밑에 개발 환경, 검증 환경, 운영 환경의 속성 정보를 관리할 디렉터리를 각각 dev, mid, prod로 생성하고 그 밑에 환경 정보 속성을 정의할 스크립트 파일을 각각 디렉터리 안에 conf.gradle로 만들도록 하겠습니다. conf.gradle에는 다음처럼 임의의 환경 구성 정보를 설정한 스크립트 코드를 작성하도록 하겠습니다.

```
EnvDir/dev/conf.gradle
ext.server_dev_ip='10.1.1.151'
ext.domain_dev_nm='https://dev.gradleTest.co.kr'
EnvDir/mid/conf.gradle
ext.server_mid_ip='10.1.1.152'
ext.domain_mid_nm='https://mid.gradleTest.co.kr'
EnvDir/prod/conf.gradle
ext.server_prod_ip='10.1.1.153'
ext.domain_prod_nm='https://prod.gradleTest.co.kr'
```

이전 방법과 환경 설정에 대한 속성값을 그레이들의 빌드 스크립트로 작성할 때의 차이는 .gradle 파일에 작성하기 때문에 그루비를 기반으로 한 스크립트 언어 형식으로 작성해야 하므로 속성값을 (' ')로 감싸서 지정해줘야 하며 build.gradle에서 참조할 수 있게 하려고 ext 객체를 이용하여 작성하는 부분에 있습니다. 그리고 각각의 conf.gradle 파일에 작성된 값을 지정하는 속성값의 변수들의 이름은 중복되지 않게 하여 build.gradle에서 올바르게 참조할 수 있도록 작성하였습니다. 그럼 계속해서 build.gradle 파일을 작성해보도록 하겠습니다.

코드 7-2 그레이들의 환경 구성 샘플 코드 작성

```
// conf.gradle을 참조할 수 있도록 적용
apply from: "EnvDir/dev/conf.gradle"
apply from: "EnvDir/mid/conf.gradle"
apply from: "EnvDir/prod/conf.gradle"

task exeTask << {
    println "***************Dev Environments******************"
    println "DEV Server IP : ${server_dev_ip}"
    println "Dev Domain Name : ${domain_dev_nm}"

    println "***************Mid Environments******************"
    println "MID Server IP : ${server_mid_ip}"
    println "MID Domain Name : ${domain_mid_nm}"

    println "***************Prod Environments******************"
    println "PROD Server IP : ${server_prod_ip}"
    println "PROD Domain Name : ${domain_prod_nm}"
}
```

conf.gradle의 내용을 참조할 수 있도록 build.gradle에서 apply from을 이용하여 각 구성 정보를 참조하게 하였고 참조한 정보를 출력하도록 빌드 스크립트를 작성하였습니다. 빌드를 수행해보면 **그림 7-4** 실행 결과와 같은 결과를 얻을 수 있습니다.

그림 **7-4** 실행 결과

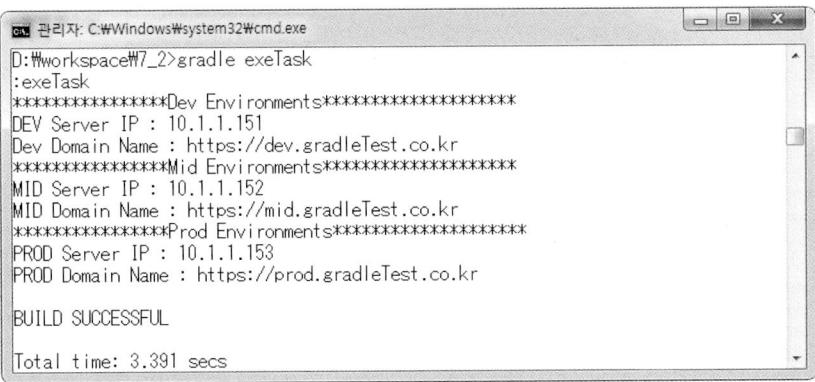

환경 구성에 대한 정보를 각각의 환경에 맞게 별도의 파일로 관리하게 된다면 운영 중인 환경이 많을 경우 관리해야 할 파일의 양도 많아져서 부담될 수도 있습니다. 이럴 경우 그레이들에서는 각각의 환경 정보를 하나의 파일에 관리할 수 있는 방법을 제공해 주고 있습니다. 하나의 환경 구성 설정 파일을 만든 후 해당 스크립트 파일에서 environments 블록을 이용하는 방법인데, 실습 코드와 함께 살펴보도록 하겠습니다.

그림 **7-5** 프로젝트 구조

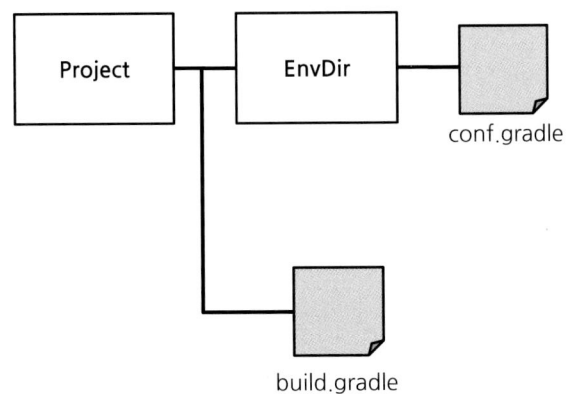

임의의 프로젝트를 **그림 7-5**와 같이 생성한 후 EnvDir 디렉터리를 만들고 그 밑에 conf.gradle 파일을 만든 다음, conf.gradle에 다음과 같은 스크립트 코드를 작성하도록 하겠습니다. 스크립트에는 environments 블록을 사용하여 블록 안에서 설정 정보를 dev, mid, prod로 정의하여 설정하였습니다.

EnvDir/conf.gradle

```
environments {
    dev {
        server_ip = '10.1.1.151'
        domain_nm='https://dev.gradleTest.co.kr'
    }
    mid {
        server_ip = '10.1.1.152'
        domain_nm='https://mid.gradleTest.co.kr'
    }
    prod {
        server_ip = '10.1.1.153'
        domain_nm='https://prod.gradleTest.co.kr'
    }
}
```

다음으로, build.gradle에 **코드 7-3**을 작성하도록 하겠습니다.

코드 7-3 그레이들의 환경 구성 샘플 코드 작성

```
task exeTask << {

    // Groovy 문법 사용 - 환경 설정 정보 참조
    def envBolck = new File('EnvDir/conf.gradle').toURL()

    println "***************Dev Environments******************"
    def dev = new ConfigSlurper("dev").parse(envBolck)
    println 'Dev server_ip : ' + dev.server_ip
```

```
    println 'Dev domain_nm : ' + dev.domain_nm

    println "***************Mid Environments******************"
    def mid = new ConfigSlurper("mid").parse(envBolck)
    println 'Mid server_ip : ' + mid.server_ip
    println 'Mid domain_nm : ' + mid.domain_nm

    println "***************Prod Environments******************"
    def prod = new ConfigSlurper("prod").parse(envBolck)
    println 'Prod server_ip : ' + prod.server_ip
    println 'Prod domain_nm : ' + prod.domain_nm
}
```

코드 7-3에서 프로젝트의 환경에 대하여 정의한 파일을 File 객체를 통하여 참조하였고 참조한 객체를 그루비에서 제공하는 클래스 중에서 ConfigSlurper를 이용하여 정의한 환경 설정 정보를 제어하도록 하였습니다. 각각의 운영 환경에 대하여 ConfigSlurper 클래스에 인수로 운영 환경 이름을 지정하여 참조한 값을 출력해주도록 하였습니다. 코드 7-3을 이용하여 명령 프롬프트에서 빌드를 수행하면 다음과 같은 결과를 확인해볼 수 있습니다.

그림 7-6 실행 결과

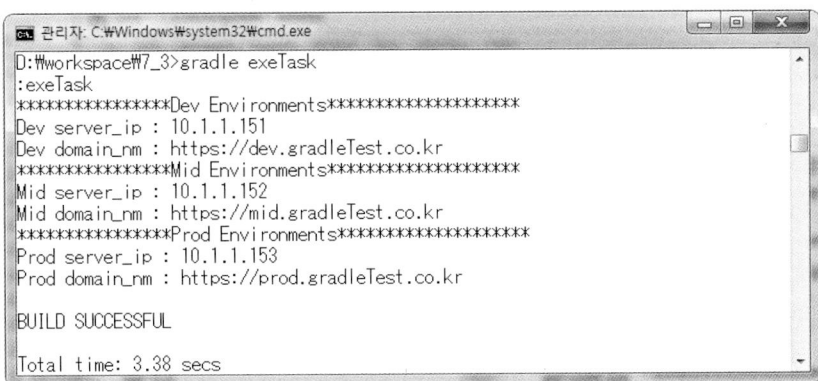

2. 테스트 자동화

빌드 도구인 그레이들의 테스트 자동화를 위한 기능 중에서 테스트 도구로서 환경 차이에 대하여 제어하는 부분을 살펴봤습니다. 앞에서 실습한 예제를 기반으로 실제 프로젝트에 적용할 때에는 각 운영 환경의 구성 복잡도나 환경 구성 파일의 개수 등을 고려하여 여러 개의 파일로 나눠서 관리할지, 하나의 파일에서 관리할지를 결정하여 적용하면 되겠습니다.

그레이들은 테스트를 위하여 클래스나 메서드, 디렉터리와 같이 어느 한 부분에 대하여 테스트를 진행할 수 있는 기능을 제공하고 있습니다. 앞에서도 살펴봤던 패턴을 이용하는 방법이나 테스트 프레임워크의 기능을 이용하거나 소스 세트 단위로 실행하도록 하는 방법 등이 있습니다.

2.1 패턴을 사용한 테스트

패턴을 사용하는 방법은 패턴을 이용하여 프로젝트에서 패턴에 일치하는 대상에 대하여 구별하여 테스트를 진행하는 방법입니다. 패턴을 이용하여 테스트를 진행할 때에는 include나 exclude 블록에서 패턴을 지정하여 특정 파일을 테스트를 위해 포함하거나 제외하는데, 이 방법은 5장에서 학습한 파일 처리를 할 때 패턴 사용 방법과 같다고 보면 되겠습니다. 패턴을 이용하여 테스트를 할 경우 해당 프로젝트에서 실행 대상을 구분하여 테스트 대상 범위를 지정할 수 있어 그레이들의 특징인 유연함을 보여주는 부분이기도 합니다. 그럼 실습 코드와 함께 패턴을 이용한 방법을 알아보도록 하겠습니다.

코드 7-4 패턴을 이용한 빌드 수행

```
// 자바 플러그인 사용
apply plugin: 'java'

// 자바 jdk버전
sourceCompatibility = 1.7
targetCompatibility = 1.7
```

```
// 인코딩 지정
def defaultEncoding = 'UTF-8'
[compileJava, compileTestJava]*.options*.encoding = defaultEncoding

// 저장소 정의
repositories {
    mavenCentral()
}

// 의존 관계 정의
dependencies {
    testCompile 'junit:junit:4.11'
}

// 태스크 정의
task exeTask(type: Test) {
    include '**/Gradle*.class'

    filter{
        includeTestsMatching 'Gradle*'
    }
}
```

코드 7-4를 살펴보면 자바 플러그인을 사용하였고 exeTask를 test 형을 이용하여 지정하였음을 알 수 있습니다. exeTask 태스크를 살펴보면 include를 통하여 그레이들로 시작하는 클래스가 있다면 실행 대상에 추가하고 만약 exclude가 있을 경우 exclude에서 지정한 부분에 대해서는 실행 대상에서 제외하게 됩니다. 그리고 filter 블록을 이용하여 지정한 조건에 일치하는 대상에 대하여 실행 대상으로 지정할 수 있습니다. 그레이들에서는 자바 플러그인을 통하여 테스트를 위한 기능을 Test 객체를 통하여 제공하는데, 제공되는 기능에 대하여 간단히 살펴보고 넘어가도록 하겠습니다.

Test 형: https://docs.gradle.org/current/dsl/org.gradle.api.tasks.testing.Test.html

코드 7-5 Test 객체 기능

```
// 자바 플러그인 사용
apply plugin: 'java'

// test 태스크 (자바 플러그인에서 제공)
test {

    // TestNG 사용
    useTestNG()

    // 테스트에 포함 또는 제외
    include 'org/foo/**'
    exclude 'org/boo/**'

    // test 도중 에러 사항을 콘솔창에 표시
    testLogging.showStandardStreams = true

    // 테스트를 위한 Heap 메모리 세팅
    minHeapSize = "128m"
    maxHeapSize = "512m"

    // 테스트 실행 생명주기 표시
    beforeTest { descriptor ->
        logger.lifecycle("Running test: " + descriptor)
    }

    // 테스트 JVM의 에러 및 출력 내용 등을 표시
    onOutput { descriptor, event ->
        logger.lifecycle("Test: " + descriptor
            + " produced standard out/err: " + event.message )
    }
}
```

자바 플러그인 사용으로 Test를 위한 기능을 **코드 7-5**에서 보는 것처럼 사용할 수 있습니다. useTestNG( )와 같이 TestNG를 사용하도록 지정(기본적으로는 Junit을 사용)할 수 있으며

include나 exclude를 이용하여 테스트를 위한 수행 대상을 명시적으로 포함 또는 제외할 수 있습니다. 테스트 도중 에러 사항이나 테스트를 위한 Heap 메모리 등 테스트에 필요한 기능을 제공하고 있으며 지정을 통하여 사용할 수 있습니다.

TestNG: 테스트를 위한 Testing Framework: http://beust.com/weblog/

2.2 Junit을 이용한 테스트

테스트 프레임워크인 Junit을 이용한 그레이들의 테스트 자동화에 대하여 알아보도록 하겠습니다. Junit은 테스트 프레임워크 중의 하나로, 리플렉션을 통하여 클래스의 메타 정보를 확인하고 클래스에 있는 메서드들을 테스트할 수 있도록 해주는 자바 언어 기반의 테스트 프레임워크입니다. 단위 테스트 등을 진행할 때 많이 사용되며 Junit을 통한 테스트 자동화로 효율적인 테스트를 진행할 수 있습니다. 실습 코드와 함께 상세히 알아보도록 하겠습니다.

그림 7-7 프로젝트 구조

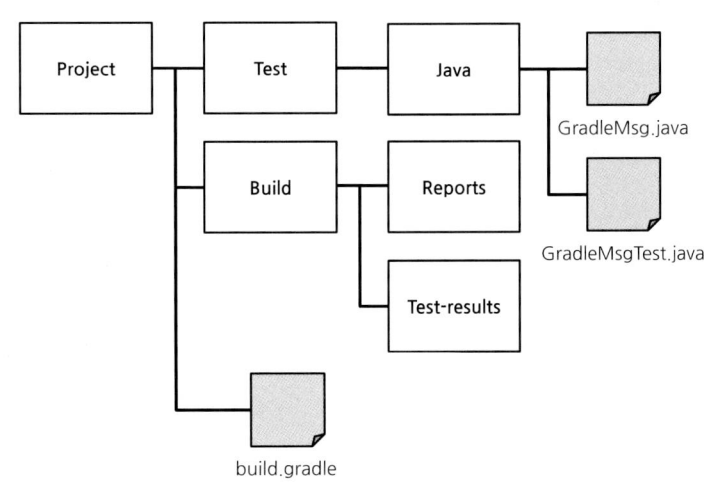

임의의 프로젝트를 **그림 7-7**과 같이 생성하고 프로젝트 하위에 자바 소스 코드를 작성할 디렉터리와 빌드 수행한 후 Junit을 통하여 얻게 될 결과물이 출력될 Build 디렉터리를 그림과 같이 생성하도록 하겠습니다. Build 디렉터리에는 다시 Reports 디렉터리와 Test-results 디렉터리를 생성하고 우선 자바 소스 코드를 작성하도록 하겠습니다. 자바 소스 코드 내용은 간단하게 문자열에 대하여 처리하는 클래스를 작성하도록 하겠습니다.

코드 7-6 Junit을 이용한 단위 테스트 – GradleMsg.java

```java
package test.java;

public class GradleMsg {

    String msg = "";
    public GradleMsg() {

    }

    public GradleMsg(String msg) {
        this.msg = msg;
    }

    public String returnMsg(String msg){
        return msg;
    }
}
```

코드 7-6에 작성한 GradleMsg.java는 단순하게 생성자와 문자열 변수 그리고 문자열을 반환해주는 메서드 하나로 구성되어 있습니다. GradleMsg.java에 작성된 클래스와 메서드를 테스트할 클래스를 **코드 7-7**과 같이 작성해보도록 하겠습니다.

코드 7-7 Junit을 이용한 단위 테스트 – GradleMsgTest.java

```java
package test.java;

import org.junit.Before;
import org.junit.Test;

public class GradleMsgTest {
    private GradleMsg gMsg;

    @Before
    public void printMsg() throws Exception{
        gMsg = new GradleMsg("Hello, Gradle");
        System.out.println("==@Before==>> ");
    }

    @Test
    public void testMsg(){
        gMsg = new GradleMsg("Hello, Gradle");
        String msg = gMsg.returnMsg("Gradle");
        System.out.println("==@Test==>> " + msg);
    }
}
```

코드 7-7에는 GradleMsgTest 클래스가 작성되었고 GradleMsgTest 클래스는 테스트를 위하여 Junit을 사용하고 있습니다. printMsg( )는 @Before 어노테이션을 사용하여 테스트 전에 수행되도록 지정한 부분이고 testMsg( )는 @Test 어노테이션을 사용하여 테스트 시 수행됩니다. 이렇게 자바 파일 작성이 완료되었으면 build.gradle 파일을 작성하도록 하겠습니다.

코드 7-8 Junit을 이용한 단위 테스트 – build.gradle

```
apply plugin : 'java'

repositories{
    mavenCentral()
```

```
    }

    dependencies{
        testCompile 'junit:junit:4.8.2'
    }

    // test 태스크
    test{
        testLogging{
            events "passed", "skipped", "failed", "standardOut", "StandardError"
        }
    }

    task exeTask(type: Test) {
        reports.html.destination = file("${reports.html.destination}/integration")
        reports.junitXml.destination =
            file("${reports.junitXml.destination}/integration")
    }
```

코드 7-8의 build.gradle 파일을 살펴보면 자바 플러그인을 사용하여 test 형을 사용할 수 있도록 하였고 repositories 블록에서 메이븐 중앙 저장소를 정의한 것을 알 수 있습니다. 그리고 Junit을 사용하도록 dependencies 블록에서 의존 관계를 정의하였습니다. test 블록에서는 testLogging 블록을 사용하여 블록 안에서 events 블록을 통하여 열거형 상수 값으로 제공되는 기능을 이용하여 테스트의 진행을 살펴보도록 하였습니다. exeTask 태스크에서는 Junit을 이용하여 실시한 테스트 결과에 대하여 결과물을 생성하여 지정하도록 위치를 지정하였습니다. 그러면 빌드 수행을 통하여 결과 출력을 살펴보도록 하겠습니다.

그림 7-8 실행 결과

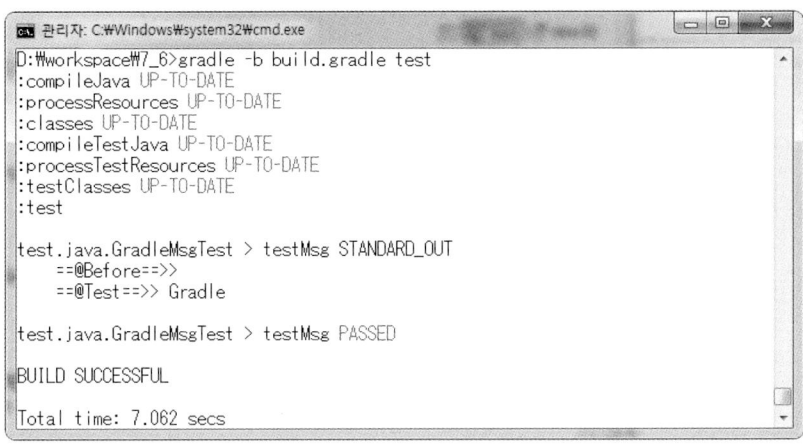

먼저 테스트 블록을 통한 실행 결과를 살펴보도록 하겠습니다. 명령 프롬프트에서 gradle -b build.gradle test를 명령어로 입력하고 실행시키면 **그림 7-8**과 같이 확인할 수 있습니다. -b 옵션을 통하여 build.gradle 파일의 test를 실행시키라는 명령으로, 실행 결과를 살펴보면 빌드가 수행되면서 test 블록 안에 testLogging 블록에서 열거형 상수로 지정된 값이 각 테스트 실행 결과에 맞추어 STANDARD_OUT, PASSED로 출력되는 것을 확인할 수 있습니다.

다음으로, exeTask 태스크를 실행하는데, 명령 프롬프트 상에서 gradle -Penv=integration exeTask 명령어 수행을 통하여 빌드를 수행하도록 하겠습니다. 참고로 -Penv=integration은 통합 테스트를 진행하겠다는 옵션 설정이라고 알아두면 되겠습니다.

그림 7-9 실행 결과

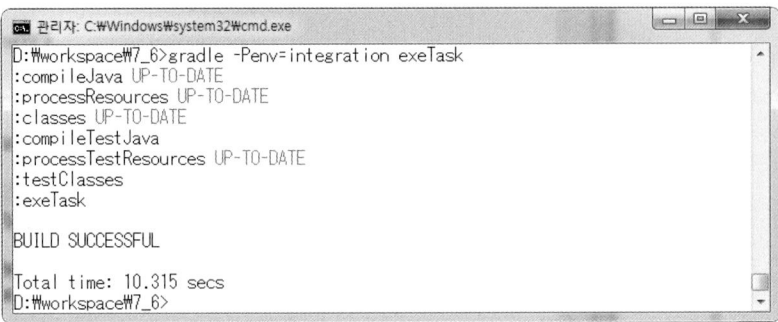

이렇게 빌드를 수행하게 되면 수행된 결과는 실습 프로젝트를 수행할 때 생성한 Build 디렉터리 하위에 결과물이 **그림 7-10**처럼 생성되게 됩니다. Build 디렉터리 하위에는 프로젝트 빌드 수행과 테스트를 통하여 생성된 많은 결과물이 있는데, 그중에서 reports 디렉터리 하위에 있는 HTML 형식의 문서를 살펴보도록 하겠습니다. reports 디렉터리 하위로 내려가 보면 exeTask 디렉터리와 test 디렉터리가 있는데, 이는 각각 test 블록에 대한 빌드 수행과 exeTask 태스크 빌드 수행을 통하여 얻어진 결과라고 보면 되겠습니다.

그림 7-10 빌드 결과

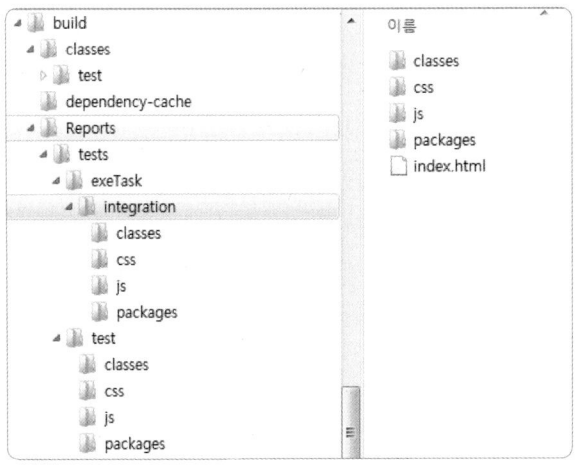

그림 7-10과 같은 구조로 결과물이 생성되는데 여기서 index.html을 클릭하여 해당 결과물을 열어보면 그림 7-11과 같은 웹 페이지가 열리면서 테스트와 관련된 결과와 내용을 볼 수 있습니다.

그림 7-11 테스트 결과

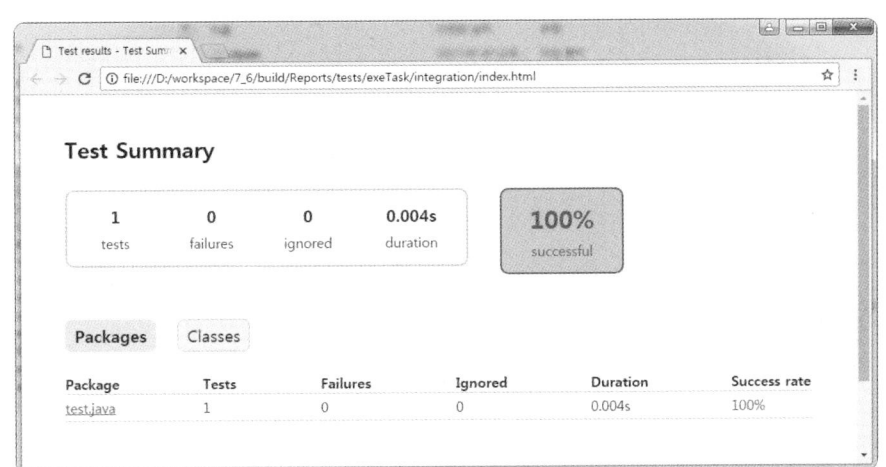

그림 7-11과 같이 HTML 형식으로 요약된 문서를 테스트 결과 보고서로 확인할 수 있으며 보고서 안에는 빌드 수행 성공 여부와 수행 시간 등을 비롯하여 패키지별 또는 클래스별로 관련 내용을 확인할 수 있습니다.

2.3 소스 세트 단위 테스트

계속해서 소스 세트 단위로 테스트를 실행할 수 있는데, 이를 간략하게 살펴보도록 하겠습니다. 소스 세트 단위는 테스트 레벨이나 단계별로 테스트 코드나 자원에 대하여 하나의 묶음 형식으로 관리할 수 있기 때문에 사용됩니다.

코드 7-9 소스 세트를 이용한 방법

```
...(중략)...
task exeTask(type: Test) {
    testClassesDir = sourceSets.test.output.classesDir
    classpath = sourceSets.test.runtimeClasspath

    reports.html.destination = file("${reports.html.destination}/integration")
    reports.junitXml.destination =
        file("${reports.junitXml.destination}/integration")
}
```

테스트나 빌드를 수행할 때 병목 등의 문제로 시간이 소요되는 문제가 발생할 수도 있습니다. 이러한 느린 테스트에 대한 현상이 발생했을 때 그레이들은 테스트 대상에 대하여 분할하여 실행할 수 있도록 기능을 제공하고 있습니다. 앞에서 살펴본 **코드 7-4**를 이용하여 테스트를 수행할 때 분할하는 방법을 살펴보겠습니다. **코드 7-4**를 보면 아래와 같이 태스크 안에 filter를 사용하여 정의된 부분이 있는데, 이 부분에서 includeTestsMatching을 이용하여 테스트를 진행하고자 하는 클래스를 지정하여 지정된 클래스만 테스트 되도록 예약한 부분입니다.

```
...(중략)...
// 태스크 정의
task exeTask(type: Test) {
    include '**/Gradle*.class'

    filter{
        includeTestsMatching 'Gradle*'
    }
}
```

그리고 느린 테스트에 대하여 명령 프롬프트에서 명령어 옵션을 통하여 분할하고자 할 때에는 --tests 옵션을 사용하여 테스트 필터가 작동하도록 --tests 옵션 뒤에 수행하고자 하는 패키지의 클래스를 지정하면 되겠습니다. 사용하는 방법은 다음과 같습니다.

--tests 옵션 사용

> gradle (태스크명) --tests 패키지 클래스명

그림 **7-12** 실행 방법

```
D:\workspace\7_4>gradle exeTask --tests test.dao.*.Gradle*
```

Junit을 이용하여 테스트에 제외하거나 추가하려면 태스크 안에서 useJUnit( )을 이용하여 해당 블록 안에서 excludeCategories( )나 includeCategories( )를 이용하여 뒷부분에 대상 패키지나 클래스 경로를 지정하면 되겠습니다.

```
...(중략)...
// 태스크 정의
task exeTask(type: Test) {
    // Junit을 이용한 테스트 범위 정의
    useJUnit{
        includeCategories 'test.java.Gradle*'
        excludeCategories 'test.util.Gradle*'
    }
}
```

2.4 병렬 테스트

다음으로, 테스트를 병렬로 수행하는 방법에 대하여 살펴보도록 하겠습니다. 그레이들에서

는 병렬로 테스트를 수행할 수 있도록 자바 플러그인에서 제공하는 test 객체를 통하여 기능을 제공하고 있습니다. 앞에서도 test 객체에 대하여 간략히 살펴보았는데, 프로세스를 병렬로 수행하기 위해서 maxParallelForks를 사용하여 병렬로 수행할 프로세스 개수를 고려하여 지정하면 되겠습니다. maxParallelForks = 3과 같이 지정을 한다면 병렬로 프로세스를 3개씩 처리한다는 의미로 보면 되겠습니다. 참고로 병렬로 처리할 경우 시스템 사양과 함께 테스트에 가장 최적의 프로세스 개수를 파악하여 사용해야 하는 부분이 중요한 곳이라 할 수 있습니다.

그림 7-13 병렬 테스트 프로젝트 구조

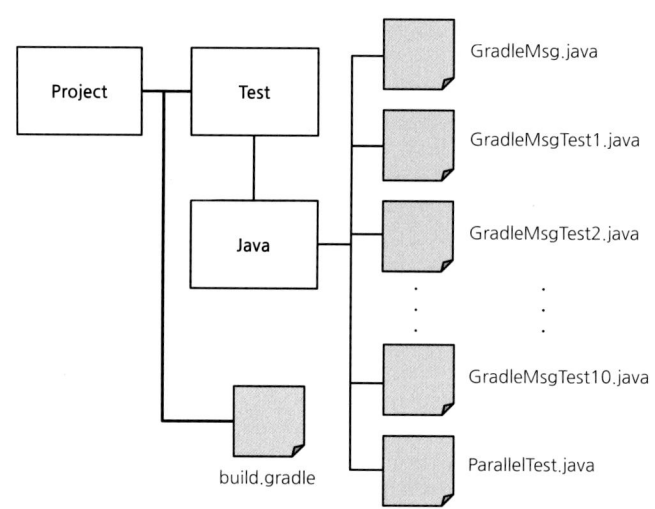

실습을 위하여 프로젝트를 하나 생성하도록 하겠습니다. 실습을 위한 프로젝트로는 다음 **그림 7-13**과 같이 src 디렉터리 하위로 test.java 패키지를 만들고 그 하위에 병렬 테스트를 위한 자바 파일을 만들도록 하겠습니다. 그리고 메인 디렉터리 하위에는 build.gradle 파일을 생성하도록 하겠습니다. 우선 build.gradle 스크립트 코드를 살펴보도록 하겠습니다.

코드 7-10 병렬 테스트를 위한 build.gradle

```
apply plugin: 'java'

repositories {
  mavenCentral()
}

dependencies {
  testCompile 'junit:junit:4.11'
}

def defaultEncoding = 'UTF-8'
[compileJava, compileTestJava]*.options*.encoding = defaultEncoding

test {
  // Gradle의 병렬 테스트 실행
  maxParallelForks = 1
}
```

코드 7-10에서는 병렬 테스트를 진행하기 위하여 test 블록을 이용하였고 test 블록에서 앞에서도 잠깐 설명한 maxParallelForks를 지정하였습니다. 그레이들 내부적으로 maxParallelForks을 지정하지 않는다면 기본값 '1'로 설정되며 이 값의 조정을 통하여 프로세스의 수를 설정할 수 있습니다. 현재 **코드 7-10**에서는 임시로 maxParallelForks의 값을 '1'로 지정하였고 뒤에서 실습을 진행할 때 해당 값을 변경하여 빌드 수행 및 테스트에 어떻게 영향을 미치는지 살펴볼 예정입니다. 살펴보기에 앞서 **그림 7-13**에서 src 디렉터리 하위에 생성한 자바 파일을 간략히 살펴보도록 하겠습니다. 자바 파일은 병렬 테스트를 수행하기 위한 용도이며 해당 파일에서는 일정 시간 지연을 주었고 그 지연 시간과 자바 파일의 개수와 maxParallelForks을 통하여 지정된 프로세스의 수의 상관관계를 알아보고자 작성하였습니다.

코드 7-11 병렬 테스트를 위한 java 파일 – GradleMsg.java

```java
package test.java;

public class GradleMsg {

    String msg = "";
    public GradleMsg() {

    }

    public GradleMsg(String msg) {
        this.msg = msg;
    }

    public String returnMsg(String msg){
        return msg;
    }
}
```

코드 7-11은 단순한 문자열에 대하여 처리할 수 있는 객체 생성을 위한 부분이라고 볼 수 있습니다.

코드 7-12 병렬 테스트를 위한 java 파일 – ParallelTest.java

```java
package test.java;

public class ParallelTest {

    protected void stress() {
        System.out.println("ParallelTest > Start >");
        try {
            Thread.sleep(5000);
        } catch (InterruptedException e) {
            e.printStackTrace();
        }
```

		}
	}

코드 7-12는 일정 시간 지연을 이용하여 그레이들의 maxParallelForks의 수에 따른 빌드 수행 시간 확인을 위해 작성된 부분입니다.

> **코드 7-13** 병렬 테스트를 위한 java 파일 – GradleMsgTest1.java ~ GradleMsgTest10.java

```java
package test.java;

import org.junit.Before;
import org.junit.Test;

public class GradleMsgTest1 extends ParallelTest{
    private GradleMsg gMsg;

    @Before
    public void setUp() {
        stress();
    }

    @Test
    public void testMsg(){
        gMsg = new GradleMsg("Hello, Gradle");
        String msg = gMsg.returnMsg("Gradle");
        System.out.println("==@Test==>> " + msg);
    }
}
```

코드 7-13에서는 ParallelTest.java를 상속하여 빌드 수행 시 ParallelTest.java에 지정된 시간 동안 지연이 일어나게 됩니다. 이러한 역할을 수행할 파일을 GradleMsgTest1.java ~ GradleMsgTest10.java의 이름으로 10개를 생성하였습니다.

이렇게 실습을 위한 준비가 끝났으면 빌드를 수행해보도록 하겠습니다. 빌드 수행은 우선 build.gradle에서 maxParallelForks의 값을 '1'로 지정한 후에 수행해보도록 하겠습니다.

그림 7-14 maxParallelForks=1 일때 수행 결과

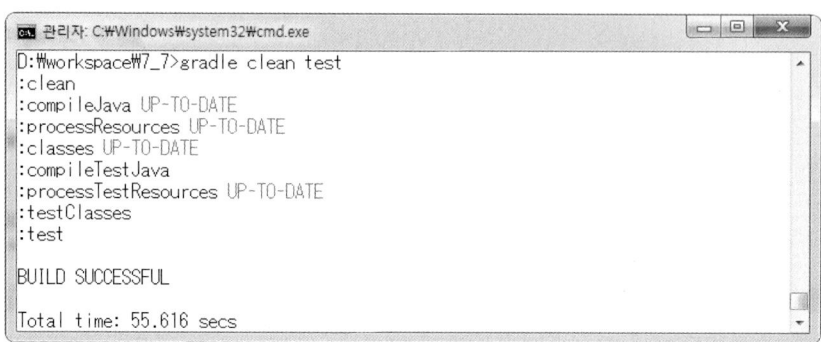

그림 7-14를 살펴보면 테스트를 수행할 때 55.616초가 걸린 것을 확인해 볼 수 있습니다. maxParallelForks의 값이 1로 지정되어 해당 프로젝트의 테스트 빌드를 수행할 때 1개의 프로세스로 수행되었음을 의미한다고 볼 수 있습니다. 다음으로 maxParallelForks의 값을 2로 지정하여 빌드를 수행해보도록 하겠습니다.

그림 7-15 maxParallelForks=2일 때 수행 결과

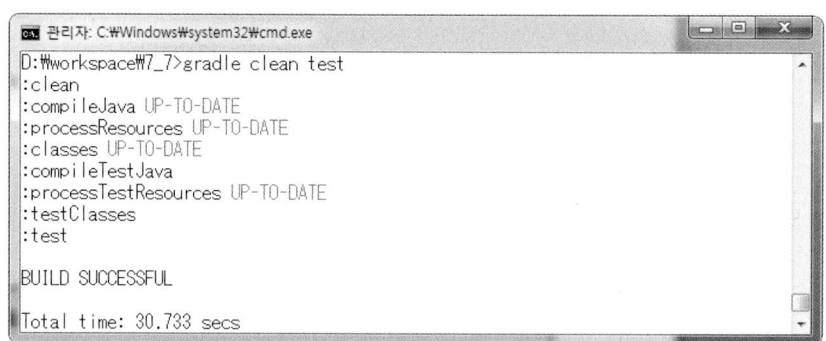

그림 7-15의 수행 결과와 **그림 7-14**의 수행결과를 비교해봤을 때 **그림 7-14**는 55.516초가 소요된 반면 **그림 7-15**에서는 30.733초가 소요되었습니다. 대략 25초가량 단축되었는데, maxParallelForks을 이용하여 테스트 빌드를 수행하는 프로세스의 수를 2로 늘린 효과라고 볼 수 있습니다. 다음으로 maxParallelForks의 값을 3으로 변경 후 빌드를 수행해 보도록 하겠습니다.

그림 7-16 maxParallelForks=3일 때 수행 결과

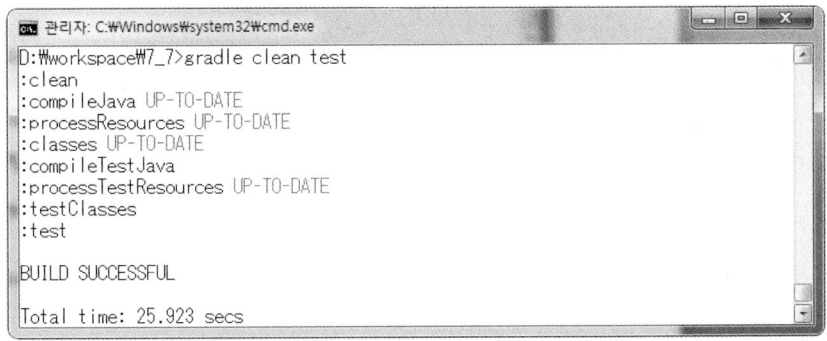

그림 7-16에서 maxParallelForks를 3으로 지정했을 때 빌드 수행 시간이 25.923초가 수행된 것을 확인해 볼 수 있습니다. 이전 maxParallelForks의 값을 2로 했을 때보다 5초가량 빌드 수행 시간이 빨라졌습니다. maxParallelForks를 4로 지정하고 빌드를 수행하도록 하겠습니다.

그림 7-17 maxParallelForks=4일 때 수행 결과

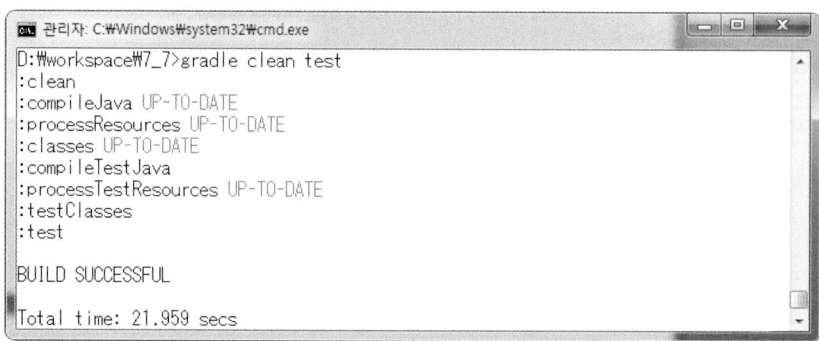

maxParallelForks의 값이 4일 때는 21.959초가 소요되었으며 계속해서 maxParallelForks=5 일 때의 결과도 확인해 보도록 하겠습니다.

그림 7-18 maxParallelForks=5일 때 수행 결과

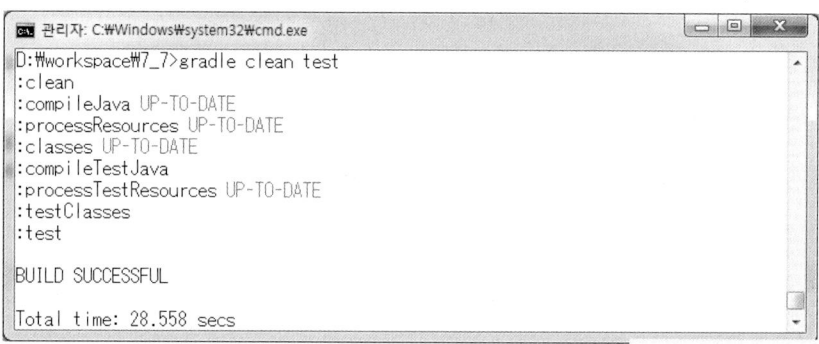

그림 7-18에서와 같이 maxParallelForks을 5로 지정한 후 수행했을 때의 빌드 수행 시간을 살펴보면 28.558초로, maxParallelForks가 4일 때의 빌드 수행 시간인 21.959초보다 3~4초는 더 오래 걸린 것을 알 수 있습니다. 이렇게 maxParallelForks의 값을 변경하며 빌드를 수행하고 빌드 수행 시간을 확인해 보면 특정 수치 이후에는 크게 영향이 없는 것으로 보입니다. maxParallelForks의 값이 4일때가 현재 실습을 진행하는 환경에서 가장 최상의 프로세

스 설정 개수라고 볼 수 있습니다.

프로세스의 개수를 아무리 많이 늘린다고 해도 해당 프로젝트가 구동되고 있는 사이트나 시스템의 성능과 사양을 고려하여 값을 지정하여야 시스템의 성능 및 속도를 향상시킬 수 있습니다. 끝으로 maxParallelForks의 개수를 10으로 지정한 후 빌드 수행 결과를 **그림 7-19**로 나타냈으며 빌드 수행 시간은 maxParallelForks=4일 때 가장 빠른 것을 확인할 수 있습니다.

그림 7-19 maxParallelForks=10일 때 수행 결과

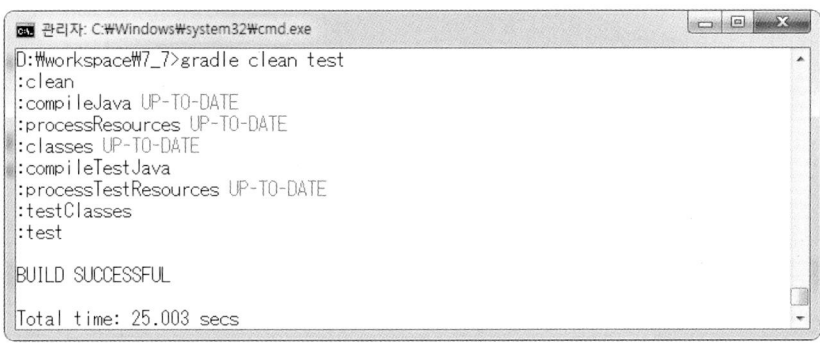

Chapter

8 그레이들 퍼블리싱

1. 압축하기 **2.** 파일 퍼블리싱 **3.** 인터넷에 배포하기

그레이들은 ZIP 형식을 비롯하여 tar, jar, war, ear 등 다양한 압축 방식을 제공하고 있습니다. 압축을 통하여 프로젝트를 라이브러리 파일로 만들수 있고 만들어진 라이브러리 파일은 다른 프로젝트나 시스템에서 참조하여 사용할 수 있습니다. 다른 프로젝트나 시스템에서 참조하여 사용할 수 있도록 특정 위치에 배포하는 것을 **퍼블리싱**(Publishing)이라 합니다. 그레이들에서 제공하는 파일 압축 방식과 압축된 파일을 퍼블리싱하는 방법을 알아보도록 하겠습니다.

1. 압축하기

zip, jar, war, ear, tar 등 파일 압축은 앞에서 알아본 파일 복사와 관련 있었던 Copy 인터페이스처럼 CopySpec 인터페이스로부터 파생되었습니다. zip, jar, war, ear, tar 등 파일 압축은 사용 형식은 거의 비슷하고 각 압축 형식마다 특성에 맞는 기능이 제공되고 있다고 보면 되겠습니다.

1.1 zip

그럼 먼저 zip 압축 파일 형식부터 살펴보도록 하겠습니다.

CopySpec: https://docs.gradle.org/current/javadoc/org/gradle/api/file/CopySpec.html

그레이들은 zip 파일 형식으로 압축하기 위하여 Zip 태스크를 이용합니다. Zip 태스크는 내부적으로 그레이들에서 제공하는 Zip 클래스 API의 다양한 기능을 사용하여 zip 파일 형식의 압축 파일 생성을 제어할 수 있습니다. 실습 코드와 함께 그레이들을 통하여 zip 압축 파일을 생성해보도록 하겠습니다.

Zip 태스크: https://docs.gradle.org/current/dsl/org.gradle.api.tasks.bundling.Zip.html

Zip 클래스: https://docs.gradle.org/current/javadoc/org/gradle/api/tasks/bundling/Zip.html

코드 8-1 zip 압축 파일 생성 기본 스크립트

```
task exeTask(type: Zip) {
    ...
}
```

코드 8-1은 exeTask 태스크에서 Zip 태스크를 압축 태스크로 추가하여 zip 압축 파일을 생성하기 위한 기본적인 태스크 형식을 나타내었습니다. 그럼 임의의 프로젝트를 생성하고 build.gradle 빌드 스크립트를 만든 후 **그림 8-1**과 같이 다양한 파일을 임의로 생성하고 **코드 8-2**와 같이 생성한 build.gradle 빌드 스크립트에 작성하도록 하겠습니다.

코드 8-2 zip 압축 파일 생성

```
task exeTask(type: Zip) {
    // 압축 파일 이름 지정
    baseName = "GradleZip"
```

```
        // 디렉터리 위치
        into ("script") {
            from ("src") {
                // 생성 포함 파일
                include "*.html", "*.js", "*.xml"
            }
        }
    }
```

그림 8-1 zip 압축 파일 생성을 위한 프로젝트 구조

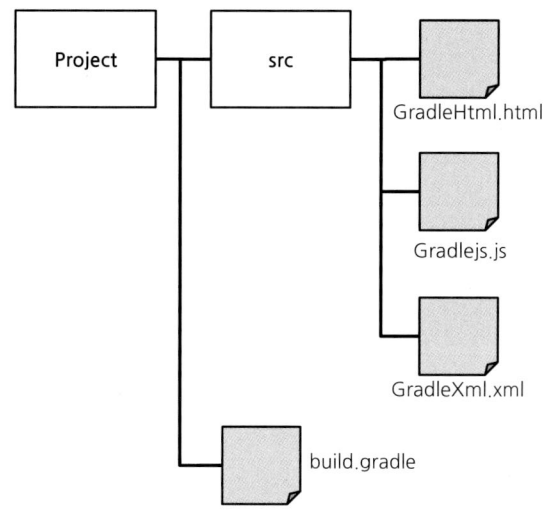

코드 8-2를 살펴보면 우선 baseName을 이용하여 zip 압축 파일을 만들 때 zip 압축 파일의 이름을 지정하고 있습니다. 그리고 다음으로 into( )를 사용하여 zip 압축 파일에 포함하고자 하는 파일들을 지정하는데, into( ) 안에 인수로 있는 "script"는 zip 압축 파일에 포함될 파일들의 상위 디렉터리를 정의한 부분이라고 보면 되겠습니다. 다음으로, into 블록 안에 from( )을 사용한 블록이 있는데, 이 부분은 zip 압축 파일에 포함할 파일의 위치를 나타내는 부분으로, 이곳에는 from 블록 안에서 include를 사용하여 포함하고자 하는 파일의 확장자를 명시적으로 지정했습니다. 물론 from 블록 안에 exclude를 사용하여 제외하고자 하

는 파일을 패턴이나 명시적으로 파일 이름을 지정하는 등의 방법을 사용하여 지정할 수 있습니다. 이렇게 빌드 스크립트를 작성하고 빌드를 수행하게 되면 baseName으로 지정한 압축 파일 이름으로 하여 zip 압축 파일이 생성된 것을 확인할 수 있습니다.

그림 8-2 실행 결과

빌드 수행으로 생성된 압축 파일을 확인해 보면 다음과 같이 프로젝트에 생성해 놓은 파일이 zip 파일 형식으로 압축된 것을 확인해볼 수 있습니다.

그림 8-3 압축 파일 확인

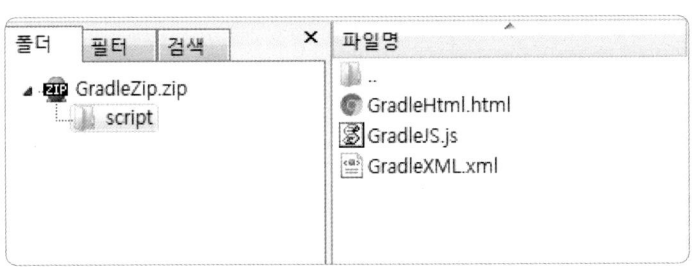

그림 계속해서 Zip 태스크에서 제공해주는 zip 압축 파일 생성과 관련된 기능을 살펴보도록 하겠습니다. 앞에서 실습한 프로젝트에 빈 디렉터리를 다음 **그림 8-4**와 같이 생성하도록 하겠습니다. 빈 디렉터리의 이름은 emptyDir로 하였고 src 디렉터리 하위에 생성하였습니다.

그림 8-4 zip 압축 파일 생성을 위한 프로젝트 구조 2

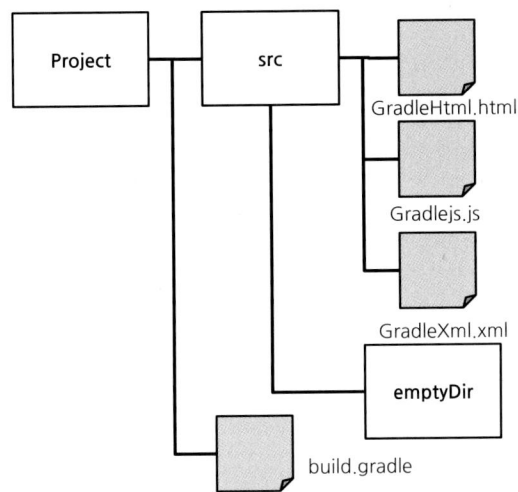

그리고 생성된 build.gradle 파일에 다음 **코드 8-3**과 같이 빌드 스크립트 코드를 작성하도록 하겠습니다.

코드 8-3 zip 압축 파일 생성

```
task exeTask2(type: Zip) {
    // 압축 파일 이름 지정
    baseName = "GradleZip2"

    // 디렉터리 위치
    into ("script") {
        from ("src") {
            // 생성 포함 파일
            exclude "*.js", "*.xml"
        }
    }
    // 빈디렉터리 포함 여부 설정
    includeEmptyDirs = false
}
```

코드 8-2와 다른 부분은 앞에서 잠깐 설명한 exclude를 이용하여 제외하고자 하는 파일을 지정하였고 다음으로 includeEmptyDirs를 이용하여 zip 압축 파일을 생성하는 데 있어서 빈 디렉터리를 포함할지를 지정하였다는 점입니다. includeEmptyDirs에 true 값을 설정하면 빈 디렉터리도 포함하여 zip 압축 파일을 생성하고 includeEmptyDirs에 false 값을 설정하면 빈 디렉터리를 제외하고 zip 압축 파일을 생성하게 됩니다. **그림 8-5**는 includeEmptyDirs의 속성값을 true, false로 각각 지정한 후에 빌드 수행을 통하여 생성된 압축 파일의 결과 구조를 나타낸 그림입니다.

그림 8-5 압축 파일 결과 비교(includeEmptyDirs=false일 때와 includeEmptyDirs=true일 때)

참고로 **코드 8-2**와 **코드 8-3**에서 zip 압축 파일을 생성하기 위하여 into( )에 압축 시 압축 파일에 대한 상위 디렉터리를 지정하여 생성하였는데, into( )를 제외하고 zip 압축 파일을 생성할 수도 있습니다. into( )를 제외하고 zip 압축 파일을 생성하게 되면 zip 압축 파일에는 into( )에 지정된 디렉터리를 제외한 from 블록에 정의된 파일들이 압축됩니다. into( )를 제외하고 앞에서 실습한 **코드 8-2** 또는 **코드 8-3**을 빌드 수행하여 확인해 보기 바랍니다. 또한 into( )를 여러 개 사용하여 zip 압축 파일에 여러 개의 디렉터리 경로로 포함하여 압축 파일을 생성할 수 있습니다. **코드 8-4**의 내용을 build.gradle 파일에 작성하고 빌드 수행을 통하여 확인해 보도록 하겠습니다.

코드 8-4 zip 압축 파일 생성

```
task exeTask3(type: Zip) {
    // 압축 파일 이름 지정
    baseName = "GradleZip3"

    // into 블록 제외
    from ("src") {
        // 생성 포함 파일
        include "*.js", "*.xml"
    }

    // 디렉터리 위치
    into ("script1") {
        from ("src") {
            // 생성 포함 파일
            exclude "*.js", "*.xml"
        }
    }

    // 디렉터리 위치
    into ("script2") {
        from ("src") {
            // 생성 포함 파일
            include "*.html"
        }
    }
}
```

빌드를 수행한 후 생성된 zip 압축 파일을 살펴보면 다음과 같은 구조로 압축 파일이 생성된 것을 확인할 수 있습니다.

그림 8-6 압축 파일 구조 확인

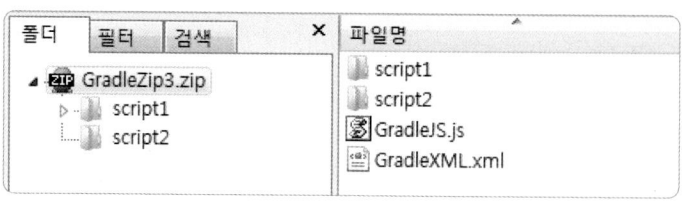

zip 압축 파일을 생성할 때 압축 대상이 되는 파일 이름을 변경하여 zip 압축 파일을 생성할 수 있습니다. 이때 rename 속성을 사용하게 되는데, 이 부분은 파일 복사에서 사용한 rename처럼 대상이 되는 하나의 파일이나 패턴으로 지정할 경우 패턴에 상응하는 파일에 대하여 파일 이름을 변경하게 됩니다. 이때 대상이 되는 원본 파일의 이름은 아무런 영향 없고 zip 압축 파일에 묶일 때 지정한 조건의 파일 이름 형식으로 변경됩니다. 그럼 build.gradle 파일에 **코드 8-5**를 작성하여 확인해 보도록 하겠습니다.

코드 8-5 zip 압축 파일 생성

```
task exeTask4(type: Zip) {
    // 압축 파일 이름 지정
    baseName = "GradleZip4"

    // into 블록 제외
    from ("src") {
        // 생성 포함 파일
        include "*.html" ,"*.js", "*.xml"
        // 파일 이름 변경
        rename 'Gradle*','Script'
    }
}
```

코드 8-5와 같이 빌드 스크립트를 작성 후에 빌드를 수행하면 rename으로 지정된 부분으로 말미암아 'Gradle'로 시작하는 파일이 Script로 변경되어 zip 압축 파일이 생성됩니다. 빌드 수행 결과를 확인해 보면 파일 이름이 변경되어 압축된 것을 확인할 수 있습니다.

그림 8-7 압축 파일 구조 확인

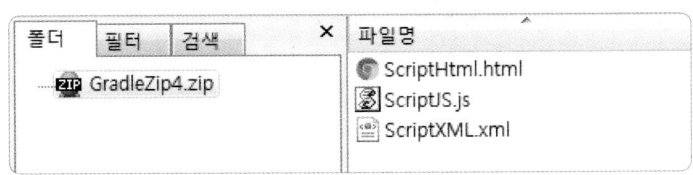

zip 압축 파일이 생성될 때 대상이 되는 파일의 내용을 변경하여 zip 압축 파일을 생성할 수 있습니다. 이때 filter( )를 이용하여 파일의 내용을 변경하게 되며 파일 복사 때 설명한 것처럼 filter( )를 이용하여 파일의 내용을 변경할 때에는 하나의 라인에 대해서 변경되니 참고하기 바랍니다. 그림 **코드 8-6**을 build.gradle에 작성하여 빌드를 수행한 후 파일의 내용이 변경되었는지 확인해 보도록 하겠습니다. 실습을 위하여 GradleHtml.html 파일에 'Hello, Gradle Zip Task'라는 내용을 입력하였습니다.

코드 8-6 zip 압축 파일 생성

```
task exeTask5(type: Zip) {
    // 압축 파일 이름 지정
    baseName = "GradleZip5"

    // into 블록 제외
    from ("src") {
        // 생성 포함 파일
        include "*.html" ,"*.js", "*.xml"
        // 파일 내용 변경
        filter { line ->
            line.replaceAll('Gradle', 'Change Gradle')
        }
    }
}
```

코드 8-6의 내용을 build.gradle에 작성하고 빌드를 수행한 후에 압축된 파일을 확인해 보면 포함된 파일 중 GradleHtm.html을 열어 보면 파일의 내용이 변경된 것을 확인할 수 있습니다. **코드 8-6**에서 작성한 filter 블록의 line.replaceAll('Gradle','Change Gradle')을 통하여 'Gradle'이라는 단어가 'Change Gradle'로 변경되었습니다.

그림 8-8 변경 내용 확인

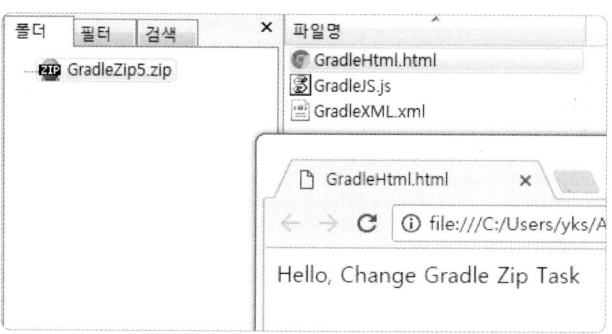

지금까지는 zip 압축 파일을 생성하는 데 있어서 baseName을 이용하여 압축 파일 이름을 지정하여 zip 압축 파일을 생성하였습니다. 또한, 실습을 통하여 생성된 zip 압축 파일의 생성 위치는 프로젝트의 루트 디렉터리 하위에 생성되었습니다. zip 압축 파일의 생성 경로를 destinationDir을 이용하여 지정하고 baseName 속성이 아닌 archiveName 속성을 이용하여 압축 파일 이름을 지정하여 생성해보도록 하겠습니다. 계속해서 build.gradle 파일에 **코드 8-7**을 작성 후에 빌드 수행을 통하여 결과를 확인해 보도록 하겠습니다.

코드 8-7 zip 압축 파일 생성

```
task exeTask6(type: Zip) {
    // 압축 파일 생성 위치 지정
    destinationDir = file("zip")
    // 압축 파일 이름 지정
    archiveName ="Gradle.zip"
```

```
        from "src"
}
```

build.gradle에 작성된 **코드 8-7**을 빌드를 수행해 보면 프로젝트의 루트 디렉터리 하위에 zip으로 디렉터리가 생성되었고 zip 디렉터리 하위에 archiveName으로 지정된 파일 이름으로 zip 압축 파일이 생성된 것을 확인할 수 있습니다. 만약 archiveName을 이용하여 명시적으로 지정하지 않으면 달리 지정한 [baseName]-[appendix]-[version]-[classifier].[extension]으로 압축 파일이 명명되며 아무런 지정이 없다면 압축 파일은 생성되지 않습니다. 그럼 appendix, version, classifier을 지정하여 압축 파일 이름을 지정해 보도록 하겠습니다. **코드 8-8**을 build.gradle 에 작성 후 빌드 수행을 통하여 확인해 보도록 하겠습니다.

코드 8-8 zip 압축 파일 생성

```
task exeTask7(type: Zip) {
    destinationDir = file("NewZip")
    // 파일 이름 지정 [baseName]-[appendix]-[version]-[classifier].[extension]
    baseName ="Gradle"
    appendix="file"
    classifier ="script"
    version = "1_0"

    from "src"

    includeEmptyDirs = true
}
```

코드 8-8을 빌드 수행을 해보면 [baseName]-[appendix]-[version]-[classifier].[extension] 이러한 순서로 하여 zip 압축 파일이 생성된 것을 확인할 수 있습니다.

그림 8-9 압축 파일 확인

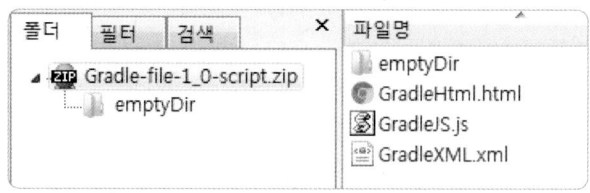

지금까지 살펴본 내용에 대하여 Zip 태스크에서 제공해 주는 속성을 이용하여 zip 압축 파일의 내용을 확인해볼 수 있습니다. 앞에서 작성한 **코드 8-8**에 다음 스크립트 **코드 8-9**를 추가하여 작성 후 빌드를 수행해보도록 하겠습니다. 빌드를 수행하게 되면 **그림 8-10**과 같은 결과를 확인할 수 있습니다.

코드 8-9 zip 압축 파일 관련 내용 출력

```
task exeTask7(type: Zip) {
…(생략)…
println 'destinationDir : ' + destinationDir
    println 'baseName : '    + baseName
    println 'version : '     + version
    println 'archivePath : ' + archivePath
}
```

그림 8-10 실행 결과

```
D:\workspace\8_1>gradle exeTask7
destinationDir : D:\workspace\8_1\NewZip
baseName : Gradle
version : 1_0
archivePath : D:\workspace\8_1\NewZip\Gradle-file-1_0-script.zip
:exeTask7 UP-TO-DATE

BUILD SUCCESSFUL

Total time: 3.767 secs
```

Zip 태스크에서 zip 압축 파일을 생성할 때 압축 방식을 지정할 수 있습니다. Zip 태스크를 이용하여 zip 압축 파일에 대한 압축 방식 지정은 entryCompression 속성에 ZipEntryCompression을 이용하여 지정하는데, ZipEntryCompression.DEFALTED로 지정했을 때는 압축을 진행하게 되고 ZipEntryCompression.STORED로 지정했을 때에는 압축하지 않고 zip 파일을 생성하게 됩니다. 사용 방법은 다음과 같습니다.

```
entryCompression = ZipEntryCompression.DEFALTED
entryCompression = ZipEntryCompression.STORED
```

지금까지 Zip 태스크를 이용한 zip 압축 파일을 생성하는 기본적인 방법을 살펴봤습니다. 계속해서 tar, zar, war, ear 등 압축 파일을 생성하는 부분을 살펴보도록 하겠습니다. tar, zar, war, ear 등 압축 파일을 생성하는 방법은 앞에서 살펴본 압축 방식 지정하는 방법을 제외하고 zip 압축 파일 생성 방법과 유사하다고 할 수 있습니다. 그 이유는 각각 압축 방식을 지원하는 태스크들, 즉 Zip 태스크, Tar 태스크, Zar 태스크, War 태스크, Ear 태스크가 AbstractArchiveTask 클래스로부터 파생되어 생성되었기 때문입니다.

AbstractArchiveTask 클래스: https://docs.gradle.org/current/javadoc/org/gradle/api/tasks/bundling/AbstractArchiveTask.html

1.2 tar

그럼 tar 압축 파일 생성부터 실습과 함께 알아보도록 하겠습니다. tar 압축 파일도 zip 압축 파일 생성과 유사합니다. 앞에서 실습한 프로젝트의 build.gradle 파일에 **코드 8-10**을 추가로 작성하고 빌드 수행을 통하여 tar 파일을 생성하고 확인해 보도록 하겠습니다.

`tar`: https://docs.gradle.org/current/dsl/org.gradle.api.tasks.bundling.Tar.html

코드 8-10 tar 압축 파일 생성

```
task exeTask9(type: Tar) {
    destinationDir = file("NewTar")
    baseName ="Gradle"
    appendix="file"
    classifier ="script"
    version = "1_0"

    from "src"

    includeEmptyDirs = true

    // 압축 방식 - zip 압축 파일 생성 때와 다름
    compression = Compression.BZIP2
    // Compression.NONE
    // Compression.GZIP
}
```

코드 8-10의 스크립트 코드를 살펴보면 압축 방식 지정 부분을 제외한 파일 이름 설정이나 압축하기 위한 대상 경로 지정, 빈 디렉터리 제외 여부 등 속성 지정 방법이 zip 압축 방식과 같다는 것을 알 수 있습니다. 다만, 차이가 있다면 압축 방식을 지정하는 데 있어서 compression 속성에 Compression.BZIP2, Compression.GZIP, Compression.NONE 등의 값을 지정하여 tar 압축 파일의 압축 방식을 지정하는 부분입니다. tar 압축 파일의 압축 방식을 지정하지 않았다면 기본 설정 값은 Compression.NONE입니다. compression 속성에 Compression.BZIP2 형식을 지정하면 bzip2 형식으로 tar 압축 파일이 생성되고 Compression.GZIP으로 지정하였다면 gzip 형식으로 tar 압축 파일이 생성됩니다. **코드 8-10**을 빌드를 수행하면 다음처럼 tar 압축 파일이 생성됩니다.

그림 8-11 tar 압축 파일 확인

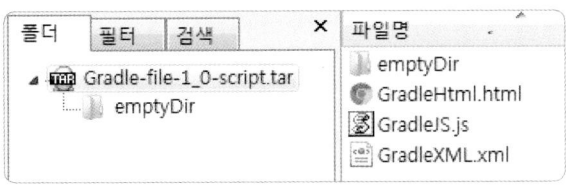

1.3 jar

다음으로, jar 압축 파일 생성 부분을 확인해 보도록 하겠습니다. jar 압축 파일 생성을 위해서는 JAR 태스크에서 제공해주는 기능을 이용하게 되며 기본적으로는 앞에서 설명한 것처럼 zip 압축 파일 생성과 동일한 속성들이 사용됩니다. 실습을 통하여 zip 압축 파일과 동일한 부분과 차이가 있는 부분을 살펴보도록 하겠습니다.

JAR 태스크: https://docs.gradle.org/current/dsl/org.gradle.api.tasks.bundling.Jar.html

코드 8-11 jar 압축 파일 생성

```
// 프로젝트 버전 지정
version = 'Jar 1.0'

task exeTask10(type: Jar) {
    destinationDir = file("NewJar")
    baseName ="Gradle"
    appendix="file"
    classifier ="script"
    version = "1_0"

    from "src"
```

```
    includeEmptyDirs = true

    // manifest 설정
    manifest {
        attributes("Built-By": "Gradle",
                "Implementation-Version": project.version)
    }
    // 압축 방식 지정
    entryCompression = ZipEntryCompression.STORED
}
```

코드 8-11을 살펴보면 우선 zip 압축 파일과 비교해봤을 때 압축 방식 지정까지 똑같습니다. Jar 태스크가 Zip 태스크를 상속받아 구현되었기 때문에 동일한 방식을 사용할 수 있습니다. Zip 태스크를 이용하여 압축할 때와 차이가 있다면 manifest 블록이 정의되어 있는 부분입니다. manifest는 프로젝트 또는 프로그램과 관련된 버전이나 의존성 등 내용을 포함한 부분으로, manifest 파일은 이러한 내용이 기재되어 있는 파일이라고 할 수 있습니다. Jar 태스크를 이용하여 jar 파일을 생성할 때 **코드 8-11**과 같이 manifest 블록을 이용하여 빌드를 수행할 때 manifest 파일을 생성할 수 있습니다. 빌드를 수행하게 되면 프로젝트에 build 디렉터리가 생성되면서 해당 디렉터리 하위로 manifest 파일이 생성됩니다. 생성된 manifest 파일을 열어보면 다음과 같이 프로젝트와 관련된 내용이 포함되어 생성된 것을 확인할 수 있습니다.

```
Manifest-Version: 1.0
Implementation-Version: Jar 1.0
Built-By: Gradle
```

그리고 **코드 8-11** 빌드 수행을 통하여 생성된 jar 파일을 확인해 보면 다음과 같이 대상 파일과 함께 META-INF 디렉터리가 생성되었고 그 하위에 manifest 파일이 생성된 것을 확인할 수 있습니다.

그림 8-12 jar 파일 확인

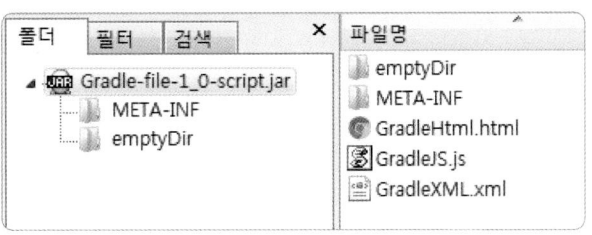

1.4 war

계속 해서 war 압축 파일을 생성하는 방법을 알아보도록 하겠습니다. war 압축 파일은 War 태스크에서 제공하는 기능을 이용하여 생성할 수 있습니다. War 태스크는 내부적으로 Jar 태스크에 대하여 상속을 받았기 때문에 jar 압축 파일 생성과 사용 방법이 비슷한 부분이 있습니다. Jar 태스크는 Zip 태스크를 상속받았고 War 태스크는 Jar 태스크를 상속받았기 때문에 기본 설정 및 사용 방법은 같고 태스크마다 특징으로 말미암아 추가적인 기능이 제공되고 있습니다. War 태스크 같은 경우는 war 파일의 특성으로 말미암아 web.xml 관련 설정과 WEB-INF/lib에 jar 압축 파일을 포함하는 기능 등이 추가로 제공되고 있습니다. 실습 코드와 함께 war 압축 파일 생성과 War 태스크에서 제공하는 기능을 살펴보도록 하겠습니다.

War 태스크: https://docs.gradle.org/current/dsl/org.gradle.api.tasks.bundling.War.html

코드 8-12 war 압축 파일 생성

```
// 버전 지정
version = 'War 1.0'

task exeTask11(type: War) {
```

```
        // war 압축 파일 이름 및 경로 지정
        destinationDir = file("NewWar")
        baseName ="Gradle"
        appendix="file"
        classifier ="script"
        version = "1_0"

        from "src"

        includeEmptyDirs = true

        // jar에 대한 경로 지정
        classpath fileTree("lib")

        // WEB-INF 정의
        webInf {
            into("classes") {
                from ("bin") {
                    include "**/*.class"
                }
            }
        }

        // web.xml 파일 생성 정의
        webXml file("web.xml")

        manifest {
            attributes("Built-By": "Gradle",
                "Implementation-Version": project.version)
        }

        entryCompression = ZipEntryCompression.STORED
    }
```

코드 8-12를 살펴보면 exeTask11이 War 태스크 형으로 지정된 것을 확인할 수 있습니다. exeTask11을 보면 우선 classpath fileTree("lib")에서 jar에 대한 설정 위치를 지정한 부분이 있는데, 이 부분은 WEB-INF/lib 밑으로 하여 jar 파일을 위치하도록 하는 부분이라고 보면 되겠습니다. 그다음으로 webInf 블록이 있는데, 이는 WEB-INF를 구성하도록 정의한 블록으로, WEB-INF 디렉터리에 포함할 내용을 정의하는 부분입니다. 그리고 그 아래에 webXml file("web.xml")이 있는데, 이 부분은 web.xml 파일을 WEB-INF 디렉터리에 포함하는 부분입니다. **코드 8-11**을 build.gradle 파일에 작성 후에 명령 프롬프트에서 빌드를 수행하고 그 결과를 살펴보면 NewWar 디렉터리 하위에 war 파일이 생성된 것을 확인할 수 있습니다. 해당 war 파일은 다음과 같은 내용을 포함하고 있습니다.

그림 8-13 war 파일 확인

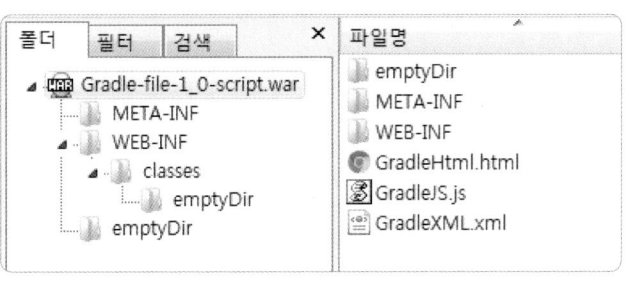

war 압축 파일을 생성하려면 앞에서 살펴본 War 태스크를 이용하는 방법 이외에도 War 플러그인을 이용하여 생성할 수도 있습니다. 물론 앞에서 살펴본 jar 압축 파일도 Jar 태스크를 이용하거나 Jar 압축 파일을 생성할 수 있도록 기능을 지원해주는 자바 플러그인을 사용하여 생성할 수도 있지만, 앞에서 자바 플러그인은 간략히 살펴봤기 때문에 이번에는 War 플러그인을 살펴보도록 하겠습니다. 그레이들은 플러그인을 사용하여 빌드 스크립트를 작성하는 것이 훨씬 유용하고 효율적이고 편리합니다. War 플러그인을 사용하려면 우선 빌드 스크립트에 War 플러그인을 적용하겠다고 다음과 같이 선언해야 합니다.

War 플러그인: https://docs.gradle.org/current/userguide/war_plugin.html

```
// war 플러그인 사용
apply plugin: 'war'
```

War 플러그인은 War 태스크와 같이 주로 war 압축 파일을 생성하는 기능을 제공하고 있습니다. War 플러그인을 이용하기 위해 플러그인을 선언했다면 다음으로 war 압축 파일을 생성하는 데 있어서 관련 내용을 설정해야 하는데, 이 부분은 war 블록을 선언하여 war 블록 안에서 관련 내용을 지정하면 되겠습니다. War 플러그인과 War 블록 사용은 다음과 같이 **코드 8-13**과 같이 사용하면 됩니다. 임의의 프로젝트를 생성한 후에 src 디렉터리를 루트 프로젝트 하위에 생성하고 임의의 파일들(HTML이나 XML 또는 자바 파일 등)을 생성해놓고 루트 프로젝트 하위에 build.gradle 파일을 생성하고 **코드 8-13**을 작성하면 됩니다.

코드 8-13 war 플러그인 사용

```
// war 플러그인 사용
apply plugin: 'war'

configurations {
    moreLibs
}

repositories {
    mavenCentral()
}

war {
    // 압축 파일 생성 위치 지정
    destinationDir = file("NewWar")

    // 압축 파일 이름 정의
    baseName ="Gradle"
    appendix="file"
    classifier ="script"
    version = "1_0"
```

```
        from 'src'
        // WEB-INF 정의
        webInf {
            into("classes") {
                from ("bin") {
                    include "**/*.class"
                }
            }
        }

        classpath fileTree('additionalLibs') // adds a file-set to the WEB-INF/lib dir.
        classpath configurations.moreLibs // adds a configuration to the WEB-INF/lib dir.
        webXml = file('src/web.xml') // copies a file to WEB-INF/web.xml
    }
```

명령 프롬프트에서 작성한 빌드 스크립트로 빌드를 수행하게 되면 war 플러그인과 war 블록을 통하여 war 압축 파일이 해당 루트 프로젝트 하위 NewWar 디렉터리에 생성된 것을 확인할 수 있습니다.

그림 8-14 실행 결과

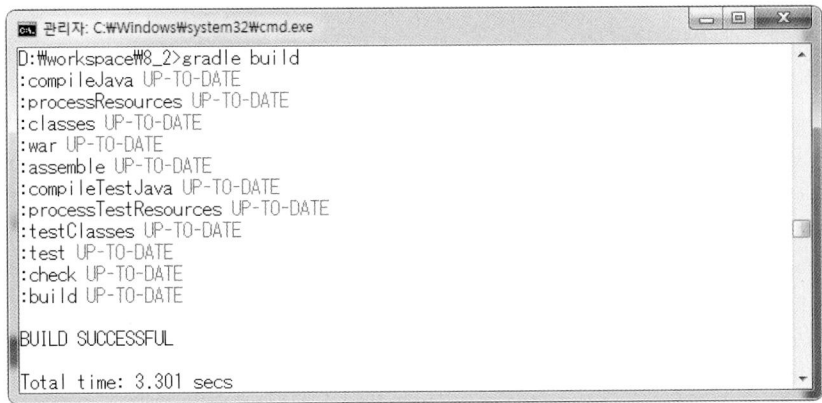

코드 8-13의 war 블록을 살펴보면 war 태스크를 이용할 때와 유사하게 블록 안에서 정의되어 사용되는 부분을 확인할 수 있습니다.

1.5 ear

다음으로, ear 압축 파일을 생성하는 방법을 살펴보도록 하겠습니다. ear 압축 파일도 Ear 태스크를 이용할 수 있으며 War 플러그인처럼 Ear 플러그인을 사용할 수도 있습니다. Ear 태스크 또한 Jar 태스크를 상속받아 Jar 태스크를 사용할 때와 유사한 방법을 통하여 생성할 수 있습니다. Ear 압축 파일 생성은 Ear 플러그인 사용을 통하여 확인해 보도록 하겠습니다. Ear 플러그인 또한 사용을 위하여 Ear 플러그인 사용을 선언해야 하는데, 앞에서 War 플러그인 때와 같이 apply plugin:'ear'로 지정하면 됩니다. War 플러그인 실습 때와 같이 임의의 프로젝트와 파일들을 생성한 후 **코드 8-14**를 build.gradle에 작성하도록 하겠습니다.

Ear 태스크: https://docs.gradle.org/current/dsl/org.gradle.plugins.ear.Ear.html

Ear 플러그인: https://docs.gradle.org/current/userguide/ear_plugin.html

코드 8-14 ear 플러그인 사용

```
// ear 플러그인 사용
apply plugin: 'ear'
apply plugin: 'java'

repositories {
    mavenCentral()
}

dependencies {
    earlib group: 'log4j', name: 'log4j', version: '1.2.15', ext: 'jar'
}
```

```
ear {

    destinationDir = file("NewEar")
    baseName ="Gradle"
    appendix="file"
    classifier ="script"
    version = "1_0"

    appDirName 'src'

    // 라이브러리 디렉터리 지정
    libDirName 'APP-INF/lib'

    // ear 압축 파일 관련 지정 ( application.xml 내용 )
    deploymentDescriptor {

        applicationName = "customear"
        initializeInOrder = true
        displayName = "Custom Ear"

        description = "My customized EAR for the Gradle documentation"

        securityRole "admin"
        securityRole "superadmin"

        withXml { provider ->
            provider.asNode().appendNode("data-source", "src")
        }
    }
}
```

코드 8-14를 보면 Ear 플러그인을 사용하였고 ear 압축 파일을 생성하기 위하여 ear 블록을 사용하여 관련 내용을 정의하였음을 알 수 있습니다. 기본적으로 ear 압축 파일을 생성하기 위한 경로 지정 및 파일 이름 부분은 jar나 war 압축 파일 생성 때와 같음을 확인할 수 있습니다. 그리고 libDirName를 통하여 라이브러리 디렉터리에 관한 설정을 하게 되고 deploymentDescriptor 블록에서는 ear 압축 파일과 관련된 내용을 application.xml 파일에 작성하게 됩니다. 그럼 작성된 빌드 스크립트를 수행하고 수행 결과를 확인해 보도록 하겠습니다.

그림 8-15 실행 결과

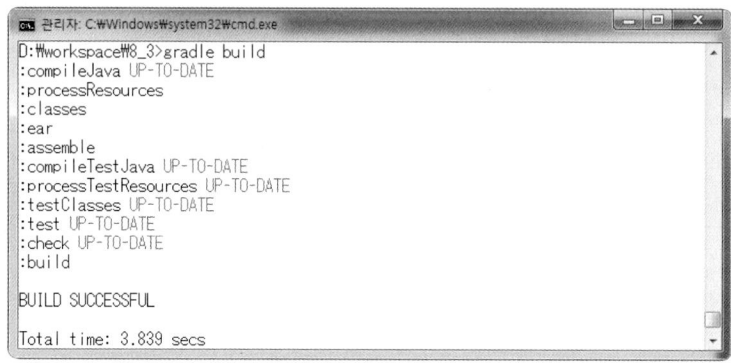

빌드를 수행하고 나면 해당 프로젝트에 build 디렉터리와 NewEar 디렉터리가 생성된 것을 확인할 수 있습니다. NewEar 디렉터리에는 ear 압축 파일이 생성되었고 build 디렉터리에는 빌드 수행을 통하여 생성된 결과 파일들을 확인할 수 있습니다. ear 압축 파일은 다음과 같이 생성된 것을 알 수 있습니다.

그림 8-16 ear 파일 확인

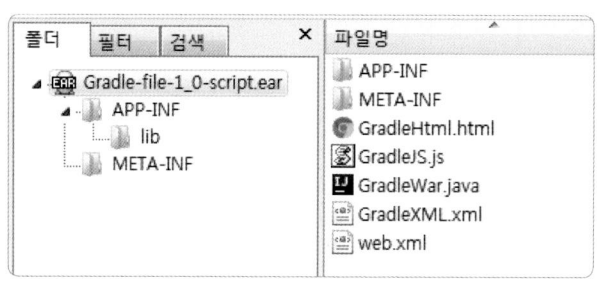

그리고 build 디렉터리 하위로 생성된 빌드 수행 결과 파일 중 application.xml 파일을 열어 보면 다음과 같이 ear 압축 파일의 내용이 xml 형식으로 작성된 것을 볼 수 있습니다.

코드 8-15 application.xml

```xml
<?xml version="1.0"?>
<application xmlns="http://java.sun.com/xml/ns/javaee"
xsi:schemaLocation="http://java.sun.com/xml/ns/javaee http://java.sun.com/xml/
ns/javaee/application_6.xsd" xmlns:xsi="http://www.w3.org/2001/XMLSchema-
instance" version="6">
    <application-name>customear</application-name>
    <description>My customized EAR for the Gradle documentation</description>
    <display-name>Custom Ear</display-name>
    <initialize-in-order>true</initialize-in-order>
    <module>
        <ejb>GradleHtml.html</ejb>
    </module>
    <module>
        <ejb>GradleJS.js</ejb>
    </module>
    <module>
        <ejb>GradleWar.java</ejb>
    </module>
    <module>
        <ejb>GradleXML.xml</ejb>
    </module>
    <module>
        <ejb>web.xml</ejb>
    </module>
    <security-role>
        <role-name>admin</role-name>
    </security-role>
    <security-role>
        <role-name>superadmin</role-name>
    </security-role>
    <library-directory>APP-INF/lib</library-directory>
```

```
    <data-source>src</data-source>
</application>
```

1.6 Distribution 플러그인을 이용한 압축

끝으로 Distribution 플러그인을 사용하여 zip, tar 압축 파일을 생성하는 방법을 알아보도록 하겠습니다. 앞에서와 동일하게 임의의 프로젝트를 생성한 후에 build.gradle 파일을 생성하고 **코드 8-16**을 작성하도록 하겠습니다. 그리고 빌드를 수행하면 build 디렉터리가 생성되면서 그 하위로 Distribution 디렉터리가 생성되고 그 하위에 baseName으로 지정된 zip, tar 압축 파일이 생성된 것을 확인할 수 있습니다. Distribution 플러그인을 사용하게 되면 내부적으로 distZip 태스크와 distTar 태스크가 추가되는데, 각각 태스크는 zip, tar 압축 파일을 생성하게 됩니다. 그래서 빌드 수행 결과물에 2개의 압축 파일이 각각 생성됩니다.

Distribution 플러그인: https://docs.gradle.org/current/userguide/distribution_plugin.html

코드 8-16 Distribution 플러그인

```
apply plugin: 'distribution'

distributions {
    main {
        baseName = 'arcvName'
        contents {
            from { 'src' }
        }
    }
}
```

지금까지 압축 파일을 생성하는 방법을 살펴봤습니다. 압축 파일 생성은 다음에 다룰 생성된 압축 파일을 임의의 저장소 또는 파일 시스템으로 배포, 즉 퍼블리싱하기 위한 전 단계라고 보면 되겠습니다.

2. 파일 퍼블리싱

앞에서 살펴본 압축 파일 생성을 통하여 나온 결과물을 로컬 저장소나 원격지로 퍼블리싱하는 방법을 알아보도록 하겠습니다. 그레이들에서 파일을 퍼블리싱하기 위해서는 2가지의 플러그인을 사용하고 있습니다. 바로 Maven Publish 플러그인과 Ivy Publish 플러그인이며, 이 두 가지 플러그인의 사용 방법은 비슷합니다. 이 두 가지 플러그인을 이용하여 퍼블리싱하고자 하는 방법 및 관련 설정을 지정하고 처리합니다.

그레이들에서 퍼블리싱할 때에는 다음 순서로 퍼블리싱 작업을 수행하게 됩니다. **그림 8-17**과 같이 퍼블리싱하고자 하는 모듈을 정의하고 아티팩트를 소프트웨어 컴포넌트에 등록합니다. 그리고 퍼블리싱 관련 메타 데이터를 수정하고 완료되었으면 퍼블리싱을 수행하게 됩니다.

그림 8-17 퍼블리싱 작업 순서

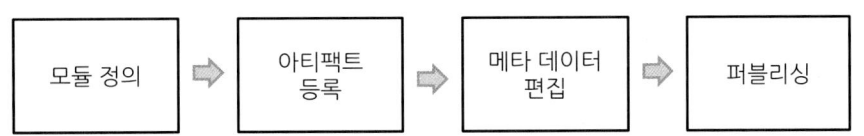

2.1 메이븐 퍼블리싱 플러그인

메이븐 퍼블리싱 플러그인은 메이븐 형식으로 게시할 수 있도록 maven-publish 플러그인에서 그 기능을 제공하고 있습니다. maven-publish 플러그인은 MavenPublication 게시 및

MavenArtifactRepository 저장소에서 기능을 수행합니다. maven-publish 플러그인을 사용하려면 다음과 같이 선언하면 됩니다.

```
apply plugin: 'maven-publish'
```

maven-publish 플러그인을 적용하게 되면 퍼블리싱 플러그인이 적용되고 MavenPublication에 대하여 GenerateMavenPom 태스크를 자동으로 생성하는 규칙을 수립하여 MavenPublication과 MavenArtifactRepository가 PublishToMavenRepository이나 PublishToMavenLocal을 수행할 준비를 하게 됩니다. 퍼블리싱을 수행하기 위하여 그레이들에서는 소프트웨어 컴포넌트(Software Componet)라는 개념을 사용하고 있습니다. 이 소프트웨어 컴포넌트라는 개념을 이용하여 프로젝트에 추가할 수 있으며 소프트웨어 컴포넌트에는 아티팩트(Artifact)와 의존 관계 관련 정보가 포함되어 있습니다. 즉, 소프트웨어 컴포넌트 지정을 통하여 그레이들은 메이븐 저장소나 기타 저장소에 퍼블리싱하기 위한 준비를 한다고 보면 되겠습니다.

소프트웨어 컴포넌트는 아티팩트와 의존 관계 관련 정보가 그룹화된 것으로, 소프트웨어 컴포넌트 등록을 통하여 빌드 수행 시 자동으로 추가할 수 있습니다. 소프트웨어 컴포넌트에 접근하려면 'componets.소프트웨어 컴포넌트명' 형식으로 지정하여 접근할 수 있으며 소프트웨어 컴포넌트에 지정하려면 퍼블리싱 블록을 사용하여 그 블록 안에 정의하게 됩니다. 소프트웨어 컴포넌트 등록과 접근 방법을 **코드 8-17**과 **코드 8-18**을 통하여 확인해 보도록 하겠습니다.

코드 8-17 소프트웨어 컴포넌트 등록 형식

```
// publishing 설정
publishing {
    publications {
        // MavenPublication을 사용하도록 mavenJava 모듈 식별명 사용
```

```
        mavenJava(MavenPublication) {
            // java를 소프트웨어 컴포넌트에 등록
            from components.java
        }
    }
}
```

코드 8-18 소프트웨어 컴포넌트 접근

```
apply plugin: "java"

repositories {
    mavenCentral()
}

dependencies {
    runtime "org.apache.commons:commons-lang3:3.3.1"
}

task exeTask << {
    // components.소프트웨어 컴포넌트명 형식으로 접근
    for (d in components.java.usages.dependencies) {
        println d
    }
}
```

임의의 프로젝트 생성한 후 build.gradle 파일에 작성하고 빌드를 수행하면 관련 소프트웨어 컴포넌트의 구성 중 의존 관계 관련 정보가 출력되는 것을 다음과 같이 확인할 수 있습니다.

그림 8-18 실행 결과

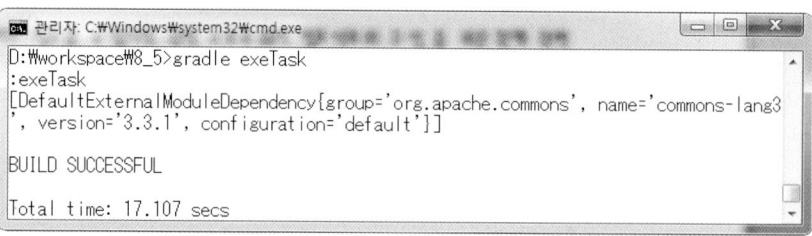

계속해서 직접 소프트웨어 컴포넌트에 아티팩트를 등록하고 등록된 아티팩트를 소프트웨어 컴포넌트를 통하여 정보를 출력해보도록 하겠습니다. 임의의 프로젝트 생성한 후 **코드 8-19**를 build.gradle에 작성하고 빌드 수행을 하도록 하겠습니다. 생성된 파일을 모듈의 아티팩트에 등록하기 위하여 artifact( )를 publishing 블록 안에서 사용하였습니다. artifact( )를 이용하여 인자로 태스크명을 지정하였고 이를 통해 아티팩트에 등록되어 퍼블리싱됩니다.

코드 8-19 소프트웨어 컴포넌트 접근

```
// 사용할 플러그인 지정
apply plugin : "java"
apply plugin : "maven-publish"

task sourceJar(type: Jar) {
    // 소스 세트 입력 파일 지정
    classifier 'sources'
    from sourceSets.main.allJava

    // 등록된 아티팩트 정보 출력
    for(a in components.java.usages.artifacts){
        println "Software Componet artifacts : " + a.file
    }
}
```

```
// 퍼블리싱
publishing {
    publications {
        mavenJava(MavenPublication) {
            from components.java
            // 퍼블리싱할 압축 파일이나 파일 지정
            // - 아티팩트에 등록
            artifact sourceJar {
                classifier "sources"
            }
        }
    }
}
```

그림 8-19 실행 결과

소프트웨어 컴포넌트를 빌드하여 모듈에 등록한 후에 메이븐 로컬 저장소에 설치해보도록 하겠습니다. 우선 소프트웨어 컴포넌트를 등록하기 위한 **코드 8-20**을 임의의 프로젝트를 생성하고 build.gradle에 작성하도록 하겠습니다.

코드 8-20 소프트웨어 컴포넌트 등록

```
apply plugin: "java"
apply plugin: "maven-publish"

group = "src"
version = 0.1
```

```
repositories {
    mavenCentral()
}

dependencies {
    runtime "org.apache.commons:commons-lang3:3.3.1"
}

publishing {
    publications {
        mavenJava(MavenPublication) {
            from components.java
        }
    }
}
```

build.gradle 파일에 **코드 8-20** 작성이 완료되었으면 빌드 수행을 통하여 메이븐 로컬 저장소에 퍼블리싱 해보도록 하겠습니다. 빌드 수행을 위하여 지금까지 빌드 명령어와 다르게 다음과 같은 형식으로 명령어를 입력하면 됩니다.

> gradle publish(임의 식별 모듈명)PublicationToMavenLocal

코드 8-20을 수행을 위한 명령어에 대입하여 'gradle publishmavenJavaPublicationToMavenLocal' 과 같이 입력하면 됩니다. **코드 8-20**에서 임의 식별 모듈명을 'mavenJava'로 지정했기 때문에 임의 식별 모듈명 부분에 넣고 명령 프롬프트에서 수행하면 되겠습니다. 수행한 결과는 다음과 같습니다.

그림 8-20 실행 결과

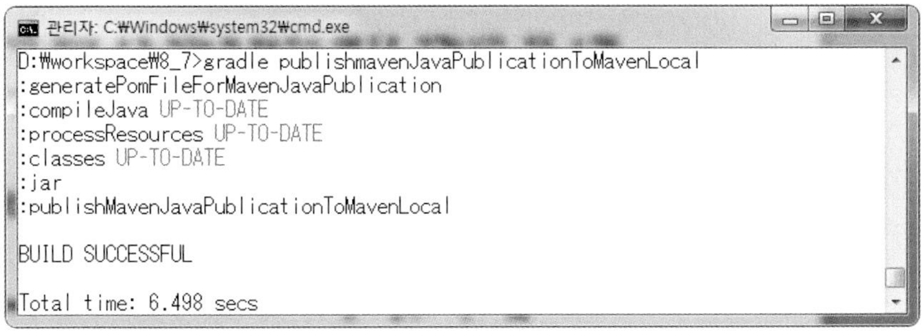

관리자: C:₩Windows₩system32₩cmd.exe
D:₩workspace₩8_7>gradle publishmavenJavaPublicationToMavenLocal
:generatePomFileForMavenJavaPublication
:compileJava UP-TO-DATE
:processResources UP-TO-DATE
:classes UP-TO-DATE
:jar
:publishMavenJavaPublicationToMavenLocal
BUILD SUCCESSFUL
Total time: 6.498 secs

이렇게 명령어를 수행하게 되면 결과물로 메이븐 로컬 저장소에 Jar 압축 파일과 POM 파일이 생성됩니다. 메이븐 로컬 저장소는 .m2/repository/ 하위로 지정한 group의 경로 하위에 버전 디렉터리가 만들어지면서 생성됩니다. **코드 8-20**을 수행하였기 때문에 group을 src로 지정해서 .m2/repository/src/8_7/1.0/ 하위로 jar 압축 파일과 POM 파일이 생성된 것을 볼 수 있습니다. POM 파일은 기본적으로 메이븐의 설정 정보가 있는 파일로, **코드 8-20**에서 dependencies 블록의 runtime에 정의된 의존 관계가 표시되어 있습니다. 여기에 생성된 POM 파일은 빌드를 수행했을 때 생성된 build 디렉터리 하위에 publications/mavenJava에 생성된 pom-default.xml의 메타 데이터 정보가 퍼블리싱되었다고 보면 되겠습니다.

코드 8-21 POM 파일

```
<?xml version="1.0" encoding="UTF-8"?>
<project xsi:schemaLocation="http://maven.apache.org/POM/4.0.0
http://maven.apache.org/xsd/maven-4.0.0.xsd" xmlns="http://maven.apache.org/
POM/4.0.0"
        xmlns:xsi="http://www.w3.org/2001/XMLSchema-instance">
    <modelVersion>4.0.0</modelVersion>
    <groupId>src</groupId>
    <artifactId>8_7</artifactId>
    <version>0.1</version>
    <dependencies>
```

```xml
        <dependency>
            <groupId>org.apache.commons</groupId>
            <artifactId>commons-lang3</artifactId>
            <version>3.3.1</version>
            <scope>runtime</scope>
        </dependency>
    </dependencies>
</project>
```

코드 8-21과 같이 메타 데이터가 생성된 것을 확인했으면 이 메타 데이터 정보를 변경하는 부분을 살펴보도록 하겠습니다. 앞에서도 이야기한 것처럼 메타 데이터는 생성한 프로젝트와 관련된 정보가 XML 형식으로 작성된 것으로, 프로젝트와 관련된 정보를 추가로 작성하거나 변경할 수 있습니다. POM 메타 데이터를 생성하려면 앞에서 살펴본 'gradle publishmavenJavaPublicationToMavenLocal'과 같은 명령어를 수행하여 생성할 수도 있지만, POM 생성 태스크를 이용하여 생성할 수도 있습니다. POM 생성 태스크를 이용하려면 빌드를 수행할 때 'generatePomFileFor(임의 식별 모듈명)Publication' 명령을 이용해서 생성할 수 있습니다. 이 명령어를 이용하여 명령 프롬프트에서 수행을 하게 되면 pom-default.xml 파일이 생성되는 것을 확인할 수 있습니다. 이렇게 생성된 메타 데이터의 내용을 변경하려면 MavenPublication 블록의 내용을 변경하면 되겠습니다. MavenPublication 블록의 속성 설정 값을 변경하거나 추가하면 되는데, 그레이들의 DSL을 보면 MavenPublication 블록에서 사용할 수 있는 속성들이 나와있습니다. 기본적으로 artifactID, groupID, version은 기본 값으로 아무것도 지정 안 해도 프로젝트와 관련된 이름, 그룹, 버전으로 출력되지만, 다른 속성들은 지정해야 출력됩니다. 그럼 MavenPublication의 속성을 이용하여 POM 메타 데이터의 내용을 변경해보도록 하겠습니다. 임의의 프로젝트를 앞에서 생성한 프로젝트와 동일하게 생성을 하고 build.grade 파일에 다음 코드를 작성하도록 하겠습니다.

MavenPublication: https://docs.gradle.org/current/dsl/org.gradle.api.publish.maven.MavenPublication.html

코드 8-22 POM 메타 데이터 변경

```
// 사용할 플러그인 지정
apply plugin : "java"
apply plugin : "maven-publish"

task sourceJar(type: Jar) {
    // 소스 세트 입력 파일 지정
    classifier 'sources'
    from sourceSets.main.allJava
    // 등록된 아티팩트 정보 출력
    for(a in components.java.usages.artifacts){
        println "Software Componet artifacts : " + a.file
    }
}

publishing {
    publications {
        mavenJava(MavenPublication) {
            from components.java
            // 기본속성값
            artifactId = "GradlePom"
            groupId = "src"
            version = "0.1"
            // 퍼블리싱할 압축 파일이나 파일 지정
            artifact sourceJar {
                classifier "sources"
            }
            // pom 요소 변경
            pom.withXml { xml ->
                final mavenPom = {
                    packaging "jar"
                    nama "Gradle Publish"
                    description "project Version : $version"
                    // pom 메타 데이터에 내용 추가
                    licenses {
                        license {
                            name "The Apache Software License, Version 2.0"
```

```
                    url "http://www.apache.org/licenses/LICENSE-2.0.txt"
                    distribution "licenses information"
                }
            }
            // pom 메타 데이터에 내용 추가
            makeby {
                makeby {
                    name "@gradle freelek book"
                    distribution "xml change form"
                }
            }
        }
        mavenPom.resolveStrategy = Closure.DELEGATE_FIRST
        xml.asNode().children().last() + mavenPom
    }
  }
 }
}
```

코드 8-22를 보면 pom.withxml 블록을 이용하여 POM 메타 데이터 정보를 변경하였음을 알 수 있습니다. pom.withxml 블록에 추가된 내용은 빌드 수행을 통하여 생성될 POM 메타 데이터에 출력해줄 내용을 추가한 것으로, pom.withxml 블록 안에 지정된 packaging, name이나 licenses 블록, makeby 블록 등 각종 내용을 추가로 정의해서 작성해주면 메타 데이터에 추가할 수 있습니다. POM 사양에만 문제가 없다면 추가하여 변경할 수 있으니 다른 정보도 추가로 작성해보시고 빌드를 수행해보기 바랍니다. 그럼 build.gradle 파일에 작성이 완료되었으면 빌드를 수행해보도록 하겠습니다. 빌드는 앞에서 설명한 POM 생성 태스크로 'generatePomFileFor(임의 식별 모듈명)Publication'을 이용하여 빌드를 수행하도록 하겠습니다. 수행 명령어를 통한 수행 결과는 다음과 같습니다.

그림 8-21 수행 결과

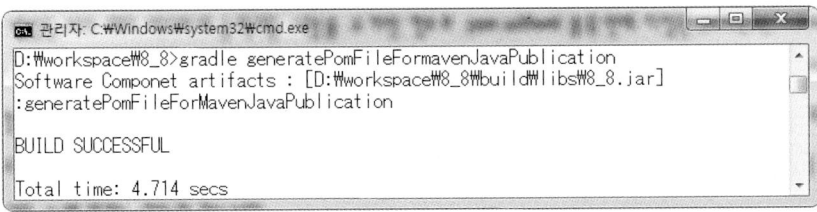

그럼 이렇게 빌드 수행을 통하여 생성된 메타 데이터를 확인해 보도록 하겠습니다. 메타 데이터는 build/publications/mavenJava/ 하위에 pom-default.xml 파일로 생성되었습니다. 생성된 파일을 열어보면 **코드 8-22**에서 추가한 메타 데이터 정보가 출력되어 있음을 확인할 수 있습니다.

코드 8-23 변경된 POM 메타 데이터 - pom-default.xml

```
<?xml version="1.0" encoding="UTF-8"?>
<project xmlns="http://maven.apache.org/POM/4.0.0"
xsi:schemaLocation="http://maven.apache.org/POM/4.0.0
        http://maven.apache.org/xsd/maven-4.0.0.xsd"
        xmlns:xsi="http://www.w3.org/2001/XMLSchema-instance">
    <modelVersion>4.0.0</modelVersion>
    <groupId>src</groupId>
    <artifactId>GradlePom</artifactId>
    <version>0.1</version>
    <packaging>jar</packaging>
    <nama>Gradle Publish</nama>
    <description>project Version : 0.1</description>
    <licenses>
        <license>
            <name>The Apache Software License, Version 2.0</name>
            <url>http://www.apache.org/licenses/LICENSE-2.0.txt</url>
            <distribution>licenses information</distribution>
        </license>
    </licenses>
```

```
        <makeby>
            <makeby>
                <name>@gradle freelek book</name>
                <distribution>xml change form</distribution>
            </makeby>
        </makeby>
</project>
```

지금까지 퍼블리싱하기 위한 파일 압축 및 관련 정보 생성 부분을 살펴봤습니다. 지금부터는 퍼블리싱 위치를 지정하여 저장소에 관련 데이터를 퍼블리싱하는 방법을 살펴보도록 하겠습니다. 퍼블리싱 위치를 지정하려면 publishing 블록 안에 repositories 블록을 설정하여 설정 정보를 지정하면 되겠습니다. publishing 블록 안에 정의한 repositories 블록과 외부 저장소 등을 정의한 repositories 블록과 설정 방법은 동일하다고 보면 되겠습니다. 실습을 통하여 퍼블리싱 위치 설정 및 설정된 위치로 퍼블리싱해보도록 하겠습니다. 임의의 프로젝트를 생성한 후에 **코드 8-24**를 build.gradle에 입력하도록 하겠습니다.

코드 8-24 퍼블리싱 위치 설정

```
apply plugin: "java"
apply plugin: "maven-publish"

group = "GradlePublish"
version = 0.1

repositories {
    mavenCentral()
}

dependencies {
    runtime "org.apache.commons:commons-lang3:3.3.1"
}

task exeTask(type: Jar) {
```

```
            from sourceSets.main.allJava
    }

    publishing {
        publications {
            mavenJava(MavenPublication) {
                from components.java
                artifact exeTask {
                    classifier "sources"
                }
            }
        }

        // 퍼블리싱 위치 설정
        repositories {
            maven {
                name "Gradle-Publish"
                url "build/gradle/pub"
            }
        }
    }
```

코드 8-24에서 publishing 블록을 살펴보면 repositories 블록이 정의되어 있는 것을 확인할 수 있습니다. 그 안에는 maven 블록으로 하여 name 속성과 url 속성에 저장소 이름과 저장소의 위치가 설정되어 있습니다. 지금은 로컬 저장소에 퍼블리싱하기 위하여 설정되어 있지만, 원격지일 경우에는 name 속성과 url 속성에 각각 저장소 이름과 원격지 저장소의 URL 정보를 입력하면 됩니다. 이렇게 작성한 빌드 스크립트를 수행하여 설정된 로컬 저장소에 퍼블리싱해보도록 하겠습니다. 퍼블리싱하려면 'gradle publish(임의 식별 모듈명)PublicationTo(저장소명)Repository' 형식으로 명령어를 작성하여 명령 프롬프트에서 다음과 같이 수행하면 됩니다. 참고로 maven plugin을 사용하고 있기 때문에 maven 블록에서 설정된 저장소만을 참조하게 됩니다.

그림 8-22 실행 결과

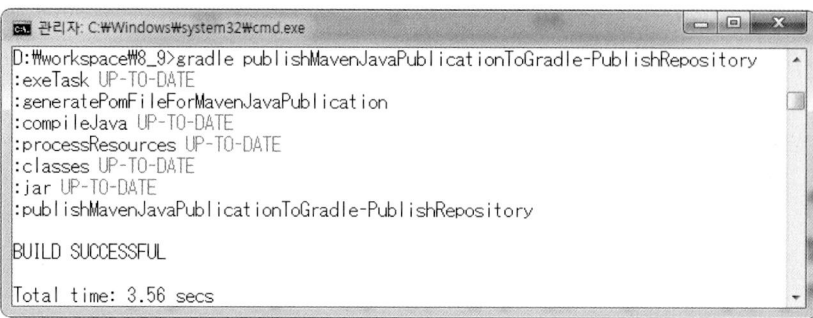

명령어가 다소 길므로 명령어 입력 시 유의하여 빌드를 수행하게 되면 메이븐 로컬 저장소에 퍼블리싱된 것을 확인할 수 있습니다.

그림 8-23 퍼블리싱된 모습

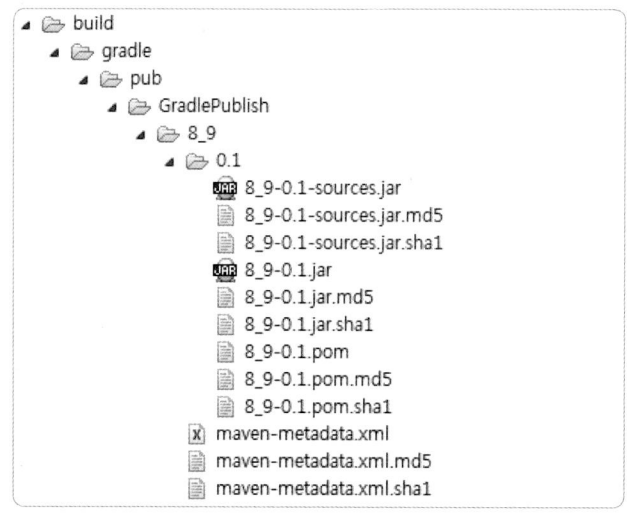

2.2 아이비 퍼블리싱 플러그인

메이븐 퍼블리싱 플러그인을 이용한 퍼블리싱을 살펴봤습니다. 지금부터는 아이비 퍼블리싱 플러그인을 이용하여 퍼블리싱하는 부분을 살펴보도록 하겠습니다. 메이븐 퍼블리싱 플러그인이나 아이비 퍼블리싱 플러그인이나 그 사용 방법이나 구조는 거의 유사하다고 할 수 있습니다. 메이븐 퍼블리싱 플러그인에서는 publishing 블록 안에서 식별을 위한 모듈명을 지정한 후 MavenPublication을 사용하였는데, 아이비 퍼블리싱 플러그인의 경우에는 **코드 8-25**처럼 IvyPublication을 사용하여 지정하면 됩니다.

코드 8-25 소프트웨어 컴포넌트 등록 형식 – 아이비 모듈 사용 시

```
// publishing 설정
publishing {
    publications {
        // IvyPublication 을 사용하도록 ivyJava 모듈 식별명 사용
        ivyJava (IvyPublication) {
            // java를 소프트웨어 컴포넌트에 등록
            from components.java
        }
    }
}
```

그럼 메이븐 퍼블리싱 플러그인에서 살펴봤던 소스 코드를 아이비 퍼블리싱 플러그인을 사용하는 소스 코드로 바꿔보도록 하겠습니다. 앞에서 살펴본 **코드 8-19**를 아이비 퍼브리싱 플러그인을 사용하도록 수정하도록 하겠습니다.

코드 8-26 소프트웨어 컴포넌트 접근

```
// 사용할 플러그인 지정
apply plugin : "java"
apply plugin : "ivy-publish"
```

```
task sourceJar(type: Jar) {
// 소스 세트 입력 파일 지정
    classifier 'sources'
    from sourceSets.main.allJava
    // 등록된 아티팩트 정보 출력
    for(a in components.java.usages.artifacts){
        println "Software Componet artifacts : " + a.file
    }
}

publishing {
    publications {
        ivyJava(IvyPublication) {
            from components.java
            // 퍼블리싱할 압축 파일이나 파일 지정
            // - 아티팩트에 등록
            artifact sourceJar {
                classifier "sources"
            }
        }
    }
}
```

코드 8-19와 **코드 8-26**을 비교해보면 거의 비슷한데, 플러그인 부분에서 ivy-publish 플러그인을 사용하였고 앞에서 설명한 것처럼 publishing 블록에서 IvyPublication을 지정하여 소프트웨어 컴포넌트 및 아티팩트를 등록하였습니다. 그럼 빌드 수행을 통하여 수행 결과를 확인해 보도록 하겠습니다.

그림 8-24 실행 결과

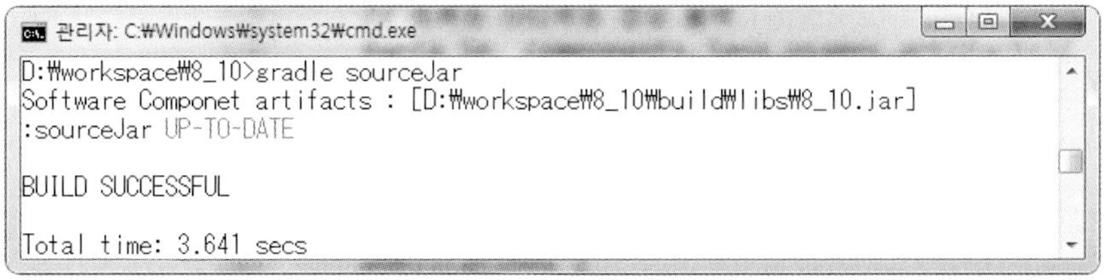
관리자: C:₩Windows₩system32₩cmd.exe
D:₩workspace₩8_10>gradle sourceJar
Software Componet artifacts : [D:₩workspace₩8_10₩build₩libs₩8_10.jar]
:sourceJar UP-TO-DATE
BUILD SUCCESSFUL
Total time: 3.641 secs

계속해서 ivy-publish 플러그인을 이용하여 소프트웨어 컴포넌트 등록 및 아이비 저장소를 정의하여 퍼블리싱하는 부분을 살펴보도록 하겠습니다. 임의의 프로젝트를 생성하고 build.gradle에 **코드 8-27**을 입력하도록 하겠습니다. 메이븐 퍼블리싱할 때 저장소 정의와 다르게 repositories 블록 안에 maven 블록 대신에 ivy 블록을 지정하여 저장소의 정보를 설정하게 됩니다.

코드 8-27 소프트웨어 컴포넌트 등록

```
apply plugin: 'java'
// ivy-publish 플러그인 사용
apply plugin: 'ivy-publish'

group = 'org.gradle.sample'
version = '1.0'

publishing {
    publications {
        // IvyPublication 사용
        ivyJava(IvyPublication) {
            from components.java
        }
    }
    // ivy 저장소 지정
    repositories {
        ivy {
```

```
            url "$buildDir/repo"
        }
    }
}
```

코드 8-27에 대하여 작성이 완료되었으면 빌드를 수행하도록 하겠습니다. 빌드 수행은 메이븐 로컬 저장소에 설치하는 것과 조금 다르게 'publish(임의의 식별 모듈명)PublicationToIvyRepository' 형식으로 명령어를 지정하여 명령 프롬프트에서 실행하면 되겠습니다. 명령 프롬프트 상에서 수행한 결과를 명령어와 함께 살펴보도록 하겠습니다.

그림 8-25 실행 결과

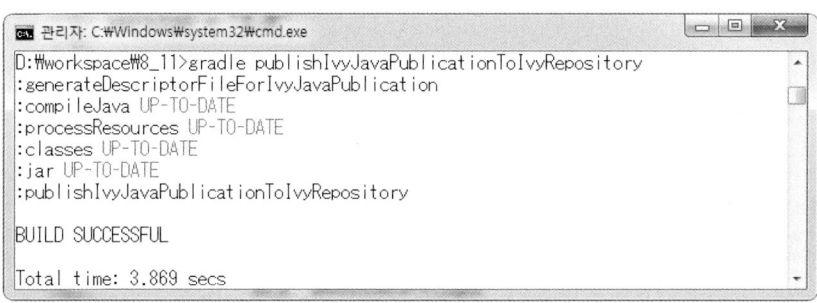

이렇게 수행을 하고 나면 build 디렉터리가 생성되면서 하위로 결과물이 생성됩니다. 생성 결과 디렉터리를 살펴보면 메이븐 퍼블리싱과 다르게 POM 파일 대신에 ivy.xml이 생성된 것을 확인할 수 있습니다. 아이비 퍼블리싱을 사용하게 되면 ivy.xml에 프로젝트와 관련된 정보가 출력됩니다. 그리고 repositories 블록에서 지정한 build 디렉터리 하위로 repo 디렉터리에 로컬 저장소로 관련 모듈이 퍼블리싱된 것을 확인할 수 있습니다.

그림 8-26 생성 결과 디렉터리

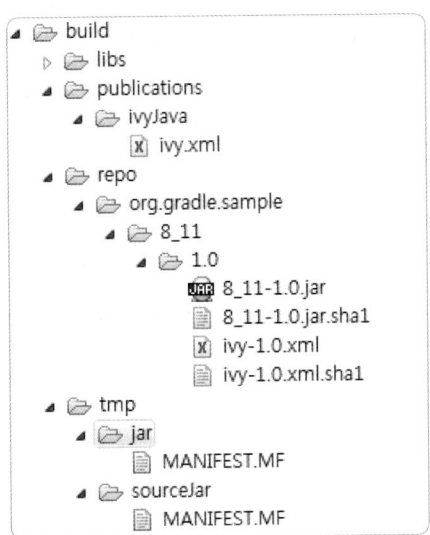

프로젝트와 관련된 메타 정보가 담겨 있는 ivy.xml 파일을 살펴보도록 하겠습니다.

ivy.xml

```
<?xml version="1.0" encoding="UTF-8"?>
<ivy-module version="2.0">
<info organisation="org.gradle.sample" module="8_11" revision="1.0"
		status="integration" publication="201*****221957"/>
	<configurations>
		<conf name="default" visibility="public" extends="runtime"/>
		<conf name="runtime" visibility="public"/>
	</configurations>
	<publications>
		<artifact name="8_11" type="jar" ext="jar" conf="runtime"/>
	</publications>
	<dependencies/>
</ivy-module>
```

Chapter 8 그레이들 퍼블리싱　　**257**

그럼 방금 살펴본 아이비 퍼블리싱을 통해 생성된 메타 데이터 정보를 포함한 ivy.xml의 내용을 변경해보도록 하겠습니다. 메이븐 퍼블리싱에서 메타 데이터 정보가 있는 pom.xml 파일을 수정할 때와 유사하게 아이비 퍼블리싱에서 ivy.xml의 내용을 변경하려면 IvyPublication 블록에서 관련 속성 정보를 설정하면 됩니다. 그럼 실습 코드와 함께 ivy.xml의 메타 데이터를 변경해보도록 하겠습니다.

코드 8-28 ivy.xml 메타 데이터 정보 변경

```
apply plugin: 'java'
// ivy-publish 플러그인 사용
apply plugin: 'ivy-publish'

group = 'org.gradle.sample'
version = '1.0'

publishing {
    publications {
        // IvyPublication 사용
        ivyJava(IvyPublication) {
            from components.java

            // ivy.xml에서 info 태그 부분 수정
            module = "ivyPublication"
            organisation = "org.gradle.ivy"
            revision = "1.1"

            // ivy.xml에 메타 데이터 추가
            descriptor.withXml { xml ->
                final infoNode = xml.asNode().info[0]
                final licenseNode = {
                    // 메타 데이터 정보 추가
                    license {
                        name "License Infomation"
                        url "www.gradle.org"
                    }
```

```
            // 메타 데이터 정보 추가
            makeby {
                name "ivy publication"
                url "build/publication/ivyJava"
            }
        }

        licenseNode.resolveStrategy = Closure.DELEGATE_FIRST

        infoNode.appendNode("description", "alzio Version : $version" )
        infoNode.description + licenseNode
        }
      }
    }
    // ivy 저장소 지정
    repositories {
        ivy {
            url "$buildDir/repo"
        }
    }
}
```

ivy.xml 메타 데이터 변경을 위하여 pom-default.xml 변경에서는 pom.withXml 블록을 사용했다면 여기서는 descriptor.withXml 블록 안에서 메타 데이터 정보를 변경하면 되겠습니다. 그리고 module, organisation, revision 등의 속성은 ivy.xml에서 info 태그에 들어가는 메타 데이터를 변경하는 부분이라고 보면 되겠습니다. **코드 8-28**의 작성이 완료되었으면 빌드를 수행해보도록 하겠습니다. 앞에서 살펴본 **코드 8-27**을 빌드 수행할 때와 같은 명령어를 사용해도 되지만 ivy.xml 메타 데이터 파일을 추출하기 위하여 별도의 태스크가 제공되고 있는데, 'generateDescriptorFileFor(임의 식별 모듈명)Publication' 형식으로 작성하면 됩니다. 명령 프롬프트에서 명령어와 수행 결과는 다음과 같습니다.

그림 8-27 실행 결과

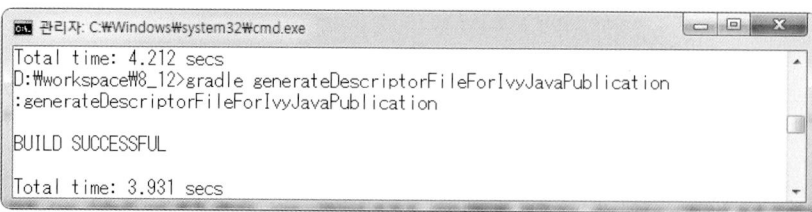

명령어 수행을 통하여 수행한 후 생성된 결과물을 확인해보겠습니다. 생성된 결과물은 build 디렉터리 하위에 생성되며 'build/publication/ivyJava' 경로에 ivy.xml 파일로 만들어지게 됩니다. 생성된 ivy.xml 파일을 확인해 보도록 하겠습니다.

변경된 ivy.xml

```
<?xml version="1.0" encoding="UTF-8"?>
<ivy-module version="2.0">
    <info organisation="org.gradle.ivy" module="ivyPublication" revision="1.1"
        status="integration" publication="201*****231342">
        <description>alzio Version : 1.0</description>
        <license>
            <name>License Infomation</name>
            <url>www.gradle.org</url>
        </license>
        <makeby>
            <name>ivy publication</name>
            <url>build/publication/ivyJava</url>
        </makeby>
    </info>
    <configurations>
        <conf name="default" visibility="public" extends="runtime"/>
        <conf name="runtime" visibility="public"/>
    </configurations>
    <publications>
        <artifact name="ivyPublication" type="jar" ext="jar" conf="runtime"/>
```

```
        </publications>
        <dependencies/>
</ivy-module>
```

3. 인터넷에 배포하기

지금까지 학습한 내용을 바탕으로 작성한 모듈을 인터넷에 배포하는 방법을 알아보도록 하겠습니다. 인터넷에 모듈을 배포하는 방법으로는 깃허브(GitHub)도 많이 사용하지만, 여기서는 무료로 사용할 수 있는 빈트레이(Bintray)를 사용해서 배포해보도록 하겠습니다. 우선 빈트레이에 배포하기 위하여 계정 등록 및 사용자 등록을 하도록 하겠습니다.

빈트레이 홈페이지: https://bintray.com/

빈트레이 홈페이지에 접속하도록 하겠습니다. 홈페이지에 접속하게 되면 **그림 8-28**과 같이 나오는데 〈START YOUR FREE TRIAL〉 버튼을 클릭합니다.

그림 **8-28** 빈트레이 홈페이지

다음으로, 빈트레이에서 사용할 계정 정보를 입력하도록 하겠습니다. 회사명, 이름, 이메일 주소, 패스워드 등 정보를 입력하고 〈START YOUR FREE TRIAL〉 버튼을 클릭하도록 하겠습니다. 깃허브나 구글 계정이 있으면 해당 계정을 이용하여 빈트레이를 사용할 수도 있습니다.

그림 8-29 빈트레이 계정 등록

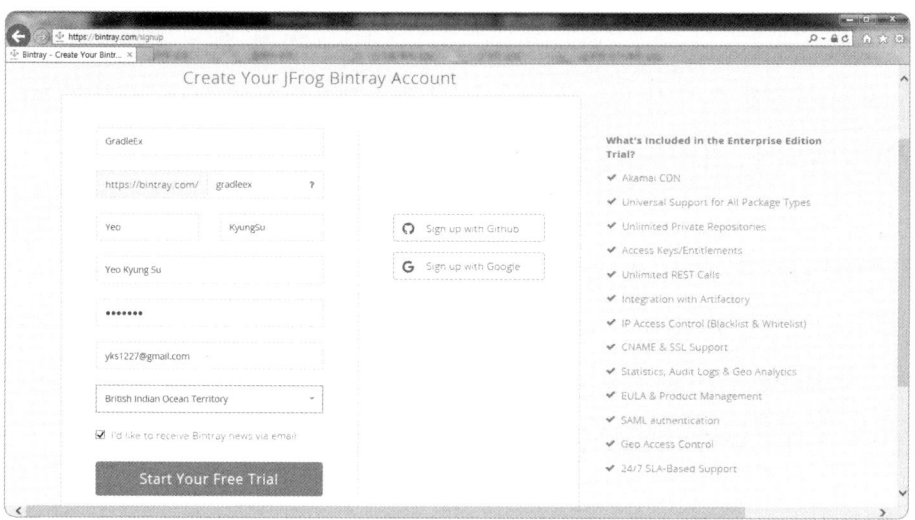

이렇게 계정 등록을 하게 되면 등록한 이메일로 로그인할 수 있는 링크가 발송이 되고 등록한 메일로 가서 해당 메일의 링크를 통해 빈트레이 로그인 페이지로 와서 등록한 이메일과 패스워드로 로그인하면 되겠습니다. 로그인하게 되면 **그림 8-30**과 같이 빈트레이를 사용하기 위한 화면을 확인할 수 있습니다.

그림 8-30 빈트레이 화면

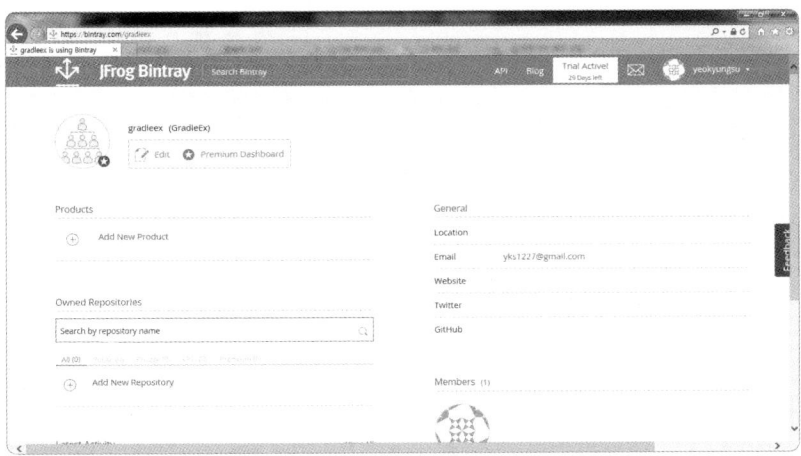

그림 8-30 화면에서 빈트레이에 모듈을 등록하기 위해 프로젝트 및 저장소 관련 정보를 설정하도록 하겠습니다. 우선 저장소를 먼저 지정해야 하는데, 저장소를 지정하려면 그림 8-30의 왼쪽 아래에 보이는 〈Add New Repository〉 부분을 클릭하여 저장소를 설정하면 됩니다. 클릭하면 그림 8-31과 같은 화면이 나오게 됩니다.

그림 8-31 저장소 설정

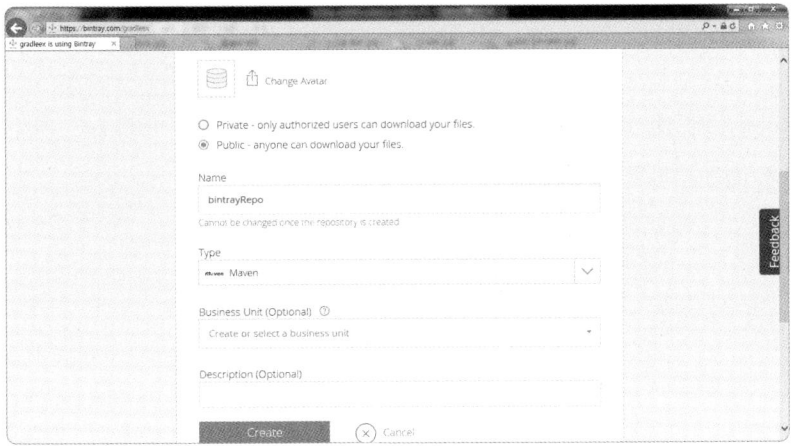

여기서 'Public-anyone can download your files'를 선택하도록 하겠습니다. 이 부분은 말 그대로 배포한 파일을 공개하여 누구든지 내려받을 수 있는 부분이라고 보면 되겠습니다. 그리고 Name 부분에는 지정할 저장소 이름을 정하는데, 한번 작성하게 되면 수정하기 어려우니 주의하시기 바랍니다. 그리고 Type 부분을 클릭하게 되면 여러 가지 사용 가능한 저장소가 콤보박스로 나오게 되는데, 이 중에서 maven을 선택하여 지정하도록 하겠습니다. 나머지 항목은 선택 사항이기 때문에 넘어가도록 하겠습니다. 이렇게 작성이 완료되었으면 **그림 8-32**와 같이 저장소가 생성된 것을 확인할 수 있습니다.

그림 8-32 저장소 생성

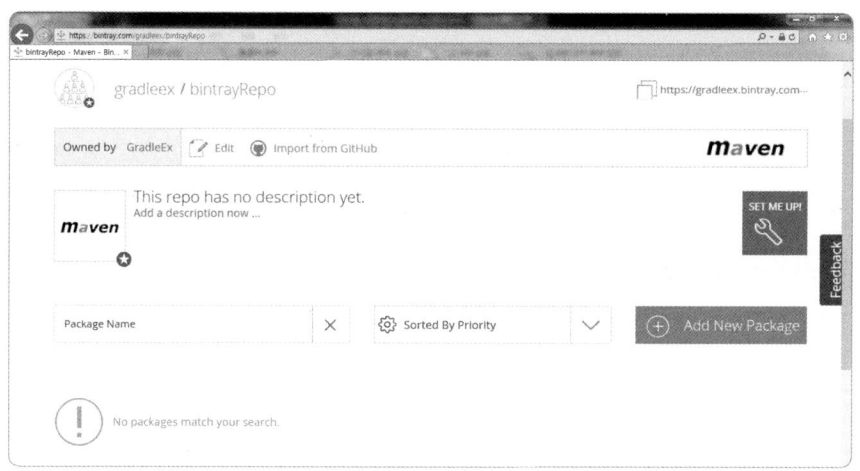

다음으로, 저장소에 패키지를 등록하도록 하겠습니다. 〈Add New Package〉 버튼이 보이는데, 이 부분을 클릭하도록 하겠습니다.

그림 8-33 패키지 설정

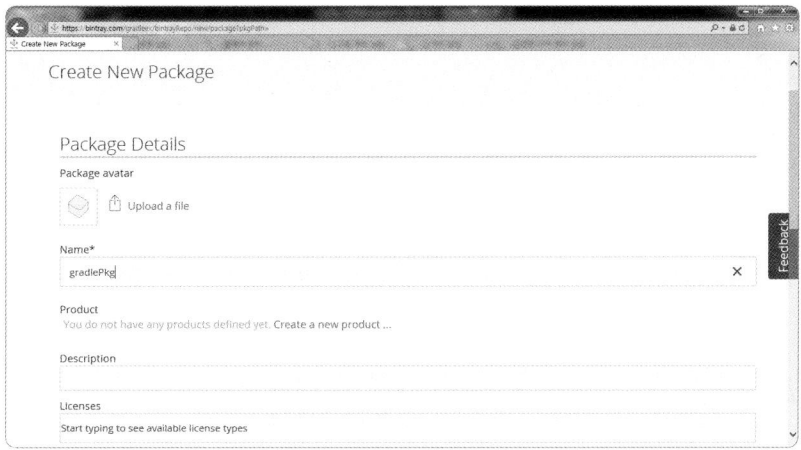

여러 입력 항목들이 나오는데, 여기서 Name 부분에 대하여 패키지 이름을 등록하고 다른 항목은 입력 없이 패키지를 생성하도록 하겠습니다. 이렇게 패키지까지 생성하였으면 빈트레이를 사용하기 위한 저장소 및 관련 설정을 마무리했다고 보면 되겠습니다. 그럼 배포 실습을 위한 임의의 프로젝트를 생성하고 빌드 수행을 통하여 배포해보도록 하겠습니다. 프로젝트는 이클립스 기반에서 Gradle Project로 생성하도록 하겠습니다. 프로젝트를 생성했으면 우선 자동으로 생성된 build.gradle을 열어서 **코드 8-29**와 같이 빌드 스크립트를 작성하도록 하겠습니다.

코드 8-29 build.gradle

```
buildscript {
    repositories {
        jcenter()
    }
    // 빈트레이를 사용할 수 있도록 지정
    dependencies {
        classpath "com.jfrog.bintray.gradle:gradle-bintray-plugin:1.2"
    }
```

```
}

// 빈트레이 플러그인
apply plugin: "com.jfrog.bintray"

apply plugin: "java"
apply plugin: "maven-publish"

group = "gradle.publish"
version = 0.1

repositories {
    mavenCentral()
}

dependencies {
compile "org.apache.commons:commons-lang3:3.3.1"
    compile 'org.slf4j:slf4j-api:1.7.21'
    testCompile 'junit:junit:4.12'
}

task gradleEx(type: Jar) {
    from sourceSets.main.allJava
}

// 퍼블리싱 관련 설정
publishing {
    publications {
        // MavenPublication 사용
        MyPublication(MavenPublication) {
            artifactId "gradle-publish"
            from components.java
            artifact gradleEx {
                classifier "sources"
            }
        }
    }
```

```groovy
    }

    // 빈트레이에 퍼블리싱하기 위한 설정
    bintray {
        // 빈트레이 업로드 시 사용될 ID와 PWD 관련 설정 부분
        // - gradle.properties에 설정값 지정함
        user = project.hasProperty('bintrayUser') ? project.bintrayUser :
                System.getenv('BINTRAY_USER')
        key = project.hasProperty('bintrayKey') ? project.bintrayKey :
                System.getenv('BINTRAY_KEY')

        publications = ['MyPublication']
        // 퍼블리싱 여부 설정
        publish = true

        //dryRun = false
        //override = false

        // 빈트레이에 생성한 패키지 관련 정보 설정
        pkg {
            repo = "bintrayRepo"
            name = "gradlePkg"
            userOrg = 'gradleex'
            desc = 'gradle upload to bintray~!'
        }
    }
```

코드 8-29를 살펴보면 우선 buildscript 블록에서 빈트레이 플러그인을 빌드 스크립트에서 사용할 수 있도록 설정을 하고 apply plugin:"com.jfrog.bintray"를 통하여 빈트레이에 업로드 시 필요한 플러그인을 적용하였음을 알 수 있습니다. 여기서 주의해야 할 부분이 있습니다. buildscript 블록 안에 있는 dependencies 블록에서 빈트레이 플러그인에 대한 버전을 지정하는 데 있어서 설치된 그레이들 버전이나 jdk 버전과 호환 등의 문제로 향후 빌드 수행 시 문제가 발생할 수 있는데, 이럴 때에는 소스 코드에 지정된 플러그인 버전이 아닌 실습

시 나와 있는 최신의 버전을 세팅하여 실습해보기 바랍니다. 그리고 다른 부분은 앞서 실습을 통하여 학습한 부분으로, publishing 블록에서는 빈트레이에 업로드하기 위한 모듈에 대한 설정이 되어 있고 그 아래 bintray 블록에서 빈트레이에 업로드하기 위한 설정을 세팅하게 됩니다. bintray 블록을 보면 먼저 user와 key 부분이 있는데, 이 부분은 빈트레이에 업로드하기 위해 필요한 ID와 PWD 기능을 하는 부분이라고 보면 되겠습니다. user는 빈트레이 계정을 생성할 당시의 user 이름 부분이고 key 부분은 빈트레이에서 제공하는 API Key 부분입니다. API Key 부분은 빈트레이에 생성한 계정 화면으로 가서 다음 순서로 확인해 보면 되겠습니다.

그림 8-34 계정 부분에서 [Edit Profile] 클릭

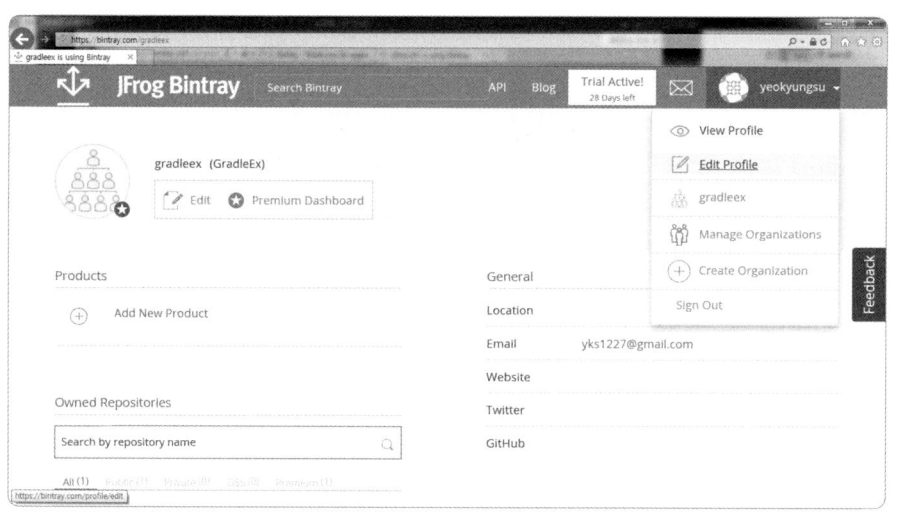

오른쪽 위 계정 이름 부분을 클릭하면 리스트가 나오는데, 그중에서 **그림 8-34**와 같이 〈Edit Profile〉 부분을 클릭하여 이동하면 되겠습니다.

그림 8-35 Edit Your Profile 화면

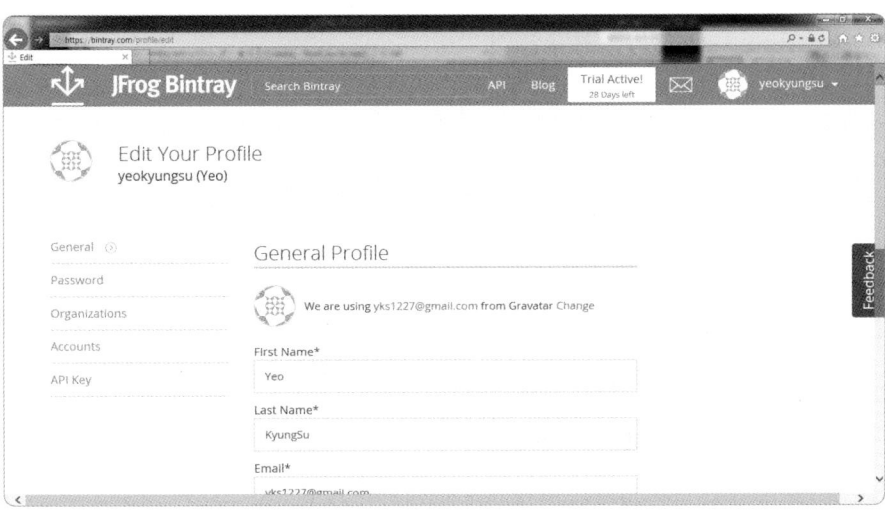

Edit Your Profile 화면으로 이동하였으면 화면 좌측 목록에 보이는 API Key를 클릭하도록 하겠습니다.

그림 8-36 패스워드 입력

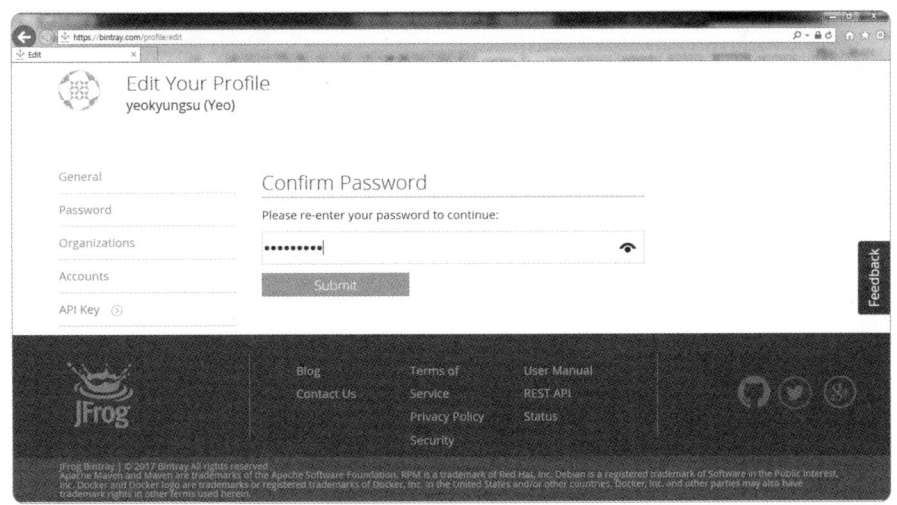

그림 8-36과 같이 화면이 나오면 빈트레이 계정 생성 시 사용한 패스워드를 입력하도록 하겠습니다.

그림 8-37 API Key 화면

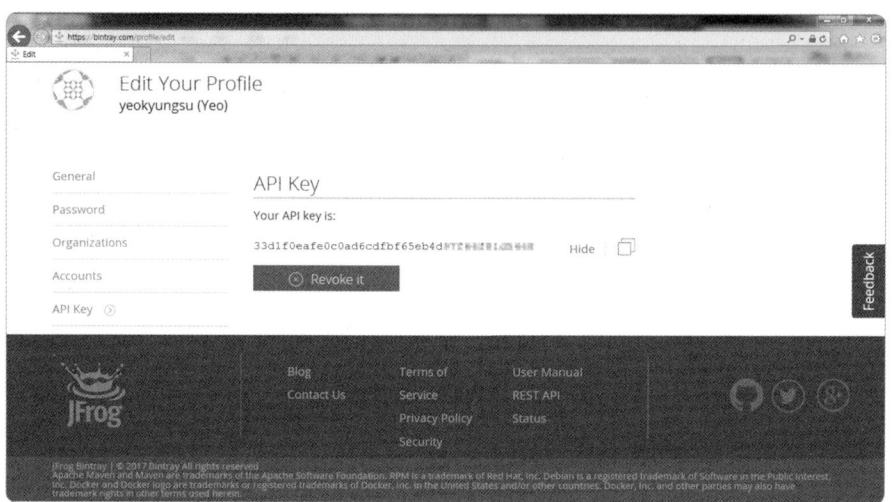

패스워드를 입력하고 나면 다음과 같이 API Key 부분이 나오게 되는데, 처음에는 * 처리되어 있지만 오른쪽의 'Show'를 클릭하면 **그림 8-37**과 같이 API Key를 확인할 수 있습니다. 이렇게 확인한 API Key를 복사하여 다음에 설명할 gradle.properties 파일에 세팅할 때 사용하도록 하겠습니다.

다시 **코드 8-29**로 돌아와서 user와 key 부분을 사용하도록 설정되어 있는데, 설정 값은 gradle.properties에 세팅하면 됩니다. 해당 프로젝트에 gradle.properties 파일을 생성하고 앞에서 살펴본 API Key와 함께 빈트레이 계정 생성 시 지정한 계정명을 **코드 8-30**처럼 지정하도록 하겠습니다.

코드 8-30 build.gradle

```
bintrayUser=yeokyungsu
bintrayKey=33d1f0eafe0c0ad6cdfbf65eb4d97f66f81*****
```

코드 8-30과 같이 설정한 bintrayUser와 bintrayKey는 **코드 8-29**의 bintray 블록에서 Project 객체를 통하여 user와 key 부분에 세팅됩니다. 그리고 그 밑에 publications는 빈트레이에 업로드하는 모듈로 publishing 블록에 설정한 임의 식별 모듈명을 지정하면 되겠습니다. 그리고 publish 속성은 업로드하면서 퍼블리싱 여부를 설정하는 부분으로, true로 지정할 경우 업로드와 동시에 퍼블리싱하게 됩니다. 그리고 pkg 블록에는 **그림 8-31**에서 설정한 패키지에 관한 정보를 지정하는데, repo에는 설정한 저장소의 저장소명을 설정하면 되고 name 부분에는 설정한 패키지 명을 지정하면 되겠습니다. 그리고 userOrg를 설정하면 되는데, userOrg에는 계정 생성 시 사용한 빈트레이 프로젝트 이름을 입력하면 됩니다. **그림 8-29**에서 빈트레이 계정을 생성할 때 지정했던 GradleEx로 'https://bintray.com/gradleex'로 지정된 부분의 gradleex를 userOrg에 작성하면 됩니다. 이렇게 패키지에서 작성한 부분이 빈트레이에 업로드할 경로를 지정한 부분으로, 'https://bintray.com/gradleex/bintrayRepo/gradlePkg'이라는 url 위치로 빌드 수행으로 생성된 결과물이 업로드되어 퍼블리싱됩니다. 이렇게 작성이 완료되었으면 빌드 수행을 통하여 빈트레이에 업로드 해보도록 하겠습니다. 참고로 자바 파일과 관련된 부분은 Gralde 프로젝트를 생성하면서 자동으로 생성된 자바 파일이며 자바 파일에서는 별도의 코드 작업은 수행하지 않았습니다. 그럼 빌드 수행을 통하여 프로젝트 빌드 수행 결과물 및 빈트레이 업로드 결과를 확인해 보도록 하겠습니다. 빌드 수행은 명령 프롬프트에서 'gradle bintrayUpload' 명령어를 입력하여 다음과 같이 수행하면 됩니다. 명령어를 입력하게 되면 업로드 과정도 함께 확인하실 수 있습니다.

그림 8-38 실행 결과

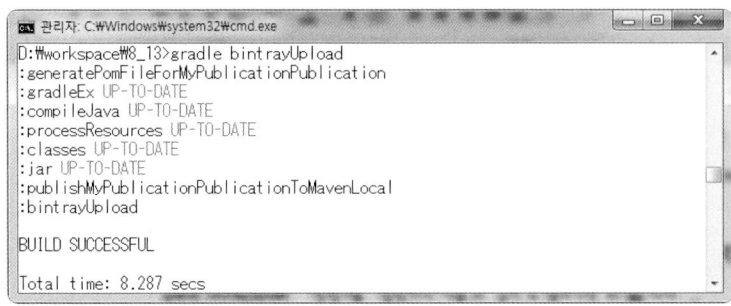

우선 빈트레이에 업로드가 잘 되었는지 확인해 보도록 하겠습니다. 빈트레이에 생성된 계정으로 로그인하고 생성한 저장소의 패키지로 이동하셔서 File 부분을 클릭하시면 **그림 8-39**와 같이 업로된 결과를 확인할 수 있습니다.

그림 8-39 업로드 결과

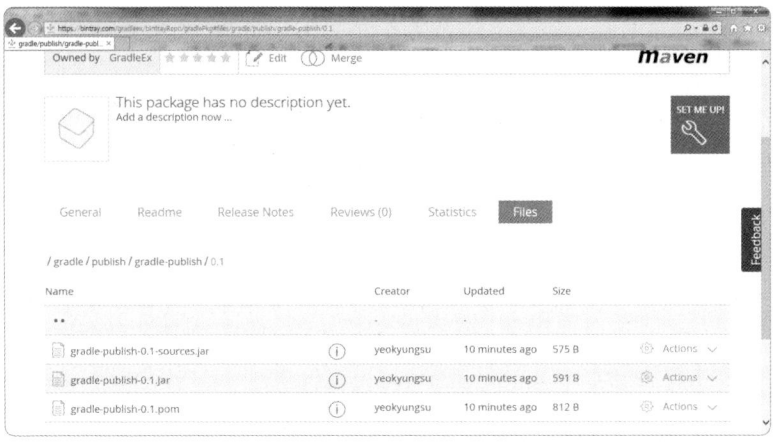

그리고 빌드 수행을 통하여 생성된 결과물은 build 디렉터리 아래의 결과를 확인해 보면 되겠습니다. 생성된 결과물은 앞에서 살펴본 내용과 유사하기 때문에 별도로 설명하진 않도록 하겠습니다.

끝으로 빈트레이에서 오른쪽 위에 **그림 8-40**과 같이 생성된 URL 경로를 클릭하면 업로드한 결과물에 대하여 별도의 링크 페이지가 생성되면서 확인할 수 있습니다.

그림 8-40 업로드 결과 확인 ①

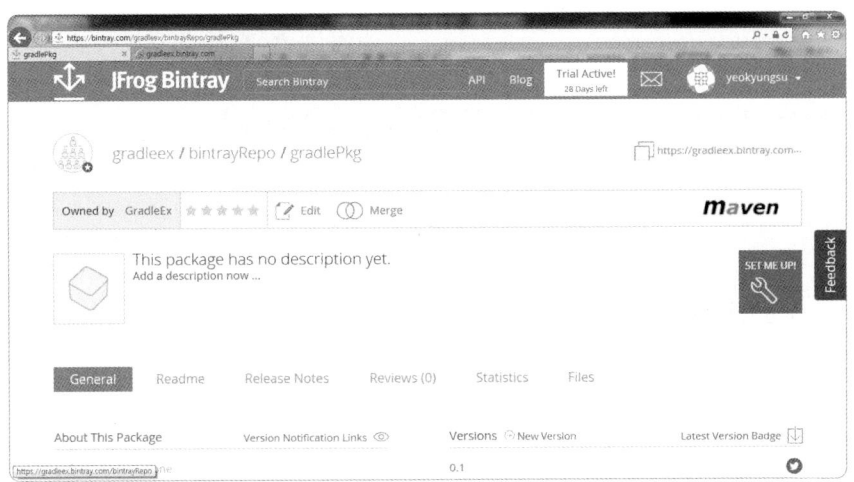

그림 8-41 업로드 결과 확인 ②

이렇게 업로드 및 퍼블리싱이 완료되었으면 업로드된 모듈을 사용하는 방법을 간단히 알아보도록 하겠습니다. **코드 8-29**를 통하여 업로드된 파일은 빈트레이의 'https://bintray.com/gradleex/bintrayRepo/gradlePkg' 경로로 업로드되었는데, 이 모듈을 사용하려면 업로드된 경로의 URL을 저장소에서 지정하면 됩니다. 사용 방법에 관해서는 **코드 8-31**을 참고하세요.

코드 8-31 build.gradle

```
apply plugin: "java"

repositories {
    jcenter()

    maven {
        // 업로드 빈트레이 경로
        url " https://bintray.com/gradleex/bintrayRepo/gradlePkg "
    }
}

dependencies {
    compile "group명:모듈명:버전"
    // ex
    // compile " gradle.publish:gradle-publish:0.1"
}
```

Chapter 9 그레이들로 변환하기

1. 앤트, 메이븐에서 그레이들   2. 그레이들에서 앤트 사용   3. 그레이들에서 메이븐 사용
4. 그레이들로 배포하기

그레이들은 기존의 빌드 시스템보다도 유연하다는 것이 특징입니다. 유연하기 때문에 다른 빌드 시스템을 큰 수고 없이 그레이들로 가져다 사용할 수 있는 기능을 제공하고 있습니다. 물론 앤트나 메이븐으로 작성된 빌드 스크립트를 그레이들로 다시 작성할 수도 있지만, 이러한 수고를 줄일 수 있도록 유연함을 제공하고 있다는 것이 그레이들이 빌드 시스템으로서 주목받는 이유이기도 합니다. 현재 많이 사용되고 있는 메이븐이나 앤트 그리고 그레이들에 대하여 기존의 빌드 시스템을 어떻게 그레이들로 변환하고 사용할 수 있는지 알아보도록 하겠습니다.

1. 앤트, 메이븐에서 그레이들

빌드와 관련해서도 새로운 빌드 시스템의 등장으로 계속해서 발전해오고 있습니다. 1970~80년대에 유닉스 계열의 빌드 시스템으로 Make가 사용되었고 C 언어와 함께 사용되었습니다. 그러다가 2000년대에 들어서 Sun에서 자바 빌드를 위하여 출신한 앤트가 현재까지도 많은 프로젝트에서 사용되고 있습니다. 기존 빌드 시스템인 Make와의 차이점으로는 빌드 환경 구성을 XML 형식으로 한 부분이라고 볼 수 있습니다. 앤트가 출시되고 4~5년 후 메이븐이 출시되었고 이들은 지금까지도 많이 사용되고 있는 빌드 시스템이라고 할 수 있습니다. 그러다가 앤트나 메이븐이 복잡하고 습득하기 어려운 등의 제약이 따르자 이러한

부분을 극복하고자 2007년경에 그레이들이 개발되었고 2013년에는 안드로이드 애플리케이션에 공식 빌드 시스템으로 채택되어 계속 사용되고 있습니다. Make에서 앤트, 메이븐 그리고 그레이들로의 빌드 시스템 변천 과정을 **그림 9-1**로 나타내었습니다.

그림 9-1 빌드 시스템의 변천 과정

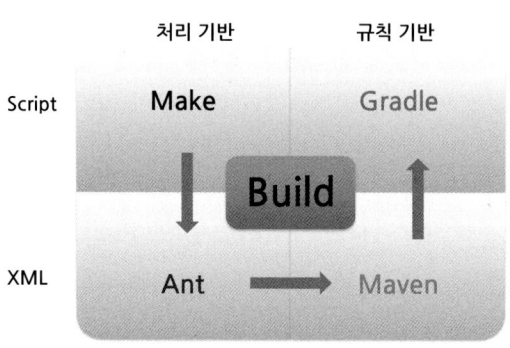

그림 9-1에서 보면 그레이들은 Make의 Script 형식의 처리 기반에서 앤트의 XML 형식의 처리 기반과 메이븐의 XML 형식의 규칙 기반을 거쳐 Script 형식의 규칙 기반으로 하여 앤트나 메이븐보다 유연하고 처리하기 쉬운 특징을 가지고 있습니다. 이러한 그레이들의 특징을 기반으로 앤트와 메이븐으로 구성된 빌드 형식을 그레이들로 인식하여 처리하는 방법을 알아보도록 하겠습니다.

2. 그레이들에서 앤트 사용

그레이들은 앤트와 뛰어나게 통합할 수 있는 기능을 제공하고 있습니다. 그레이들을 이용하여 앤트를 개별 또는 전체적으로 빌드하는 데 사용할 수 있습니다. 그레이들에서 앤트를 사용하는 것이 훨씬 쉽고 강력하기 때문에 그레이들에서 제공하는 Ant 태스크를 이용하여 빌드 스크립트에서 사용할 수 있습니다. 그레이들은 앤트의 빌드 구조를 통합할 수 있도록 앤트의 구문 정보를 이해할 수 있으며 앤트의 build.xml을 직접 그레이들 프로젝트로 가져와 사용할 수 있습니다. 참고로 그레이들의 build.gradle처럼 앤트는 build.xml에 빌드 관련 내용을 작성하게 됩니다. 즉, 그레이들은 앤트의 빌드를 그레이들의 빌드 스크립트로서 흡수하여 사용할 수 있는 것입니다. 그레이들은 AntBuilder 인스턴스를 참조하여 Ant 태스크, 유형 및 특성에 대하여 접근하고 앤트의 build.xml 형식에 대하여 그루비로 매핑할 수 있는 기능을 제공합니다. Ant 태스크를 실행하려면 AntBuilder 인스턴스에서 관련 메서드를 호출하여 사용하는데, 한 예로 ant.echo( ) 메서드를 호출하여 앤트의 작업을 실행하기도 합니다. 간단한 예제 코드를 통하여 그레이들에서 Ant 태스크를 사용하는 방법을 알아보도록 하겠습니다.

코드 9-1 그레이들에서 Ant 태스크 사용

```
task exeTask {
    doLast {
        // ant.echo() : 인자로 전달받은 내용을 출력
        ant.echo('hello from Ant')

        ant.zip(destfile: 'archive.zip') {
            fileset(dir: 'src') {
                exclude(name: '**.xml')
                include(name: '**.java')
            }
        }

        def path = ant.path {
            fileset(dir: 'src', includes: '*.java')
        }
        path.list().each {
            println it
        }
    }
}
```

코드 9-1을 살펴보면 그레이들에서 Ant 태스크를 사용하는 부분을 확인할 수 있습니다. ant 키워드를 이용하여 AntBuilder 인스턴스를 이용한 Ant 태스크에서 제공하는 기능을 사용하는 부분인데, ant.echo( ) 메서드는 인자로 전달받은 내용을 출력해주고 ant.zip( ) 메서드는 Ant 태스크에서 제공하는 압축 파일 생성 기능을 이용하여 Zip 압축 파일을 생성하게 됩니다. ant.path( ) 메서드를 이용하여 관련 파일 경로를 지정하고 그 경로의 내용을 출력해주도록 빌드 스크립트 코드를 작성하였습니다. **코드 9-1**을 빌드 수행하면 다음과 같은 결과를 확인할 수 있습니다.

그림 9-2 실행 결과

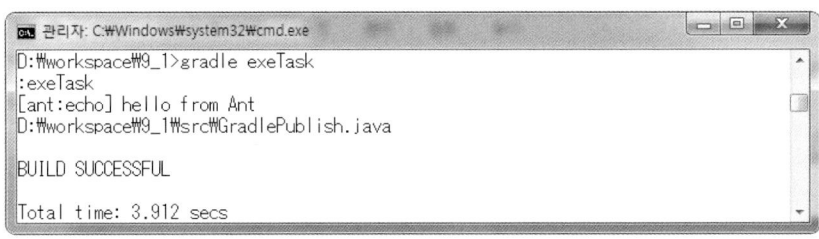

그레이들에서 Ant 태스크를 사용하는 간단한 예제를 살펴봤습니다. 지금부터는 앤트의 빌드, 즉 build.xml을 그레이들에서 인식하여 사용하는 방법을 알아보도록 하겠습니다. 그레이들에서 앤트 프로젝트의 빌드 환경을 인식하여 사용하는 방법은 그레이들의 형식에 맞춰 빌드 스크립트를 다시 작성하거나 아니면 그레이들에서 제공하는 기능을 이용하여 앤트의 빌드 환경 관련 부분을 인식하여 사용하는 방법의 두 가지로 나눠볼 수 있습니다. 앤트의 빌드 구성이 간단하다면 그레이들의 빌드 스크립트로 다시 작성할 수 있으나 복잡하다면 이야기가 달라질 것입니다. 그레이들로 앤트 프로젝트의 빌드 환경을 흡수하여 구성하는 방법을 **그림 9-2**로 간단히 나타내어 봤습니다.

그림 9-3 Gradle에서 Ant 빌드 구성 인식하는 방법

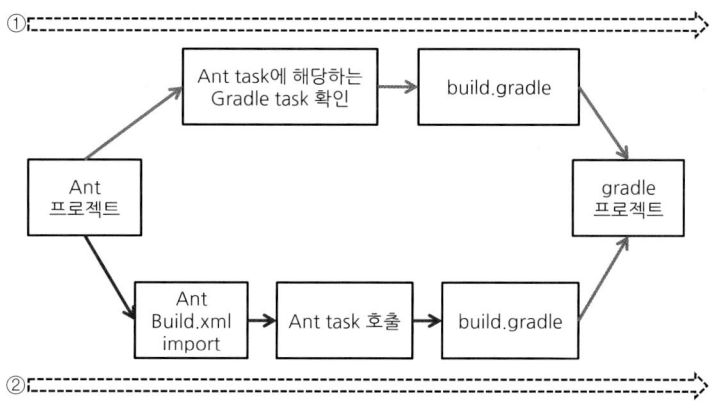

그림 9-3에서 ①번 방법이 그레이들의 빌드 스크립트로 다시 작성하는 방법입니다. 다시 작성할 경우 그레이들에서 앤트의 기능을 사용할 수 있는 태스크가 있는지를 확인하여 그레이들의 build.gradle 파일을 작성하는 것이고, ②번 방법의 경우 그레이들에서 앤트의 build.xml을 인식하기 위해 ant.importbuild( ) 메서드를 build.gradle 파일에서 사용하여 build.xml 파일을 인식하여 그레이들의 build.gradle 파일을 작성하는 방법입니다. ①번 방법은 앞에서 살펴본 **코드 9-1**과 같이 그레이들에서 제공하는 Ant 태스크의 기능을 활용하여 다시 작성하는 부분이고, ②번은 지금부터 실습 코드와 함께 알아보도록 하겠습니다. 임의의 프로젝트를 생성하고 앤트에서 사용하는 build.xml 파일을 만들고 그레이들의 build.gradle에서 build.xml을 인식해보도록 하겠습니다. 우선 간단히 앤트의 build.xml 파일을 다음과 같이 생성하도록 하겠습니다.

코드 9-2 build.xml

```
<project>
    <target name="exeTask">
        <echo>To Gradle From build.xml of Ant</echo>
    </target>
```

```
    </project>
```

다음으로, **코드 9-2**에 작성한 build.xml을 그레이들의 build.gradle에서 인식할 수 있도록 빌드 스크립트를 작성하도록 하겠습니다. **코드 9-2**의 build.xml은 〈echo〉 태그를 이용하여 그 내용을 출력하도록 구성되어 있습니다. build.gradle에서는 앞에서 설명한 것처럼 한 줄의 스크립트 코드로 인식할 수 있는데, ant.importbuild( ) 메서드를 이용하여 다음의 **코드 9-3** 과 같이 작성하면 됩니다.

코드 9-3 build.gradle

```
ant.importBuild 'build.xml'
```

코드 9-3까지 작성을 완료했으면 그레이들에서 앤트의 빌드 xml인 build.xml을 인식하여 사용할 준비를 완료했다고 볼 수 있습니다. 간단한 실습이지만 빌드 수행을 통하여 결과를 확인해 보도록 하겠습니다.

그림 9-4 실행 결과

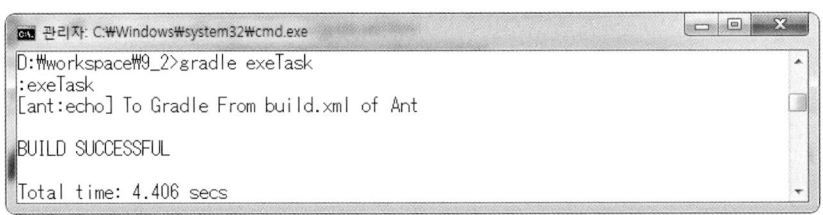

그림 9-4의 빌드 수행 결과를 확인해 보면 앤트의 build.xml에 작성된 문자열이 그레이들에서 ant.importbuild( )를 통하여 인식되어 출력된 것을 알 수 있습니다. 내부적으로 AntBuilder 인스턴스를 호출하여 ant.echo( )가 호출되었고 이를 통하여 build.xml의 내용이 그레이들로 인식된 것입니다. **코드 9-3**을 조금 더 확장하여 build.xml에 정의된 태스크인

exeTask를 build.gradle에서 의존 관계로 지정하여 사용자 정의 태스크에서 활용하는 방법을 알아보도록 하겠습니다. **코드 9-3**을 다음 **코드 9-4**와 같이 수정 및 추가하여 작성하고 빌드를 수행해보도록 하겠습니다.

코드 9-4 build.gradle

```
// ant의 build.xml 파일 import
ant.importBuild 'build.xml'

// Gradle 태스크 정의
task gradleTask(dependsOn: exeTask) {
    doLast {
        println 'This is Gradle User Task'
    }
}
```

코드 9-4에서 보면 build.xml을 ant.importBuild( )를 통하여 인식하고 build.gradle에서 gradleTask를 정의하였고 exeTask에 대하여 의존 관계를 정의하였습니다. exeTask는 build.xml에서 타깃으로 정의된 요소로, 그레이들에서 태스크로 인식됩니다. **코드 9-4**를 빌드 수행을 하면 다음과 같은 결과를 확인할 수 있습니다.

그림 9-5 실행 결과

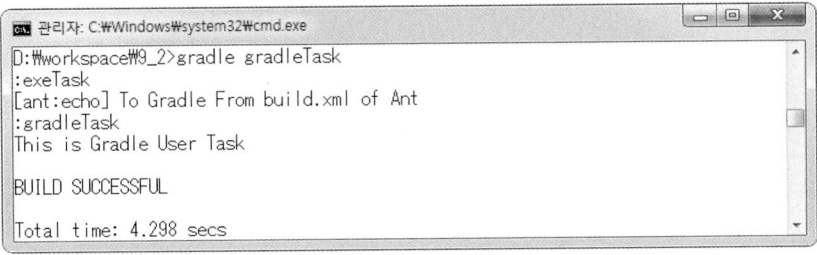

코드 9-4의 수행 결과를 확인해 보면 build.xml에서 타깃으로 표현된 exeTask가 그레이들의

태스크로 인식되어 관련 내용이 출력되고 다음으로 gradleTask의 내용이 의존 관계에 의하여 출력되는 것을 알 수 있습니다. 반대로 build.xml에 타깃으로 정의된 태스크와 태스크에 대한 의존 관계가 정의되어 있다면 build.gradle에서 관련 내용을 출력하는 부분을 알아보도록 하겠습니다. 우선 임의의 프로젝트를 다시 생성하여 build.xml 파일을 만들고 다음 **코드 9-5**와 같이 작성하도록 하겠습니다.

코드 9-5 build.xml

```
<project>
    <target name="exeTask" depends="gradleTask">
        <echo>To Gradle From build.xml of Ant</echo>
    </target>
</project>
```

코드 9-5를 살펴보면 exeTask 이름의 타깃이 gradleTask에 대하여 의존 관계에 있습니다. 이 build.xml을 build.gradle에서 임포트(import)하여 인식해보도록 하겠습니다. **코드 9-6**을 build.gradle에 작성하도록 하겠습니다.

코드 9-6 build.gradle

```
// ant의 build.xml 파일 import
ant.importBuild 'build.xml'

// Gradle 태스크 정의
task gradleTask{
    doLast {
        println 'This is Gradle User Task'
    }
}
```

코드 9-6과 같이 작성하고 명령 프롬프트에서 build.xml에 정의된 타깃인 exeTask를 호출하여 빌드를 수행하도록 하겠습니다. 수행 결과는 다음과 같습니다.

그림 9-6 실행 결과

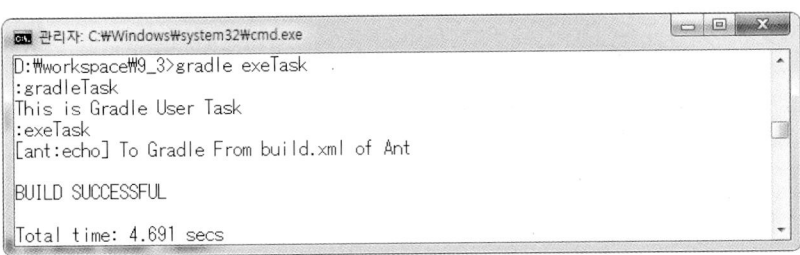

실행 결과를 살펴보면 **그림 9-6**과 같이 build.xml에 정의된 타깃 exeTask에 대하여 의존 관계로 지정된 gradleTask가 먼저 호출되는데, 관련 gradleTask의 내용은 build.gradle 파일에 정의한 태스크입니다. gradleTask의 내용이 호출되고 exeTask의 내용이 호출되는데, 그레이들에서 build.xml의 내용을 인식하면서 내부적으로 타깃에 대하여 의존 관계에 대하여 태스크 그래프를 생성하여 출력하기 때문에 gradleTask의 내용이 출력되고 exeTask의 내용이 출력되게 되었습니다.

지금까지 앤트의 build.xml을 그레이들의 build.gradle에서 참조하여 인식하는 부분을 간략히 살펴봤습니다. 지금부터는 빌드 수행 기능이 있는 앤트의 build.xml 파일을 가지고 그레이들에서 참조하게 하여 빌드를 수행하는 부분을 알아보도록 하겠습니다. 임의의 프로젝트를 생성하고 프로젝트에 src 디렉터리를 만들어 이곳에 자바 파일을 하나 생성하도록 하겠습니다(이클립스에서 자바 프로젝트를 생성하여 작업을 진행해도 무방합니다). 자바 파일은 빌드 수행을 통하여 jar 파일을 만들기 위한 용도로, 특별한 코드 작업은 진행하지 않은 파일입니다. 그리고 다음 **코드 9-7**과 같이 build.xml 파일을 프로젝트에 작업해놓도록 하겠습니다.

코드 9-7 build.xml

```
<project name="9_4" default="jar" basedir=".">
```

```xml
        <description>
            Create jar File
        </description>

        <!-- Ant property -->
        <property name="version" value="1.0" />
        <property name="src" location="src" />
        <property name="build" location="build" />
        <property name="gradle" location="gradle" />

        <!-- compile 타깃 -->
        <target name="compile">
            <mkdir dir="${build}" />
            <javac srcdir="${src}" destdir="${build}" includeantruntime="false" />
        </target>

        <!-- jar 타깃 -->
        <target name="jar" depends="compile">
            <mkdir dir="${gradle}/lib" />
            <jar jarfile="${gradle}/lib/${ant.project.name}-${version}.jar"
                    basedir="${build}" />
        </target>
</project>
```

코드 9-7에 있는 build.xml을 간략히 설명드리면, 우선 〈project〉 태그 속에 프로젝트 이름과 기준 디렉터리 경로 그리고 기본으로 수행 작업에 대한 정보가 설정되어 있습니다. 다음은 build.xml 파일에 대한 간단한 설명으로, 〈description〉 태그에 표시되었고 앤트의 프로젝트 속성이 〈property〉 태그에 나와 있습니다. 그리고 〈target〉에 타깃의 이름과 타깃 수행을 통해 생성될 파일의 경로와 수행할 작업이 나타나 있는데, 이름이 compile인 첫 번째 타깃은 자바 파일을 컴파일할 수 있도록 〈javac〉을 이용하여 수행 작업을 정의하였고 jar 이름의 두 번째 타깃은 jar 파일을 생성할 수 있도록 역할이 정의되었습니다. 이렇게 build.xml 파일을 생성하였으면 다음으로 build.gradle을 생성하여 build.xml 파일을 임포트 하도록 하겠습니다.

> **코드 9-8** build.gradle

```
ant.importBuild 'build.xml'
```

이렇게 빌드 스크립트 작업이 완료되었으면 명령 프롬프트에서 빌드 수행을 통하여 작업을 수행하도록 하겠습니다. 명령 프롬프트를 열고 build.xml에 정의된 타깃 중 'jar' 타깃을 gradle 명령어로 호출하여 빌드를 수행해보도록 하겠습니다. 'jar' 타깃은 'compile' 타깃에 대하여 의존 관계에 있기 때문에 빌드 수행을 하게 되면 class 파일 생성한 후 jar 파일을 생성하게 됩니다. 명령 프롬프트에서 수행 결과는 다음과 같습니다.

그림 9-7 실행 결과

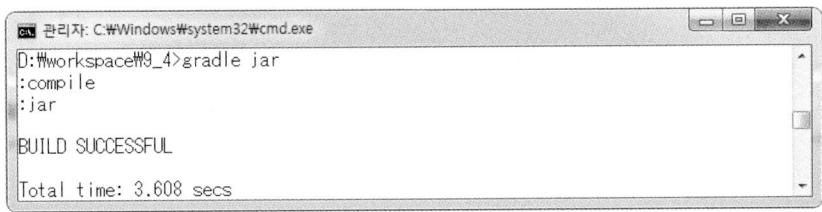

참고로 명령 프롬프트에서 해당 프로젝트의 모든 태스크를 호출하여 빌드를 수행할 수 있도록 'gradle task –all'을 사용해도 build.xml을 임포트한 그레이들 프로젝트에서 compile 타깃과 jar 타깃을 각각 태스크로 호출하여 수행한 결과를 확인할 수 있습니다. 수행 결과를 확인해 보면 그레이들의 내장 태스크들이 모두 수행되고 Other Tasks 부분에 사용자 정의 태스크가 호출되어 수행된 것을 확인할 수 있으니 덧붙여 알아두시면 좋을 것 같습니다.

그림 9-8 실행 결과

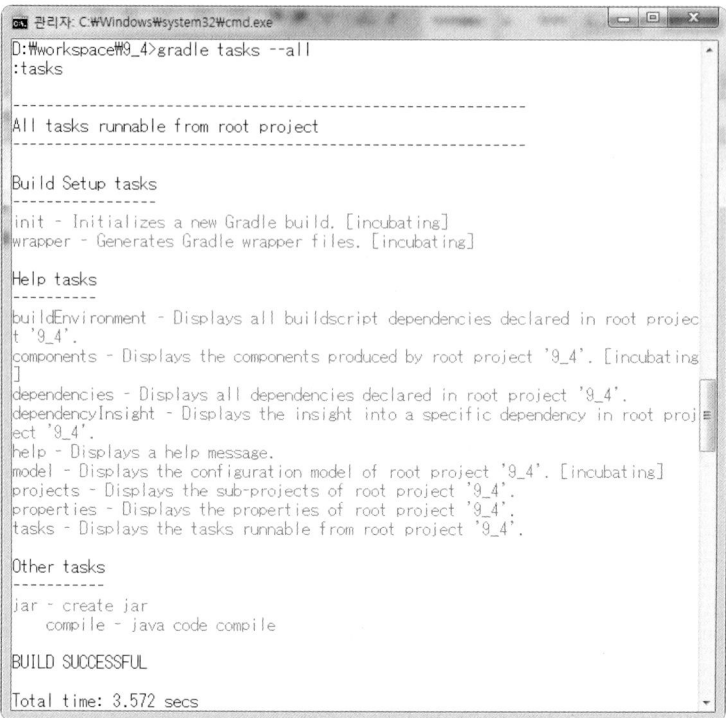

build.gradle 파일에서 build.xml에 설정된 속성 정보에 접근하여 이를 사용할 수 있습니다. build.xml의 속성에는 'ant.properties.속성명' 형식으로 접근하면 되며, 또한 build.gradle 파일에서 접근한 속성 정보의 값을 치환하여 사용할 수도 있습니다. 그럼 앞서 본 **코드 9-8**에 build.xml의 속성에 접근하여 사용하는 실습 코드를 추가하고 빌드 수행을 통하여 사용 방법을 알아보도록 하겠습니다.

코드 9-9 build.gradle에서 build.xml 속성 사용

```
ant.importBuild 'build.xml'

task exeTask( dependsOn: "jar" ) {
```

```
        println "ant version : "+ant.properties.version
        println "ant src : "    +ant.properties.src
        println "ant build : "  +ant.properties.build
        println "ant gradle : " +ant.properties.gradle

        // 속성값 설정
        ant.properties.version = "2.0"

        println "ant version 2: "+ant.properties.version
    }
```

코드 9-9와 같이 정의한 exeTask 내용을 build.gradle 파일에 작성하면 됩니다. 작성이 완료되었으면 명령 프롬프트 상에서 빌드를 수행하고 관련 결과를 확인해 보도록 하겠습니다. 수행 결과는 다음과 같습니다.

그림 9-9 실행 결과

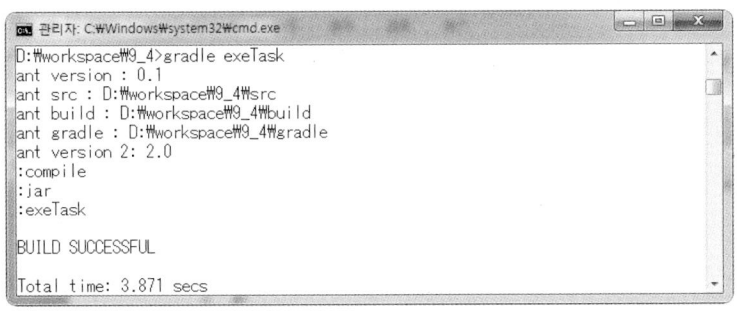

수행 결과를 보면 build.xml에 설정된 속성의 속성값이 출력되었으며 version 속성에 대하여 변경한 값도 출력된 것을 확인할 수 있습니다. 코드 9-9에서 exeTask가 build.xml의 타깃인 jar에 의존 관계였는데, 관련 태스크와 타깃이 빌드 수행된 것도 함께 확인할 수 있습니다. 그리고 빌드 수행 결과물 중 gradle/lib 디렉터리를 확인해 보면 생성 결과물에 1.0 대신에 2.0의 값으로 변경되어 빌드 수행 결과물이 생성된 것도 함께 확인할 수 있습니다.

지금까지 그레이들에서 앤트의 빌드 XML 파일을 참조하고 인식하는 방법을 살펴봤습니다. 그레이들이 제공하는 앤트를 사용할 수 있도록 하는 기능을 간략히 정리하면 다음과 같습니다.

1. 그레이들의 build.gradle에서 앤트의 build.xml을 임포트(import)

2. 그레이들에서 앤트의 build.xml에 정의된 타깃이나 속성 등 참조

3. 그레이들에서 앤트의 기능을 사용할 수 있는 Ant 태스크 사용

이 밖에도 그레이들에서 앤트를 사용하는 다양한 활용 방법을 확인해보기 원한다면 그레이들의 User Guide를 참조하면 됩니다.

3. 그레이들에서 메이븐 사용

메이븐을 그레이들로 이식하려면 앞에서 살펴본 앤트와는 조금 다른 방식을 사용합니다. 그레이들에서 메이븐을 바로 인식할 수 있도록 앤트처럼 Ant 태스크와 같은 기능을 제공하고 있지 않기 때문입니다. 메이븐을 그레이들로 변환하여 사용하려면 어떻게 작업을 수행해야 하는지 알아보도록 하겠습니다. 기본적으로 그레이들의 프로젝트 구조는 메이븐의 프로젝트 구조와 유사하고 이 덕분에 간단한 프로젝트라면 쉽게 그레이들로 변환할 수 있습니다. 그레이들은 메이븐의 빌드 스크립트인 pom.xml을 변환하여 build.gradle 파일이 포함된 새로운 그레이들 프로젝트를 생성하는 기능을 제공하고 있습니다. 그레이들에서 제공하는 이 기능을 이용한다면 비교적 수월하게 메이븐 빌드 환경을 그레이들의 빌드 환경으로 변환하여 사용할 수 있습니다. 그레이들에서는 메이븐 플러그인을 사용할 수 없습니다. 메이븐 플러그인을 사용할 수 없기 때문에 그레이들은 이에 상응하는 기능을 제공하는 그레이들 플러그인을 찾아서 적용해야 합니다. 그레이들에서 메이븐 빌드 구성을 인식하는 방법을 **그림 9-9**로 간단히 나타냈습니다.

그림 9-10 Gradle에서 Maven 빌드 구성 인식하는 방법

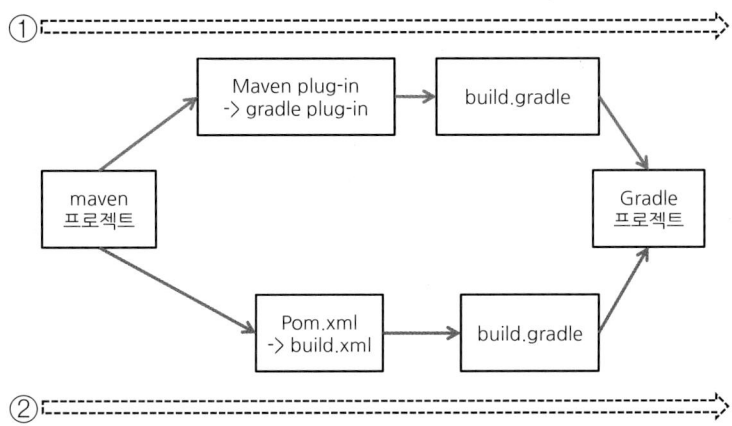

그림 9-9에서는 메이븐 프로젝트를 그레이들 프로젝트로 변환하는 방법 또한 2가지로 나누어 도식화하였습니다. 우선 첫 번째 방법(①)을 살펴보면 앞에서도 설명한 것처럼 그레이들은 메이븐 플러그인을 사용할 수 없기 때문에 메이븐 플러그인을 사용하는 프로젝트라면 그레이들에서 제공하는 플러그인을 찾아 변환하고 충족하는 플러그인이 없거나 기능이 없다면 처리할 수 있도록 추가하거나 새롭게 작업해야 합니다. 두 번째 방법은 메이븐의 pom.xml을 변환할 수 있도록 제공하는 그레이들의 기능을 이용하여 build.gradle을 생성하는 방법입니다. 이 방법 또한 pom.xml을 build.gradle로 변환하고 기능적으로 부족하거나 필요한 부분이 있다면 추가하여 build.gradle을 작성하면 되는 방법입니다. 첫 번째 방법은 그레이들 프로젝트에 맞도록 프로젝트를 다시 작성하고 관련 플러그인을 찾아가는 방법이기 때문에 별도의 설명은 더는 하지 않고 두 번째(②)인 pom.xml을 변환하여 사용하는 방법을 알아보도록 하겠습니다.

메이븐 빌드 환경을 그레이들 빌드 환경으로 바꾸려고 pom.xml을 build.gradle로 변환하여 사용할 때 필요에 따라 메이븐 플러그인이 사용되어 있으면 변환 후에 이에 상응하는 그레이들 플러그인으로 작업해줘야 하는 부분도 있습니다. 또한, 그레이들은 메이븐의 저장소를

사용할 수 있도록 기능을 제공하고 있기 때문에 변환 후에도 메이븐에서 사용한 저장소를 적용하여 사용할 수 있습니다.

메이븐의 pom.xml을 그레이들의 build.gradle로 변환하는 실습을 통하여 좀 더 자세하게 알아보도록 하겠습니다. 우선 임의의 프로젝트를 만들고 프로젝트에 pom.xml을 다음 **코드 9-10**과 같이 임의로 하나 작성하면 됩니다. **코드 9-10**은 앞의 실습을 통하여 생성한 pom-default.xml을 가져다가 사용한 부분으로, 8장에 진행한 **코드 8-21**을 참조하여 방금 생성한 프로젝트에 위치시켜 놓도록 하겠습니다.

코드 9-10 pom.xml

```xml
<project xsi:schemaLocation="http://maven.apache.org/POM/4.0.0
http://maven.apache.org/xsd/maven-4.0.0.xsd" xmlns="http://maven.apache.org/POM/4.0.0"
    xmlns:xsi="http://www.w3.org/2001/XMLSchema-instance">
    <modelVersion>4.0.0</modelVersion>
    <groupId>src</groupId>
    <artifactId>8_7</artifactId>
    <version>0.1</version>
    <dependencies>
        <dependency>
            <groupId>org.apache.commons</groupId>
            <artifactId>commons-lang3</artifactId>
            <version>3.3.1</version>
            <scope>runtime</scope>
        </dependency>
    </dependencies>
</project>
```

생성한 임의의 프로젝트에 pom.xml 파일을 위치 또는 생성시켰으면 명령 프롬프트에서 명령어 수행을 통하여 그레이들 프로젝트로 변환시켜보도록 하겠습니다. 명령 프롬프트에서 해당 프로젝트의 디렉터리로 이동 후에 명령어를 수행하는데, 명령어는 그레이들의 내장 태스크인 init 태스크를 이용하고 --type 옵션을 이용하여 pom을 지정하여 사용할 수 있습니다. 명령어와 명령어 수행 결과는 다음과 같습니다.

그림 9-11 실행 결과

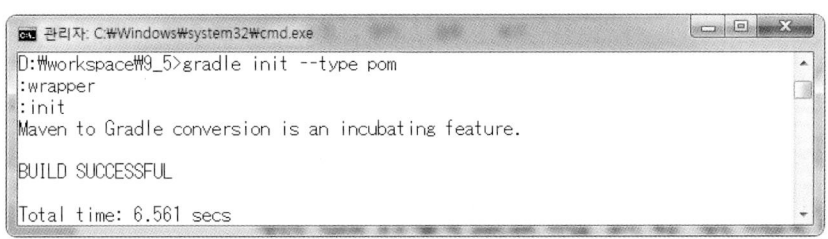

수행 결과를 확인해 보면 init 태스크 수행을 통하여 내부적으로 wrapper 태스크와 init 태스크가 수행되면서 빌드 수행이 마무리되는 것을 확인할 수 있습니다. 그럼 해당 프로젝트의 수행 결과를 확인해 보도록 하겠습니다.

그림 9-12 변환 후 결과물

처음 해당 프로젝트에는 pom.xml뿐이었는데 'gradle init --type pom' 명령어 수행을 통하여 그레이들 프로젝트의 기본적인 파일들이 **그림 9-12**와 같이 생성된 것을 확인할 수 있습니다. build.gradle 파일을 비롯하여 settings.gradle 파일, 그리고 wrapper 태스크의 수행으로 gradle/wrapper 디렉터리로 관련 결과물도 생성되었습니다. 우선 생성된 결과물 중 build.gradle 파일의 내용을 확인해 보도록 하겠습니다.

코드 9-11 생성된 build.gradle

```
apply plugin: 'java'
apply plugin: 'maven'

group = 'src'
version = '0.1'

description = """"""

sourceCompatibility = 1.5
targetCompatibility = 1.5
repositories {
    maven { url "http://repo.maven.apache.org/maven2" }
}
dependencies {
    runtime group: 'org.apache.commons', name: 'commons-lang3', version:'3.3.1'
}
```

작성된 build.gradle 파일을 보면 플러그인, jdk 버전, 설명 부분, 저장소, 의존 관계 등의 부분이 생성된 것을 확인할 수 있습니다. **코드 8-21**을 생성했던 프로젝트의 build.gradle 파일과 방금 빌드 수행을 통하여 생성된 build.gradle 파일을 비교해보면 동일하게 생성된 부분도 있지만 그렇지 않은 부분도 있습니다. 이 때문에 메이븐 프로젝트를 그레이들 프로젝트로 변환할 때에 변환 후에 메이븐의 빌드 환경에서 제공한 기능을 체크하여 그레이들에서도 동일한 수행이 가능하도록 생성된 결과를 추가 보완하는 작업이 필요하게 됩니다(참고로 비교해보면 publishing 블록 등은 변환되지 않았습니다). 그리고 일반적인 자바 프로젝트라면 그레이들 래퍼를 이용, 즉 'gradlew build' 명령어로 바로 빌드를 수행할 수도 있습니다.

이번에는 하나의 pom.xml 파일을 build.gradle (그레이들 프로젝트)로 변환시켜 보도록 하겠습니다.

코드 9-12 pom.xml

```xml
<?xml version="1.0" encoding="UTF-8"?>
<project xsi:schemaLocation="http://maven.apache.org/POM/4.0.0
      http://maven.apache.org/xsd/maven-4.0.0.xsd"
      xmlns="http://maven.apache.org/POM/4.0.0"
      xmlns:xsi="http://www.w3.org/2001/XMLSchema-instance">
    <modelVersion>4.0.0</modelVersion>
    <groupId>gradle.publish</groupId>
    <artifactId>gradle-publish</artifactId>
    <version>0.1</version>
    <dependencies>
        <dependency>
            <groupId>org.apache.commons</groupId>
            <artifactId>commons-lang3</artifactId>
            <version>3.3.1</version>
            <scope>runtime</scope>
        </dependency>
        <dependency>
            <groupId>org.slf4j</groupId>
            <artifactId>slf4j-api</artifactId>
            <version>1.7.21</version>
            <scope>runtime</scope>
        </dependency>
    </dependencies>
</project>
```

코드 9-13 변환된 build.gradle

```
apply plugin: 'java'
apply plugin: 'maven'

group = 'gradle.publish'
version = '0.1'

description = """"""
```

```
    sourceCompatibility = 1.5
    targetCompatibility = 1.5

    repositories {
        maven { url "http://repo.maven.apache.org/maven2" }
    }
    dependencies {
        runtime group: 'org.apache.commons', name: 'commons-lang3', version:'3.3.1'
        runtime group: 'org.slf4j', name: 'slf4j-api', version:'1.7.21'
    }
```

앞에서 살펴본 방식대로 빌드를 수행하면 **코드 9-12**를 통하여 **코드 9-13**이 생성되는 것을 확인할 수 있습니다.

메이븐의 모든 POM 요소를 그레이들 프로젝트로 변환할 때 모두 변환되지 않기 때문에 그레이들 프로젝트로 변환 시 변환 가능한 POM 요소를 확인해보는 것도 필요한 부분일 수 있습니다. **코드 9-12**에서 pom.xml에서 groupId, artifactId, version은 **코드 9-13**에서 group, version 등의 그레이들 속성으로 변환되었고 artifactId 같은 경우는 settings.gradle에서 **코드 9-14**와 같은 형식으로 변환됩니다. 그리고 pom.xml의 〈dependencies〉 태그 부분은 build.gradle에서 dependencies 블록으로 변환되었으나 인코딩 부분이나 버전 부분 및 지원되지 않는 POM 요소가 아닐 경우에는 직접 작성하여 build.gradle을 완성해야 합니다.

코드 9-14 변환된 build.gradle

```
  rootProject.name = 'gradle-publish'
```

다음으로, 멀티 프로젝트 구조의 메이븐 프로젝트를 그레이들 프로젝트로 변환해보도록 하겠습니다. 변환 방법은 앞에서 살펴본 방식과 동일합니다. 프로젝트 구조는 다음과 같이 생성하도록 하겠습니다.

그림 9-13 멀티 프로젝트 구조

다음으로, pom.xml을 각각 작성하겠습니다. 루트 프로젝트의 pom.xml은 **코드 9-15**, sub1 프로젝트의 pom.xml은 **코드 9-16**, sub2 프로젝트의 pom.xml 코드는 9-17로 작성하겠습니다.

코드 9-15 루트 프로젝트 pom.xml

```xml
<?xml version="1.0" encoding="UTF-8"?>
<project xmlns=http://maven.apache.org/POM/4.0.0
      xmlns:xsi="http://www.w3.org/2001/XMLSchema-instance"
      xsi:schemaLocation="http://maven.apache.org/POM/4.0.0
      http://maven.apache.org/maven-v4_0_0.xsd">
   <!-- 변환할 pom.xml -->
   <modelVersion>4.0.0</modelVersion>

   <groupId>com.gradle</groupId>
   <artifactId>MavenToGradle</artifactId>
   <version>0.1</version>
   <name>Multi Project Change</name>

   <packaging>pom</packaging>

   <modules>
       <module>sub1</module>
       <module>sub2</module>
   </modules>

   <properties>
       <project.build.sourceEncoding>UTF-8</project.build.sourceEncoding>
```

```xml
</properties>

<dependencies>
    <dependency>
        <groupId>org.testng</groupId>
        <artifactId>testng</artifactId>
        <version>6.1.1</version>
        <scope>test</scope>
    </dependency>
</dependencies>

<build>
    <pluginManagement>
        <plugins>
            <plugin>
                <groupId>org.apache.maven.plugins</groupId>
                <artifactId>maven-compiler-plugin</artifactId>
                <version>3.1</version>
                <configuration>
                    <source>1.5</source>
                    <target>1.5</target>
                </configuration>
            </plugin>
            <plugin>
                <groupId>org.apache.maven.plugins</groupId>
                <artifactId>maven-jar-plugin</artifactId>
                <version>2.4</version>
                <executions>
                    <execution>
                        <phase>package</phase>
                        <goals>
                            <goal>test-jar</goal>
                        </goals>
                    </execution>
                </executions>
            </plugin>
        </plugins>
```

```xml
                </pluginManagement>
            <plugins>
                <plugin>
                    <groupId>org.apache.maven.plugins</groupId>
                    <artifactId>maven-source-plugin</artifactId>
                    <version>2.2.1</version>
                    <executions>
                        <execution>
                            <phase>package</phase>
                            <goals>
                                <goal>jar</goal>
                            </goals>
                        </execution>
                    </executions>
                </plugin>
            </plugins>
    </build>
</project>
```

코드 9-16 sub1 프로젝트 pom.xml

```xml
<?xml version="1.0" encoding="UTF-8"?>
<project xmlns="http://maven.apache.org/POM/4.0.0"
        xmlns:xsi="http://www.w3.org/2001/XMLSchema-instance"
        xsi:schemaLocation="http://maven.apache.org/POM/4.0.0
        http://maven.apache.org/maven-v4_0_0.xsd">
<modelVersion>4.0.0</modelVersion>
    <parent>
        <groupId>com.gradle</groupId>
        <artifactId>MavenToGradle</artifactId>
        <version>0.1</version>
    </parent>

    <artifactId>sub1</artifactId>
    <name>Sub1 project</name>
```

```xml
        <packaging>war</packaging>

    <dependencies>
        <dependency><!-- 외부 모듈 의존 관계 -->
            <groupId>com.gradle</groupId>
            <artifactId>MavenToGradle</artifactId>
            <version>0.1</version>
        </dependency>
    </dependencies>

    <build>
        <finalName>simple-webapp</finalName>
        <plugins>
            <plugin>
                <groupId>org.apache.maven.plugins</groupId>
                <artifactId>maven-compiler-plugin</artifactId>
            </plugin>
        </plugins>
    </build>
</project>
```

코드 9-17 sub2 프로젝트 pom.xml

```xml
<?xml version="1.0" encoding="UTF-8"?>
<project xmlns="http://maven.apache.org/POM/4.0.0"
        xmlns:xsi="http://www.w3.org/2001/XMLSchema-instance"
        xsi:schemaLocation="http://maven.apache.org/POM/4.0.0
        http://maven.apache.org/maven-v4_0_0.xsd">
    <modelVersion>4.0.0</modelVersion>

    <parent>
        <groupId>com.gradle</groupId>
        <artifactId>MavenToGradle</artifactId>
        <version>0.1</version>
    </parent>
```

```xml
        <packaging>jar</packaging>

        <artifactId>sub2</artifactId>
        <name>Sub2 project</name>

        <dependencies>
            <dependency>
                <groupId>log4j</groupId>
                <artifactId>log4j</artifactId>
                <version>1.2.14</version>
            </dependency>
        </dependencies>

        <build>
            <plugins>
                <plugin>
                    <groupId>org.apache.maven.plugins</groupId>
                    <artifactId>maven-surefire-plugin</artifactId>
                    <version>2.17</version>
                    <configuration>
                        <testFailureIgnore>true</testFailureIgnore>
                    </configuration>
                </plugin>
            </plugins>
        </build>
</project>
```

이렇게 작성이 완료되었으면 명령 프롬프트에서 'gradle init --type pom' 명령어를 수행하도록 하겠습니다. 수행이 완료되면 생성된 build.gradle 파일을 각각 루트 프로젝트와 서브 프로젝트별로 확인해 보도록 하겠습니다. 명령어 수행 결과물은 다음과 같습니다.

그림 9-14 멀티 프로젝트 수행 결과

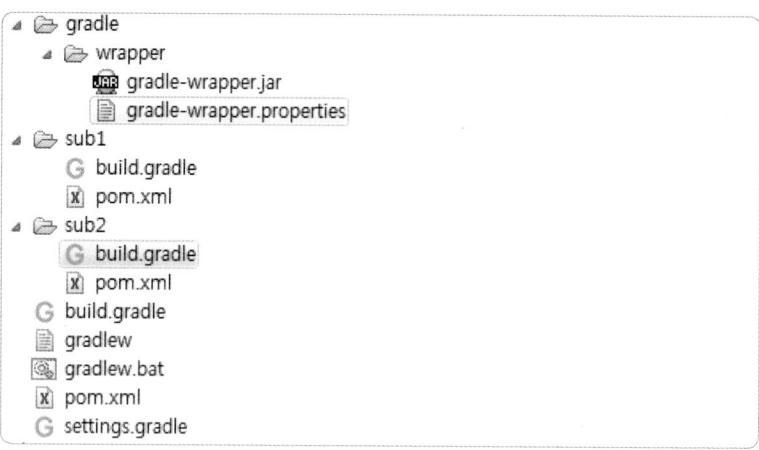

실습해 보신 것처럼 멀티 프로젝트 구조라도 메이븐에서 그레이들로 변환할 수 있다는 것을 살펴봤습니다. 메이븐에서 그레이들로 변환하는 부분에 대하여 몇 가지 실습 예제와 함께 살펴봤는데, 메이븐의 빌드 수행 환경을 그레이들의 빌드 수행 환경으로 변환하는 기능은 그레이들에서 아직 완성된 단계가 아니고 실험 단계라고 할 수 있습니다. 즉, 계속해서 기능을 추가하고 변경하는 단계로, 지금보다 앞으로는 더욱 정교하게 변환될 수 있는 부분이라고 할 수 있겠습니다. 실험 단계라는 부분은 명령어 수행에서 보았을 수도 있지만 'Maven to Gradle conversion is an incubation feature'로도 알 수 있습니다. 아직 완벽하게 변환되지 않지만, 메이븐 프로젝트를 그레이들 프로젝트로 변환할 때에는 제공해주는 기능을 이용 후 추가 보완을 거친다면 그레이들을 사용하여 빌드 수행을 할 수 있습니다.

4. 그레이들로 배포하기

메이븐의 pom.xml에 지정된 배포 관련 구조를 그레이들에서 pom.xml을 이용하여 배포하는 방법을 알아보도록 하겠습니다. 그레이들을 이용하여 메이븐처럼 install 명령어를 이용한 로컬 저장소로 배포를 실습해보도록 하겠습니다. 실습을 위하여 이클립스 그레이들 프로젝트를 생성하도록 하겠습니다. 이클립스에서 그레이들을 사용하는 방법에 대해서는 2장을 참조하시기 바랍니다. 이클립스에서 임의의 프로젝트 이름을 입력하여 프로젝트를 생성하고 build.gradle에 **코드 9-18**을 입력하도록 하겠습니다.

코드 9-18 build.gradle

```
// 적용 플러그인
apply plugin: 'java'
apply plugin: 'maven'
apply plugin: 'war'
apply plugin: 'eclipse'
apply plugin: 'eclipse-wtp'

group 'gradle.depoly.com'
version ='1.0'

repositories {
    mavenCentral()
}

dependencies {
    providedCompile 'javax.servlet:javax.servlet-api:3.0.1'
    compile 'org.springframework:spring-webmvc:3.2.9.RELEASE'
    compile 'org.slf4j:slf4j-api:1.7.21'

    testCompile 'junit:junit:4.12'

    runtime 'javax.servlet:jstl:1.1.2'
}

// maven으로 지정된 배포 설정을 활용하여 배포하기
uploadArchives {
    repositories {
        mavenDeployer {
            mavenLocal()
            pom.version='1.0'
```

```
            pom.artifactId='gradleDeploy'
        }
    }
}
```

코드 9-18을 보면 uploadArchives 블록이 있습니다. uploadArchives 블록에서는 저장소로 지정된 모듈을 배포하는 역할을 수행합니다. uploadArchives 블록에서 보면 저장소를 설정하기 위하여 repositories 블록을 선언하여 블록 안에서 mavenDepoloyer 블록에 지정된 mavenLocal 저장소로 gradleDepoly 1.0 버전의 모듈을 배포하도록 되어 있습니다. 그리고 dependencies 블록을 보면 의존 관계가 설정되어 있는데, 사용하고자 하는 라이브러리에 대하여 의존 관계가 지정되어 있습니다. 참고로 dependencies 블록을 보면 runtime, compile, testCompile, proviedCompile 키워드를 사용한 부분을 확인할 수 있습니다. 이 키워드들의 의미는 다음과 같습니다.

- **compile**: 프로젝트의 소스를 컴파일하는 데 필요한 의존 관계 지정 시 사용
- **runtime**: 프로젝트 클래스에 대하여 필요한 의존 관계 지정 시 사용(compile에 포함됨)
- **testCompile**: 프로젝트의 테스트 소스를 컴파일하는 데 필요한 의존 관계 지정
- **testRuntime**: 테스트를 실행하는 데 필요한 의존 관계 지정 시 사용
- **proviedCompile**: 컴파일 수행 시에는 필요하지만 배포하고자 할 경우에는 제외돼야 할 때 사용
- **providedRuntime**: 실행 시(runtime)에만 사용(war 플러그인 사용에만 사용 가능)

그리고 해당 프로젝트에 pom.xml 파일을 추가하도록 하겠습니다. pom.xml은 앞에서 살펴본 것처럼 maven의 빌드 수행 관련 정보를 기입해 놓은 파일로, 이번 프로젝트에서 사용할 pom.xml 파일의 내용은 다음과 같습니다.

코드 9-19 pom.xml

```xml
<project xmlns="http://maven.apache.org/POM/4.0.0"
      xmlns:xsi="http://www.w3.org/2001/XMLSchema-instance"
      xsi:schemaLocation="http://maven.apache.org/POM/4.0.0
      http://maven.apache.org/maven-v4_0_0.xsd">
    <modelVersion>4.0.0</modelVersion>
    <groupId>maven.depoly.com</groupId>
    <artifactId>mavenDeploy</artifactId>
    <packaging>war</packaging>
    <version>1.0 </version>
    <name>DeployName</name>
    <dependencies>
        <dependency>
            <groupId>junit</groupId>
            <artifactId>junit</artifactId>
            <version>3.8.1</version>
            <scope>test</scope>
        </dependency>
        <dependency>
            <groupId>javax.servlet</groupId>
            <artifactId>javax.servlet-api</artifactId>
            <version>3.1.0</version>
            <scope>provided</scope>
        </dependency>
        <dependency>
            <groupId>com.google.guava</groupId>
            <artifactId>guava</artifactId>
            <version>13.0.1</version>
        </dependency>

    </dependencies>
    <build>
        <finalName>simple-webapp</finalName>

        <plugins>
            <plugin>
                <groupId>org.apache.maven.plugins</groupId>
```

```xml
                <artifactId>maven-compiler-plugin</artifactId>
                <version>3.1</version>
                <configuration>
                    <source>1.8</source>
                    <target>1.8</target>
                </configuration>
            </plugin>
            <plugin>
                <groupId>org.apache.maven.plugins</groupId>
                <artifactId>maven-war-plugin</artifactId>
                <version>2.4</version>
                <configuration>
                    <warsourcedirectory>src/main/webapp</warsourcedirectory>
                    <warname>${project.artifactId}</warname>
                    <failOnMissingWebXml>false</failOnMissingWebXml>
                </configuration>
            </plugin>
            <plugin>
                <groupId>org.apache.tomcat.maven</groupId>
                <artifactId>tomcat7-maven-plugin</artifactId>
                <version>2.2</version>
                <configuration>
                    <path>/${project.build.finalName}</path>
                </configuration>
            </plugin>
        </plugins>
    </build>
</project>
```

이렇게 작성이 완료되었으면 빌드 수행을 통하여 결과를 확인해 보도록 하겠습니다. 명령 프롬프트에서 해당 프로젝트 위치로 이동 후에 install 명령을 이용하여 빌드를 수행해보도록 하겠습니다.

그림 9-15 실행 결과

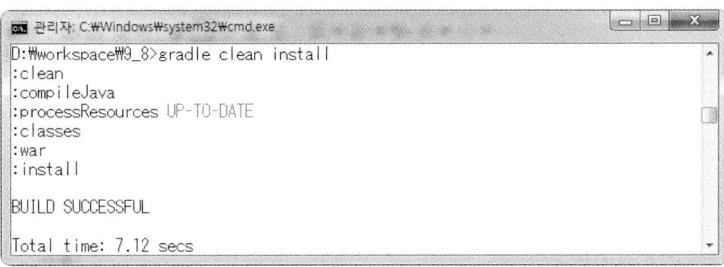

빌드 수행이 완료된 후에 명령 프롬프트 상에서 지정한 저장소 위치로 이동하도록 하겠습니다. 위치로 이동 후에 보면 해당 프로젝트 빌드 수행한 후 생성된 결과물이 지정한 로컬 저장소로 이동한 것을 확인할 수 있습니다.

그림 9-16 배포 결과 확인

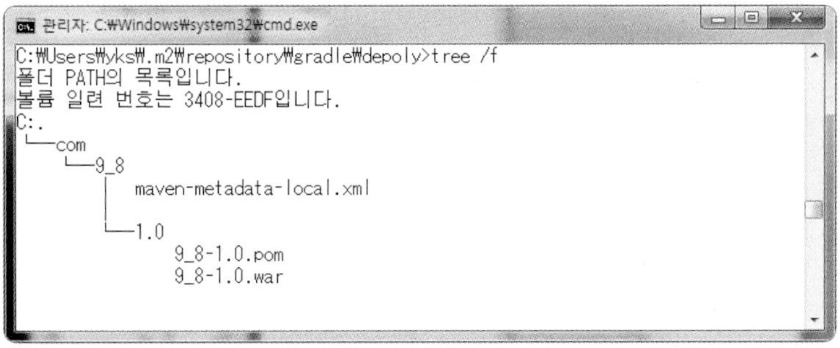

다음으로, 그레이들 wrapper를 이용한 배포 부분을 확인해 보도록 하겠습니다. wrapper 태스크를 이용하여 프로젝트를 생성해보도록 하겠습니다. 명령 프롬프트 상에서 디렉터리를 하나 만들고 해당 디렉터리에서 gradle 명령어로 wrapper 태스크를 수행하여 만들어지게 됩니다.

그림 9-17 실행 결과

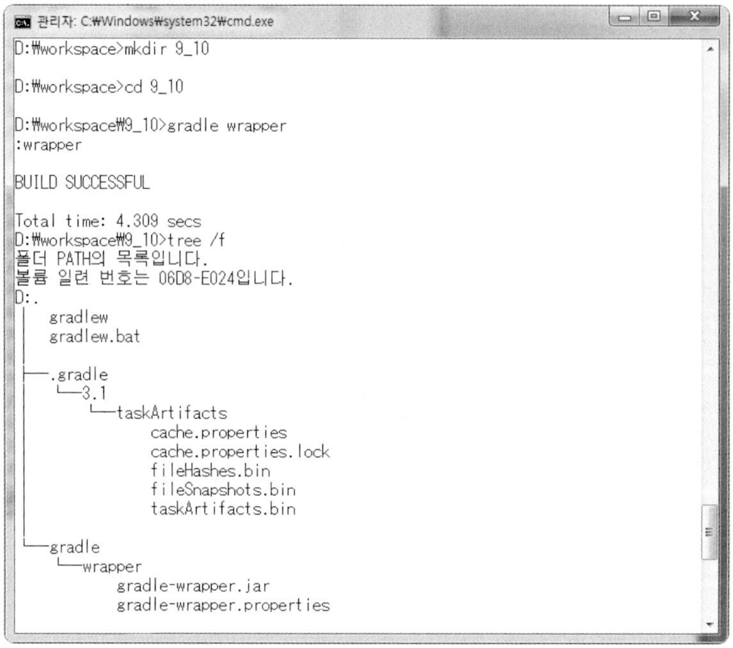

```
D:\workspace>mkdir 9_10

D:\workspace>cd 9_10

D:\workspace\9_10>gradle wrapper
:wrapper

BUILD SUCCESSFUL

Total time: 4.309 secs
D:\workspace\9_10>tree /f
폴더 PATH의 목록입니다.
볼륨 일련 번호는 06D8-E024입니다.
D:.
│   gradlew
│   gradlew.bat
│
├─.gradle
│   └─3.1
│       └─taskArtifacts
│               cache.properties
│               cache.properties.lock
│               fileHashes.bin
│               fileSnapshots.bin
│               taskArtifacts.bin
│
└─gradle
    └─wrapper
            gradle-wrapper.jar
            gradle-wrapper.properties
```

mkdir로 프로젝트 생성한 후에 wrapper 태스크를 이용하여 생성한 디렉터리에 프로젝트를 생성하였고 'tree /f' 명령어를 이용하여 생성된 디렉터리와 파일 경로를 확인했습니다. 생성된 파일 중에서 gradle-wrapper.properties 파일을 열어보면 **코드 9-20**과 같이 생성된 것을 확인할 수 있습니다.

코드 9-20 gradle-wrapper.properties

```
distributionBase=GRADLE_USER_HOME
distributionPath=wrapper/dists
zipStoreBase=GRADLE_USER_HOME
zipStorePath=wrapper/dists
distributionUrl=https\://services.gradle.org/distributions/gradle-4.0-bin.zip
```

배포와 압축 파일 저장을 위한 정보가 지정되어 있는데, distributionBase와 zipStoreBase는 distributionPath와 zipStorePath에 대한 키(key) 값이라고 보면 되겠습니다. distributionUrl에 지정된 주소를 통하여 자동으로 내려받아 프로젝트에 따라 실행될 수 있게 하는 역할을 담당하고 있습니다.

그레이들 플러그인을 만들어서 로컬 환경에 배포한 후 배포된 플러그인을 사용해보는 방법을 알아보도록 하겠습니다. 그레이들 프로젝트를 생성하고 생성된 프로젝트의 build.gradle 파일을 작성하도록 하겠습니다. build.gradle 파일에서는 작성된 플러그인을 지정된 저장소 경로로 업로드하는 역할을 수행하도록 **코드 9-21**과 같이 구현되었습니다.

코드 9-21 build.gradle

```
group '9_11'
version '1.0'

apply plugin: 'Groovy'
apply plugin: 'java'
apply plugin: 'maven'

sourceCompatibility = 1.8

archivesBaseName = 'DeployEx'

repositories {
    mavenCentral()
    jcenter()
}

uploadArchives{
    repositories.mavenDeployer{
        repository(url: 'file:D:/9_11_deploy')
    }
}
```

```
dependencies {
    compile gradleApi()
    compile localGroovy()

    testCompile group: 'junit', name: 'junit', version: '4.11'
}
```

코드 9-21을 보면 로컬 저장소로 빌드 수행을 통하여 생성된 결과를 업로드하도록 빌드 스크립트가 구성되어 있습니다. 로컬 저장소는 임의로 9_11_Deploy로 지정해 놨고 빌드를 수행하게 되면 지정된 디렉터리로 생성된 결과가 업로드됩니다. 업로드된 결과를 플러그인으로 하여 사용하는 실습도 진행하기 위하여 실습하는 프로젝트에 그루비를 이용한 클래스를 만들도록 하겠습니다. src 디렉터리 하위로 main〉Groovy 디렉터리가 있는데, 이 디렉터리에 패키지를 만들고 패키지 밑에 Groovy 클래스를 생성하도록 하겠습니다. 패키지는 deploy.module로 하고 그 하위로 클래스를 DeployModule과 DeployPlugin 이름으로 각각 생성하도록 하겠습니다.

코드 9-22 DeployPlugin.Groovy

```
package deploy.module

import org.gradle.api.Plugin
import org.gradle.api.Project

class DeployPlugin implements Plugin<Project>{
    void apply(Project target){
        target.task('makePlugin', type:DeployModule)
    }
}
```

코드 9-22는 Groovy 클래스로 Plugin 인터페이스를 구현하여 생성한 클래스인데, Plugin 인터페이스에 있는 apply( )를 구현하였습니다. 오버라이드된 apply( )는 그루비에 구현된 태스크를 적용하여 사용하기 위한 메서드입니다.

코드 9-23 DeployModule.Groovy

```groovy
package deploy.module

import org.gradle.api.DefaultTask
import org.gradle.api.tasks.TaskAction

class DeployModule extends DefaultTask{
    @TaskAction
    def isModule(){
        println "This is Deploy Module"
    }
}
```

코드 9-23은 DefaultTask를 상속받아 구현된 클래스로 사용하게 될 태스크가 구현된 부분이라고 보면 되겠습니다. 그레이들의 태스크로 인식하여 사용하려면 @TaskAction과같이 어노테이션으로 지정해야 합니다. 이렇게 간단하게 Groovy 클래스를 만들었고 이 프로젝트를 빌드 수행을 통하여 배포하도록 하겠습니다.

다음으로, 배포한 플러그인을 사용할 수 있도록 META-INF에 설정 정보를 추가하도록 하겠습니다. META-INF는 src>main 디렉터리 하위에 resources 디렉터리를 생성하거나 만약 생성되어 있다면 그 하위에 META-INF 디렉터리를 생성하고 그 하위에 gradle-plugins 디렉터리를 생성하도록 하겠습니다. 생성된 디렉터리 하위에 플러그인을 식별할 수 있는 설정 파일을 생성하는데, 생성 파일의 이름은 makePlugin.properties'로 하도록 하겠습니다. 여기서 makePlugin.properties에서 확장자를 제외한 파일 이름이 배포가 완료된 후 다른 프로젝트나 모듈에서 플러그인으로 선언하여 사용하고자 할 때 apply plugin:'makePlugin'과 같이 사용합니다. 이렇게 디렉터리 및 파일 생성이 완료되었으면 해당 파일에 실행하고자 하는 클래스의 경로를 지정하는 내용을 다음과 같이 입력하도록 하겠습니다.

코드 9-24 makePlugin.properties

```
implementation-class = deploy.module.DeployPlugin
```

이렇게 생성이 완료되었으면 명령 프롬프트에서 해당 프로젝트 경로로 이동 후에 uploadArchives 명령어 수행을 통하여 지정된 로컬 저장소로 업로드하도록 하겠습니다.

그림 9-18 실행 결과

이렇게 빌드 수행이 성공적으로 완료되었으면 build.gradle에 업로드 경로로 지정한 디렉터리로 가서 업로드가 잘되었는지 확인해 보도록 하겠습니다.

그림 9-19 생성 결과

확인해 보면 build.gradle 빌드 스크립트에서 지정한 디렉터리에 빌드 수행 결과물이 생성된 것을 알 수 있습니다. 그럼 이렇게 생성된 결과물을 사용해보는 실습을 해보도록 하겠습니다. 로컬 저장소나 원격지의 특정 저장소에 배포된 플러그인을 사용할 때 buildscript 블록을 사용하여 해당 블록에서 배포된 플러그인이 위치된 장소를 정의하고 apply plugin을 통하여 선언하여 사용하면 됩니다. 플러그인 사용을 실습하기 위하여 임의의 프로젝트를 생성하고 build.gradle에 다음 빌드 스크립트 코드를 작성하도록 하겠습니다.

코드 9-25 build.gradle

```
apply plugin: 'java'
apply plugin: 'maven'

buildscript{
    repositories{
        maven{
            url 'file:D:/9_11_deploy'
        }

    }

    dependencies{
        classpath group : '9_11',name:'DeployEx', version:'1.0'
    }
}

apply plugin: 'makePlugin'
```

buildscript 블록에서 배포된 플러그인 경로가 repositories 블록 안에서 url 'file:D:/9_11_deploy'로 지정되어 있고 dependencies 블록에서 업로드한 모듈에 대한 group, name, version을 지정하여 의존 관계를 선언해놨습니다. 참고로 group, name, version은 **코드 9-21**의 빌드 스크립트에서 선언한 group, archivesBaseName, version의 정보가 사용된 부분입니다. 이렇게 작성된 빌드 스크립트를 수행을 통하여 배포된 플러그인이 사용되었는지 확인해 보도록 하겠습니다.

그림 9-20 실행 결과

실행 결과를 확인해 보면 **코드 9-25**에서 apply plugin : 'makePlug'을 통하여 배포한 플러그인이 호출되고 makePlug 인은 배포한 플러그인의 META-INF의 gradle-plugins에 생성한 makePlugin.properties 파일이 호출되어 해당 파일에 정의된 클래스의 실행 경로를 호출하여 **코드 9-24**에서 출력하도록 지정된 문자열이 표시된 것을 확인할 수 있습니다.

이렇게 그레이들을 이용하여 플러그인을 만들어 로컬 저장소나 인터넷 저장소 등 다양한 장소에 배포할 수 있으며, 배포된 내용을 다른 프로젝트에서 사용할 수도 있습니다. 학습한 내용을 바탕으로 프로젝트에서 공통으로 사용되는 모듈이나 라이브러리를 플러그인으로 배포하여 사용한다면 개발 생산성이 향상되고 프로그램 소스 코드 관리 차원에서도 효율적인 부분이 있습니다. 이 밖에도 그레이들의 User Guide에 다양한 활용 방법이 나와 있으니 참고하기 바랍니다.

Gradle User Guide: https://docs.gradle.org/current/userguide/custom_tasks.html

Chapter 10 그레이들 구조화

1. 객체지향적인 빌드 스크립트　**2.** 프로젝트 구조화하기　**3.** 외부 자원 사용

빌드 스크립트를 작성할 때 매우 복잡해지는 때가 많이 있습니다. 아주 많은 양의 스크립트 코드가 빌드 스크립트에 작성된다면 가독성도 저하되고 향후 유지보수에도 어려움을 겪을 수 있습니다. 그레이들은 스크립트 기반의 처리 기반 구조로 되어 있어서 이러한 빌드 스크립트의 복잡한 부분을 간결하게 처리하는 방법을 제공하고 있습니다. 그레이들은 그루비를 기반으로 하며 그루비는 자바와 유사한 문법 구조이기 때문에 빌드 스크립트를 간결하게 구조화하는 작업은 자바를 학습하거나 접했다면 그렇게 어렵지 않게 처리할 수 있습니다. 어떻게 그레이들의 빌드 스크립트를 구조화하여 간결하게 작성하는 그 방법에 대하여 알아보도록 하겠습니다.

1. 객체지향적인 빌드 스크립트

그레이들은 그루비를 기반으로 스크립트를 구성하여 처리하기 때문에 빌드 스크립트의 흐름 및 구성을 파악하기가 쉽습니다. 그루비는 자바와 유사한 문법 구조 체계를 가지고 있기 때문에 메서드, 클래스 등과 같은 구조와 개념을 가지고 있으며 그레이들의 빌드 스크립트에서도 이러한 개념을 사용하여 빌드 스크립트를 작성할 수 있습니다. 이렇게 작성을 수행하게 되면 태스크나 특정 블록에서 복잡하게 작성 및 처리될 수 있는 내용이 메서드와 클래스로 나누어 객체지향적으로 빌드 스크립트로 작성될 수 있기 때문에 향후 유지보수 차

원에서도 쉬울 수 있습니다. 그럼 어떻게 메서드와 클래스를 사용하여 작성하는지 알아보도록 하겠습니다. 임의의 프로젝트를 생성한 후에 build.gradle 빌드 스크립트 파일을 생성하고 **코드 10-1**을 작성하도록 하겠습니다. 언뜻 보기에는 태스크라는 부분을 제외하고는 평범한 자바 코드처럼 보이기도 하는데, 앞에서도 설명한 것처럼 그루비 기반의 구조이기 때문이라고 볼 수 있습니다.

코드 10-1 class, method 사용

```
// 클래스 정의
class Domain{
    String domain
    String version
}

// 메서드 정의
void showContent(Domain domain){
    println "This is $domain.domain"
}

// 간단한 사칙연산 메서드
int calPlus(def a, def b){
    return a+b
}

int calMinus(def a, def b){
    return a-b
}

int calMulti(def a, def b){
    return a*b
}

double calDiv(def a, def b){
    return a/b
}
```

```
task exeTask <<{
    // 객체 생성을 통한 사용
    final obj = new Domain(domain:"https://docs.gradle.org/current/dsl/")
    showContent(obj)

    // 객체 생성 및 활용 - getter(), setter() 이용
    def a = new Domain()
    a.setVersion('0.1')
    println 'version is ' + a.getVersion()

    // 메서드 반환값 사용
    def age1 = 30
    def age2 = 40

    println 'age plus = ' + calPlus(age1, age2)
    println 'age minus = ' + calMinus(age1, age2)
    println 'age multi = ' + calMulti(age1, age2)
    println 'age div = ' + calDiv(age1, age2)
}
```

코드 10-1에서 보면 class와 여러 가지 메서드들을 정의하여 태스크에서 호출하여 사용하였습니다. 그루비 기반이기 때문에 그루비에서 제공하는 문법 구조대로 작성하면 클래스나 메서드를 사용할 수 있습니다. 참고로 자바의 클래스와 유사하게 보이지만 그루비의 클래스와는 차이가 있으니 이 부분은 그루비 관련 문법을 확인하고 빌드 스크립트를 작성하시기 바랍니다.

먼저 Domain이라는 클래스를 만들고 클래스 안에 String 형 변수를 생성하였습니다. 그리고 Domain 객체를 인수로 하는 showContent( ) 메서드를 정의하여 전달받은 내용을 출력해 줄 수 있게 하였고 사칙연산을 위한 간단한 메서드를 정의하여 사칙연산의 결괏값을 반환해주도록 하였습니다. Domain 클래스와 메서드들을 exeTask 안에서 값을 인수로 전달하여 호출하였습니다. 우선 Domain 클래스의 객체를 두 가지 방식으로 생성하였는데, 하나

는 new Domain(domain: ***) 형식이고 다른 하나는 new Domain( ) 형식으로 생성하여 내부적으로 지원되는 getter( )와 setter( )를 활용하여 값을 인수로 전달하도록 하고 전달을 통하여 설정된 값을 출력해주었습니다. 그리고 끝으로 사칙 연산을 수행하는 메서드에 값을 전달하여 계산한 결과를 반환받아 출력하도록 빌드 스크립트를 작성하였습니다. 이렇게 빌드 스크립트를 작성하게 되면 태스크 안에서 모든 내용을 정리하고 처리하는 것보다도 빌드 스크립트의 가독성이 좋아지는 이점을 얻을 수 있습니다. 그럼 **코드 10-1** 빌드 스크립트를 수행하여 결과를 확인해 보도록 하겠습니다.

그림 10-1 실행 결과

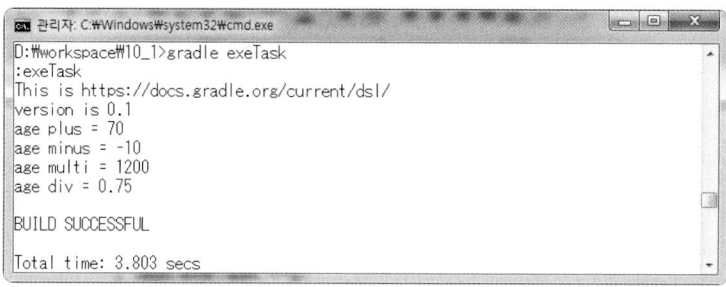

2. 프로젝트 구조화하기

책을 통하여 실습하는 예제는 기본 개념 설명을 위한 실습이기 때문에 프로젝트는 소규모이며 대부분 단일 프로젝트 구조로 생성하여 처리하거나 실습할 수 있습니다. 하지만, 실제 프로젝트는 그 규모도 크며 처리해야 할 부분의 빌드 스크립트 코드도 방대하기 때문에 단일 프로젝트로 처리하기에는 시스템 유지보수 차원에서 이로울 부분이 없습니다. 그래서 멀티 프로젝트로 프로젝트를 나눠서 관련 단위별로 특성에 따라 진행하고 관리하게 됩니다.

그레이들도 멀티 프로젝트를 생성 및 관리할 수 있도록 하고 있으며 멀티 프로젝트에서는 루트 프로젝트와 서브 프로젝트 사이에 관련 속성 및 정보를 공유할 수 있습니다. 즉, 루트 프로젝트의 속성 또는 메서드 등을 서브 프로젝트에서 사용할 수 있으며 루트 프로젝트에서 서브 프로젝트의 속성이나 메서드를 사용할 수 있습니다. 앞선 4장에서 Settings 객체에 대하여 살펴보면서 멀티 프로젝트에 대하여 간단히 알아봤습니다. 이번에는 조금 더 심화하고 응용하여 프로젝트를 구조화하여 작성하는 방법을 알아보도록 하겠습니다.

실습을 위해 **그림 10-2**와 같이 프로젝트를 생성하도록 하겠습니다. 프로젝트는 루트 프로젝트를 생성하고 하위에 서브 프로젝트가 존재하게 되며 관련하여 build.gradle 파일과 settings.gradle 파일을 생성하면 됩니다. 계층형 멀티 프로젝트 구조를 정의하고자 **코드 10-2**와 같이 include를 사용하여 선언하면 되겠습니다.

그림 10-2 프로젝트 생성

```
▲ 📁 10_2
    ▲ 📁 subProject
          G build.gradle
    G build.gradle
    G settings.gradle
```

다음으로, 멀티 프로젝트에 대하여 구조를 세팅하기 위하여 settings.gradle 파일을 작성하도록 하겠습니다. 4장에서 include( )와 includeFlat( )에 대해 설명했는데 이번 실습에서는 include( )를 사용한 계층형 멀티 프로젝트 구조로 실습을 진행하도록 하겠습니다.

코드 10-2 settings.gradle

```
include "subProject"
```

다음으로, 루트 프로젝트에 생성한 build.gradle에 **코드 10-3**을 작성하도록 하겠습니다.

코드 10-3 build.gradle

```groovy
// 확장 객체를 사용 - (1)
ext {
    num1 = 10
    num2 = 40
}

// subProject 설정
project(":subProject") {
    // 확장객체 사용 - (2)
    ext {
        num1 = 15
        num2 = 20
    }

    task exeSubTask << {
        println "Call Project Sub"
        calPlus(num1,num3)
        calMinus(num1,num3)
        calMulti(num1,num3)
        calDiv(num1,num3)
    }
}

task exeTask << {
    println "Call Project Main"
    calPlus(num1,num2)
    calMinus(num1,num2)
    calMulti(num1,num2)
    calDiv(num1,num2)
}

// 간단한 사칙연산 메서드
void calPlus(def a, def b){
    println "a + b = " + (a+b)
}
```

```
void calMinus(def a, def b){
    println "a - b = " + (a-b)
}

void calMulti(def a, def b){
    println "a * b = " + (a*b)
}

void calDiv(def a, def b){
    println "a / b = " + (a/b)
}
```

코드 10-3에서는 ext 객체를 이용하여 사용하기 위한 값을 설정하였고 그 아래에 project 블록에서 ':subProject' 부분을 통하여 루트 프로젝트 하위의 subProject에 대한 설정을 하고 있습니다. subProject에서는 이 부분을 통하여 설정된 값이나 메서드 등을 사용할 수 있습니다. 반대로 루트 프로젝트는 이 부분을 통하여 서브 프로젝트에 설정된 값이나 메서드를 사용할 수도 있습니다. project 블록에서도 ext 객체를 이용하여 num1, num2에 값을 정의하였고 exeSubTask에서는 사칙연산 수행을 위한 메서드를 호출하고 있습니다. 이 사칙연산 메서드는 루트 프로젝트의 build.gradle에 선언되어 있고 exeTask에서도 호출하고 있습니다. 다음으로, **코드 10-4**를 subPoject 디렉터리의 build.gradle에 작성하도록 하겠습니다.

코드 10-4 subProject/build.gradle

```
// 확장 객체 사용 - (3)
ext {
    num3 = 30
}

// subproject 태스크 - 루트 프로젝트의 태스크 참조
task exeTask(dependsOn: "exeSubTask") << {
    println "Child Project"
    calPlus(num1,num2)
```

```
        calMinus(num1,num2)
        calMulti(num1,num2)
        calDiv(num1,num2)
    }
```

코드 10-4를 보면 exeTask에서 'dependsOn:exeSubTask'를 통하여 루트 프로젝트에 정의된 태스크를 참조하도록 지정하였습니다. 그리고 루트 프로젝트에서 정의된 메서드를 호출하여 사용하고 있으며 그 안에 **코드 10-3**에서 project 블록에서 확장 객체를 통하여 정의된 값이 인자로 사용되고 있습니다. 반대로 project 블록에서 사용된 메서드의 인자를 보면 **코드 10-4**에서 정의된 값이 인자로 사용되고 있습니다. 이렇게 루트 프로젝트와 서브 프로젝트 간에는 설정을 통하여 값이나 메서드 등을 참조할 수 있으며 이러한 특성을 통하여 프로젝트를 분할하고 구조화하여 개발하고 관리할 수 있습니다.

그럼 작성한 빌드 스크립트의 빌드 수행을 통하여 그 결과를 확인해 보도록 하겠습니다.

그림 10-3 실행 결과

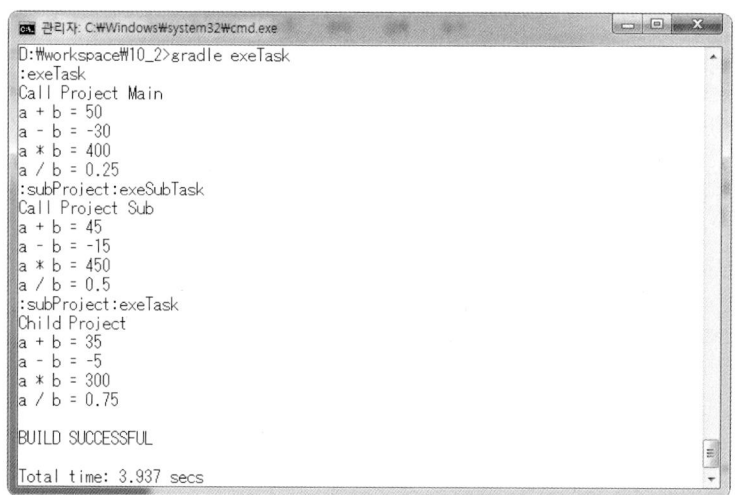

수행 결과를 살펴보면 우선 루트 프로젝트의 태스크가 호출되어 해당 결과가 출력된 것을 확인할 수 있습니다. 다음으로, subProject의 태스크가 호출되는데, 호출되기에 앞서서 subProject의 태스크가 루트 프로젝트의 태스크에 대하여 참조하도록 'dependsOn:exeSubTask'로 지정되어 있어서 루트 프로젝트의 project 블록에 정의된 exeSubTask가 수행된 것을 볼 수 있습니다. 그리고 그다음으로 subProjectTask가 호출되어 결과를 출력해주고 있습니다. 사칙연산의 수행 결괏값을 보면 프로젝트 간에 사용된 값을 확인할 수 있습니다. 우선 exeTask는 루트 프로젝트에 존재하기 때문에 **코드 10-3**의 확장 객체 (1) 안에 선언된 값을 사용하여 결과를 출력하였고 project 블록에 있는 exeSubTask는 사칙연산 메서드가 루트 프로젝트의 ext 객체의 num1 값과 서브 프로젝트에 있는 ext 객체의 num3 값을 사용하여 결괏값을 출력하였습니다. 그리고 서브 프로젝트의 exeTask에서는 num1과 num2의 값을 루트 프로젝트의 ext 객체에 생성된 값을 활용한 것이 아니라 project 블록에 선언된 ext 객체의 값을 사용하여 결괏값을 출력하였습니다. 프로젝트를 구조화하여 사용할 경우 루트 프로젝트와 서브 프로젝트 간의 메서드와 변수를 참조할 수 있으며 메서드나 변수를 참조할 때에는 선언 방법이나 변수와 메서드의 영향 범위에 대하여 고려한 후에 적용하여 사용해야 합니다.

3. 외부 자원 사용

그레이들은 외부 라이브러리나 외부 빌드 스크립트를 사용할 수 있도록 지원하고 있습니다. 외부 자원을 사용할 수 있기 때문에 그레이들에서 다시 개발하거나 할 필요가 없으며 외부 자원의 사용으로 프로젝트를 구조화하여 구성할 수 있습니다. 외부 라이브러리를 사용하는 방법은 앞에서도 간단히 빌드 스크립트 코드를 통하여 살펴봤습니다. buildscript 블록을 이용하여 외부 라이브러리를 사용할 수 있는데, 그레이들의 동작은 JVM에도 수행되기 때문에 buildscript 블록을 통하여 사용하고자 하는 외부 라이브러리, 즉 JAR 파일을 classpath에 지정하게 됩니다. 이렇게 지정하게 되면 빌드 스크립트는 지정한 외부 라이브러리를 호출하여 사용합니다. 빌드 스크립트를 직접 작성을 통하여 외부 라이브러리를 사용을 알아보도록 하겠습니다. 임의의 프로젝트를 생성하고 build.gradle에 **코드 10-5**를 작성하도록 하겠습니다.

코드 10-5 build.gradle

```
buildscript {
    repositories {
        jcenter()
    }
    dependencies {
        classpath "com.jfrog.bintray.gradle:gradle-bintray-plugin:0.4.1"
        classpath "org.apache.commons:commons-lang3:3.3.1"
    }
}

// 플러그인
apply plugin: "com.jfrog.bintray"
// 외부 라이브러리를 사용할 수 있도록 import
import org.apache.commons.lang3.StringUtils

task exeTask << {
    println StringUtils.replace("http://www.gradle.org/", "/","-")
    println StringUtils.removeEnd("http://www.gradle.org/", "/")
}
```

코드 10-5를 살펴보면 buildscript 블록 안에 repositories 블록과 dependencies 블록이 선언되어 있고 dependencies 블록에 사용하고자 하는 외부 라이브러리를 classpath로 지정하고 있습니다. 이렇게 사용하고자 하는 외부 라이브러리는 classpath에 지정되어 있어야 프로젝트에서 해당 라이브러리에 대하여 의존 관계를 이용하여 사용할 수 있게 됩니다. 이렇게 classpath에 지정하는 이유가 바로 그레이들이 JVM에서 동작하기 때문입니다. **코드 10-5**에는 8장에서 퍼블리싱과 관련하여 실습했던 bintray를 외부 라이브러리로 사용하였고 이 지정을 통하여 플러그인으로 사용하였습니다. 그리고 common-lang을 외부 라이브러리로 사용하여 StringUtils를 통하여 제공되는 문자열 함수들을 사용하였습니다. **코드 10-5**를 빌드 수행하면 다음과 같은 실행 결과를 얻을 수 있습니다.

그림 10-4 실행 결과

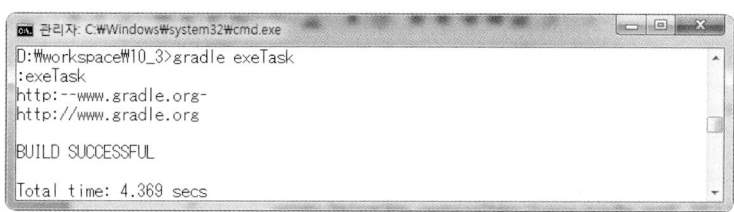

buildscript 블록을 활용하는 방법을 하나 더 알아보도록 하겠습니다. 이 buildscript 블록을 이용하여 프로젝트를 구조화하여 간결하게 할 수 있습니다. 프로젝트의 규모가 커질 때 자바나 Groovy 클래스를 JAR 파일로 추출하여 buildscript 블록에서 classpath에 지정하는 방법입니다.

코드 10-6 buildscript 블록을 활용하는 또 하나의 방법

```
buildscript {
    repositories {
        flatDir dir : "lib"
    }
    dependencies {
        classpath "com.gradle:gradleTask:1.0"
    }
}
```

코드 10-6은 추출된 JAR 파일을 classpath에 등록하여 사용하기 위한 buildscript 블록 사용 형식을 임의로 나타냈습니다. classpath에는 사용하고자 하는 JAR 파일이 추출되어 있다면

해당 JAR 파일에 대하여 지정하고 flatDir dir을 이용하여 해당 라이브러리를 배치하는 형식이라고 볼 수 있습니다.

buildscript 블록을 사용하여 외부 라이브러리를 사용하는 부분을 살펴봤습니다. 다음으로, 외부에 존재하는 빌드 스크립트를 사용하는 방법을 알아보도록 하겠습니다. 외부 빌드 스크립트가 코드 공유 URL 등에 배포가 되어 있고 해당 빌드 스크립트에 사용하고자 하는 빌드 스크립트 코드가 존재한다면 해당 빌드 스크립트의 코드를 복사하여 붙여 넣기로 사용할 수도 있지만, 해당 외부 빌드 스크립트를 프로젝트의 빌드 스크립트에 직접 포함해 붙여 넣거나 재작성 없이 사용할 수 있습니다. 사용하는 방법을 간략히 살펴보도록 하겠습니다. 임의의 경로에 budild.gradle 파일이 있다고 가정하고 다음 **코드 10-7**과 같이 해당 경로의 build.gradle 파일을 지정하여 사용하면 됩니다.

코드 10-7 외부 빌드 스크립트 사용 방법

```
// 사용하고자 하는 URL의 build.gradle 경로 지정
apply from: "https://gist.testGradle.com/gradle/gradleExe/build.gradle"

// 지정된 빌드 스크립트의 태스크가 사용되도록 지정
task exeTask(depensOn: "gradleExe") <<{
    println "test gradle class Method "
}
```

코드 10-7처럼 외부에 있는 build.gradle을 사용할 수 있습니다. apply from을 이용하여 GitHub와 같은 외부 저장소에 등록된 경로나 도메인을 지정하면 지정된 경로의 build.gradle 내용을 가져다 사용할 수 있습니다. 임의의 경로를 apply from에 지정하고 build.gradle이 있다는 가정하에 exeTask를 보면 apply from을 통해 지정된 프로젝트 대하여 의존관계 지정을 통해 사용할 수 있음을 알 수 있습니다. 하지만, 이 방법에는 외부에 존재하는 build.gradle 파일이 수정되거나 이로 말미암아 에러가 발생하거나 한다면 해당 프로젝트에는 큰 악영향을 끼칠 수 있다는 단점이 있습니다.

다음으로, buildSrc 프로젝트를 이용하여 자바나 그루비로 작성된 파일의 컴파일을 통하여 빌드 스크립트에서 참조하는 부분을 알아보도록 하겠습니다. buildSrc 프로젝트는 임의의 프로젝트에서 buildSrc를 기준으로 해당 디렉터리 하위에 자바나 그루비 파일을 위치시킨 프로젝트입니다. 참고로 buildSrc 디렉터리는 멀티 프로젝트일 경우에는 루트 프로젝트에만 사용할 수 있습니다. 임의의 프로젝트를 **그림 10-2**와 같은 구조로 생성하도록 하겠습니다.

그림 10-5 프로젝트 구조

```
buildSrc
  src
    main
      groovy
  build.gradle
```

우선 buildSrc/src/main/Groovy 디렉터리 하위에 Groovy 클래스를 하나 만들도록 하겠습니다. Groovy 클래스에는 속성값들을 지정한 변수를 몇 개 선언하여 **코드 10-8**과 같이 작성하도록 하겠습니다.

코드 10-8 GradleGroovy.groovy

```
class GradleGroovy {
    int a
    int b

    String msg
}
```

코드 10-8과 같이 Groovy 클래스를 만들었으면 다음으로 build.gradle 파일을 작성하도록 하겠습니다. build.gradle 파일에는 **코드 10-9**와 같이 작성하면 됩니다.

코드 10-9 build.gradle

```
task exeTask << {
    // 객체 생성을 통한 값을 지정
    final num1 = new GradleGroovy(a: 100,b: 200)
    final num2 = new GradleGroovy(b: 300)

    // 사칙연산 - 객체를 인수로 전달
    calcu(num1,num2)

    // 문자열을 값으로 지정하기 위한 객체 생성
    final msg = new GradleGroovy(msg: "Msg is Hello")
    // 문자열 출력
    printMsg(msg)

}

// 계산을 위한 메서드
void calcu(GradleGroovy num1,GradleGroovy num2) {
    def a = Integer.parseInt("$num1.a")
    def b = Integer.parseInt("$num1.b")
    def c = Integer.parseInt("$num2.b")

    println "plus result =    " + (a+b+c)
    println "minus result =   " + (a-b-c)
    println "multi result =   " + (a*b*c)
    println "div result =    " + (a/b/c)
}

// 문자열 출력 메서드
void printMsg(GradleGroovy str){
    println "$str.msg"
}
```

코드 10-9를 살펴보면 Groovy 클래스를 사용하기 위해 객체를 생성하였고 객체를 생성할 때 Groovy 클래스에 정의한 변수에 값을 전달함을 알 수 있습니다. Groovy 클래스를 별도의 .gradle 파일로 만들고 만들어진 파일에 정의된 클래스를 build.gradle에서 사용할 수 있습니다. 이렇게 생성된 객체를 이용하여 build.gradle에서 Groovy 클래스 객체를 이용하여 숫자 연산 및 문자열을 출력하도록 빌드 스크립트 코드를 작성하였습니다. 명령 프롬프트에서 빌드를 수행하면 다음과 같은 실행 결과를 확인할 수 있습니다.

그림 10-6 실행 결과

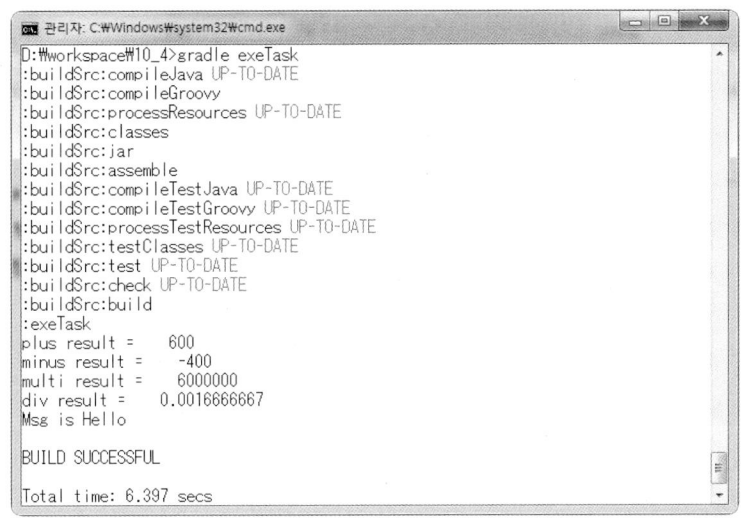

실행 결과를 확인해 보면 buildSrc 디렉터리를 기준으로 그레이들에서 제공되는 태스크들이 빌드를 수행할 때 수행된 것을 확인할 수 있습니다. buildSrc 디렉터리에는 **코드 10-8**과 같이 생성한 GradleGroovy.Groovy 파일만 존재하는 것처럼 보이지만, 내부적으로는 Gralde을 이용하여 Groovy 프로젝트를 생성한 것이기 때문입니다. buildSrc 디렉터리 자체가 Groovy 프로젝트의 일종으로 **코드 10-9**에는 눈에는 보이지 않지만, 암묵적으로 Groovy 관련 정보가 다음 **코드 10-10**과 같이 적용되고 있습니다.

코드 10-10 암묵적으로 적용되고 있는 Groovy

```
// 암묵적으로 적용되고 있는 부분
apply plugin : "Groovy"

dependencies{
    compile gradleApi()
    compile localGroovy()
}
```

방금 실습을 통하여 알아본 buildSrc 디렉터리를 이용할 경우 buildSrc 디렉터리 하위에 자바 파일이나 그루비 파일을 작성하면 빌드 스크립트를 통하여 자바나 그루비에 접근할 수 있습니다. 프로젝트 규모가 커질 경우 buildSrc 디렉터리에 내용을 분리하여 사용하게 되면 프로젝트를 간결하게 구조적으로 변환할 수 있습니다. 하지만, 단점으로 방금 살펴본 실행 결과에서도 보듯이 암묵적으로 제공되는 태스크를 모두 빌드 수행에 이용하므로 빌드를 수행하게 되면 컴파일 시간 등 많은 시간이 소요되는 문제가 있습니다. 이럴 때는 buildSrc 내용을 별로도 옮겨서 JAR 파일을 만들어 앞에서 살펴본 외부 라이브러리 사용 방법을 이용하여 해결할 수 있습니다.

프로젝트를 구조화하는 방법 중에서 사용자 정의 태스크를 이용하는 방법이 있습니다. 사용자 정의 태스크를 만드는 방법 중에서 이번에 알아볼 방법은 type 속성을 이용하여 Task 객체를 지정하여 사용하는 부분입니다. type 속성을 이용하여 사용자 정의 태스크를 만드는 형식은 **코드 10-11**과 같습니다.

코드 10-11 type 속성을 이용한 태스크 생성

```
// type 속성 사용
task userTask(type: DefaultTask)<<{
    …
}
```

코드 10-11에서와 같이 태스크 이름 뒤에 type을 지정하여 DefaultTask 클래스를 지정하였습니다. 만약 저 부분을 지정하지 않았다면 내부적으로 DefaultTask가 지정됩니다. **코드 10-11**의 형식을 이용하여 빌드 수행 시 추가로 사용자 정의 객체를 type으로 지정하여 사용할 수 있습니다. type 속성 뒤에 사용자가 지정한 Task 객체를 지정하여 사용하면 됩니다. 그럼 임의의 프로젝트를 생성한 후에 사용자 정의 태스크를 **코드 10-12**와 같이 build.gradle에 작성하도록 하겠습니다.

DefaultTask: https://docs.gradle.org/current/javadoc/org/gradle/api/DefaultTask.html

코드 10-12 사용자 정의 태스크

```
// 사용자 정의 태스크
task calcuTask(type: CalcuGradle) {
    msg = "Customer Task Test"
    printMsg(msg)

    def a = 5
    def b = 10

    plus(a,b)
    minus(a,b)
    multi(a,b)
    div(a,b)
}

// 태스크 클래스 정의
class CalcuGradle extends DefaultTask {
    // 변수 선언
    int a
    int b
    String msg

    // 클래스 생성자
```

```
    CalcuGradle() {
        this << {
            println "Calcu Start , $msg!"
        }
    }

    // 메서드 지정
    void printMsg(String str) {
        println "Alzio Contents : $str"
    }

    void plus(int a, int b){
        println " a+b = " + (a+b)
    }

    void minus(int a, int b){
        println " a-b = " + (a-b)
    }

    void multi(int a, int b){
        println " a*b = " + (a*b)
    }

    void div(int a, int b){
        println " a/b = " + (a/b)
    }
}
```

코드 10-12를 살펴보면 calcuTask 태스크에 type 속성으로 CalcuGradle 클래스가 지정된 것을 확인할 수 있습니다. **코드 10-11**에서는 DefaultTask가 type 속성으로 지정된 반면, 지금 실습하는 빌드 스크립트에서는 CalcuGradle이 type 속성으로 지정되어 사용되고 있는데, calcuTask 태스크 밑에 CalcuGradle 클래스가 정의된 부분을 보면 DefaultTask 클래스를 상속받아 구현된 것을 확인할 수 있습니다. 이런 식으로 태스크 수행 시 새로운 기능 또는 추가적인 기능을 적용하고자 할 때에는 수행할 기능이 있는 클래스를 DefaultTask를 상속받아 구현하고 수행하고자 하는 태스크에 type 속성을 이용하여 지정하면 됩니다. **코드 10-12**에는 간단한 사칙연산과 문자열을 출력하는 기능을 수행하도록 CalcuGradle 클래스를 작성하였습니다. 그럼 명령 프롬프트를 열고 빌드를 수행하여 결과를 확인해 보도록 하겠습니다.

그림 10-7 실행 결과

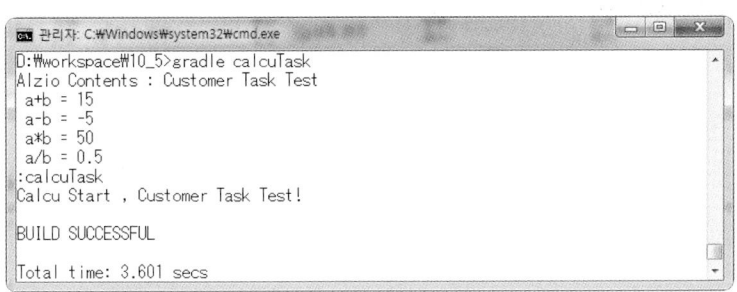

실행 결과를 확인해 보면 CalcuGradle 클래스의 내용이 calcuTask에서 관련 메서드 호출로 출력되고 있음을 알 수 있습니다. CalcuGradle 클래스에 작성된 메서드 내용이 먼저 출력되고 다음으로 CalcuGradle 클래스의 생성자 부분 내용이 출력되는 것을 확인할 수 있는데, 이 부분은 그레이들의 생명주기와 연관이 있다고 보면 되겠습니다. calcuTask는 평가 단계에서 실행되는데, CalcuGradle 클래스의 생성자는 실행 단계에서 실행되기 때문입니다.

방금 살펴본 **코드 10-12**와 같이 작성된 태스크 클래스는 빌드 스크립트에서 접근할 수 있도록 위치시켜 놓는다면 얼마든지 새롭게 태스크 클래스를 만들고 사용할 수 있으며 JAR 파일로 만들어 buildscript에서 지정하여 사용할 수 있으니 참조하시기 바랍니다.

다음으로, 사용자 정의 태스크를 사용하는 방법의 하나로, 사용자 정의 플러그인에 대하여 알아보도록 하겠습니다. 사용자 정의 플러그인은 다음 같은 경우에 사용할 수 있습니다.

- 다른 프로젝트에서 작성한 사용자 정의 태스크를 공유하여 사용할 때
- 여러 개의 태스크를 조합하여 사용할 때
- 파일, 설정 방법 등 새로운 규칙 및 방법을 정의하여 빌드 수행에 적용하고자 할 때

플러그인 사용과 관련해서는 앞에서 실습한 다른 예제에도 apply plugin을 이용하여 사용한 부분이 있습니다. 지금까지는 그레이들에서 기본적으로 제공하는 자바나 그루비 등과 같은 플러그인을 사용하였는데, 사용자가 직접 플러그인을 만들어서 지정하여 사용할 수 있습니다. 플러그인을 만들어 사용하려면 Plugin 인터페이스를 구현(implement)하여 사용자 정의 플러그인을 작성해야 합니다. 사용자 정의 플러그인을 작성하는 방법을 실습해보도록 하겠습니다. 임의의 프로젝트를 생성하고 build.gradle 파일을 만든 후 다음 **코드 10-13**을 작성하도록 하겠습니다.

코드 10-13 사용자 정의 플러그인

```groovy
// 사용자 플러그인 사용
apply plugin: GradleUserPlugin

// 사용자 정의 플러그인
class GradleUserPlugin implements Plugin<Project> {
    // 플러그인 적용시 호출
    void apply(Project project) {
        // 태스크 추가 정의
        project.task("exeTask1") << {
            println "This is Customer Plug-in -exeTask1"
        }

        project.task("exeTask2") << {
            println "This is Customer Plug-in -exeTask2"
        }
    }
}
```

```
// 플러그인에 정의된 태스크에 대한 의존 관계 설정
task myExeTask(dependsOn:"exeTask1")<<{
    println "This is Customer Plug-in -myExeTask"
}
```

코드 10-13에서는 사용자 정의 플러그인을 정의하여 사용하였습니다. 사용자 정의 플러그인을 사용하기 위하여 apply plugin 다음에 정의한 플러그인을 사용하였는데, 자바 플러그인의 경우 apply plugin : "java"와 같은 형식으로 " " (큰따옴표) 안에 지정하여 사용한 반면, 사용자 정의 플러그인은 " " 없이 바로 정의된 플러그인 이름을 기술하면 됩니다. 이 부분은 내부적으로 플러그인이 지정되어 있는지 없는지에 따라 다르며 사용자 정의 플러그인도 내부적으로 경로를 지정한다면 " " 안에 사용하여 자바 플러그인과 같은 형식으로 사용할 수도 있습니다. 즉, 플러그인 이름이 ID로 저장되어 있는데, 자바 같은 경우 플러그인 ID와 org.gradle.api.plugin.JavaPlugin 클래스가 연결되어 " " 안에 자바를 사용하여 지정할 수 있습니다. 만약 사용자 정의 플러그인을 ID로 지정하여 " " 안에 표현하고자 한다면 작성한 플러그인을 JAR 파일로 만들어 'META-INF/gradle-plugins/플러그인 이름' 또는 '플러그인 ID.properties'로 파일을 생성하고 파일 안에 'implementation-class=플러그인 이름 또는 플러그인 ID'를 지정하면 되겠습니다. 이렇게 작성을 하면 사용자 정의 플러그인도 내장 플러그인과 같이 " " 안에 기술할 수 있습니다.

사용자 정의 플러그인을 보면 Plugin〈Project〉 인터페이스를 구현하여 정의했습니다. 구현된 클래스인 GradleUserPlugin을 살펴보면 apply( ) 메서드가 있는데, 이 메서드는 플러그인이 적용될 때 호출되는 메서드라고 보면 되겠습니다. 그리고 apply( ) 메서드 안에 플러그인에서 정의한 태스크를 정의하였습니다. 사용자 정의 플러그인 외부에 태스크 하나를 정의하였는데, 해당 태스크를 플러그인에서 정의한 태스크 중의 하나인 exeTask1에 대하여 의존 관계를 지정하였습니다. 이렇게 빌드 스크립트 작성이 완료되었으면 명령 프롬프트에서 **코드 10-13**에 정의된 태스크들을 gradle 명령어를 이용하여 호출하며 빌드를 수행해보도록 하겠습니다.

그림 10-8 실행 결과

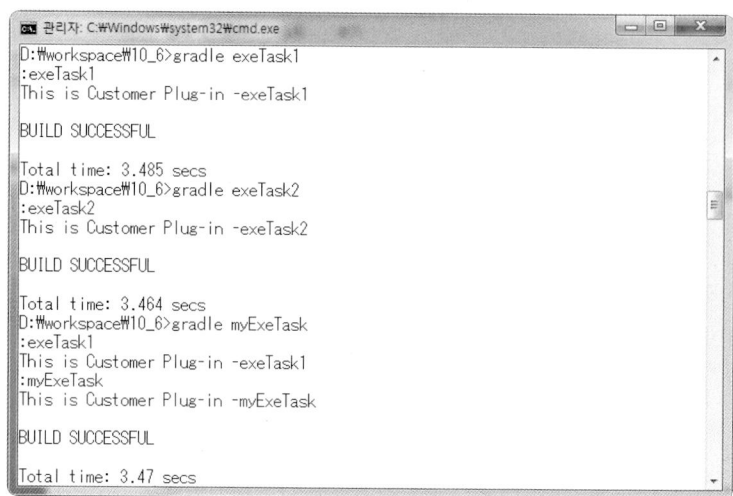

실행 결과를 보면 각각 태스크를 호출하였을 때 태스크별로 잘 호출되어 관련 결과가 출력되는 것을 볼 수 있습니다. 빌드를 수행하게 되면 내부적으로 apply( )가 호출되어 각 태스크가 실행된다고 보면 되겠습니다. 이렇게 작성된 사용자 정의 플러그인은 사용자 정의 태스크와 마찬가지로 JAR 파일이나 buildscript 블록 등에서 기술하여 사용하시면 되고 사용하고자 하는 빌드 스크립트가 접근하여 사용할 수 있는 곳이라면 어디든 위치시킬 수 있습니다.

사용자 정의 플러그인을 조금 더 응용해서 알아보도록 하겠습니다. 그레이들이 제공하는 기능 중 플러그인들은 앞에서 학습한 확장 객체를 공통으로 하나의 통일된 인터페이스로 관련 설정을 하는 방법을 제공하고 있습니다. 바로 해당 플러그인의 설정 정보를 세팅할 수 있게 관련 블록을 제공하는 건데, 예를 들어 만약 자바 플러그인을 사용한다면 jar 블록을 이용하여 자바와 jar와 관련된 속성을 지정할 수 있고 war 나 tar 등의 플러그인도 마찬가지로 관련 설정을 할 수 있는 블록을 제공하고 있습니다.

```
apply plugin : "java"

jar{
    ...
}
```

플러그인을 적용하지 않고 관련 블록을 선언하여 사용하게 되면 에러가 발생하게 됩니다. 그레이들은 제공하는 내장 플러그인뿐만 아니라 사용자 정의 플러그인에 대해서도 확장 객체를 이용하여 설정을 할 수 있는 블록을 만들 수 있도록 지원해주고 있습니다. 그럼 사용자 정의 플러그인과 확장 객체를 이용한 블록을 사용하는 방법을 알아보도록 하겠습니다. 임의의 프로젝트를 생성한 후에 **코드 10-14**를 build.gradle에 작성합니다.

코드 10-14 사용자 정의 플러그인

```
// 사용자 정의 플러그인
apply plugin: gradleUserPlugin

// 사용자 정의 블럭을 통한 속성값 지정
prop {
    outPutContents("www.gradle.org", "10.1.1.152")
}

// 속성값 지정
plus.num1 = 10
plus.num2 = 20
plus{
    plus()
}

// 사용자 정의 플러그인
class gradleUserPlugin implements Plugin<Project> {
    void apply(Project project) {
        // 확장 객체를 통한 블록 설정
        project.extensions.create("prop", GradleProperties)
```

```
        project.task("exeTask1") << {
            println "${project.prop.domain}, ${project.prop.ipAddr} "
        }
        // 확장 객체를 통한 블록 설정
        project.extensions.create("plus", GradlePlus)
        project.task("exeTask2") << {
            println "${project.plus.num1}, ${project.plus.num2} "
        }
    }
}

// 클래스 정의
class GradleProperties {
    String domain
    String ipAddr
    void outPutContents(domain, ipAddr) {
        this.domain = domain
        this.ipAddr = ipAddr
    }
}

class GradlePlus {
    int num1
    int num2
    void setNum(num1, num2) {
        this.num1 = num1
        this.num2 = num2
    }

    void plus(){
        println "num1 + num2 = " + (num1+num2)
    }
}

// 플러그인 태스크 의존 관계 지정
exeTask1.dependsOn exeTask2
```

```
// 태스크 정의
task showResult(dependsOn:"exeTask1" )<<{
    println "===== showResult Task ===="
}
```

코드 10-14를 살펴보면 우선 사용자 정의 플러그인으로 gradleUserPlugin을 정의하였고 apply plugin을 통하여 이를 적용하였습니다. 사용자 정의 플러그인을 살펴보면 이전에 실습했던 **코드 10-13**과 달리 project.extensions.create로 정의된 부분을 확인할 수 있는데, 이 부분을 이용하여 사용자 정의 플러그인에서 제공하는 설정 블록을 생성하여 속성 등을 지정할 수 있습니다. project.extensions.create를 살펴보면 확장 객체 extensions를 사용하였고 확장을 위한 명칭과 확장하고자 하는 클래스를 인자로 설정하였는데, 확장을 위한 명칭 부분이 정의하여 사용하는 설정 블록명이 된다고 보면 되겠습니다.

project.extensions.create("확장명(설정 블록명)", 확장 클래스명)

그리고 사용자 정의 플러그인에서 사용할 태스크도 정의하였는데, 이 모든 부분은 apply() 안에 정의하여 사용하면 됩니다. 이렇게 사용자 정의 플러그인에서 작성한 설정 블록을 prop 블록과 plus 블록으로 하여 정의하였습니다. 사용자 정의 플러그인에서 확장 객체를 이용하여 설정 블록을 사용할 경우 속성에 대하여 값을 지정하는 방법은 다음과 같이 확장 클래스에서 설정을 위한 메서드를 생성하고 그 메서드를 통하여 값을 지정하는 방법과 확장명(속성 블록명)을 이용하여 속성에 대한 속성을 지정하는 다음과 같은 2가지 방법이 있습니다.

```
// 속성값 지정 방법 1
prop {
    outPutContents("www.gradle.org", "10.1.1.152")
}
```

```
// 속성값 지정 방법 2
plus.num1 = 10
plus.num2 = 20
```

끝으로 사용자 정의 플러그인 내부에 있는 태스크들에 대하여 의존 관계를 exeTask2. dependsOn exeTask1으로 설정하였고 showResult 태스크와 exeTask1과 의존 관계를 설정하였습니다. 그럼 이렇게 작성된 빌드 스크립트를 명령 프롬프트 상에서 빌드해보도록 하겠습니다.

그림 10-9 실행 결과

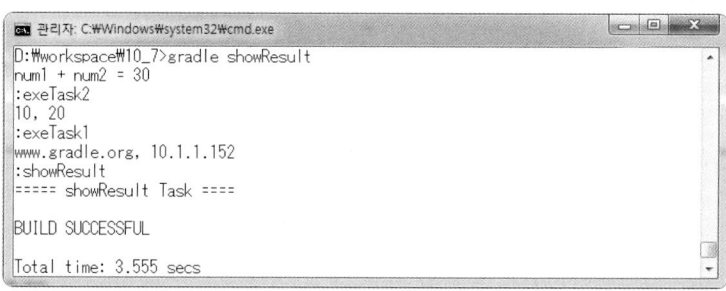

실행 결과에서는 의존 관계에 따라 태스크가 순서대로 수행되어 내용을 출력하였습니다.

지금까지 사용자 정의 플러그인을 비롯하여 다양한 방법으로 빌드 스크립트를 간결하게 구조적으로 작성하는 방법을 알아봤습니다. 프로젝트 수행 시 빌드 스크립트가 복잡해지고 코드의 양도 많아지면 관리적인 측면, 성능적인 측면에서도 어려움이 있지만, 10장에서 학습한 내용을 바탕으로 관리하여 성능 면에서도 우수한 빌드 스크립트를 작성해보기 바랍니다.

Chapter

11 스프링 부트와 그레이들

1. 스프링 부트　**2.** 그레이들에서 스프링 부트 사용하기　**3.** STS를 이용한 스프링 부트와 그레이들

현재 자바와 관련된 많은 프로젝트가 스프링을 이용하여 진행되고 있습니다. 스프링을 이용하는 스프링 프레임워크는 동적인 웹 사이트를 개발하기 위해 다양한 기능 및 서비스를 제공하는 프레임워크입니다. 스프링 프레임워크는 가볍고 제어하기 수월하도록 POJO (Plan Old Java Object) 기반으로 개발이 가능하고 AOP (Aspect Orented Programming: 관점지향 프로그래밍)를 지원하며 컨테이너를 이용하여 생명주기를 관리 및 제어할 수 있으며 XML 기반 컴포넌트를 개발할 수 있다는 특징이 있습니다. 이러한 특징이 있는 스프링 프레임워크 중에서 스프링 부트(Spring Boot)와 그레이들을 이용한 부분을 알아보도록 하겠습니다.

1. 스프링 부트

스프링 부트를 사용한 그레이들 프로젝트 실습에 앞서 스프링 부트에 대하여 간략하게 알아보도록 하겠습니다. 스프링 부트는 최소의 노력으로 스프링 프레임워크를 사용하는 프로젝트를 생성하여 시작할 수 있도록 하는 프로그래밍 기술이라고 할 수 있습니다. 스프링 부트를 이용하면 최소의 설정으로 스프링을 사용할 수 있으며 상용화 가능한 수준의 스프링 애플리케이션을 손쉽게 만들어낼 수 있습니다. 스프링 프레임워크를 이용할 때 관련 설정 정의가 복잡한 부분이 있는데 스프링 부트는 이러한 부분을 없애고 스프링의 기능을 사용할 수 있도록 기능을 제공하고 있습니다. 스프링 부트의 기능은 다음과 같습니다.

- 독립적으로 실행 가능한 애플리케이션 생성
- 내장형 Tomcat과 Jetty, 그리고 war 파일로 배포하지 않아도 되는 Undertow 지원
- 쉽게 라이브러리 관리 및 제어 가능

스프링 부트를 사용하려면 필요한 시스템 환경 요소가 있습니다. Java 7 이상의 버전을 사용하기를 권장하며 스프링 프레임워크는 4.3.6 RELEASE 버전 이상을 사용해야 하고 메이븐은 3.2 버전 이상, 그레이들은 2.9 버전 이상을 사용하는 것이 좋습니다.

2. 그레이들에서 스프링 부트 사용하기

그레이들을 이용하여 스프링 부트를 적용하는 방법을 알아보도록 하겠습니다. 스프링 부트를 사용하려면 스프링 부트와 관련된 라이브러리를 설치해야 하는데, 그레이들에서는 앞에서 살펴본 buildscript 블록에서 스프링 부트와 관련된 라이브러리를 지정함으로써 사용할 수 있습니다. 임의의 프로젝트를 생성하고 build.gradle 파일을 작성하여 그레이들에서 스프링 부트의 라이브러리를 추가하여 사용한 방법을 알아보도록 하겠습니다. 스프링 부트를 그레이들에서 사용하기 위해 **코드 11-1**을 build.gradle에 작성하도록 하겠습니다.

코드 11-1 build.gradle

```
// 외부 라이브러리를 사용하기 위해 정의
buildscript{
    repositories{
        jcenter()
    }

    // Spring Boot를 사용하기 위한 Spirng IO Platform 의존 관계 정의
    dependencies{
        classpath "io.spring.gradle:dependency-management-plugin:1.0.2.RELEASE"
    }
}
```

```
// 자바 플러그인 사용
apply plugin : 'java'

// Spring IO Platform 관련 Plugin 사용
apply plugin : 'io.spring.dependency-management'

// 의존성 라이브러리 관리
dependencyManagement{
    imports{
        mavenBom 'io.spring.platform:platform-bom:1.1.2.RELEASE'
    }

    dependencies{
        dependency 'com.fasterxm.jackson.core:jackson-databind:2.4.6'
        dependency 'org.springframework.hateoas:spring-hateoas:0.17.0.RELEASE'
    }
}

// 저장소 정의
repositories{
    jcenter()
}

// Srpingframework의 Spring Boot를 사용하도록 지정
dependencies{
    compile 'org.springframework.boot:spring-boot-starter-web'
}
```

코드 11-1을 살펴보면 buildscript에서 Srping IO Platform을 사용하기 위해 repositories 블록 및 dependencies 블록이 선언되었습니다. dependencies 블록에서 Spring dependency management plugin의 버전이 지정되었고 이 버전의 라이브러리를 apply plugin을 통하여 플러그인으로 적용하였습니다. 그레이들에서 지원하는 버전에 따른 Spring dependency management plugin의 버전은 'https://plugins.gradle.org/plugin/io.spring.

dependency-management'에서 확인 후 지정하시기 바랍니다. 해당 URL로 가보면 관련 사용 가능한 버전 정보가 나오는데, 만약 사용하는 그레이들 버전에 따라 지원을 하지 않아 호환성 부분에서 문제가 생긴다면 빌드 수행 시 에러가 발생하므로 확인 후 적용하기 바랍니다.

https://github.com/spring-gradle-plugins/dependency-management-plugin에서도 관련 정보 확인 가능

다음으로, dependencyManagement 블록이 있는데, 이 부분은 io.spring.dependency-management plugin을 통하여 외부 태스크를 사용한 부분으로, 그레이들에서 제공하지 않으나 10장에서 살펴본 플러그인의 설정 부분을 제공하는 부분이라고 보면 되겠습니다. dependencyManagement 블록에서는 Spring Dependency Management의 버전을 지정하여 사용하였습니다. 다음으로, dependencies 블록이 있는 이 부분에서 Spring Dependency Management에서 제공하는 SrpingFramework의 Srping boot를 사용하도록 의존 관계를 지정하고 있습니다. 그럼 이렇게 작성된 build.gradle이 빌드 수행을 통하여 어떤 동작을 하는지 살펴보도록 하겠습니다.

그림 11-1 실행 결과

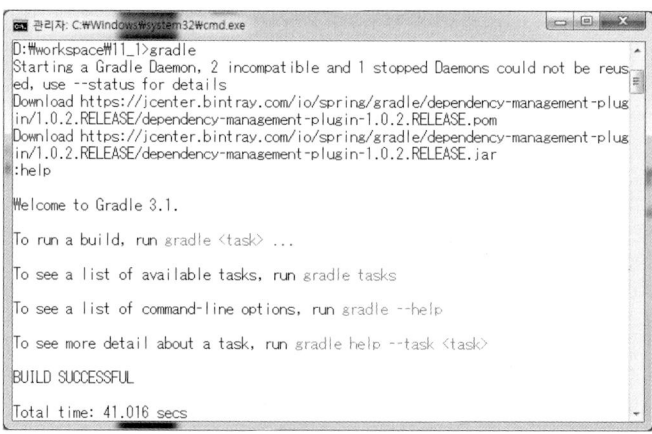

명령 프롬프트에서 gradle 명령어를 수행하면 **그림 11-1**과 같이 수행 결과를 확인할 수 있는데, 수행 결과를 보면 스프링 부트를 사용하기 위한 외부 라이브러리가 내려받아 지는 것을 볼 수 있습니다. 이렇게 **코드 11-1**과 같이 작성을 하게 되면 그레이들을 이용하여 스프링 부트를 사용하기 위한 준비는 마무리되었다고 보면 되겠습니다.

다음으로, 스프링 부트와 그레이들을 이용하여 멀티 프로젝트를 구성하는 방법을 알아보도록 하겠습니다. 스프링 부트의 멀티 프로젝트 구성은 앞에서 학습한 내용을 바탕으로 스크립트를 작성하면 됩니다. 먼저 settings.gradle에서 멀티 프로젝트로 구성하기 위한 설정을 include( )를 이용하여 지정하도록 하겠습니다. 멀티 프로젝트를 구성하려면 다음 **코드 11-2**와 같은 형식으로 작성하면 됩니다.

코드 11-2 settings.gradle

```
rootProject.name = '11_2'

// 멀티 프로젝트 구성
include "subProj:spring-boot-config"
include "subProj:spring-boot-web-config"
include "subProjDB:spring-data-jpa"
include "subProjDB:spring-data-store"
```

코드 11-2를 보면 멀티 프로젝트를 구성하기 위하여 include( )를 사용하였는데, 사용된 디렉터리 구조를 보면 'subProj:spring-boot-config', 'subProj:spring-boot-web-config', 'subProjDB:spring-data-jpa'와 같이 settings.gradle에 작성하였습니다. 스프링 부트 프로젝트를 구성할 때 다양한 구조로 사용할 수 있는데, 여기서는 루트 프로젝트를 기준으로 'subProj'나 'subProjDB'와 같이 설정 성격에 따라 그룹 디렉터리를 만들고 그 하위로 각각 관련 설정이나 관련 처리를 수행하는 모듈 디렉터리를 ':'으로 구분하여 작성하게 됩니다. 이렇게 settings.gradle에 멀티 프로젝트를 위한 구성을 마무리했으면 구성된 프로젝트 구조대로 build.gradle에서 설정 작업을 수행하면 됩니다. build.gradle에서 각 그룹의 모듈

별로 설정을 수행할 때에는 project 블록을 이용하여 project 블록에 해당 서브 프로젝트의 경로를 지정하여 사용하면 되는데, 지금 같은 경우에는 project 블록에 settings.gradle에서 include( )에 지정한 그룹의 모듈 디렉터리를 그 경로로 사용하고 설정을 진행하면 되겠습니다. 설정하는 방법은 **코드 11-3**과 같습니다.

코드 11-3 build.gradle

```
...(생략)...
// 서브 프로젝트 설정
project('subProj:spring-boot-config'){
    dependencies{
        compile 'org.springframework.boot:spring-boot-starter'
    }
}

project('subProj:spring-boot-web-config'){
    dependencies{
        compile project(': 'subProj:spring-boot-config')
        compile 'org.springframework.boot:spring-boot-starter-mustache'
        compile 'org.springframework.boot:spring-boot-starter-underow'
    }
}

project('subProjDB:spring-data-jpa'){
    dependencies{
        compile project(':subProj:spring-boot-config')
    }
}

project('subProjDB:spring-data-store'){
    dependencies{
        compile project(':subProj:spring-boot-config')
    }
}
...(생략)...
```

코드 11-3을 살펴보면 project 블록을 이용하여 각 그룹의 모듈 디렉터리별로 설정 정보를 작성한 것을 확인할 수 있습니다. project 블록은 설정 작업을 수행하기 위한 서브 프로젝트 또는 그룹의 모듈 디렉터리별로 루트 프로젝트를 기준으로 ':'으로 구분하여 **코드 11-3**과 같은 형식으로 작성하면 됩니다. **코드 11-2**와 **코드 11-3**을 통하여 그레이들과 스프링 부트를 이용한 멀티 프로젝트 구성을 위한 스크립트 작성 샘플 코드를 살펴봤습니다.

지금까지 그레이들에서 스프링 부트를 사용하기 위한 설정 방법 및 프로젝트 구성 방법을 살펴봤습니다. 이를 바탕으로 그레이들에서 스프링 부트를 사용하기 위해 설정하는 부분을 조금 더 알아보도록 하겠습니다. 우선 프로젝트를 생성하도록 하겠습니다. 이클립스에서 그레이들 프로젝트(2장 이클립스에 그레이들 플러그인 설치 부분 참고)를 이용하여 **그림 11-2**와 같이 생성하였는데, 이클립스 이외의 다른 개발 도구를 사용하여 실습을 진행해도 상관없습니다.

그림 11-2 프로젝트 생성

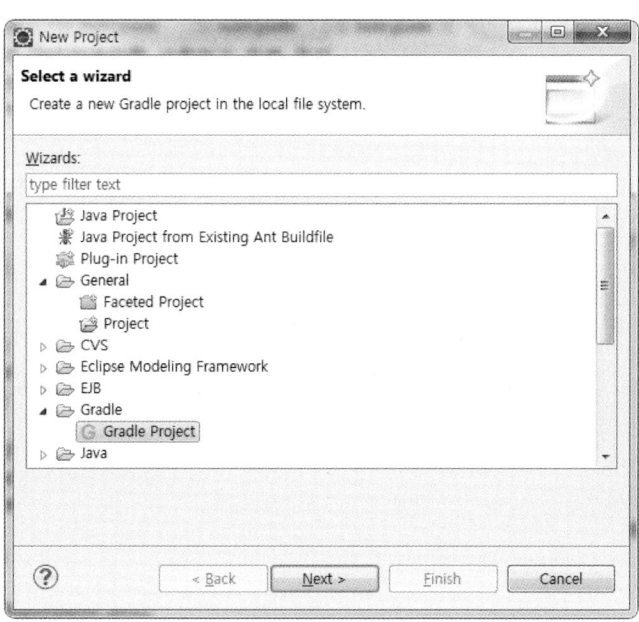

이렇게 프로젝트를 생성하게 되면 기본적인 프로젝트 구조가 생성되는데, 생성된 프로젝트 구조를 살펴보면 Gradle 디렉터리가 생성된 것을 확인할 수 있습니다. Gradle 디렉터리에 프로젝트 전반적으로 공통적인 설정을 하기 위한 default.gradle 파일에 프로젝트 전체에서 공통으로 사용할 수 있는 설정 정보를 작성하게 됩니다. default.gradle 파일을 작성하기에 앞서 gradle 디렉터리 하위에 default.gradle 파일 이외에도 다양한 스크립트 파일을 위치시킬 수 있는데, 어떤 종류의 파일을 위치시킬 수 있는지 **표 11-1**을 통하여 간략히 살펴보도록 하겠습니다.

표 11-1 스크립트 파일 종류

폴더/파일	내용
default.gradle	프로젝트 공통적인 설정 정보
archive.gradle	Resource 자원 관리 및 아카이브 관련 설정 정보 등
versioning.gradle	버전과 관련된 내용
maven.gradle	프로젝트 결과물 또는 관련 라이브러리 업로드 위한 메이븐 정보
sonar.gradle	Sonar 접근 정보
environment.gradle	환경 변수 관련 정보
library (디렉터리)	라이브러리 디렉터리

Gradle 디렉터리 하위에는 **표 11-1**과 같은 파일들을 위치시켜 프로젝트의 공통적인 설정 정보를 세팅하는데, 이 밖에도 다양한 스크립트 파일 또는 디렉터리가 위치할 수 있습니다. 그럼 Gradle 디렉터리 하위에 default.gradle을 **그림 11-3**과 같이 생성하도록 하겠습니다.

그림 11-3 default.gradle 생성 위치

```
▲ 🗁 gradle
    ▷ 🗁 wrapper
      G default.gradle
```

default.gradle 파일 생성이 되었으면 프로젝트 전체 공통적용 부분을 작성하도록 하겠습니다. 내용은 **코드 11-4**와 같이 작성하면 됩니다.

코드 11-4 default.gradle

```groovy
// 프로젝트 전체에 설정 내용 공통적용
allprojects {
    configurations {
        all {
            // 제외하고자 하는 라이브러리 지정
            exclude group: 'commons-logging'
            resolutionStrategy {
                // 버전 충돌 시 에러 발생
                failOnVersionConflict()
                // 모듈 변경 라이브러리 캐시 설정
                cacheChangingModulesFor 1, 'seconds'
                // 동적 버전 라이브러리 캐시 설정 5분
                cacheDynamicVersionsFor 5 * 60, 'seconds'
            }
        }
    }
}

// 설정 세팅
configure(allprojects.findAll { allprojects -> allprojects.name.contains('-') }) {
    // 자바 플러그인 사용
    apply plugin: 'java'

    // jdk 버전 1.7 이상 사용 권장
```

```groovy
    sourceCompatibility = 1.7
    targetCompatibility = 1.7
    // sourceCompatibility = 1.8
    // targetCompatibility = 1.8

    // 컴파일 인코딩 옵션 지정
    [compileJava, compileTestJava, javadoc]*.options*.encoding = "UTF-8"

    // 컴파일 옵션
    compileJava {
        options.compilerArgs << '-Xdoclint:none'
        options.fork = true
        options.forkOptions.executable = 'javac'
    }

    // 저장소 정의
    repositories {
        jcenter()
    }

    // 플러그인 적용
    apply plugin: 'io.spring.dependency-management'

    // spring IO Platform 사용 버전 지정
    dependencyManagement {
        imports {
            mavenBom 'io.spring.platform:platform-bom:1.1.2.RELEASE'
        }
        dependencies {
            dependency 'com.fasterxml.jackson.core:jackson-databind:2.4.6'
            dependency 'org.springframework.hateoas:spring-hateoas:0.17.0.RELEASE'
        }
    }
}

task wrapper(type: Wrapper) {
    description = "gradle project"
```

```
        gradleVersion = "3.5.0"
}
```

코드 11-4를 보면 프로젝트 전반에 걸쳐 공통으로 적용할 설정 정보를 세팅하고 있습니다. 우선 allprojects 블록에서는 포함된 모든 프로젝트에서 버전 충돌에 대한 설정을 지정하여 버전 제외 및 버전 충돌 시 제어 부분을 설정하였습니다. 다음으로, configure 블록이 있는데, 이 블록에서는 프로젝트 전반에 걸쳐 자바와 관련된 설정들을 주로 세팅하고 있습니다. 자바의 jdk 버전과 컴파일 관련 옵션, 인코딩 옵션, 그리고 앞에서 살펴본 스프링 프레임워크를 사용하기 위한 라이브러리 버전 등을 설정하고 있으며 이렇게 작성된 내용을 이용하여 build.gradle에서는 코드 11-3과 같이 각 프로젝트에 적용하여 빌드 스크립트를 작성하면 됩니다. build.gradle에서 default.gradle 파일을 적용하려면 'apply from:'을 사용해야 하는데, 사용 방법은 default.gradle의 파일이 위치한 경로를 루트 디렉터리를 기준으로 하여 다음 코드 11-5와 같이 작성하는 것입니다.

allprojects: https://docs.gradle.org/current/dsl/org.gradle.api.Project.html#org.gradle. api.Project:allprojects(Groovy.lang.Closure)

코드 11-5 default.gradle을 build.gradle에서 적용하는 방법

```
apply from: "./gradle/default.gradle"
```

또는

```
buildscript{
    ...(생략)...
    ext.scriptPath = "${project.getRootDir()}/gradle"
}

apply from: "${scriptPath}/default.gradle"
```

> **참고**
>
> **표 11-1**에서 살펴봤던 gradle 디렉터리 하위에서 default.gradle 이외의 설정 파일 활용법을 간단히 설명하도록 하겠습니다. 우선 gradle 디렉터리 하위에 environments.gradle로 파일을 생성한 후 다음 소스 코드를 입력하도록 하겠습니다.
>
> **참고 코드 11-1**
>
> ```
> environments {
>     local {
>         artifactory {
>             url = 'http://localhost/gradle'
>             ip = '127.0.0.1'
>             port = '8080'
>         }
>     }
>     dev {
>         artifactory {
>             url = 'http://www.devGradle.co.kr/gradle'
>             ip = '10.1.5.52'
>             port = '8081'
>         }
>     }
>     mid {
>         artifactory {
>             url = 'http://www.midGradle.co.kr/gradle'
>             ip = '10.1.5.53'
>             port = '8082'
>         }
>     }
>     prod {
>         artifactory {
>             url = 'http://www.prodGradle.co.kr/gradle'
>             ip = '10.1.5.54'
> ```

```
            port = '8083'
        }
    }
}
```

다음으로, build.gradle 파일에 buildscript 블록에 앞에서 작성한 설정 정보를 읽어와서 적용할 수 있도록 빌드 스크립트를 작성하도록 하겠습니다.

> **참고 코드 11-2**

```
buildscript{
    // 환경 설정 파일 ext 객체에 지정
    ext.gradleScriptDir = "${project.getRootDir()}/gradle"
    // 환경 설정 파일 내용 읽어들임
    def getDevConfig = project.hasProperty('profile')
            ? project.getProperty('profile') : 'dev'
    def devConfigFile = file("${gradleScriptDir}/environments.gradle")
    def devInfo = new ConfigSlurper(getDevConfig)
            .parse(devConfigFile.toURI().toURL())

    ext.env = devInfo

    println " GRADLE Project URL : ${env.artifactory.url} "
    println " GRADLE Project IP : ${env.artifactory.ip} "
    println " GRADLE Project PORT : ${env.artifactory.port} "
}
```

이렇게 buildscript 블록에서 envirionments.gradle 파일을 읽어들이기 위해 ext 객체를 이용하여 설정 정보를 읽어 오고 읽어온 정보를 출력해주도록 작성했습니다. 그럼 빌드 수행을 통하여 해당 정보를 잘 읽어왔는지 확인해 보도록 하겠습니다.

그림 11-4 실행 결과

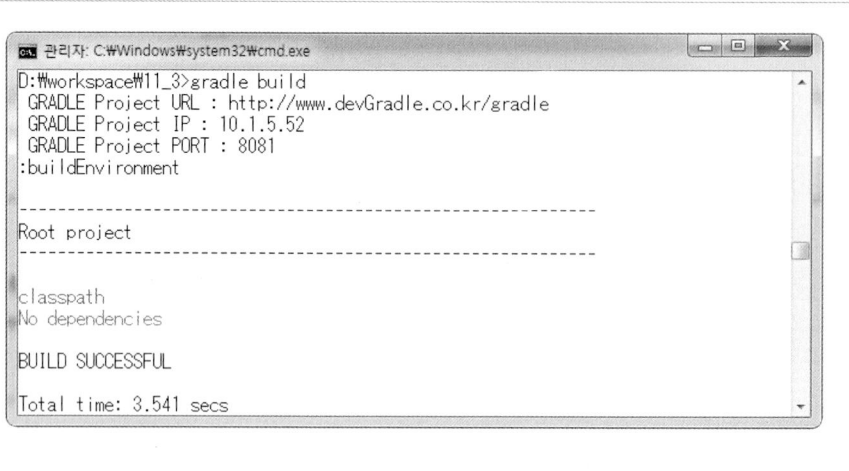

방금 '참고'에서 본 것처럼 Gradle 디렉터리 하위에 여러 가지 필요에 의한 설정 정보 등을 정의하고 build.gradle 파일에서 buildscript 블록을 이용하여 관련 정보를 읽어오고 적용할 수 있습니다. 멀티 프로젝트 구조에서 공통으로 적용되거나 활용해야 하는 부분은 build.gradle 파일에 모두 적용하기보다는 공통 설정 파일을 생성하여 적용하는 방법이 프로젝트 관리 및 유지보수 측면에서 유리하다고 할 수 있습니다.

3. STS를 이용한 스프링 부트와 그레이들

3.1 STS 설치

그레이들에서 스프링 부트를 사용하는 방법들을 알아보고 있습니다. 이번에는 좀 더 쉽게 그레이들과 스프링 부트를 사용하는 방법을 알아보도록 하겠습니다. 프로젝트를 진행하는 데 사용할 개발 도구의 이름은 STS (Spring Tool Suite)입니다. STS는 이클립스와 WebToolPlatform과 스프링, 메이븐 등을 한데 모아서 스프링 프로젝트를 진행하는 데 최적

화한 도구라고 보면 되겠습니다.

우선 STS를 내려받도록 하겠습니다. http://spring.io/tools/sts에 방문해보면 STS에 대한 대략적인 설명과 함께 우측에 내려받을 수 있는 부분이 있습니다. 해당 부분을 클릭하여 내려받은 후 압축을 풀면 됩니다.

> 내려받고 압축 해제 후 STS 실행 시 에러가 날 경우 파일 이름이 길어서일 수 있으니 내려받은 파일 이름의 길이를 줄이고 다시 압축 해제 후 STS를 실행해보기 바랍니다.

그림 11-5 Spring Tool Suite 홈페이지

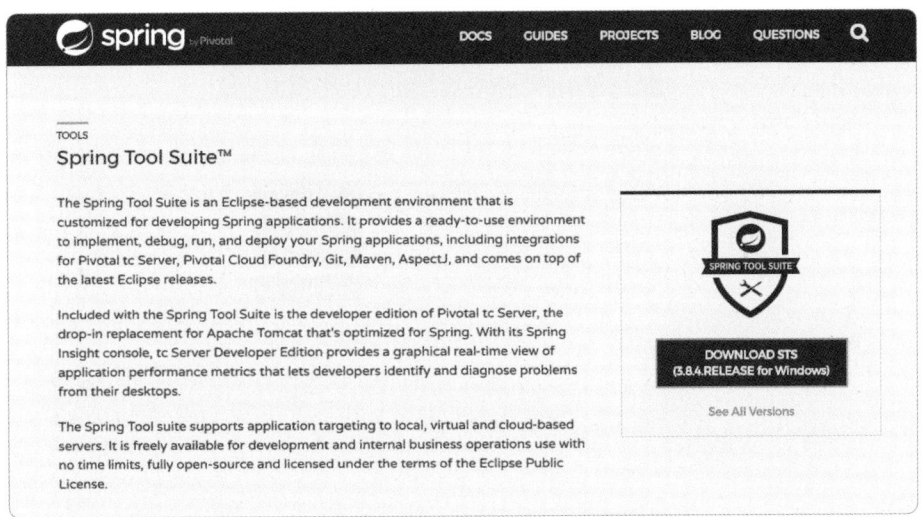

설치가 완료되었으면 STS에 그레이들 플러그인을 설치하도록 하겠습니다. 참고로 STS를 사용하려면 JDK 버전이 1.8 이상이어야 하니 혹시 1.8 이하의 JDK 버전을 사용 중이라면 1.8 버전을 내려받아 설치하시기 바랍니다. STS에서는 그레이들이 기본으로 탑재되어 있지 않

기 때문에 별도로 플러그인을 설치하여 작성해야 합니다. 해당 홈페이지에서 내려받기가 완료되었으면 STS를 실행시키도록 하겠습니다. STS는 이클립스 기반에 플러그인을 탑재하여 스프링 프로젝트에 최적화하기 위해 나온 도구로, 큰 틀은 이클립스와 유사할 수 있습니다. STS를 실행했을 때 초기 화면은 다음과 같습니다.

> JDK 1.7 버전에서 STS 도구를 사용하려면 해당 버전을 지원하는 버전의 STS 도구를 내려받아 설치하시기 바랍니다.

그림 11-6 STS 실행 화면

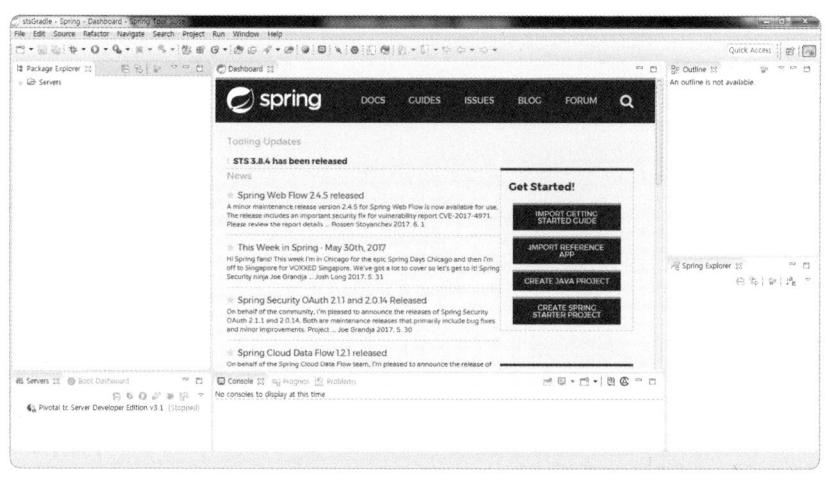

이렇게 STS를 시작했으면 그레이들을 STS에서 사용할 수 있도록 그레이들 플러그인을 설치하도록 하겠습니다. STS를 처음 실행했을 때 있는 Dashboard에서 스크롤을 아래로 내리면 Manage 부분에 〈IDE EXTENSIONS〉이라는 버튼이 있습니다. 만약 Dashboard를 닫았다면 [Help] 메뉴에서 다음과 같이 [Dashboard]를 선택하면 됩니다.

그림 11-7 Dashboard 열기

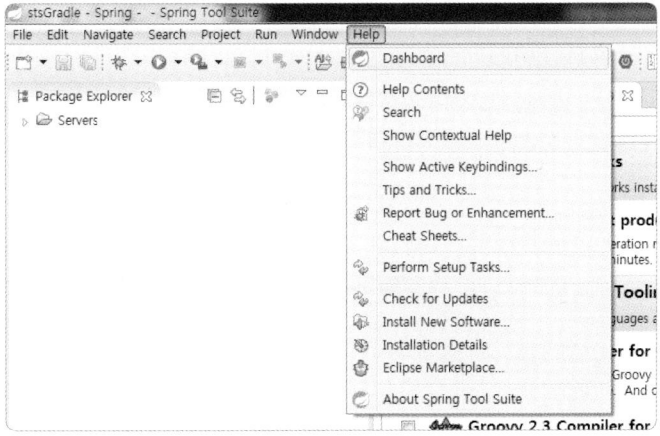

버튼을 클릭하면 다음과 같이 필요한 플러그인을 설치할 수 있는 화면이 나오는데, 여기서 'Gradle Support'를 클릭하고 설치하면 됩니다.

그림 11-8 플러그인 설치

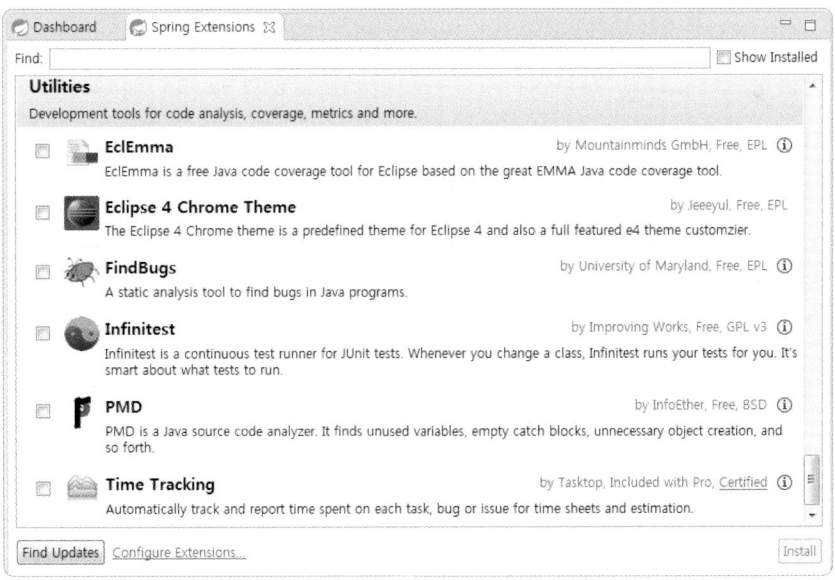

그레이들 플러그인 설치가 완료되었으면 STS에서 그레이들과 스프링 부트를 이용한 프로젝트를 생성하여 STS에서 그레이들을 적용한 간단한 스프링 부트 프로젝트를 실습해보겠습니다. 프로젝트는 다음과 같이 [File] 메뉴에서 [New]를 클릭하고 [Project...]를 선택하여 생성하도록 하겠습니다.

그림 11-9 [File] → [New] → [Project...]

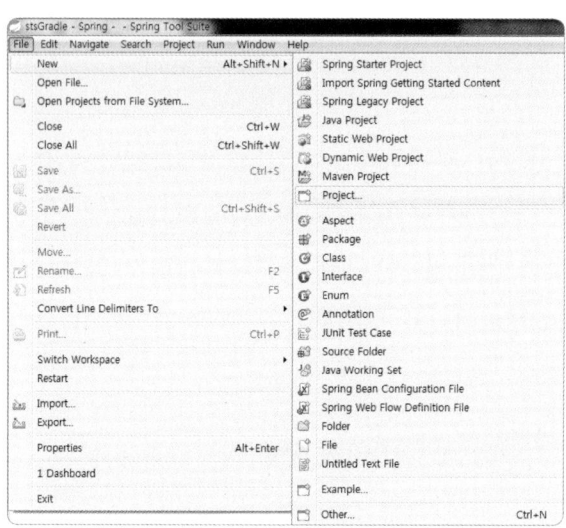

그럼 다음과 같이 Gradle (STS) Project를 선택하는 팝업이 생성되며 해당 부분을 선택 후 임의의 프로젝트 이름으로 프로젝트를 생성하도록 하겠습니다.

그림 11-10 새 프로젝트 생성

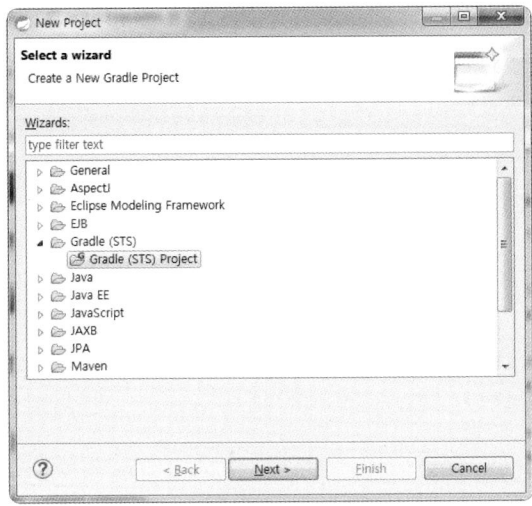

그림 11-11 프로젝트 생성 완료

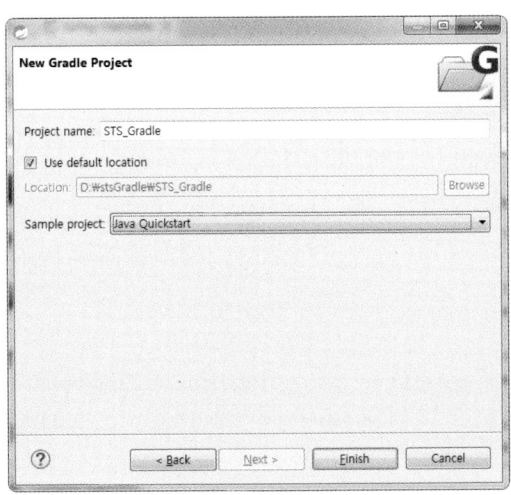

〈Finish〉 버튼을 누르게 되면 다음과 같이 프로젝트가 생성됩니다. 기본적으로 build.gradle

파일이 생성되고 관련 디렉터리들이 생성된 것을 확인할 수 있습니다.

그림 11-12 파일과 디렉터리 생성 확인

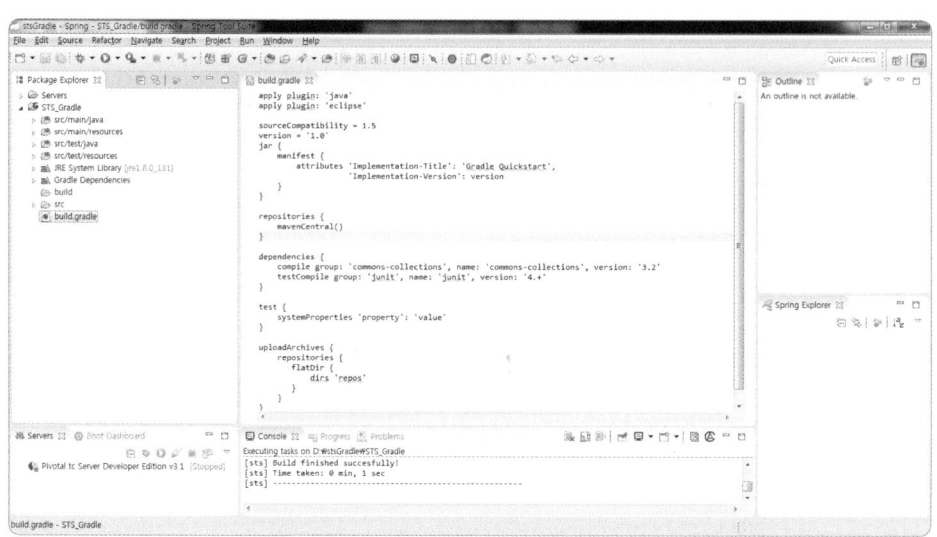

생성된 프로젝트에서 build.gradle을 열어보도록 하겠습니다. 열어보면 자동으로 생성된 스크립트 코드를 확인할 수 있으며 여기에서 sourceCompatibility가 1.5로 설정되어 있는데, 이 부분을 실습하는 환경의 jdk 버전에 맞춰 바꾸도록 하겠습니다. 수정이 되었으면 STS에서 그레이들 빌드를 수행해보도록 하겠습니다. 빌드 수행은 STS 도구에서 직접 다음과 같이 실행하면 됩니다.

STS에서 Gradle 빌드 수행을 위한 설정 참조: https://github.com/eclipse/buildship/wiki/Migration-guide-from-STS-Gradle-to-Buildship

그림 11-13 Gradle 빌드 수행

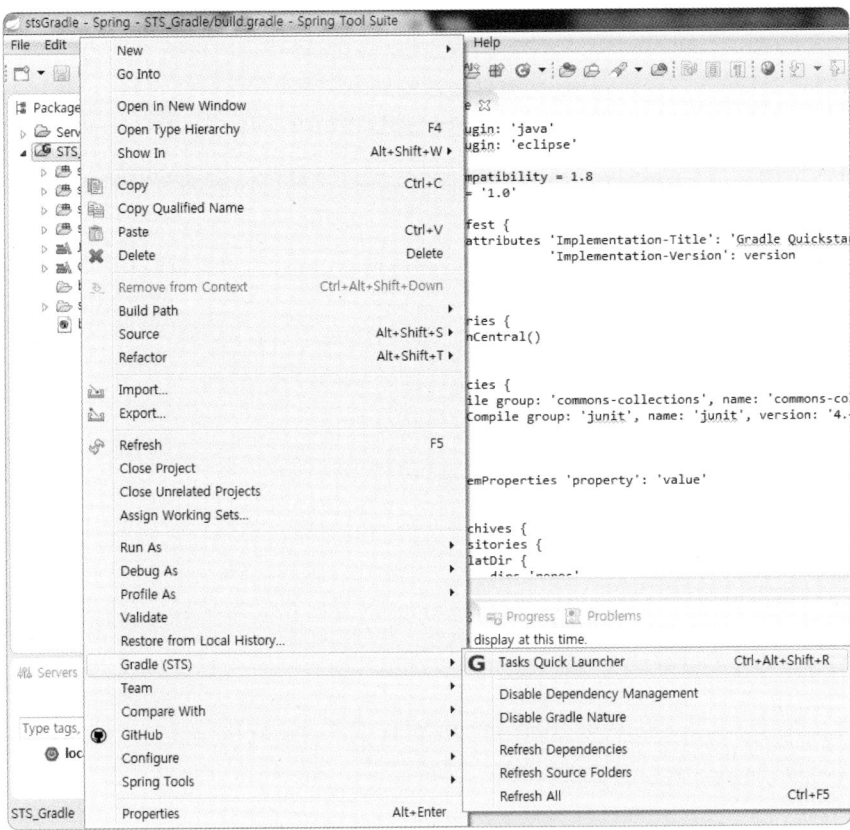

[Tasks Quick Launcher]를 선택하게 되면 다음과 같은 팝업이 호출되는데, 해당 팝업에 실행하고자 하는 태스크 명을 입력하여 빌드 수행을 하면 됩니다. 여러 개의 태스크를 수행한다면 태스크 이름 사이에 공백을 입력하여 구분하면 됩니다.

그림 11-14 빌드를 수행할 태스크 입력

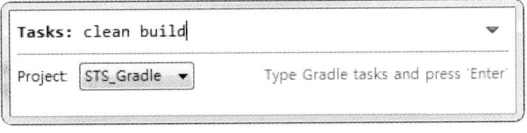

이렇게 태스크를 입력하게 되면 빌드가 수행되어 STS 도구 하단에 빌드 수행 결과가 다음과 같이 표시됩니다.

그림 11-15 빌드 수행 결과 표시

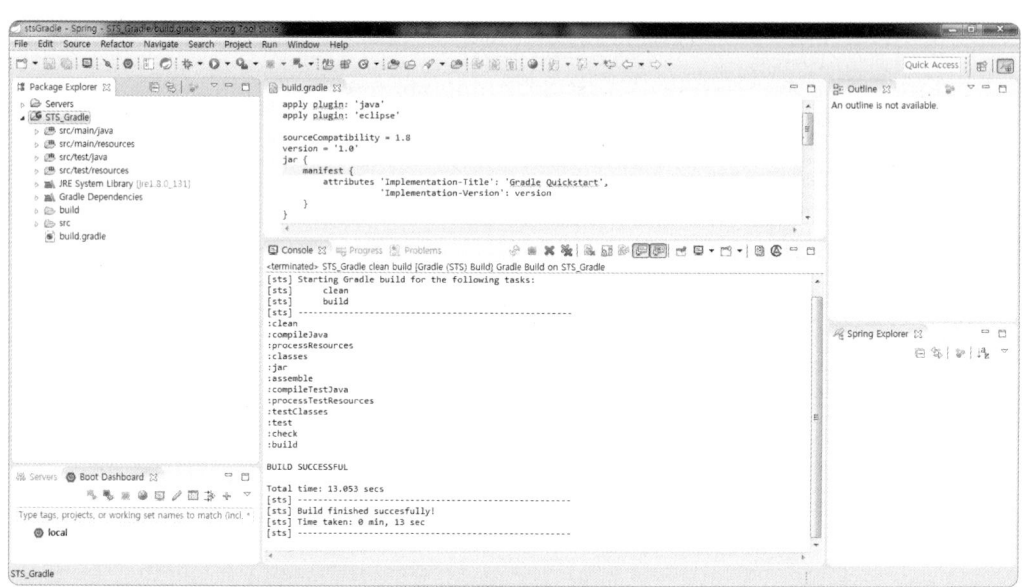

3.2 의존 관계 지정

지금까지는 STS에서 그레이들 플러그인을 설치하고 빌드 수행하는 방법을 알아봤습니다. 스프링 부트를 사용하려면 의존 관계를 빌드 스크립트에서 지정해야 합니다. 이 의존 관계를 지정하기 위하여 spring.io로 접속하도록 하겠습니다. spring.io에서는 스프링 부트를 사용하는 데 필요한 의존 관계 관련 설정 부분을 제공하고 있습니다.

spring.io: http://projects.spring.io/spring-boot/#quick-start

그림 11-16 Spring Boot

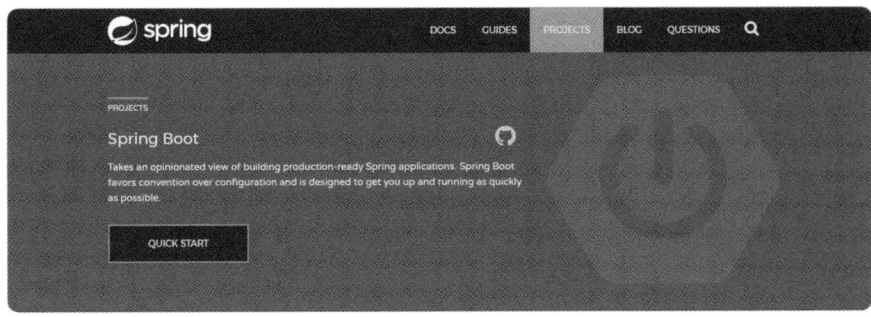

스프링 부트 페이지에서 〈QUICK START〉 버튼을 클릭하게 되면 다음과 같이 dependencies 블록에서 스프링 부트를 사용할 수 있도록 의존 관계를 지정하기 위한 코드를 제공해 주고 있습니다. 이 부분에 나온 dependencies 블록의 내용을 복사하여 그레이들의 빌드 스크립트의 dependencies 블록에 붙여 넣으면 되겠습니다. QUICK START 부분에 보면 MAVEN과 GRADLE을 선택할 수 있는데, GRADLE을 선택해야 dependencies 블록을 확인할 수 있습니다.

그림 11-17 Spring Boot 빠른 시작

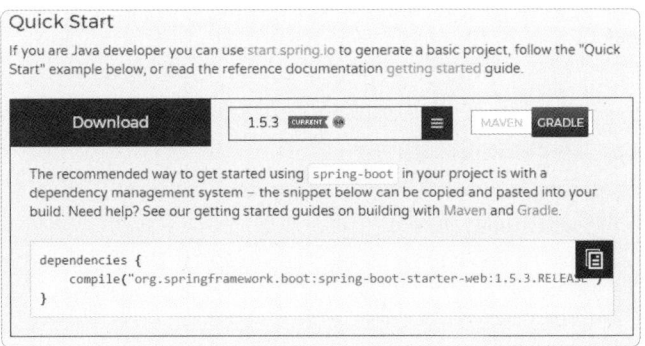

앞에서 살펴봤던 build.gradle의 dependencies 블록에 이를 붙여 넣은 것이 **코드 11-6**입니다.

빌드 스크립트를 새롭게 작성 중이라면 이렇게 작성합니다.

코드 11-6 spring boot 의존 관계 추가

```
dependencies {
    compile group: 'commons-collections', name: 'commons-collections', version: '3.2'
    // spring boot 관련 추가하여 붙여 넣은 부분
    compile("org.springframework.boot:spring-boot-starter-web:1.5.3.RELEASE")
    testCompile group: 'junit', name: 'junit', version: '4.+'
}
```

기존에 지정된 의존 관계와 형식을 통일하기를 원한다면 다음과 같이 작성하면 됩니다.

코드 11-7 spring boot 의존 관계 추가 후 형식 맞추기

```
dependencies {
    compile group: 'commons-collections', name: 'commons-collections', version: '3.2'
    // spring boot 관련 추가하여 붙여 넣은 부분
    compile group: 'org.springframework.boot', name:'spring-boot-starter-web' ,
        version:'1.5.3.RELEASE'
    testCompile group: 'junit', name: 'junit', version: '4.+'
}
```

또는 다음과 같이 작성합니다.

```
dependencies {
    compile ("commons-collections:commons-collections:3.2")
    // spring boot 관련 추가하여 붙여 넣은 부분
    compile("org.springframework.boot:spring-boot-starter-web:1.5.3.RELEASE")
    testCompile ("junit:junit:4.+")
}
```

이렇게 작성 후에 생성한 프로젝트를 재빌드 하거나 Refresh All을 하여 Srping Boot가 적용된 것을 확인하도록 하겠습니다.

그림 11-18 Srping Boot 적용 확인

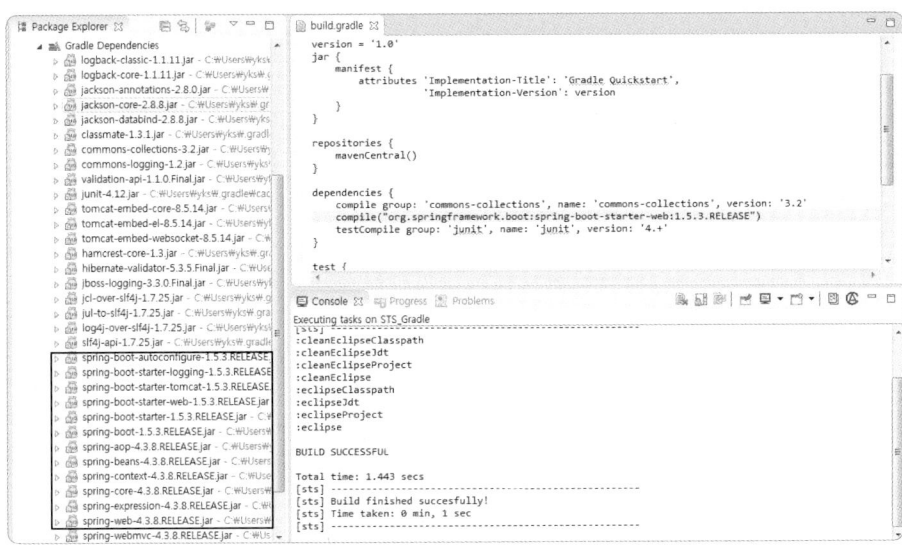

이렇게 스프링 부트를 사용하기 위하여 그레이들의 dependencies 블록에 스프링 부트에 대하여 의존 관계를 지정하였습니다. 이러한 일련의 과정이 끝나면 스프링 부트 관련 **코드 11-8**과 같이 자바 파일을 작성을 시작으로 기능을 추가하고 빌드를 수행하면 되겠습니다. 나머지 부분은 스프링 부트 관련 문법 구조에 맞게 작성하여 추가로 테스트를 진행해보기 바랍니다.

코드 11-8 spring boot 샘플 자바 코드

```java
package org.gradle;

import org.springframework.boot.SpringApplication;
import org.springframework.boot.autoconfigure.SpringBootApplication;

@SpringBootApplication
public class GradleMain {
    public static void main(String[] args) {
```

```
        // TODO Auto-generated method stub
        SpringApplication.run(GradleMain.class);
    }
}
```

참고로 스프링 부트를 작성 후 실행하고자 할 때에는 [Run As]에서 다음과 같이 [Spring Boot App]를 이용하여 실행하면 됩니다.

그림 11-19 Spring Boot 실행

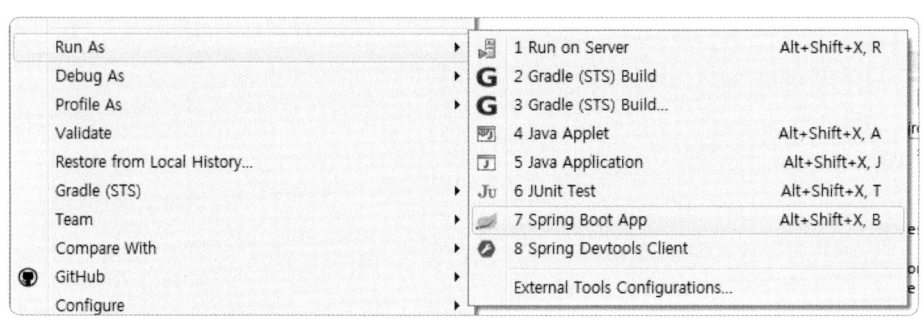

3.3 데이터베이스 연동

계속해서 스프링 부트와 그레이들에 DB도 연동해보도록 하겠습니다. Mybatis라는 DB를 직접 설치 후에 build.gradle에서 연동하여 사용하는 방법을 알아보겠습니다. 설치가 끝났다면 Mybatis를 해당 프로젝트에서 사용하려면 build.gradle의 dependencies 블록에 Mybatis 관련 의존 관계 정보를 설정해주시면 됩니다. 추가할 부분은 **코드 11-9**와 같습니다.

Mybatis: http://blog.mybatis.org/p/products.html

코드 11-9 Mybatis 의존 관계 지정

```
...(생략)...
    compile("org.springframework.boot:spring-boot-starter-jdbc")
    compile("org.mybatis.spring.boot:mybatis-spring-boot-starter:1.1.1")
    compile("mysql:mysql-connector-java:5.0.8")
    compile("org.springframework.boot:spring-boot-starter-thymeleaf:1.3.5.RELEASE")
...(생략)...
```

이렇게 build.gradle 파일 작성이 완료되었으면 앞에서 살펴본 스프링 부트 관련 부분이 추가되었을 때처럼 빌드를 수행하면 됩니다. 빌드 수행이 정상적으로 완료되면 그 후에 Mybatis 관련 DB 커넥션 정보를 src/main/resources의 application.properties에 정의하여 사용하면 되겠습니다.

3.4 간단한 웹 프로젝트 생성

지금까지 스프링 부트를 그레이들에서 사용하는 방법을 살펴봤습니다. 외부 라이브러리를 사용하는 방법을 이용하여 스프링 부트를 사용했다고 보면 되겠습니다.

STS에서 간단한 웹 프로젝트를 생성하여 스프링 부트와 그레이들의 활용을 알아보면서 11장을 정리해보도록 하겠습니다. 앞에서 살펴본 것처럼 STS를 이용하면 쉽고 빠르게 그레이들 기반의 스프링 부트를 이용하는 웹 프로젝트를 생성할 수 있습니다. STS를 구동 후에 프로젝트를 생성하도록 하겠습니다. **그림 11-20**과 같이 File 메뉴 → [New] → [Spring Starter Project]를 선택하도록 하겠습니다.

그림 11-20 Spring Boot 이용 웹 프로젝트 생성

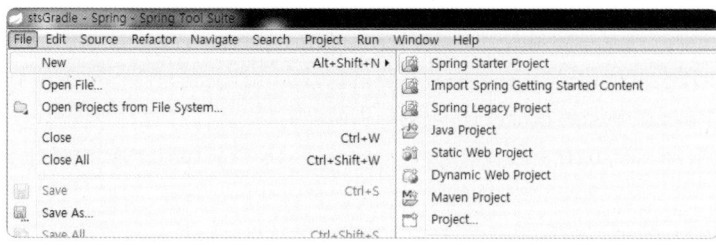

그림 11-20과 같이 선택을 하게 되면 STS를 통하여 새롭게 프로젝트를 생성할 수 있는 팝업이 **그림 11-21**과 같이 생성됩니다. 여기서 프로젝트 이름을 'WebSpringBootProject'로 지정하고 Type을 Gradle (STS)로 설정하도록 하겠습니다. 다른 부분은 기본 설정 값을 사용하는데, 필요에 따라 원하는 값으로 수정하여 사용하면 됩니다. 참고로 Type 부분에는 그레이들 이외에도 메이븐을 선택할 수 있는데 선택에 따라 프로젝트에 자동으로 적용되는 빌드 시스템이 다르게 적용되니 확인 후 프로젝트에 적용하면 됩니다.

그림 11-21 프로젝트 설정 ①

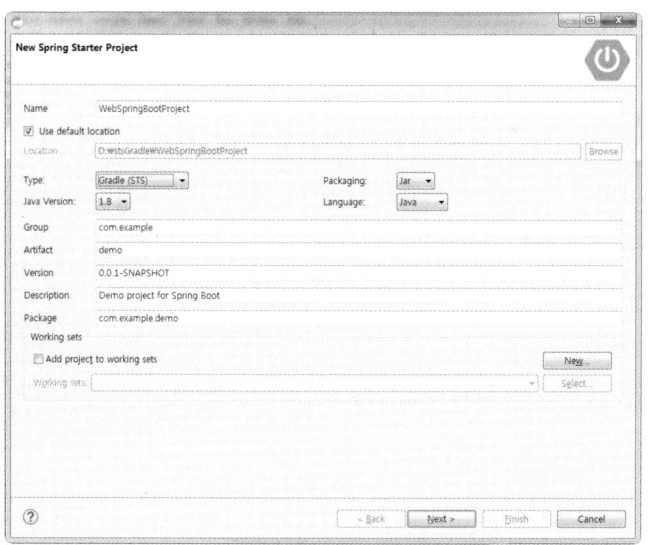

프로젝트와 관련된 기본 설정이 끝났으면 〈Next〉 버튼을 클릭하여 다음으로 넘어가도록 하겠습니다. 그럼 **그림 11-22**와 같은 팝업이 나오는데 Boot Version은 1.5.6으로 설정하고 아래에 나와 있는 프로젝트와의 의존 관계 유형을 설정하는 부분이 있는데, 'Web'을 선택하여 체크하도록 하겠습니다. 그리고 〈Finish〉 버튼을 클릭하여 프로젝트를 생성하도록 하겠습니다.

그림 11-22 프로젝트 설정 ②

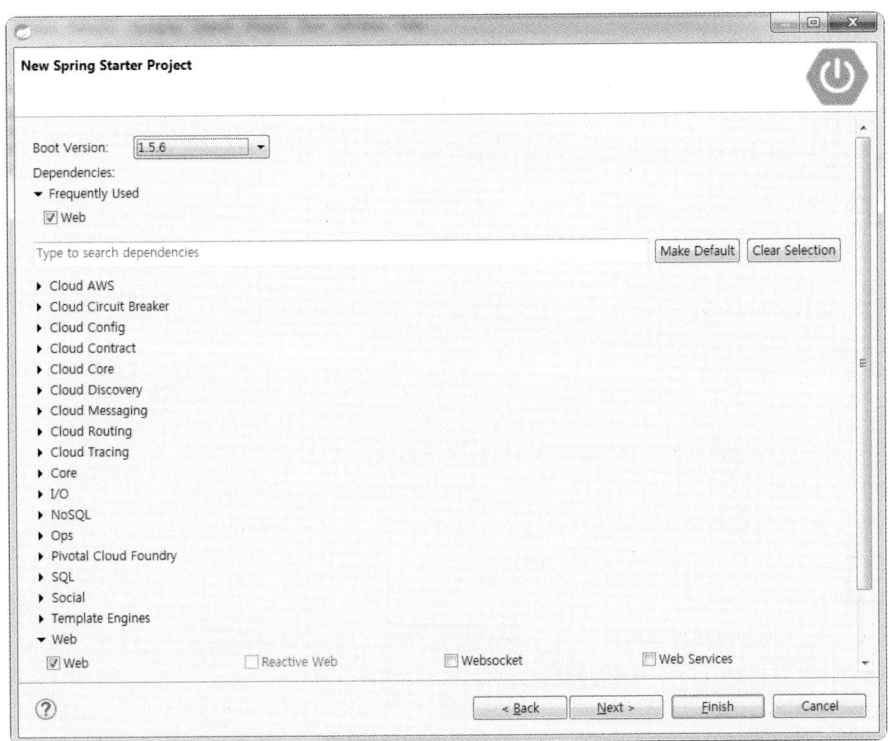

이렇게 프로젝트를 생성하게 되면 **그림 11-23**과 같은 구조로 STS를 이용한 스프링 부트와 그레이들을 활용한 웹 프로젝트의 기본 구조가 생성된 것을 확인해 볼 수 있습니다.

그림 11-23 생성된 웹 프로젝트 기본 구조

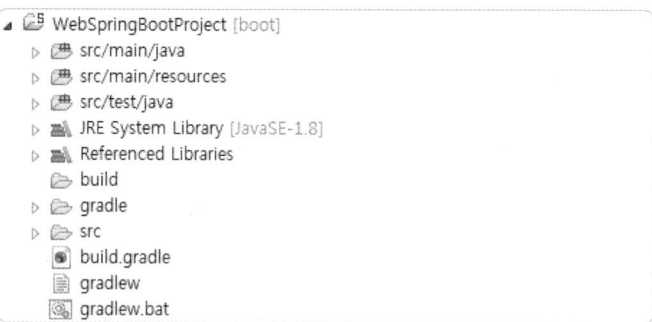

생성한 프로젝트에 스프링 부트를 사용하기 위한 컨트롤러를 생성하도록 하겠습니다. 컨트롤러는 src〉main〉java 디렉터리 하위에 com.example.demo 패키지에 WebController.java로 파일을 생성하도록 하겠습니다. 생성한 파일에 **코드 11-10**과 같이 작성하도록 하겠습니다.

코드 11-10 WebController.java (스프링 부트 컨트롤러)

```java
package com.example.demo;

import org.springframework.stereotype.Controller;
import org.springframework.web.bind.annotation.RequestMapping;
import org.springframework.web.bind.annotation.ResponseBody;

@Controller
public class WebController {
    // http://localhost:8080 호출 시
    @RequestMapping("/")
    @ResponseBody
    public String home(){
        return "Hello Spring Boot. This is Gradle & Spring Boot Web Project";
    }

}
```

코드 11-10은 http://localhost:8080 호출 시 @RequestMapping("/")을 통하여 home( ) 메서드가 호출되어 String 반환값을 @ResponseBody를 통하여 **그림 11-24**와 같이 화면에 보여줍니다.

그림 11-24 String 반환값 확인

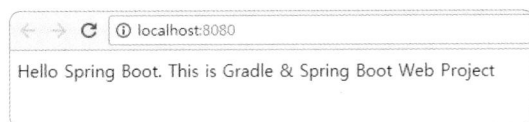

다음으로, View의 역할을 수행하는 JSP 페이지를 만들어서 JSP에서 호출되도록 제어하도록 하겠습니다. application.properties에서 View와 관련된 설정을 해주도록 하겠습니다. application.properties는 src>main>resources 아래에 있습니다. 자동으로 생성된 파일을 열고 다음 **코드 11-11**과 같이 작성하도록 하겠습니다.

코드 11-11 application.properties

```
spring.mvc.view.prefix: /WEB-INF/jsp/
spring.mvc.view.suffix: .jsp
```

그레이들과 관련하여 생성된 build.gradle 파일에 JSP와 관련한 패키지를 추가하고자 build.gradle에서 dependencies 블록에서 다음 코드 두 줄을 추가하도록 하겠습니다. JSP 페이지를 위하여 서블릿과 톰캣을 내부적으로 빌드 수행 시 사용되도록 dependencies 블록에 추가하였습니다.

코드 11-12 build.gradle

```
(...생략...)
dependencies {
```

```
        compile('org.springframework.boot:spring-boot-starter-web')

        // 코드 추가 부분
        compile('org.apache.tomcat.embed:tomcat-embed-jasper')
        compile('javax.servlet:jstl:1.2')

        testCompile('org.springframework.boot:spring-boot-starter-test')
}
```

계속해서 WebController.java에 JSP 페이지로 결괏값을 매핑하기 위한 작업을 하도록 하겠습니다. WebController.java에서 jspMapping( ) 메서드를 다음 **코드 11-13**과 같이 추가하여 생성하도록 하겠습니다.

코드 11-13 WebController.java

```
(...생략...)

    // http://localhost:8080/jsp 호출 시
    @RequestMapping("/jsp")
    @ResponseBody
    public String helloBoot (Model model){

        model.addAttribute("name","Spring Boot & Gradle Project ");

        return model.toString();

    }
```

@RequestMapping("/jsp")을 이용하여 JSP 페이지를 컨트롤러에서 매핑하여 호출되도록 역할을 수행하고 Model을 통하여 지정된 값을 반환하여 그 결과를 출력하도록 하였습니다. **코드 11-13**의 작성이 완료되었으면 화면에 출력하기 위한 JSP 파일을 생성하도록 하겠습니다. JSP에서는 〈body〉 태그 안에서 ${name}를 통하여 컨트롤러에서 반환받은 결괏값을 출

력해주도록 하였습니다.

코드 11-14 HelloTest.jsp

```jsp
<%@ page language="java" contentType="text/html; charset=UTF-8"
pageEncoding="UTF-8"%>
<!DOCTYPE html PUBLIC "-//W3C//DTD HTML 4.01 Transitional//EN" "http://www.w3.org/TR/html4/loose.dtd">

<html>
<head>
<meta http-equiv="Content-Type" content="text/html; charset=UTF-8">
<title>Spring Boot & Gradle Web project</title>
</head>
<body>
${name }
</body>
</html>
```

이렇게 파일 생성이 완료되었으면 STS 도구를 이용하여 스프링 부트와 그레이들을 실습한 결과를 살펴보도록 하겠습니다. http://localhost:8080/jsp로 접속하여 페이지를 열면 **그림 11-25**와 같이 Model을 통하여 지정된 name 속성과 값이 출력된 것을 확인해볼 수 있습니다.

그림 11-25 출력된 name 속성과 값

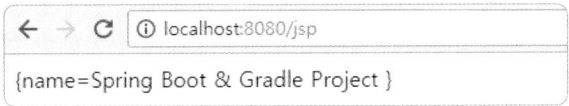

방금 실습한 예제에서 Model, View, Controller 부분도 간단히 언급하였는데, 스프링 MVC에 대해서는 13장에서 더 자세히 알아보도록 하겠습니다.

GRADLE

Chapter

12 IntelliJ IDEA에서 그레이들 활용

1. IntelliJ와 그레이들   **2.** IntelliJ에서 그레이들, 스프링, MySQL 연동   **3.** IntelliJ에서 그레이들과 스칼라 사용

1. IntelliJ와 그레이들

많은 프로젝트가 스프링을 이용하고 있기 때문에 이 장에서는 스프링과 그레이들을 이용하여 빌드 수행을 하는 방법을 알아보도록 하겠습니다. 11장에서는 STS에서 그레이들 플러그인을 설치하여 스프링 부트를 활용하는 방법을 살펴봤습니다. 이번에는 스프링을 이용하므로 많은 기능을 제공해주는 IDE 도구인 IntelliJ를 이용해서 그레이들을 적용해보도록 하겠습니다. IntelliJ는 자바를 이용한 애플리케이션을 개발하기 위한 도구로, 자바 애플리케이션 개발에 편리한 다양한 기능을 제공해주고 있어서 많이 사용되고 있습니다. 가장 큰 장점 중 하나가 빠르고 안정적인 부분으로, 비싸다는 단점이 있지만 이러한 부분에도 불구하고 많이 사용되는 IDE 도구라고 할 수 있습니다.

IntelliJ의 특징으로 시스템에 JDK 버전이 설치되어 있다면 자동으로 해당 JDK 버전을 인식하거나 자체적으로 내장 JDK를 사용한다는 점을 들 수 있습니다. 그레이들 프로젝트를 생성한다면 그레이들 프로젝트와 필요한 라이브러리들을 자동으로 내려받고 환경 변수에 자동으로 등록도 해주기 때문에 관련 라이브러리를 찾아 설치하거나 설치 후에 환경 변수 설정을 위한 수고를 덜 수 있습니다. 물론 IntelliJ를 이용하면 11장에 살펴본 스프링 부트도 그레이들 프로젝트를 통해 사용할 수 있습니다.

우선 IntelliJ를 설치하도록 하겠습니다. IntelliJ는 https://www.jetbrains.com/idea/에서 내려받아 설치할 수 있습니다.

그림 12-1 IntelliJ 홈페이지

〈DOWNLOAD〉 버튼을 클릭하게 되면 내려받을 수 있는 화면으로 이동하게 됩니다. 2가지로 나뉘어서 내려받을 수 있는데, Ultimate와 Community로 둘 중 어느 것을 선택하여 설치하셔도 무방합니다. 다만, 두 가지의 차이점은 Ultimate는 무료로 사용할 수 있는 기간이 정해져 있고 해당 일정 기간 사용하는 대신 IntelliJ에서 제공하는 좀 더 많은 기능을 활용할 수 있습니다. Community는 무료 버전으로 내려받아 사용할 수 있지만, Ultimate보다 제공되는 기능이 한정적인 부분이 있습니다. 이 부분을 염두에 두고 내려받아 설치하면 됩니다.

그림 12-2 IntelliJ 종류

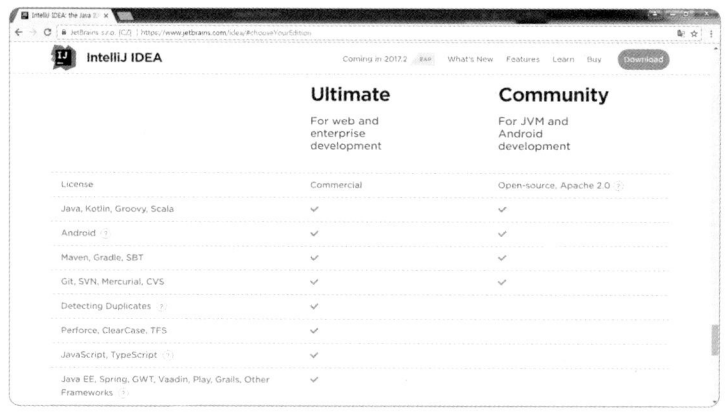

설치가 완료되었으면 IntelliJ를 실행해보도록 하겠습니다. IntelliJ를 실행하고 난 후 프로젝트를 생성하여 IntelliJ에서 그레이들 프로젝트를 생성해보도록 하겠습니다. New Project를 선택하면 다음과 같이 나오는데, 여기에서 'Gradle'을 선택하고 그레이들 프로젝트에 추가할 라이브러리와 프레임워크를 선택하면 됩니다.

그림 12-3 그레이들 프로젝트 생성 ①

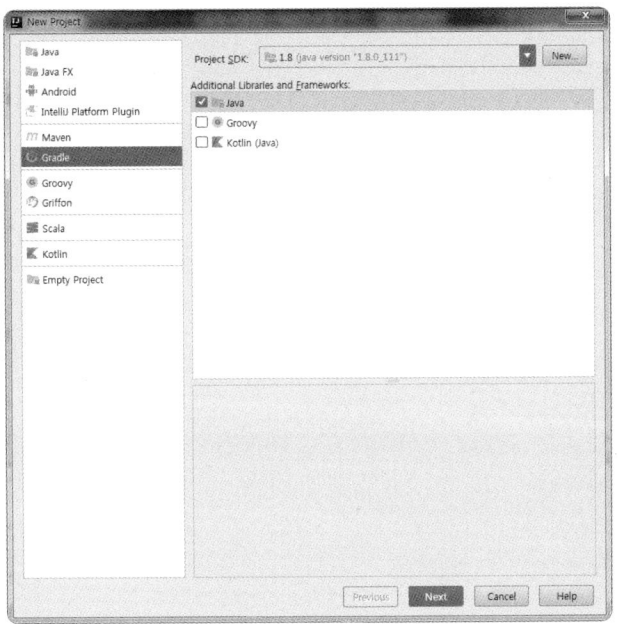

그레이들 프로젝트를 생성해보기 위해 Java, Groovy, Kotlin에 모두 체크 후에 〈Next〉 버튼을 눌러보도록 하겠습니다. 〈Next〉 버튼을 누르게 되면 GroupId와 ArtifactId를 지정하게 되어 있는데, 프로젝트의 그룹과 결과물에 대한 정보이므로 관련하여 지정하여 정한 후 〈Next〉 버튼을 누르고 이동하면 됩니다.

그림 12-4 그레이들 프로젝트 생성 ②

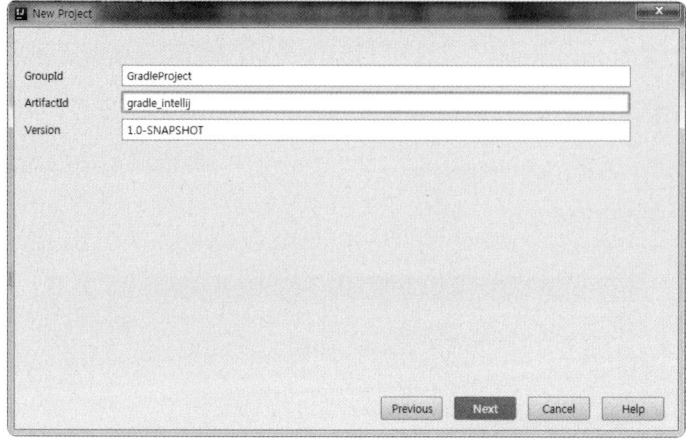

〈Next〉 버튼을 누르고 이동하면 다음과 같은 단계가 보입니다.

그림 12-5 그레이들 프로젝트 생성 ③

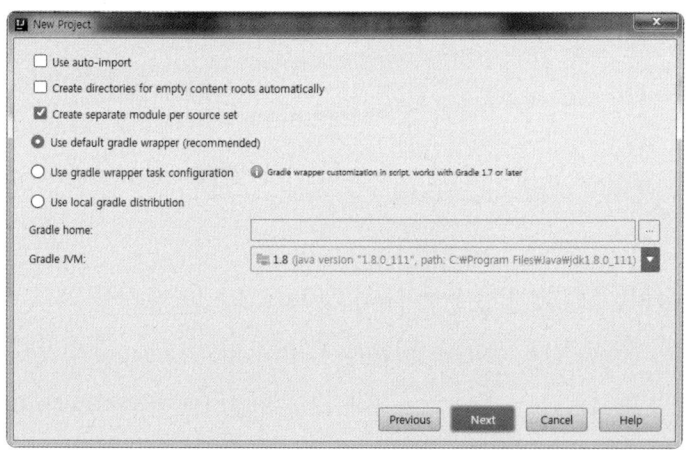

Use auto-import는 빌드 수행 시 자동으로 빌드와 관련된 내용을 임포트하도록 하는 부분이고 Create directories for empty content roots automatically는 자동으로 빈 루트 디렉터

리를 생성하도록 하는 기능입니다. 그리고 Create separate module per source set은 소스 단위로 모듈을 분리하여 생성하도록 하는 부분이고, Use default gradle wrapper(recommended)는 그레이들의 래퍼(wrapper)를 기본으로 사용하도록 지정하는 부분입니다. Use gradle wrapper task configuration은 Gradle wrapper 태스크 환경 설정 부분을 사용하도록 하는 부분이고, Use Local gradle distribution은 그레이들 빌드 시 지정된 로컬 경로에 관련 결과물을 배포할 수 있도록 지정하는 부분이라고 할 수 있습니다. 우선 use auto-import와 Create directories for empty content roots automatically에 추가로 체크한 후에 〈Next〉 버튼을 누르고 다음 단계로 넘어가도록 하겠습니다.

그림 12-6 Gradle 프로젝트 생성 ④

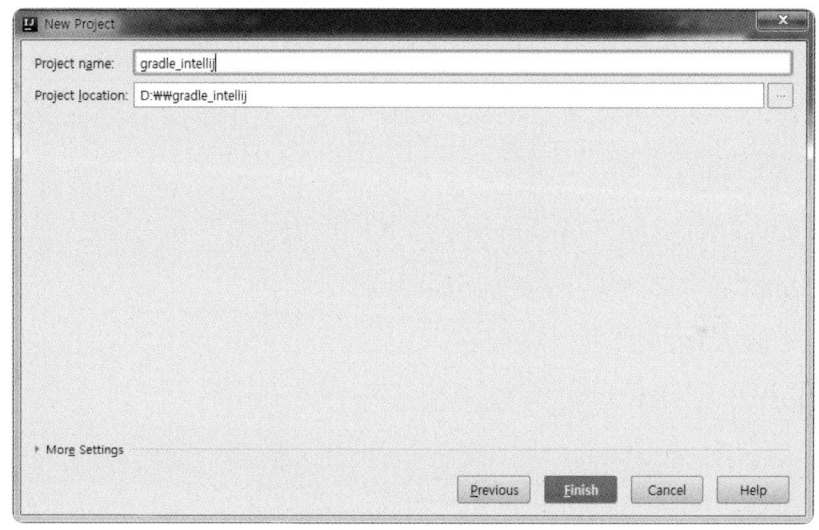

프로젝트 이름과 위치를 원하시는 이름과 경로로 지정하고 프로젝트를 생성하도록 하겠습니다.

그림 12-7 생성된 Gradle 프로젝트 구조와 IntelliJ

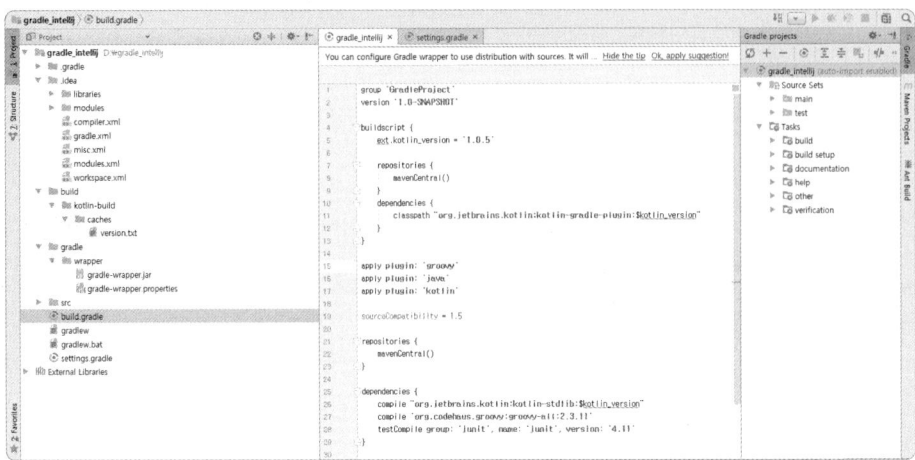

생성된 그레이들 프로젝트의 구조와 IntelliJ의 인터페이스를 함께 살펴보면 우선 왼쪽에 프로젝트 디렉터리 구조를 볼 수 있는 'Project View' 부분이 있습니다.

그림 12-8 디렉터리 구조

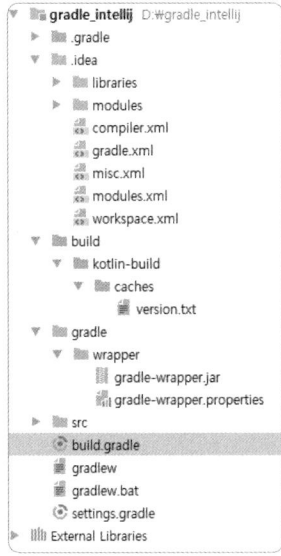

그레이들 프로젝트이기 때문에 build.gradle과 settings.gradle 파일이 자동으로 생성되었고 프로젝트 생성 시 그레이들 래퍼를 사용하도록 선택했기 때문에 gradlew와 gradlew.bat 파일도 생성되었고 gradle 디렉터리 하위에 wrapper 디렉터리로 관련 jar 파일과 properties 파일이 생성되어 있습니다. build 디렉터리를 보면 kotlin-build 디렉터리가 생성되었는데, 이 부분은 그레이들 프로젝트 생성 시 추가할 라이브러리와 프레임워크로 Kotlin을 선택하였기 때문입니다. 그리고 IntelliJ 화면 중간 부분을 보면 중간 부분에는 소스 코드를 작성 및 편집할 수 있는 부분이 있는데, 이 부분에 build.gradle을 열어보면 **코드 12-1**과 같은 내용의 빌드 스크립트를 확인할 수 있습니다.

코드 12-1 IntelliJ에서 생성한 build.gradle

```
group 'GradleProject'
version '1.0-SNAPSHOT'

buildscript {
    ext.kotlin_version = '1.0.5'
    repositories {
        mavenCentral()
    }
    dependencies {
        classpath "org.jetbrains.kotlin:kotlin-gradle-plugin:$kotlin_version"
    }
}
apply plugin: 'Groovy'
apply plugin: 'java'
apply plugin: 'kotlin'
sourceCompatibility = 1.5
repositories {
    mavenCentral()
}
dependencies {
    compile "org.jetbrains.kotlin:kotlin-stdlib:$kotlin_version"
    compile 'org.codehaus.Groovy:Groovy-all:2.3.11'
```

```
        testCompile group: 'junit', name: 'junit', version: '4.11'
}
```

코드 12-1을 살펴보면 우선 group과 version이 있는데, 이 부분은 프로젝트 생성 시 지정한 GroupId와 version 부분이 build.gradle의 스크립트 코드로 생성된 부분이라고 보면 되겠습니다. 다음으로, buildscript 블록에서 Kotlin에 대한 버전 및 의존 관계가 지정되어 있으며 그 밑에 Groovy, Java, Kotlin에 대한 기능을 사용하기 위해 플러그인으로 적용되도록 선언되어 있습니다. 그리고 repositories 블록과 dependencies 블록이 정의되어 있고 dependencies 블록에서는 Kotlin과 Groovy에 대하여 의존 관계가 지정되어 있습니다.

그림 12-9 의존 관계 확인

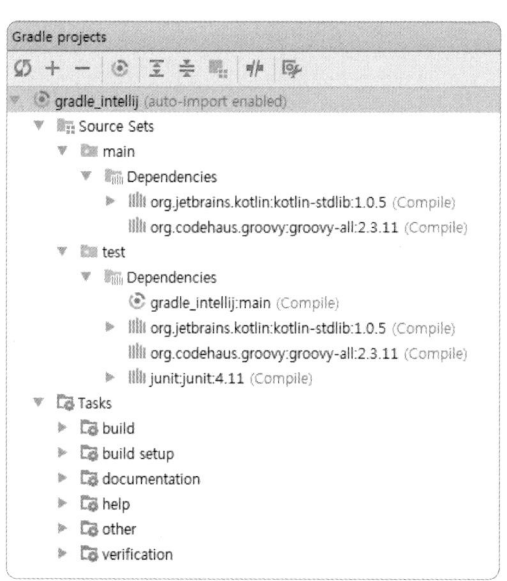

다음으로, IntelliJ 오른쪽을 보면 Gradle Project에서 그레이들 프로젝트의 Source Set과 그레이들 프로젝트의 빌드 수행을 위한 기본적인 내장 태스크를 확인할 수 있습니다. Tasks 하위로 있는 태스크들을 이용하여 필요에 맞게 관련 빌드를 수행할 수 있습니다.

IntelliJ에서 그레이들 프로젝트를 생성하면서 Kotlin을 추가하여 생성했는데, Kotlin에 대하여 간단히 설명 드린 후 계속해서 그레이들을 설명드리도록 하겠습니다. Kotlin은 구글에서 안드로이드 공식 개발 언어로 추가하였습니다. Kotlin은 IntelliJ를 출시한 젯브레인(JetBrain)에서 자바 가상 머신(JVM) 언어로 자바와 호환되며 안드로이드를 개발할 때 유용한 개발 언어입니다. Kotlin의 특징으로는 간결한 문법, 빠른 컴파일 속도, 적은 런타임, IDE 지원 등이 있습니다. 특히 애플리케이션의 안정성을 개선하기 위해 기존 자바보다 Null 값 처리 등 부분에서 뛰어난 특징을 가지고 있습니다. 그레이들도 안드로이드 공식 빌드 시스템으로 지정된 만큼 Kotlin과 그레이들의 연계도 상당히 주목되는 부분이라고 할 수 있습니다.

Kotlin: https://kotlinlang.org/

2. IntelliJ에서 그레이들, 스프링, MySQL 연동

IntelliJ 설치가 완료되었으면 IntelliJ에서 그레이들을 이용하여 MySQL jdbc 드라이버를 설정해보도록 하겠습니다. 앞에서 생성한 프로젝트를 이용하여 MySQL 관련 의존 관계를 build.gradle에서 dependencies 블록에서 지정하도록 하겠습니다.

MySQL: https://www.mysql.com/downloads/

코드 12-2 MySQL jdbc 지정

```
…(생략)…
dependencies {
    compile "org.jetbrains.kotlin:kotlin-stdlib:$kotlin_version"
    compile 'org.codehaus.Groovy:Groovy-all:2.3.11'
    // mysql 의존 관계 지정
    compile "mysql:mysql-connector-java:5.1.34"
    testCompile group: 'junit', name: 'junit', version: '4.11'
}
…(생략)…
```

dependencies 블록에 MySQL jdbc 라이브러리를 사용하기 위한 compile "mysql:mysql-connector-java:5.1.43"을 추가한 다음 IntelliJ에서 빌드를 수행해보도록 하겠습니다. 빌드 수행은 **그림 12-10**과 같이 우측에 보이는 Gradle Project에서 Tasks 하위로 build 태스크 수행을 통해 빌드를 수행하면 됩니다. 빌드는 해당 태스크를 더블클릭하게 되면 자동으로 수행됩니다.

그림 12-10 빌드 수행

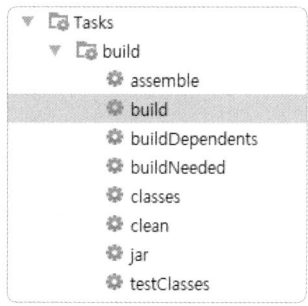

이렇게 빌드 수행이 완료되면 관련 라이브러리가 **그림 12-11**과 같이 External Libraries에 포함된 것을 확인할 수 있습니다. 외부 라이브러리를 사용하고자 할 때 dependencies 블록에서 방금 살펴본 MySQL과 같이 지정하여 사용하면 됩니다.

그림 12-11 관련 라이브러리 확인

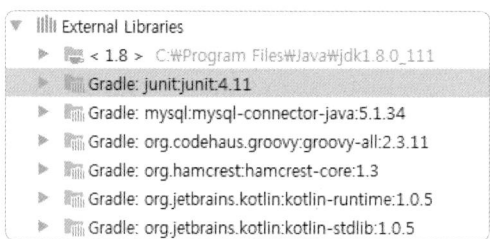

이렇게 해당 프로젝트에 관련 라이브러리의 설치가 완료되었으면 실습하는 PC나 서버에 MySQL을 설치하고 테이블을 생성하고 관련 데이터를 핸들링하기 위해 DBMS를 설치해 보도록 하겠습니다. MySQL은 https://www.mysql.com/downloads/에서 내려받아 설치하고 DBMS로는 HeidiSQL을 사용하도록 하겠습니다. 만약 다른 DBMS를 사용하기를 원한다면 사용하기 편리한 DBMS를 설치하면 됩니다.

HeidiSQL: http://www.heidisql.com/download.php

그림 12-12 HeidiSQL 내려받기 페이지

이렇게 MySQL과 관련 DBMS 설치가 완료되었으면 HeidiSQL을 실행하여 MySQL 드라이버를 세팅하도록 하겠습니다. HeidiSQL을 실행하고 네트워크 유형은 MySQL, 호스트/IP는 로컬에서 실행 및 테스트할 예정이기 때문에 127.0.0.1을 설정하고 사용자는 root, 포트는 3307을 사용하도록 세션 연결 정보를 **그림 12-13**과 같이 지정하도록 하겠습니다.

그림 12-13 세션 관리자

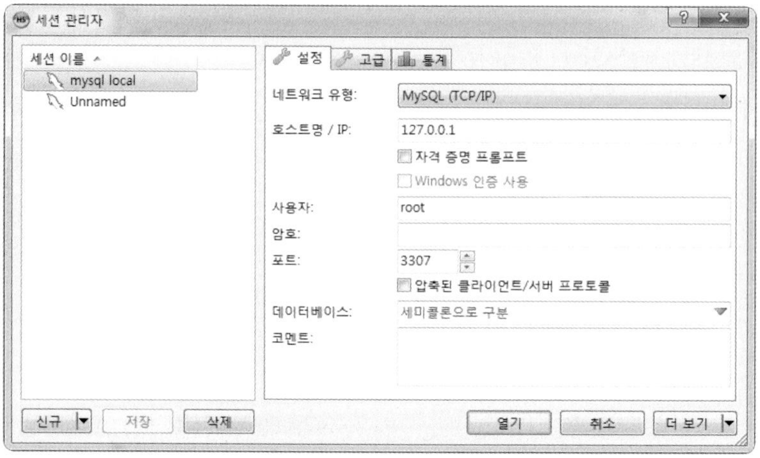

다음으로, 데이터베이스를 생성하도록 하겠습니다. 왼쪽의 'mysql local'에서 마우스 오른쪽 버튼을 클릭한 다음 [새로 생성] → [데이터베이스]를 클릭하여 **그림 12-14**와 같이 생성하면 되겠습니다.

그림 12-14 데이터베이스 생성

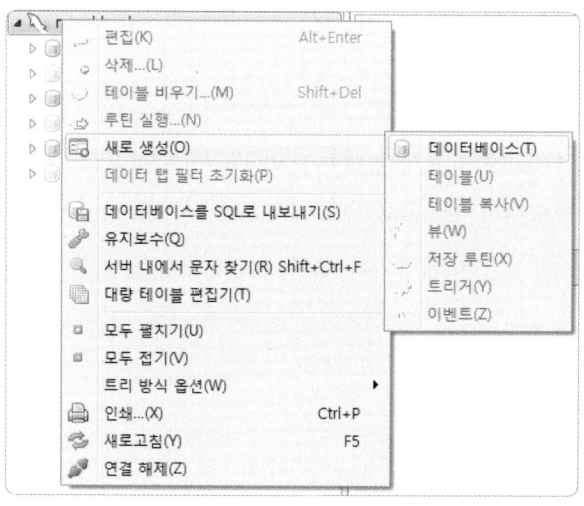

데이터베이스 생성 대화 상자가 나오는데, 이 부분에 관련 데이터베이스에서 사용할 이름을 지정하고 조합은 인코딩 부분인데 사용하고자 하는 적절한 인코딩을 선택 후 〈확인〉 버튼을 통하여 데이터베이스를 생성하면 됩니다. 실습을 위해 USER라는 데이터베이스를 생성하겠습니다.

그림 12-15 USER 데이터베이스 생성

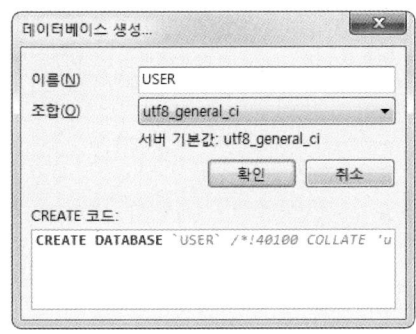

이렇게 하면 데이터베이스가 생성되고 생성된 데이터베이스에 테이블을 생성하도록 하겠습니다. 여기서는 사용자 관리를 위한 login 테이블을 만들도록 하겠습니다.

그림 12-16 테이블 만들기

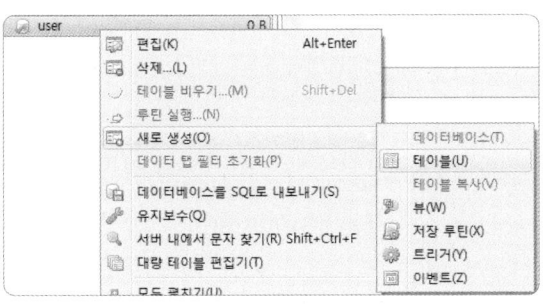

테이블을 클릭하게 되면 다음과 같이 테이블을 생성할 수 있는 화면이 나오게 됩니다.

그림 12-17 login 테이블 생성

이름 부분에 생성할 테이블 이름을 지정하는데, 실습에서 사용할 테이블 이름은 login입니다. 그리고 '추가' 부분을 클릭하여 테이블에서 사용할 필드를 추가하도록 하겠습니다. 필드는 로그인 관련하여 임의로 ID, PWD, NAME, EMAIL, PHONE 5개의 필드를 지정하였습니다. 이렇게 지정한 후에 저장을 눌러 테이블을 생성하도록 하겠습니다. 테이블 생성이 완료되었으면 임의의 데이터를 입력 후 테이블이 잘 생성되었는지 확인해 보도록 하겠습니다.

그림 12-18 생성한 테이블 확인

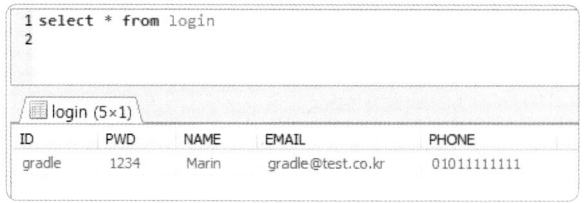

임의의 데이터를 입력 후에 질의를 수행한 결과를 확인하였습니다. 이렇게 관련 데이터베이스 및 테이블이 잘 생성된 것을 확인해봤습니다. 이렇게 실습을 위한 데이터베이스 준비가 완료되었습니다. 그럼 이제 준비한 데이터베이스를 사용하기 위해 자바에서 처리를 진행해보도록 하겠습니다.

IntelliJ에서 생성한 데이터베이스와 관련한 DAO 및 데이터베이스 select 등을 할 수 있도록 실습을 진행해보도록 하겠습니다. src 디렉터리 하위에 main-java 디렉터리에 Login 클래스와 LoginDAO 클래스를 생성하도록 하겠습니다.

그림 12-19 Login 클래스와 LoginDAO 클래스 생성

Login 클래스에는 데이터베이스에 생성한 테이블 칼럼과 관련한 Getter와 Setter를 다음 **코드 12-3**과 같이 작성하도록 하겠습니다. Login 클래스에서 〈Art〉 + 〈Insert〉 키를 누르면 Getter and Setter를 만들 수 있는 툴팁이 생성되고 해당 툴팁을 이용하면 손쉽게 생성할 수 있습니다.

코드 12-3 Login 클래스

```
public class Login {
    String id;
    String pwd;
    String name;
    String email;
    String phone;
```

```java
    public String getId() {
        return id;
    }

    public void setId(String id) {
        this.id = id;
    }

    public String getPwd() {
        return pwd;
    }

    public void setPwd(String pwd) {
        this.pwd = pwd;
    }

    public String getName() {
        return name;
    }

    public void setName(String name) {
        this.name = name;
    }

    public String getEmail() {
        return email;
    }

    public void setEmail(String email) {
        this.email = email;
    }

    public String getPhone() {
        return phone;
    }

    public void setPhone(String phone) {
```

```java
        this.phone = phone;
    }
}
```

다음으로, **코드 12-4**와 같이 LoginDAO 클래스를 생성하도록 하겠습니다. LoginDAO 클래스는 DB 커넥션 연결을 통하여 데이터베이스에 생성된 테이블의 데이터를 조회하는 기능을 가진 간단한 자바 클래스입니다.

코드 12-4 LoginDAO 클래스

```java
import java.sql.*;

public class LoginDAO {
    public Connection getConnection() throws SQLException, ClassNotFoundException{
        Connection c = null;
        try {
            Class.forName("com.mysql.jdbc.Driver");
            c = DriverManager.getConnection(
                    "jdbc:mysql://localhost:3306/user"
                    ,"root"
                    ,"1234"
            );
            System.out.println("JDBC 로딩 성공!");
        } catch(SQLException ex) {
            System.out.println("JDBC 로딩 실패!");
            ex.printStackTrace();
        }

        return c;
    }

    public Login select(String id) throws SQLException, ClassNotFoundException{
        Connection c = getConnection();

        String sqlQuery = "select * from login where id = ?";
```

```java
        PreparedStatement ps = c.prepareStatement(sqlQuery);
        ps.setString(1,id);

        ResultSet rs = ps.executeQuery();
        rs.next();

        Login login = new Login();
        login.setId(rs.getString("id"));
        login.setName(rs.getString("name"));
        login.setPwd(rs.getString("pwd"));
        login.setEmail(rs.getString("email"));
        login.setPhone(rs.getString("phone"));

        return login;
    }

    public static void main(String[] args) throws SQLException,ClassNotFoundException{
        LoginDAO dao = new LoginDAO();
        Login login = dao.select("gradle");

        System.out.println("ID : " + login.getId());
        System.out.println("Name : " + login.getName());
        System.out.println("Pwd : " + login.getPwd());
        System.out.println("Email : " + login.getEmail());
        System.out.println("Phone : " + login.getPhone());
    }
}
```

이렇게 코드 작성이 완료되었으면 LoginDAO에 있는 main을 실행하여 데이터베이스 테이블에 있는 정보를 조회해보도록 하겠습니다. 조회를 수행한 결과는 다음과 같습니다.

그림 12-20 수행 결과

IntelliJ에서 MySQL을 연동한 실습을 진행하였습니다. 참고로 스프링을 이용하고자 할 경우 그레이들에서 어떻게 적용해서 사용하는지 알아보도록 하겠습니다. 11장에서도 스프링 부트를 사용하기 위해 dependencies 블록에 코드를 삽입한 방법과 같이 IntelliJ에서도 자동으로 생성된 build.gradle 파일의 dependencies 블록에 관련 라이브러리에 대하여 의존 관계를 지정하여 사용하면 됩니다. 스프링을 이용하기 위하여 build.gradle의 dependencies 블록에서 스프링 프레임워크를 이용할 수 있도록 **코드 12-5**를 입력하도록 하겠습니다.

코드 12-5 build.gradle 추가 코드

```
dependencies {
    ...(생략)...
    // spring
    compile 'org.springframework:spring-webmvc:4.1.6.RELEASE'
    compile 'org.springframework:spring-jdbc:4.1.6.RELEASE'
    compile 'org.springframework:spring-test:4.1.6.RELEASE'
    ...(생략)...
}
```

코드 12-5를 추가 후에 IntelliJ에서 빌드를 수행하고 build를 수행하면 스프링 프레임워크와 관련된 라이브러리가 Extral Library에 내려받아진 것을 확인할 수 있습니다.

그림 12-21 관련된 라이브러리 확인

- Gradle: org.springframework:spring-aop:4.1.6.RELEASE
- Gradle: org.springframework:spring-beans:4.1.6.RELEASE
- Gradle: org.springframework:spring-context:4.1.6.RELEASE
- Gradle: org.springframework:spring-core:4.1.6.RELEASE
- Gradle: org.springframework:spring-expression:4.1.6.RELEASE
- Gradle: org.springframework:spring-jdbc:4.1.6.RELEASE
- Gradle: org.springframework:spring-test:4.1.6.RELEASE
- Gradle: org.springframework:spring-tx:4.1.6.RELEASE
- Gradle: org.springframework:spring-web:4.1.6.RELEASE
- Gradle: org.springframework:spring-webmvc:4.1.6.RELEASE

이렇게 스프링 프레임워크와 관련된 라이브러리가 프로젝트에 포함되면 스프링 관련 프로젝트를 진행할 수 있습니다. 참고로 앞에서도 살펴본 내용인데 스프링은 새로운 버전이 계속해서 출시되고 있고 **코드 12-5**와 같이 버전을 지정하여 작성하게 되면 나중에 최신 버전을 사용해야 할 경우 줄마다 수정해야 하는 번거로움이 있습니다. 이럴 때는 버전을 임의의 변수에 지정하고 해당 변수에 지정된 부분을 버전 정보로 사용하도록 **코드 12-6**과 같이 지정하면 빌드 스크립트를 작성하여 관리하는 데 유용할 것으로 생각합니다.

코드 12-6 build.gradle 버전 관리

```
dependencies {
    ...(생략)...
    // spring
    // 사용할 버전을 변수로 선언
    def slf4jVersion = "1.7.2"

    compile "org.slf4j:jcl-over-slf4j:$slf4jVersion"
    compile "org.slf4j:jul-to-slf4j:$slf4jVersion"
    compile "org.slf4j:slf4j-api:$slf4jVersion"
    compile 'ch.qos.logback:logback-classic:1.0.13'

    def springVersion = "4.0.2.RELEASE"
```

```
        compile "org.springframework:spring-orm:$springVersion"
        compile "org.springframework:spring-webmvc:$springVersion"
        compile 'org.codehaus.Groovy:Groovy-all:2.0.8'
        testCompile 'org.springframework:spring-test:4.0.2.RELEASE'
        ...(생략)...
    }
```

3. IntelliJ에서 그레이들과 스칼라 사용

스칼라 언어 소개와 함께 IntelliJ에서 그레이들을 이용하여 사용하는 방법을 간략히 살펴보도록 하겠습니다. 유연성이라는 그레이들의 특징 때문에 손쉽게 외부의 다른 라이브러리를 사용할 수 있으며 이렇게 추가된 라이브러리를 이용하여 관련 프로젝트를 진행할 수 있습니다. 스칼라는 언어적 요소와 객체지향적인 요소를 결합하여 풍부한 표현력을 바탕으로 빅데이터나 머신러닝 등에 사용되는 개발 언어라고 할 수 있습니다. 객체지향 프로그래밍 언어와 함수형 프로그래밍의 언어적 요소들이 결합하여 적은 양의 코드 작성을 통하여 대량의 데이터를 다루고 처리할 수 있게 시스템을 작성할 수 있는 다중 패러다임의 언어가 스칼라라고 할 수 있습니다.

스칼라를 이용하여 IntelliJ에서 프로젝트를 진행하려면 우선 IntelliJ에 Scala 플러그인을 설치해야 합니다. 플러그인을 설치하기 위해서는 IntelliJ의 plugins 팝업에서 'scala'를 검색하여 설치하면 됩니다.

그림 12-22 Scala 플러그인 설치

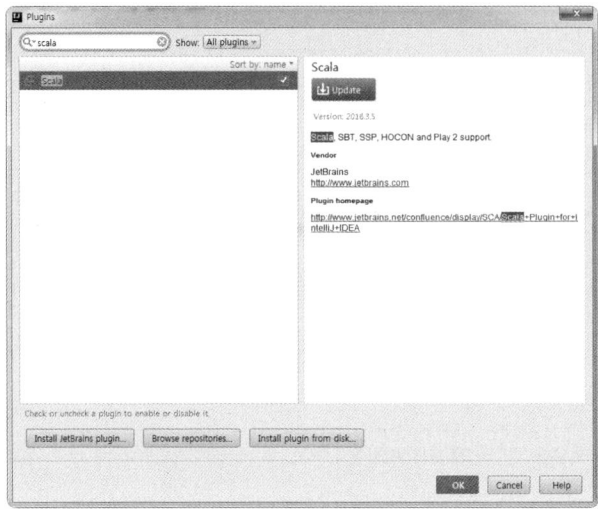

Scala 플러그인 설치가 완료되었으면 스칼라 프로젝트를 생성해보도록 하겠습니다. 스칼라 프로젝트를 생성하기 위해 IntelliJ에서 [New] → [Project]를 선택하면 프로젝트 생성 대화 상자가 나오는데, 여기에서 'Scala'를 선택하면 되겠습니다.

그림 12-23 Scala 프로젝트 생성

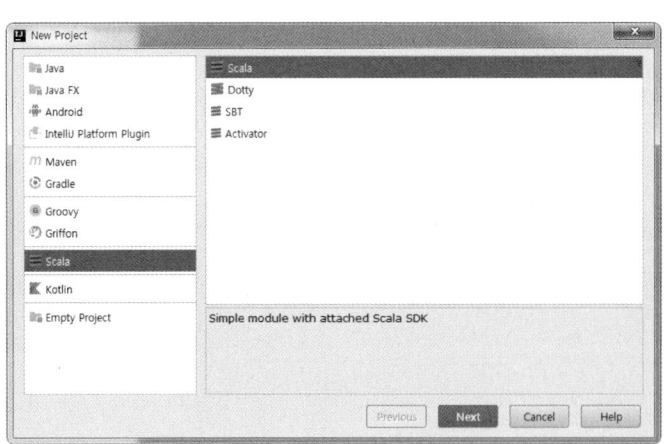

⟨Next⟩ 버튼을 누르고 프로젝트와 관련된 프로젝트 이름을 입력하도록 하겠습니다. 프로젝트 이름은 실습을 위해 'ScalaGradle'로 정하였습니다.

그림 12-24 프로젝트 이름 입력

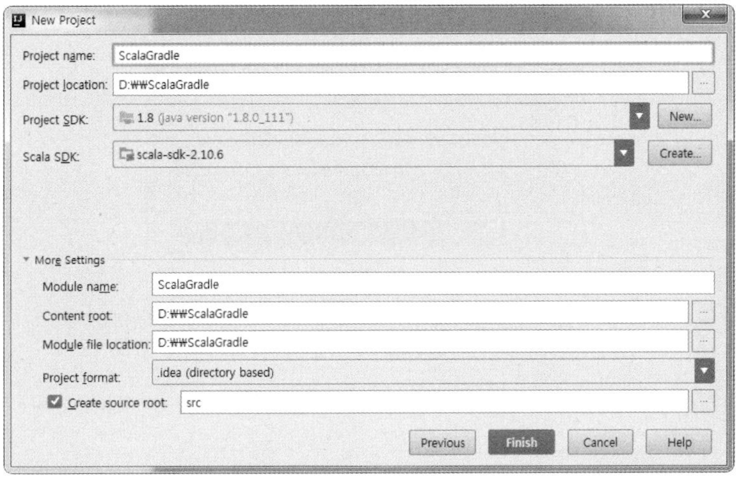

⟨Finish⟩를 누르면 스칼라 프로젝트가 생성됩니다. 생성된 프로젝트에서 좌측을 보면 IntelliJ에서 스칼라 프로젝트를 위한 기본 구조가 생성된 것을 확인할 수 있습니다. src 디렉터리 부분이 보이는데 이 부분에서 마우스 오른쪽 버튼 클릭을 이용하여 Scala 클래스를 만들어 보도록 하겠습니다.

그림 12-25 Scala 클래스 만들기

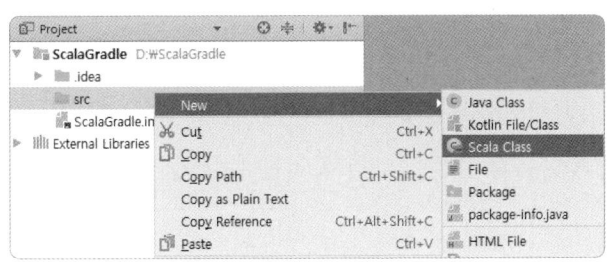

[Scala Class]를 선택하면 Scala 클래스 이름을 정하는 팝업이 호출되는데, 해당 팝업에서 임의의 Scala 클래스를 만들도록 하겠습니다. Scala 클래스 이름은 HelloScala로 하였습니다. Kind는 Class가 아닌 Object로 하여 생성하도록 하겠습니다.

그림 12-26 Scala 클래스 이름과 종류 입력

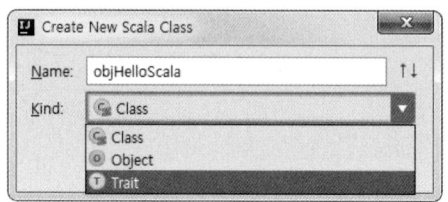

HelloScala 클래스가 생성되고 생성된 클래스 파일을 열고 다음 **코드 12-7**과 같이 입력해보도록 하겠습니다. 참고로 IntelliJ에서 main( )를 손쉽게 만들고자 〈Ctrl〉 + 〈Space〉를 누르고 'm'을 입력하게 되면 m으로 시작하는 메서드들이 나오는데 그 메서드 중에서 main( )을 선택하여 생성하면 됩니다.

코드 12-7 Scala에서 main( )

```
object objHelloScala {
    def main(args: Array[String]) {
        print("Hello, Scala and Gradle");
    }
}
```

이렇게 코드 작성이 완료되었으면 Run을 통하여 결과를 확인해보겠습니다. Run은 object에서 〈Ctrl〉 + 〈Shift〉 + 〈F10〉 또는 [Run] 메뉴에서 관련 Object 이름을 선택하여 실행하면 되겠습니다. 실행하면 다음과 같은 결과를 확인할 수 있습니다.

그림 12-27 실행 결과

```
"C:\Program Files\Java\jdk1.8.0_111\bin\java" ...
Hello, Scala and Gradle3
Process finished with exit code 0
```

참고로 스칼라는 JVM 상에서 구동되며 자바의 API를 그대로 사용하거나 스칼라의 형식으로 변경하여 사용할 수도 있습니다.

간단하게 스칼라 프로젝트를 살펴봤습니다. 스칼라는 빅데이터를 핸들링하는 데 강점을 가진 언어이기 때문에 관심이 있다면 관련 전문 서적을 통하여 학습하셔도 좋을 것 같습니다. 그럼 계속 해서 스칼라와 그레이들을 이용한 실습을 진행해보도록 하겠습니다. 우선 새로운 프로젝트를 IntelliJ에서 생성하도록 하겠습니다. 프로젝트는 그레이들 프로젝트로 생성하고 scala 구조를 생성한 후 스칼라 프레임워크를 선택하는 방식으로 진행하도록 하겠습니다.

그림 12-28 추가 라이브러리 지정

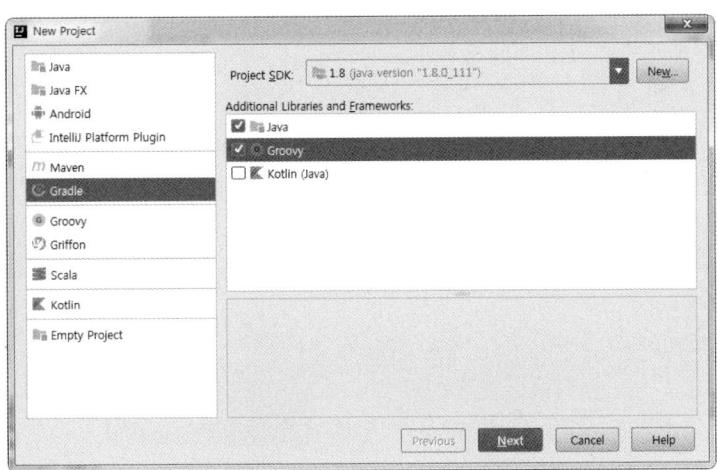

그림 12-28과 같이 프로젝트에서 그레이들을 선택하고 추가로 지정할 라이브러리를 선택한 후 〈Next〉 버튼을 눌러 다음 화면으로 이동하겠습니다. 다음으로 넘어가면 GroupID와 ArtifactID가 있는데, 이 부분은 'ScalaGradle01'로 각각 지정하고 〈Next〉 버튼을 눌러 다음 화면으로 이동하도록 하겠습니다. 이런 방식으로 앞에서 살펴본 것과 같이 그레이들 프로젝트를 생성하면 됩니다. 이렇게 프로젝트 생성이 완료되었으면 스칼라 관련 Class 혹은 Object를 위치시킬 디렉터리를 생성하도록 하겠습니다. 디렉터리 생성은 src 디렉터리 하위의 main 디렉터리 아래에 'scala'라는 이름으로 디렉터리를 생성하도록 하겠습니다.

그림 12-29 scala 디렉터리 생성

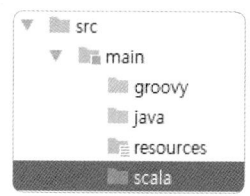

프로젝트를 생성하면서 옵션 설정을 통하여 생성된 디렉터리 이외에 scala 디렉터리가 생성되었습니다. 이렇게 scala 디렉터리를 생성했으면 scala 디렉터리를 Source Root로 지정하도록 하겠습니다. scala 디렉터리에서 마우스 오른쪽 버튼을 클릭하면 하위에 [Mark Directory as]라는 부분이 있습니다. 이 부분을 클릭하면 [Sources Root]가 나오는데, 이를 선택하면 됩니다.

그림 12-30 [Sources Root] 선택

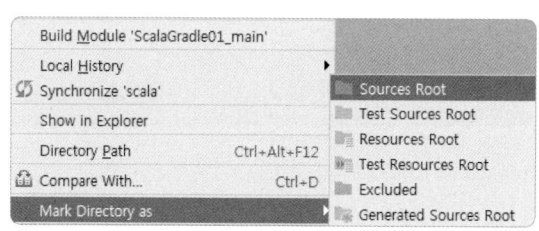

이렇게 [Sources Root]를 지정하게 되면 Scala 디렉터리의 색상이 푸른색으로 변경되는 것을 확인할 수 있습니다. 다음으로, 프로젝트 이름 부분에서 마우스 오른쪽 버튼을 클릭하여 프로젝트에 스칼라 프레임워크를 포함하도록 하겠습니다.

그림 12-31 프레임워크 추가

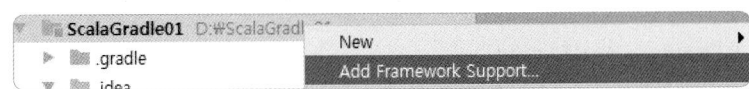

선택하고 나면 다음과 같은 **그림 12-32** 형태의 팝업이 호출되고 'scala'를 선택 후 〈OK〉를 누르면 스칼라 프레임워크가 포함됩니다.

그림 12-32 Scala 프레임워크 포함

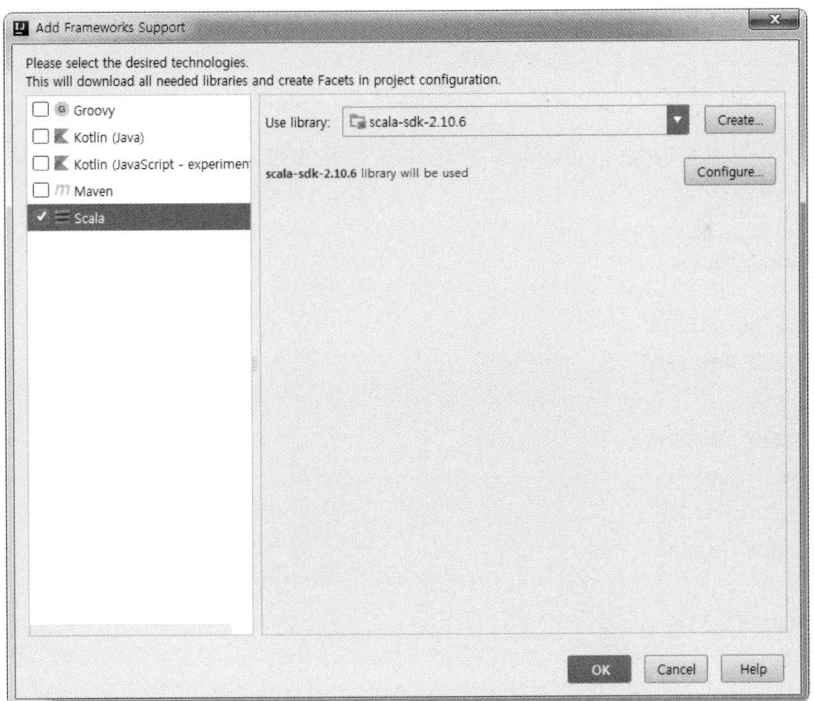

앞에서 생성한 scala 디렉터리에 .scala의 확장자로 파일을 생성하도록 하겠습니다. 파일 이름은 임의로 Main으로 지정하였습니다. Main.scala에 **코드 12-8**을 작성하여 간단한 문자열을 출력할 수 있도록 작성하겠습니다.

코드 12-8 Main.scala

```scala
object Main {
    def main (args: Array[String]) {
        print("hello Scala and Gradle");
    }

    val strArr = Array("IntelliJ", "gradle", "scala")

    for(array <- strArr){
        println(array)
    }
}
```

이렇게 Main.scala 파일 작성이 완료되었으면 빌드를 수행하기 위한 build.gradle 파일을 작성하도록 하겠습니다. build.gradle 파일에 다음과 같은 **코드 12-9**를 작성하겠습니다.

코드 12-9 build.gradle

```gradle
group 'ScalaGradle01'
version '1.0-SNAPSHOT'

apply plugin: 'Groovy'
apply plugin: 'java'
apply plugin: 'scala'
apply plugin: 'idea'

sourceCompatibility = 1.8

repositories {
```

```
        mavenCentral()
    }

    dependencies {
        compile 'org.codehaus.Groovy:Groovy-all:2.3.11'
        compile 'org.scala-lang:scala-library:2.11.1'
        testCompile group: 'junit', name: 'junit', version: '4.11'

    }

    // Scala 작성 소스에 대한 경로 지정
    sourceSets {
        main {
            scala {
                srcDirs = ['src/main/scala']
            }
        }
        test {
            scala {
                srcDirs = ['src/test/scala']
            }
        }
    }
```

코드 12-9를 보면 그레이들의 build.gradle에서 스칼라를 사용하기 위하여 스프링에서와 같이 apply plugin:'scala'로 스칼라 플러그인 적용을 선언했습니다. 그리고 dependencies 블록에서 스칼라 라이브러리를 사용하기 위하여 의존 관계를 지정했습니다. 이와 함께 스칼라로 작성한 소스를 빌드 수행 시 인식하게 하려고 sourceSets 블록에서 main 블록과 test 블록에 소스의 경로를 지정하였습니다.

코드 12-9의 작성이 완료되었으면 IntelliJ 오른쪽 Gradle Project에서 빌드를 수행하도록 하겠습니다. 빌드 태스크를 수행하게 되면 **코드 12-9**에 dependencies 블록에 있는 scala 프레임워크가 프로젝트에 포함되는 것을 확인할 수 있습니다. 이렇게 빌드 수행이 성공적으로 완료되면 앞에서 작성한 **코드 12-8**의 Main.scala를 실행하여 결과를 확인해보겠습니다.

그림 12-33 실행 결과

```
"C:\Program Files\Java\jdk1.8.0_111\bin\java" ...
intelliJ
gradle
scala
hello world
Process finished with exit code 0
```

IntelliJ에서 scala 프레임워크를 포함하여 그레이들 프로젝트를 실습해봤습니다. 그레이들은 메이븐보다 의존 관계 설정이 쉬운 등 장점이 있어서 간단하게 프로젝트에 관련 프레임워크나 라이브러리를 포함하여 프로젝트를 수행할 수 있습니다.

Chapter

13 스프링 MVC 모델과 그레이들

1. 스프링 MVC 모델 **2.** 그레이들을 이용한 스프링 MVC 프로젝트

1. 스프링 MVC 모델

스프링 MVC 모델을 이용한 실습을 진행하도록 하겠습니다. 현재 많은 프로젝트가 스프링 MVC 모델을 이용하여 진행되고 있습니다. 스프링 MVC 모델은 모델 2 방식의 구조입니다. 최근의 많은 웹과 관련된 개발은 모델 2 방식을 이용하여 진행되고 있으며, 이는 화면과 데이터 처리를 분리하여 재사용이 가능하도록 하는 방식을 말합니다. 스프링 MVC 모델의 MVC는 다음과 같습니다.

- **M (Model)**: 데이터 또는 데이터를 처리하는 영역

- **V (View)**: 결과 화면 또는 결과 화면을 만들어 내는 데 사용하는 자원

- **C (Controller)**: 웹에서 발생하는 요청(Request)을 처리하는 역할을 수행하는 부분으로, View와 Model의 중간 다리 역할

스프링 MVC 모델은 개발자와 웹 퍼블리셔의 영역을 분리시키고 컨트롤러의 URI (Uniform Resource Identifier)를 통해서 View를 제어하기 때문에 View의 교체나 변경과 같은 유지보수에 유용한 장점이 있습니다. 참고로 모델 2 방식은 기존 MVC 구조를 응용한 방식이라고 보면 되겠습니다. 간략하게 스프링 MVC의 구조를 그림으로 표현하면 다음과 같습니다.

그림 13-1 Spring MVC 구조

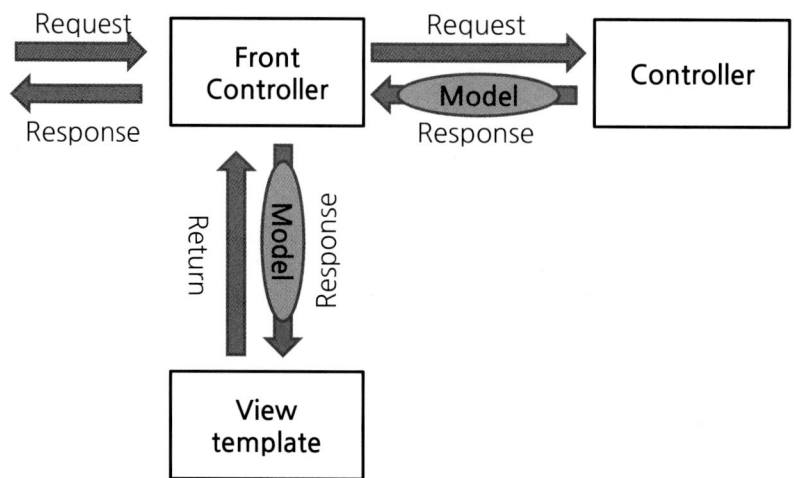

여기서 Controller는 Front Controller를 통하여 넘어온 요청(Request)을 처리하고 Model을 생성하며 Front Controller는 전체적인 흐름을 제어하는 역할을 수행합니다. 이러한 구조는 개발자가 작성하는 컨트롤러가 일부만 처리하기 때문에 작성해야 하는 코드가 적어지며 모든 컨트롤러가 Front Controller의 일부분을 구현하는 형태이기 때문에 좀 더 규격화된 코드를 작성할 수 있다는 장점이 있습니다.

스프링 MVC의 주요 핵심 컴포넌트가 있는데 핵심 컴포넌트는 **표 13-1**과 같습니다. 핵심 컴포넌트는 잠시 후 수행할 실습을 수행할 때 스프링 MVC 부분과 연계하여 참고하면 됩니다.

표 13-1 스프링 MVC의 주요 핵심 컴포넌트

컴포넌트	내용
DispatcherServlet	스프링 MVC 프레임워크의 Front Controller로서 웹에서 발생하는 요청과 응답과 관련한 생명주기(Life Cycle)를 담당
HandlerMapping	웹에서 요청이 발생했을 때 해당 URL을 어떤 Contrller가 처리를 할지 결정해주는 역할을 수행
Controller	비즈니스 로직을 수행하고 수행한 결과 데이터를 ModelAndView에 반영
MoldelAndView	Controller가 수행한 결과를 반영하는 Model 데이터 객체와 이동할 페이지 정보나 View 객체로 구성
ViewResolver	어떤 View를 선택할지 결정
View	결과 데이터인 Model 객체를 화면에 표시하는 역할을 수행

표 13-1에서 살펴본 것과 같이 스프링 MVC의 핵심 컴포넌트를 이용하여 실습을 진행할 예정입니다. 실습을 진행할 프로젝트는 다음과 같습니다. 클라이언트(Client)로부터 요청이 발생하면 DispatcherServlet이 발생한 요청을 가장 먼저 받아들이게 됩니다. DispatcherServlet은 받아들인 요청을 어떠한 Controller에서 처리를 수행할지 정하기 위해 HandlerMapping을 이용하게 되고 이를 통하여 받아들인 요청을 처리하기 위한 Controller를 정하게 됩니다. 이렇게 Controller가 정해지면 해당 컨트롤러에서 인터페이스를 호출하게 되고 인터페이스를 구현한 부분을 호출하여 비즈니스 로직들을 수행하게 됩니다. 이때 필요에 따라 데이터베이스와 통신을 통하여 데이터를 가져오거나 처리를 하게 되고 이렇게 처리가 된 데이터는 Controller 단계를 거쳐 화면에 매핑되어 집니다. 이때 데이터들이 매핑되어 담기는 부분을 Model이라고 하며 Model에 매핑된 데이터는 View Resolver에서 해당 화면과 매핑하는 작업을 거치고 결괏값을 반환하여 데이터가 있는 Model을 View로 던져줌으로써 클라이언트로부터 발생한 요청에 대한 처리가 마무리됩니다. 이러한 흐름을 그림으로 나타내면 다음과 같습니다.

그림 13-2 스프링 MVC 흐름

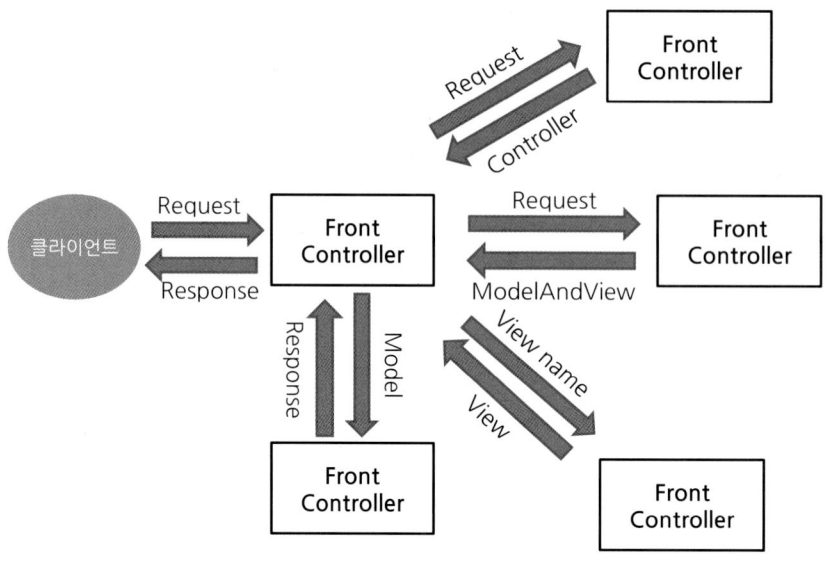

지금까지 스프링 MVC에 대하여 간략하게 살펴봤습니다. 살펴본 내용을 바탕으로 그레이들과 연관하여 실습을 진행하도록 하겠습니다. 스프링과 스프링 MVC에 관하여 더 궁금한 부분이 있다면 관련 전문 서적을 참고하기 바랍니다.

2. 그레이들을 이용한 스프링 MVC 프로젝트

스프링 MVC와 그레이들을 이용하여 간단한 실습을 진행해보도록 하겠습니다. 실습 진행은 11장에서 스프링 부트 실습을 진행했을 때와 마찬가지로 STS를 이용하도록 하겠습니다. 우선 STS를 열고 프로젝트를 생성하고자 그림 13-3과 같이 [File] → [New] → [Project...]를 선택하도록 하겠습니다.

그림 13-3 프로젝트 생성

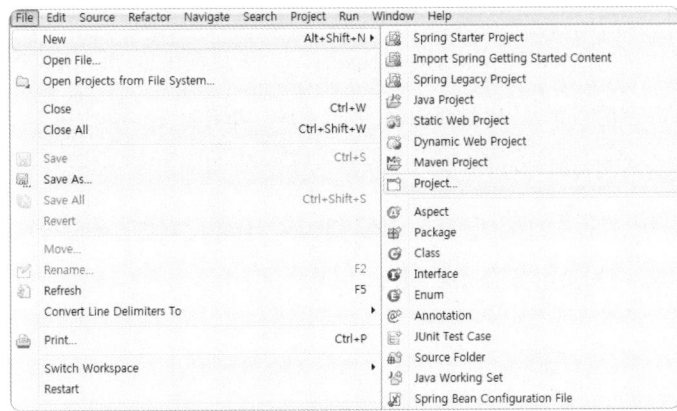

[New Project] 대화 상자가 호출되는데, 해당 대화 상자에서 **그림 13-4**와 같이 'Gradle (GTS)'를 선택하고 그 아래에 있는 'Gradle (STS) Project'를 선택한 후에 〈Next〉 버튼을 클릭하여 다음 화면으로 이동하도록 하겠습니다.

그림 13-4 'Gradle (STS) Project' 선택

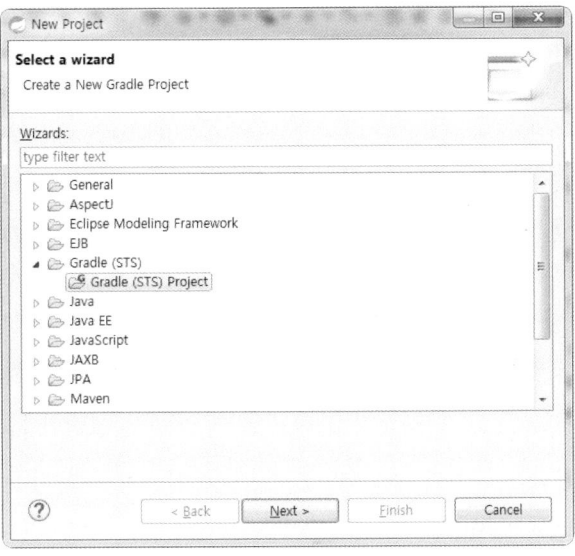

프로젝트 이름을 설정하도록 하겠습니다. 여기서 Project Name은 'GradleSpringMVC'로 하도록 하겠습니다. 그리고 'Sample project' 부분이 있는데, 이 부분은 콤보박스에서 'Java Quickstart'를 선택하겠습니다. 'Java Quickstart'는 프로젝트를 생성할 때 프로젝트 생성의 편의를 위하여 기본적으로 생성해주는 구조 또는 파일이 좀 더 있다고 보면 되겠습니다. Java Quickstart를 지정하지 않더라도 프로젝트 실습을 진행하는 데에는 아무런 문제가 없으니 참고하기 바랍니다. 이러한 설정을 **그림 13-5**와 같이 지정한 후에 〈Finish〉 버튼을 클릭하여 프로젝트를 생성하도록 하겠습니다.

그림 13-5 'Java Quickstart' 선택

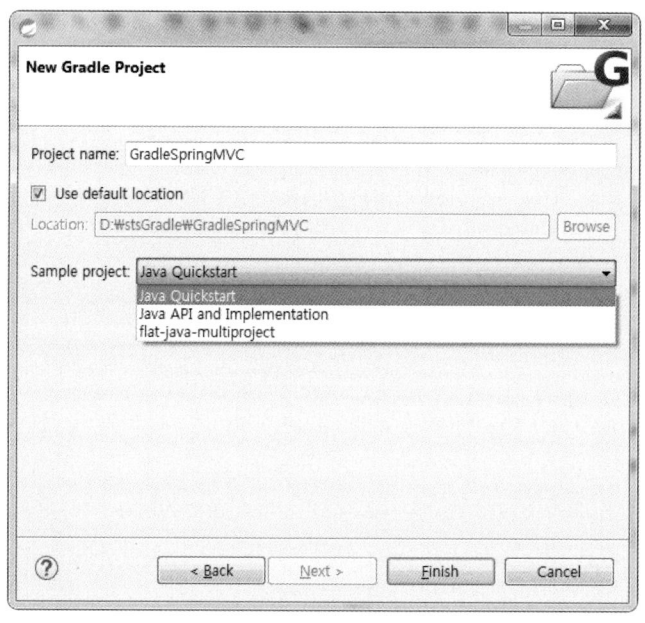

이렇게 STS에서 프로젝트를 생성하면 **그림 13-6**과 같은 구조로 프로젝트가 생성됩니다. 생성된 구조에서 기본적으로 src 디렉터리 하위로 보면 앞에서 설정한 Java Quickstart의 영향으로 org 하위로 디렉터리 구조가 생성되었는데, 지금 실습을 진행하는 데에는 불필요한 부분이니 삭제하셔도 되겠습니다.

그림 13-6 생성된 프로젝트 구조

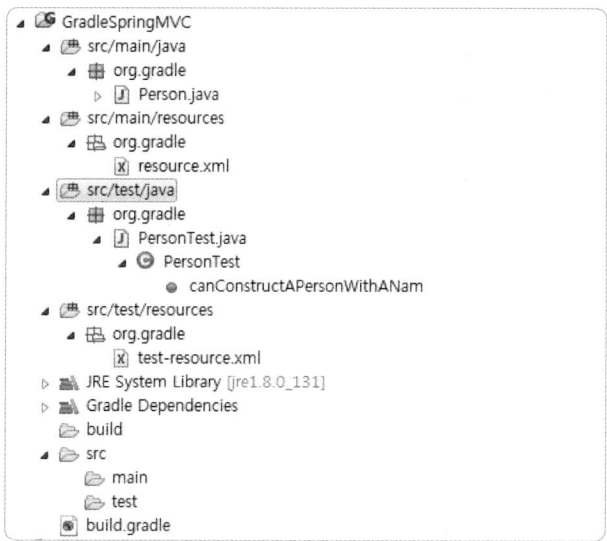

스프링 MVC에서 View 부분과 관련된 파일을 위치시키기 위하여 디렉터리를 생성하도록 하겠습니다. 디렉터리는 src 디렉터리 하위의 main 디렉터리 하위에 생성하도록 하겠습니다. main 디렉터리에서 마우스 오른쪽 버튼을 클릭한 다음 [New] → [Folder]를 선택하면 **그림 13-7**과 같은 대화 상자가 호출되는데, 생성할 디렉터리를 webapp/WEB-INF/views로 하여 **그림 13-7**과 같은 방법으로 생성하면 됩니다.

그림 13-7 디렉터리 생성

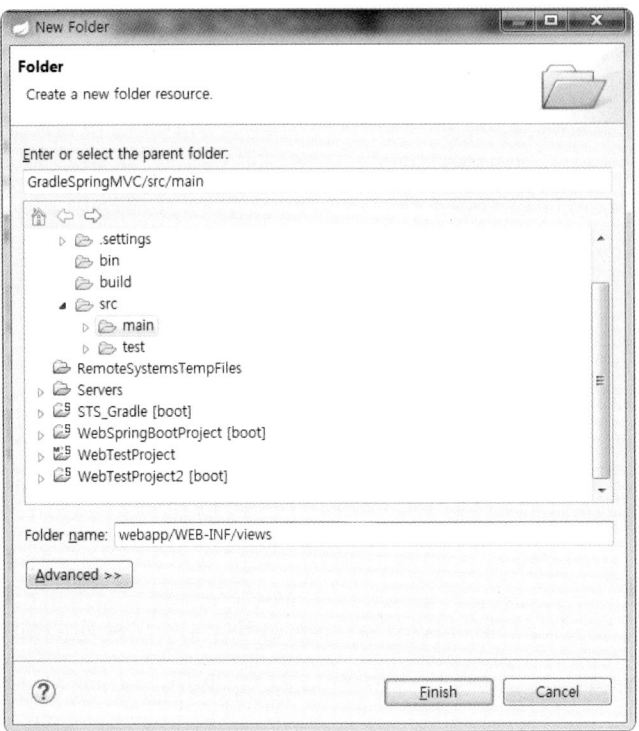

다음으로, 스프링 MVC에서 Controller를 담당할 부분에 대하여 파일을 생성하도록 하겠습니다. 우선 Controller를 담당할 자바 클래스 파일을 생성하도록 하겠습니다. 자바 클래스 파일은 com.web.ctrl 패키지에 'WebController'라는 이름으로 **그림 13-8**과 같이 생성하도록 하겠습니다.

그림 13-8 자바 클래스 파일 생성

그리고 초기화를 담당할 클래스를 방금 생성한 WebController 클래스와 동일한 패키지에 **그림 13-9**처럼 생성하도록 하겠습니다. 패키지는 'com.web.ctrl'로, 클래스 이름은 'WebInit'로 하였습니다.

그림 13-9 초기화 담당 클래스 생성

그리고 다음으로 설정과 관련된 기능을 수행할 클래스를 만들도록 하겠습니다. 클래스 이름은 'WebConfig'로 하고 클래스가 속할 패키지 경로는 'com.web.ctrl.config'로 하여 **그림 13-10**과 같이 생성하도록 하겠습니다.

그림 13-10 설정 관련 기능 수행 클래스

지금까지 클래스를 총 3개를 생성하였습니다. 생성이 완료되었으면 **그림 13-11**과 같은 형태로 클래스 파일이 존재하는 것을 확인할 수 있습니다.

그림 13-11 생성한 클래스 파일 확인

앞에서 스프링 MVC에서 View를 담당하기 위해 **그림 13-6**과 같이 생성한 디렉터리 하위에 View와 관련된 파일을 하나 생성하도록 하겠습니다. webapp/WEB-INF/views 경로 하위에 JSP 파일을 생성하겠습니다. JSP 파일의 이름은 hello.jsp로, **그림 13-12**처럼 생성하면 됩니다.

그림 13-12 hello.jsp 파일 생성

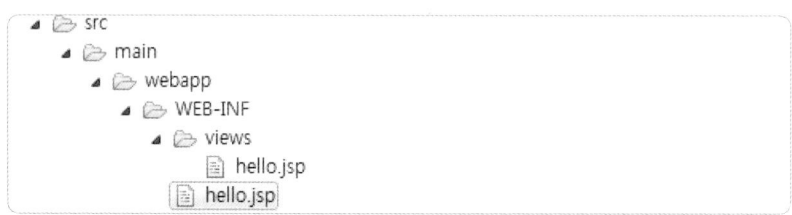

이렇게 View와 관련된 파일 생성까지 마무리되었으면 프로젝트 수행을 위한 기본 구조와 파일 생성은 끝입니다. 그럼 생성된 파일들에 소스 코드 작성을 통하여 스프링 MVC 모델을 이용한 그레이들 프로젝트를 완성해보도록 하겠습니다. 우선 build.gradle 파일 작성을 해보도록 하겠습니다. build.gradle 파일을 열어보면 **코드 13-1**과 같이 자동으로 생성된 빌드 스크립트 코드를 확인할 수가 있습니다.

코드 13-1 초기 생성된 build.gradle

```
apply plugin: 'java'
apply plugin: 'eclipse'

sourceCompatibility = 1.5
version = '1.0'
jar {
    manifest {
        attributes 'Implementation-Title': 'Gradle Quickstart',
                   'Implementation-Version': version
    }
}
```

```
}

repositories {
    mavenCentral()
}

dependencies {
    compile group: 'commons-collections', name: 'commons-collections', version: '3.2'
    testCompile group: 'junit', name: 'junit', version: '4.+'
}

test {
    systemProperties 'property': 'value'
}

uploadArchives {
    repositories {
        flatDir {
            dirs 'repos'
        }
    }
}
```

그러면 **코드 13-1**의 build.gradle을 수정해보도록 하겠습니다. 우선 build.gradle 파일에 필요한 플러그인을 지정하도록 하겠습니다. 스프링 MVC 모델을 이용한 프로젝트이며 웹과 관련된 프로젝트이기 때문에 플러그인으로 apply plugin :'war'를 추가하도록 하겠습니다.

코드 13-2 플러그인 추가

```
apply plugin: 'java'
apply plugin: 'eclipse'
// 플러그인 추가
apply plugin: 'war'
```

그리고 소스 코드의 인코딩 형식과 자바 버전 정보를 추가 및 수정하도록 하겠습니다. 기본으로 생성된 빌드 스크립트 파일에는 sourceCompatibility = 1.5로 지정되어 있지만, 실습에서는 자바 1.8 버전이 사용되기 때문에 1.8로 수정하고 소스 코드의 인코딩 형식은 UTF-8로 지정하도록 하겠습니다. 지정 방법은 compileJava.options.encoding = 'UTF-8'과 같이 작성하면 되겠습니다. 다음으로, STS가 이클립스 기반이기 때문에 eclipse 플러그인과 연관하여 생성한 프로젝트가 그레이들을 이용하여 빌드를 수행할 것이라는 부분을 build.gradle에 작성하도록 하겠습니다. eclipse 블록에서 작성되며 **코드 13-3**과 같이 작성하면 됩니다.

코드 13-3

```
// 소스 코드 인코딩 스타일 지정
compileJava.options.encoding ='UTF-8'
sourceCompatibility = 1.8
version = '1.0'

// 프로젝트의 빌드 시스템이 Gradle임을 지정
eclipse{
    project.natures "org.springsource.ide.eclipse.gradle.core.nature"
}
```

다음으로, dependencies 블록에 스프링 라이브러리 및 스프링 MVC 라이브러리를 사용할 수 있도록 의존 관계를 지정하도록 하겠습니다. dependencies 블록에 **코드 13-4**와 같이 서블릿과 스프링을 사용하기 위한 의존 관계를 지정하면 되겠습니다. 서블릿 라이브러리를 지정할 때에는 compile가 아닌 providedCompile을 사용하였습니다. providedCompile은 전반적으로 수행은 compile와 같지만, .war 파일을 포함하지 않는다는 차이점이 있습니다.

코드 13-4

```
dependencies {
    // setvlet 라이브러리 사용
    providedCompile 'javax.servlet:javax.servlet-api:3.0.1'
```

```
    // Spring 라이브러리 사용
    compile 'org.springframework:spring-webmvc:4.1.4.RELEASE'
    compile group: 'commons-collections', name: 'commons-collections', version: '3.2'
    testCompile group: 'junit', name: 'junit', version: '4.+'
}
```

이렇게 작성이 완료되었으면 build.gradle 파일에서 스프링 MVC를 사용하기 위한 준비가 끝났습니다. 그럼 수정 작성이 완료된 build.gradle 파일을 보면 **코드 13-5**와 같습니다.

코드 13-5 수정 완료된 build.gradle

```
 apply plugin: 'java'
apply plugin: 'eclipse'
// 플러그인 추가
apply plugin: 'war'

// 소스 코드 인코딩 스타일 지정
compileJava.options.encoding ='UTF-8'
sourceCompatibility = 1.8
version = '1.0'

// 프로젝트의 빌드 시스템이 Gradle임을 지정
eclipse{
    project.natures "org.springsource.ide.eclipse.gradle.core.nature"
}

// jar 파일 관련 세팅
jar {
   manifest {
      attributes 'Implementation-Title': 'Gradle Quickstart',
          'Implementation-Version': version
   }
}

repositories {
```

```
        mavenCentral()
    }

    dependencies {
        // setvlet 라이브러리 사용
        providedCompile 'javax.servlet:javax.servlet-api:3.0.1'
        // Spring 라이브러리 사용
        compile 'org.springframework:spring-webmvc:4.1.4.RELEASE'
        compile group: 'commons-collections', name: 'commons-collections', version: '3.2'
        testCompile group: 'junit', name: 'junit', version: '4.+'
    }

    // 테스트와 관련된 정보를 설정
    test {
        // 테스트 수행시 JVM에 전달할 시스템 properties를 설정
        systemProperties 'property': 'value'
    }

    // 업로드를 위한 부분
    uploadArchives {
        repositories {
            flatDir {
                dirs 'repos'
            }
        }
    }
```

참고로 test 블록은 테스트와 관련된 정보를 설정하는 블록입니다. systemProperties는 테스트를 실행하는 JVM에 시스템 프로퍼티를 지정하게 되며 이 밖에도 classpath, excludes, includes, minHeapSize, maxHeapSize, jvmArgs, useJUnit( ) 등을 이용하여 테스트와 관련된 정보를 설정할 수 있습니다. classpath는 테스트 수행 시 사용할 클래스 경로를 지정하게 되며, minHeapSize와 maxHeapSize는 테스트를 수행할 때 JVM에 전달할 최소, 최대의 힙 메모리 크기를 지정하는 부분입니다. 그리고 jvmArgs는 JVM에게 전달할 인자를 지정하는

부분으로, jvmArgs에서는 힙 메모리의 크기는 포함하지 않는다는 부분이 있으니 참고하면 됩니다. 수정 작성이 완료된 build.gradle이 잘 수정되었는지 확인해 보도록 하겠습니다. 해당 프로젝트 빌드 수행을 하게 되면 사용하고자 한 라이브러리가 자동으로 받아지면서 빌드가 수행되는 것을 확인해 볼 수 있습니다. 빌드 수행은 **그림 13-13**과 같이 프로젝트에서 [Run As] → [Gradle (STS) Build]를 선택한 후 **그림 13-14**처럼 빌드 수행 시 사용할 태스크를 작성한 후에 적용하고 〈Run〉 버튼을 클릭하면 되겠습니다.

그림 13-13 빌드 수행

| Run As | | 1 Run on Server | Alt+Shift+X, R |
| Debug As | | 2 Gradle (STS) Build | |

그림 13-14 빌드 수행 시 사용할 태스크 작성

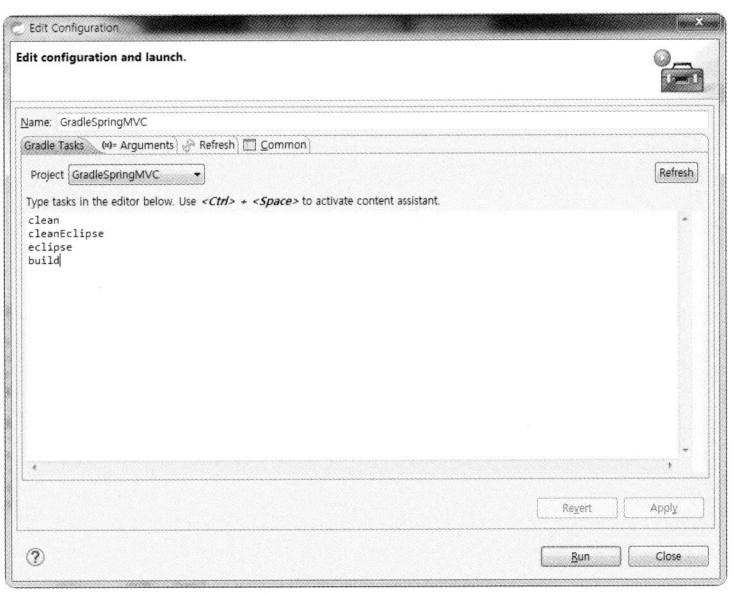

그림 13-14에서 4개의 태스크를 지정하였는데 clean과 cleanEclipse는 프로젝트를 초기화

하는 용도의 태스크이고 eclipse 태스크는 이클립스가 인식하는 형태의 프로젝트로 수행되도록 하는 역할을 하게 됩니다. 이렇게 STS에서 빌드를 수행하게 되면 수행 결과는 **그림 13-15**와 같이 표시되어 집니다.

그림 13-15 수행 결과

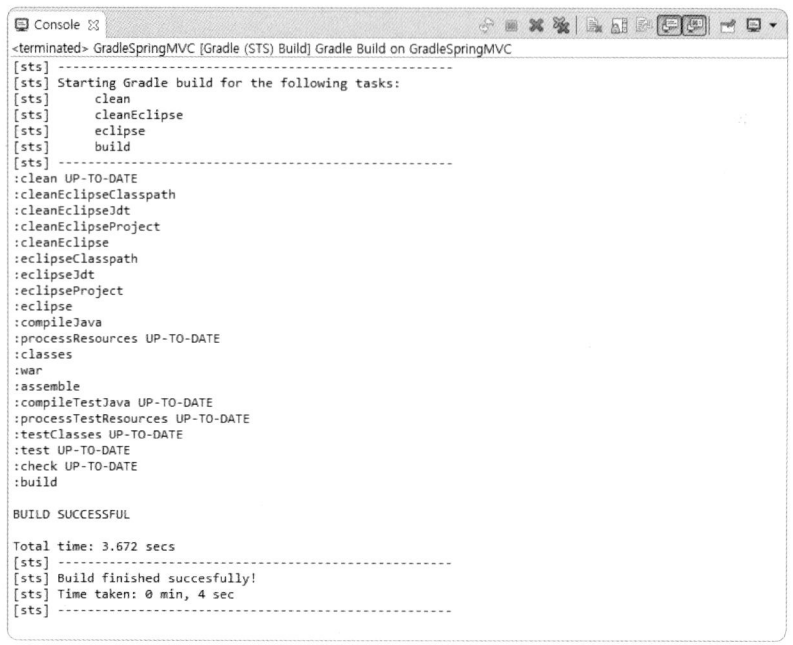

이렇게 빌드가 성공되었으면 지금 실습하는 프로젝트에 dependencies 블록을 통하여 사용하도록 지정한 라이브러리 파일들이 자동으로 내려받아져 포함된 것을 **그림 13-16**과 같이 확인할 수 있습니다.

그림 13-16 라이브러리 확인

```
▲ ■ Referenced Libraries
  ▷ 🫙 spring-webmvc-4.1.4.RELEASE.jar - C:₩
  ▷ 🫙 commons-collections-3.2.jar - C:₩Users
  ▷ 🫙 javax.servlet-api-3.0.1.jar - C:₩Users₩yk
  ▷ 🫙 junit-4.12.jar - C:₩Users₩yks₩.gradle₩c
  ▷ 🫙 spring-beans-4.1.4.RELEASE.jar - C:₩Us
  ▷ 🫙 spring-context-4.1.4.RELEASE.jar - C:₩U
  ▷ 🫙 spring-core-4.1.4.RELEASE.jar - C:₩User
  ▷ 🫙 spring-expression-4.1.4.RELEASE.jar - C:
  ▷ 🫙 spring-web-4.1.4.RELEASE.jar - C:₩User
  ▷ 🫙 hamcrest-core-1.3.jar - C:₩Users₩yks₩.
  ▷ 🫙 spring-aop-4.1.4.RELEASE.jar - C:₩Users
  ▷ 🫙 commons-logging-1.2.jar - C:₩Users₩y
  ▷ 🫙 aopalliance-1.0.jar - C:₩Users₩yks₩.gra
```

build.gradle에 대한 확인이 완료되었으면 프로젝트를 위하여 생성한 파일들을 작성하도록 하겠습니다. 우선 View와 관련된 부분을 작성하도록 하겠습니다. View와 관련하여 JSP 파일을 2개 생성하였는데, WEB-INF 하위에 생성한 hello.jsp 파일을 열고 다음과 같이 **코드 13-6**처럼 작성하도록 하겠습니다.

코드 13-6 WEB-INF/hello.jsp

```jsp
<%
    response.sendRedirect("hello.htm");
%>
```

코드 13-6은 response.sendRedirect( )는 파라미터로 지정된 hello.htm과 같은 웹 페이지나 url을 직접 호출하는 것이 아니라 웹 브라우저에 메시지를 보내 웹 브라우저가 해당 웹 페이지나 url을 이용하여 웹 서버에 자원을 다시 요청하는 기능을 수행합니다.

코드 13-7 WEB-INF/views/hello.jsp

```jsp
<!DOCTYPE html PUBLIC "-//W3C//DTD HTML 4.01 Transitional//EN"
```

```
            "http://www.w3.org/TR/html4/loose.dtd">
<html>
    <head>
    <meta http-equiv="Content-Type" content="text/html; charset=UTF-8">
    <title>Spring MVC & Gradle Web project</title>
    </head>

    <body>
        <b>Spring MVC with Gradle</b>
    </body>
</html>
```

코드 13-7은 화면에 표시해주기 위한 View 부분으로, 간단한 문자열인 'Spring MVC with Gradle' 문구를 출력하도록 작성했습니다. 외부로부터 온 요청에 대하여 Dispatcher Servlet을 통하여 Controller에서 ModelAndView로 그 요청에 대한 응답을 한 후에 그 결과로 webapp/WEB-INF/views/hello.jsp가 호출되어 화면에 보이게 됩니다. 그리고 바로 뒤에서 다룰 WebController.java, WebInit.java, WebConfig.java에서 요청에 대한 처리를 수행하게 됩니다. 계속해서 클라이언트로부터 발생한 요청에 대한 처리를 수행하는 부분을 살펴보도록 하겠습니다.

코드 13-8은 Controller 부분으로, WebController 클래스 상위에 보면 @Controller이 지정되어 있습니다. 이를 통하여 해당 클래스는 Controller 기능의 역할을 수행하게 되며 Controller는 Dispatcher Servlet과 자연스럽게 연동하여 받은 요청에 대하여 ModelAndView 타입으로 반환하게 됩니다.

코드 13-8 WebController.java

```
package com.web.ctrl;

import org.springframework.stereotype.Controller;
import org.springframework.web.bind.annotation.RequestMapping;
```

```java
import org.springframework.web.servlet.ModelAndView;

@Controller
public class WebController {

    @RequestMapping(value="/hello")
    public ModelAndView indexPage(){

        ModelAndView model = new ModelAndView();
        model.addObject("SpringMVC","Gradle");
        model.setViewName("hello");

        return model;
    }

}
```

indexPage( )의 반환 타입은 ModelAndView이며 @RequestMapping 정보를 활용하여 Controller의 Bean 메서드에 매핑할 수 있도록 기능을 수행합니다.

코드 13-9 WebConfig.java

```java
package com.web.ctrl.config;

import org.springframework.context.annotation.Bean;
import org.springframework.context.annotation.Configuration;
import org.springframework.web.servlet.ViewResolver;
import org.springframework.web.servlet.config.annotation.DefaultServletHandlerConfigurer;
import org.springframework.web.servlet.config.annotation.EnableWebMvc;
import org.springframework.web.servlet.config.annotation.WebMvcConfigurerAdapter;
import org.springframework.web.servlet.view.InternalResourceViewResolver;

import com.web.ctrl.WebController;
```

```java
@Configuration
@EnableWebMvc
public class WebConfig extends WebMvcConfigurerAdapter{

    @Override
    public void configureDefaultServletHandling
        (DefaultServletHandlerConfigurer configurer){
        configurer.enable();
    }

    @Bean
    public ViewResolver getViewResolver(){
        InternalResourceViewResolver resolver = new InternalResourceViewResolver();
        resolver.setPrefix("/WEB-INF/views/");
        resolver.setSuffix(".jsp");
        return resolver;
    }

    @Bean
    public WebController webController(){
        return new WebController();
    }
}
```

코드 13-9는 WebConfig.java로 스프링 MVC를 사용하기 위한 설정을 담당합니다. @Configuration을 통하여 @Bean을 사용하는데, 이 부분을 통하여 Bean 설정 메타 정보를 작성한다고 보면 되겠습니다. @Configuration과 @Bean이 붙게 되면 Bean 메타 정보 겸 빈 객체 팩토리가 생성됩니다. WebConfig 클래스는 설정을 위한 클래스로, XML을 이용한 설정이 아닌 스프링에서 제공하는 기능을 이용하였습니다.

코드 13-10 WebInit.java

```java
package com.web.ctrl;
```

```java
import javax.servlet.ServletContext;
import javax.servlet.ServletRegistration;

import org.springframework.web.WebApplicationInitializer;
import org.springframework.web.context.WebApplicationContext;
import org.springframework.web.context.support.AnnotationConfigWebApplicationContext;
import org.springframework.web.servlet.DispatcherServlet;

import com.web.ctrl.config.WebConfig;

public class WebInit implements WebApplicationInitializer {
    @Override
    public void onStartup(final ServletContext servletContext ){
        registerDispatcherServlet(servletContext);
    }

    private void registerDispatcherServlet(ServletContext servletContext){
        WebApplicationContext dispatcherContext=createContext(WebConfig.class);
        DispatcherServlet dispatcherServlet =
            new DispatcherServlet(dispatcherContext);
        ServletRegistration.Dynamic dispatcher = servletContext.
            addServlet("dispatcher", dispatcherServlet);
        dispatcher.setLoadOnStartup(1);
        dispatcher.addMapping("*.htm");
    }

    private WebApplicationContext createContext(Class<?>... annotatedClasses){
        AnnotationConfigWebApplicationContext context =
            new AnnotationConfigWebApplicationContext();
        return context;
    }
}
```

코드 13-10은 WebInit.java로, 초기화 기능을 수행하는 클래스입니다. 이 부분에서 서블릿 콘텍스트와 관련된 기능에 대한 구현 및 Dispatcher Servlet에 대한 기능 구현이 이루어지는 부분이라고 볼 수 있습니다. 앞에서도 설명한 것처럼 DispatcherServlet은 웹 브라우저가 보낸 요청을 받는 역할을 하며 애플리케이션 전체의 공통 처리를 수행하기 때문에 하나만 생성되어 집니다. 그리고 웹 요청에 대하여 요청에 해당하는 URL에 대응하는 고유 처리를 할 수 있는 컨트롤러를 호출하게 됩니다. DispatcherServlet는 handerMapping 인스턴스를 참조하고 반환된 Controller에 처리를 위임하게 됩니다. 그리고 ViewResolver 인스턴스를 요청하여 View에 Model이 가진 정보를 렌더링하여 그 결과를 브라우저에 반환하게 됩니다. 스프링 및 스프링 MVC와 관련된 자세한 문법적인 부분이나 흐름 등에 대한 사항은 관련 전문서적을 참고하기 바랍니다.

이렇게 코드 작성이 완료되었으면 웹 서비스를 구동하여 보도록 하겠습니다. 웹 서비스는 STS에 내장된 TC(내장 톰캣)를 사용하도록 하겠습니다.

그림 13-17 웹 서비스 구동

그림 13-17과 같이 [Run As] → [Run on Server]를 선택하여 서버를 선택하기 위한 대화 상자를 호출합니다. 그러면 **그림 13-18**과 같은 대화 상자가 호출됩니다. **그림 13-18**을 살펴보면 localhost에 tc Server 3.1이 등록된 것을 확인해 볼 수 있습니다. 해당 서버를 선택한 후에 〈Next〉 버튼을 클릭하여 다음으로 넘어가도록 하겠습니다.

그림 13-18 해당 서버 선택

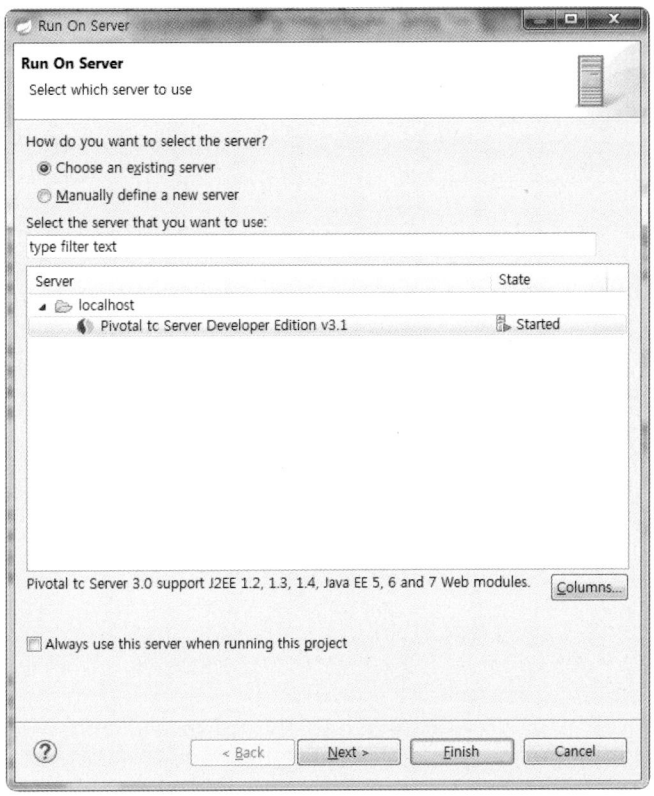

그림 13-19와 같이 오른쪽으로 실습하는 프로젝트인 GradleSpringMVC를 등록하고 〈Finish〉 버튼을 클릭하도록 하겠습니다. 이렇게 하면 tc Server에 실습을 진행한 프로젝트가 등록되어 서버 구동 시 해당 프로젝트가 수행될 수 있습니다.

그림 13-19 실습을 진행한 프로젝트 등록

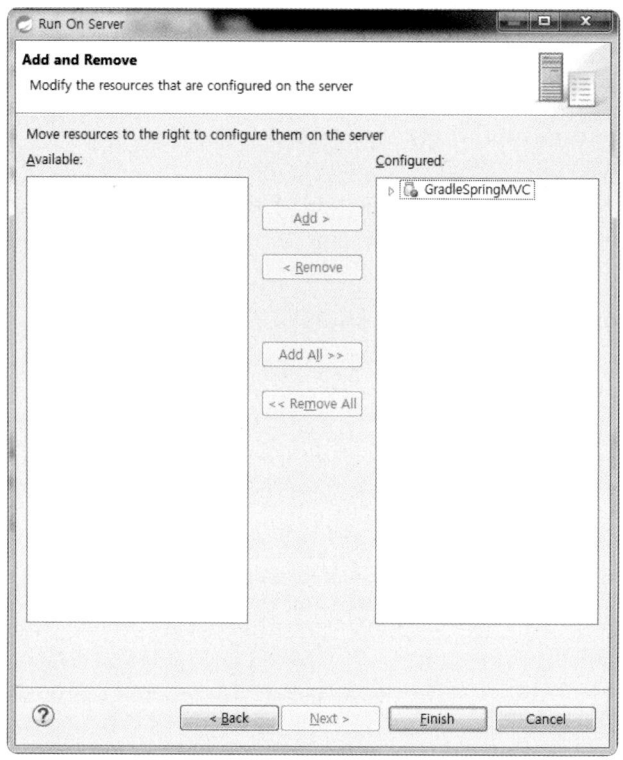

이렇게 〈Finish〉를 누르게 되면 서버가 시작되며 해당 프로젝트가 수행됩니다. 서버 구동 준비 및 프로젝트 등록이 마무리되었으면 서버에서 프로젝트의 시작 위치를 지정할 수 있도록 설정 정보를 수정하도록 하겠습니다. 우선 STS의 [Server] 탭에서 해당 tc Server를 더블클릭하게 되면 **그림 13-20**이 나타나는데, 여기서 [OverView]가 아닌 [Modules]을 선택하도록 하겠습니다. [Modules] 탭을 보면 Web Modules 부분을 보면 프로젝트 관련 Path 지정 부분이 있는데, 이 부분을 〈Edit〉 버튼을 이용하여 '/'으로 수정하면 됩니다. 처음에는 '/' 뒤에 프로젝트 이름이 있는데, 프로젝트 이름 부분을 제거하고 '/'만 남겨두시면 되겠습니다.

그림 13-20 설정 정보 수정

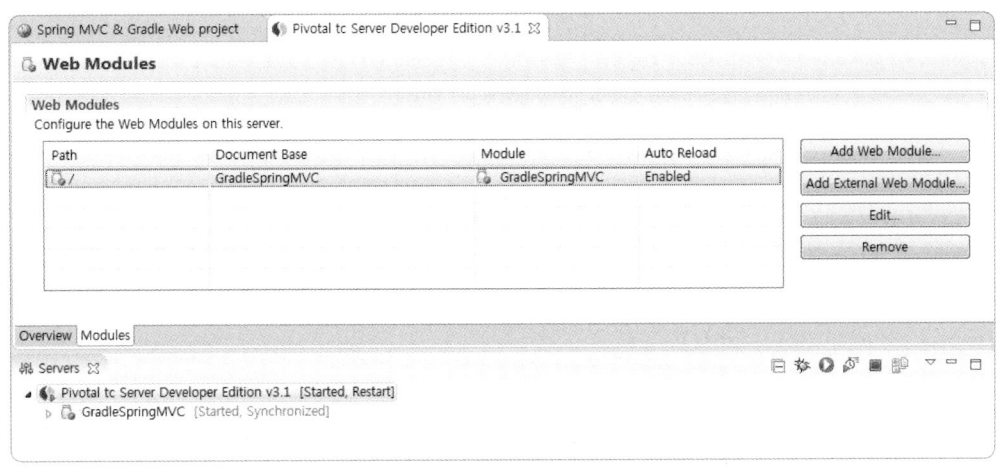

다음으로, **그림 13-21**과 같이 STS의 프로젝트 뷰가 있는 좌측의 Server 디렉터리에서 server.xml을 선택하도록 하겠습니다.

그림 13-21 server.xml 선택

server.xml에서 Context 태그 부분이 있는데, 해당 부분 중 **코드 13-11**과 같이 path 부분을 수정하도록 하겠습니다.

코드 13-11 server.xml

```
...(생략)...
<Context docBase="GradleSpringMVC" path="/" reloadable="true"
source="org.eclipse.jst.jee.server:GradleSpringMVC"/>
...(생략)...
```

이렇게 수정이 완료되었으면 tc Server를 재시작하고 서버가 수행되면 'http://localhost:8080/hello'를 웹 브라우저에 입력하여 프로젝트의 수행 결과가 **그림 13-22**와 같이 출력되는지 확인해 보면 되겠습니다.

그림 13-22 서버 접속 확인

Chapter

14 CI 환경과 그레이들

1. CI 환경 **2.** 젠킨스와 그레이들

1. CI 환경

CI는 Continuous Integration의 약자로, 우리말로 이야기하면 '지속적인 통합'이라 할 수 있습니다. 지속적인 통합은 소프트웨어 공학에서 보면 품질관리와 연관이 있으며 지속적으로 품질을 관리하고 이를 적용하는 프로세스를 수행하는 것입니다. 기존의 개발 방식인 모든 개발이 끝난 후에 품질 관리를 위한 프로세스를 적용하는 것이 아니라 소프트웨어의 품질 향상을 위해 개발을 진행하는 도중에 지속적으로 품질관리 프로세스를 적용하게 됩니다. CI는 소프트웨어의 질적 향상과 더불어 소프트웨어를 배포하는 데 걸리는 시간을 감소시키는 데에도 목적이 있다고 볼 수 있습니다. 이러한 부분으로 조기에 여러 가지 문제를 발견하고 문제 해결에 대한 피드백 및 조치를 짧게 가져감으로써 소프트웨어 개발의 품질과 생산성을 향상시킬 수 있기 때문입니다.

그림 14-1 CI 환경이 없을 때

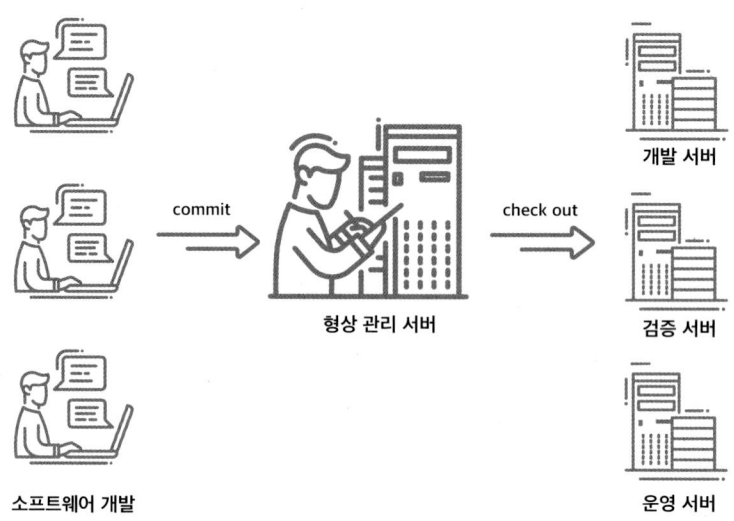

그림 14-1은 CI 환경 또는 CI 시스템이 구축되지 않을 경우의 소프트웨어 배포까지의 과정을 나타낸 것입니다. 소프트웨어를 개발하는 개발자는 각자가 소프트웨어를 개발한 후 개발 코드를 커밋(commit)하여 별도의 품질관리 절차 없이 통합 테스트를 수행하여 개발 서버나 검증 서버 또는 운영 서버로 이관하게 됩니다. **그림 14-1**과 같이 진행을 했을 경우 개발 결과물에 대한 품질관리 절차를 거치지 않았기 때문에 잘못 작성된 소스 코드가 형상 관리 서버에 적용하게 되고 이러한 부분들은 통합 테스트 혹은 서버에 이관 후에 장애 상황으로 일어나 문제가 됩니다. 이러한 부분을 보완하기 위한 부분이 바로 CI, 즉 지속적인 통합입니다. CI 환경을 구축하였을 때는 **그림 14-1**과 어떻게 차이가 있는지 확인해 보도록 하겠습니다.

그림 14-2 CI 환경이 있을 때

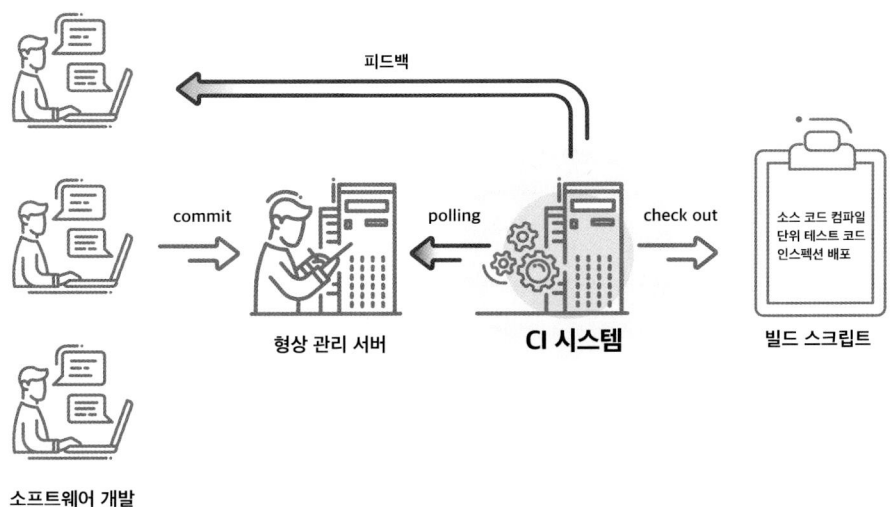

CI 환경이 구축된 경우 **그림 14-2**와 같이 개발자가 개발하여 커밋한 소스 코드를 주기적으로 폴링(polling)하여 컴파일, 단위 테스트, 코드 검사 등 품질관리 활동을 수행하고 작성된 소스 코드가 결함이 있는지를 지속적으로 검증하게 됩니다. 이러한 검증 결과는 이메일이나 RSS 등을 이용하여 개발자에게 전달되고 개발자는 전달받은 내용을 기반으로 소프트웨어의 문제점을 조기에 확인하고 조치함으로써 소프트웨어의 품질 향상 및 개발 생산성 향상의 효과를 창출할 수 있습니다.

CI 환경에서 구성은 다음과 같습니다. CI 서버는 빌드와 관련된 프로세스를 관리하는 서버로, Jenkins, Hudson, TeamCity 등이 있습니다. 그리고 CI 서버에서 자동으로 폴링하여 검증할 수 있도록 소스 코드를 형상 관리하는데, 이를 **SCM** (Source Code Management)이라 하며 소스 코드의 형상 관리 및 소스 코드의 개정, 백업 등을 자동화하여 에러 수정 과정을 도와주는 것으로 Git이 대표적이라 할 수 있습니다. 다음으로, 빌드 도구(Build Tool)로 그레이들을 비롯하여 메이븐, 앤트 등이 있으며 컴파일, 테스트, 정적 분석 등의 기능을 수행하는 소프트웨어입니다. 테스트 도구(Test Tool)는 작성된 테스트 코드에 따라 자동으로 테스트를 수행해주는 도구로, JUnit가 대표적이라 할 수 있습니다.

이런 CI 환경에서 빌드 스크립트를 통한 CI 자동화 수행 절차는 **그림 14-3**과 같습니다.

그림 14-3 CI 자동화 수행 절차

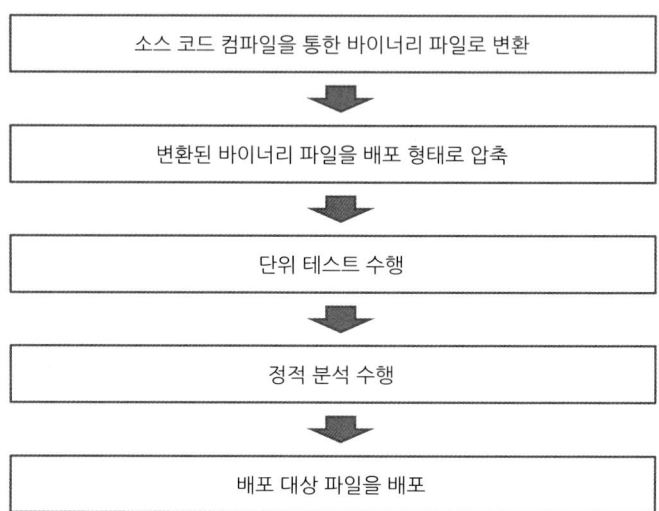

2. 젠킨스와 그레이들

CI 서버 중에서 가장 많이 사용되는 것 중 하나가 바로 젠킨스(Jenkins)입니다. 많이 사용되는 젠킨스와 그레이들을 이용하여 CI 환경을 어떻게 구성하는지 알아보도록 하겠습니다. 그레이들도 메이븐이나 앤트와 같이 CLI (Command Line Interface)를 이용할 수 있어서 CI 환경을 구성하는 도구와 호환성이 좋습니다. 참고로, CLI는 명령 줄 인터페이스로, 사용자와 프로그램 사이에 정보를 송수신하는 역할을 수행하는 사용자 인터페이스이므로 사용자가 직접 명령어를 입력하여 작업을 수행합니다.

프로젝트를 수행할 때 많은 개발자가 소스 파일을 개발하고 수정을 하여 배포 작업을 거쳐 반영하게 됩니다. 이러한 일련의 과정은 한 번에 끝나는 과정이 아닌 개발 도중에도 계속 발생하며 시스템을 운영하는 도중에도 지속적으로 발생합니다. 이렇게 주기적으로 작업이 이루어질 때 작업한 소스 파일에 대하여 지속적으로 통합하여 품질을 높이고 생산성을 향상시키기 위해 CI 환경을 구축하게 되고 그중에서 CI 서버 중 하나인 젠킨스를 사용하게 됩니다. CI 환경에서 작업한 소스 파일을 젠킨스를 이용하여 배포하여 반영하는 과정을 도식화하면 **그림 14-4**와 같습니다.

그림 14-4 CI 환경에서 작업 흐름

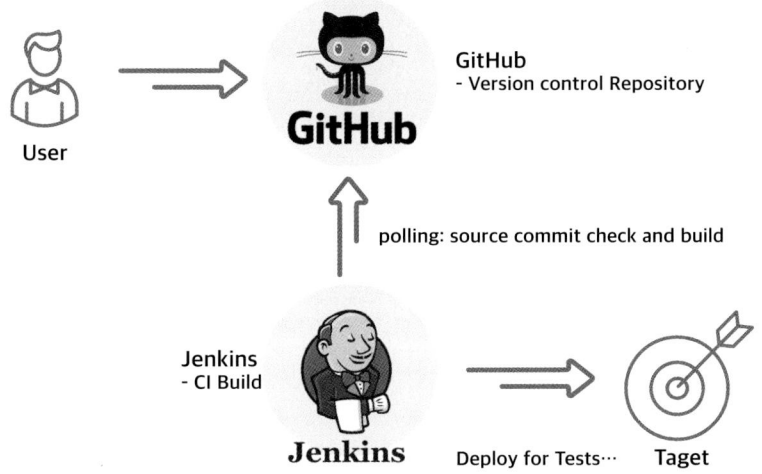

그림 14-4에서 보면 개발자가 프로그램을 새롭게 작성하거나 수정을 하게 되면 해당 파일은 Git과 같은 원격지 저장소로 이행되고 이행된 파일은 젠킨스를 통하여 폴링(Polling) 또는 디플로이(Deploy) 작업을 수행하게 됩니다. 이행된 소스 파일은 폴링을 통하여 형상 관리가 이루어지며 이 작업 이후 내부적으로 빌드를 수행하고 수행된 결과는 목표 시스템으로 이행되어 반영되는 순서로 진행됩니다.

그러면 젠킨스를 사용하기 위하여 젠킨스를 내려받아 설치해보도록 하겠습니다. 젠킨스는 https://jenkins.io/index.html에서 내려받으시면 되겠습니다.

그림 14-5 젠킨스 홈페이지

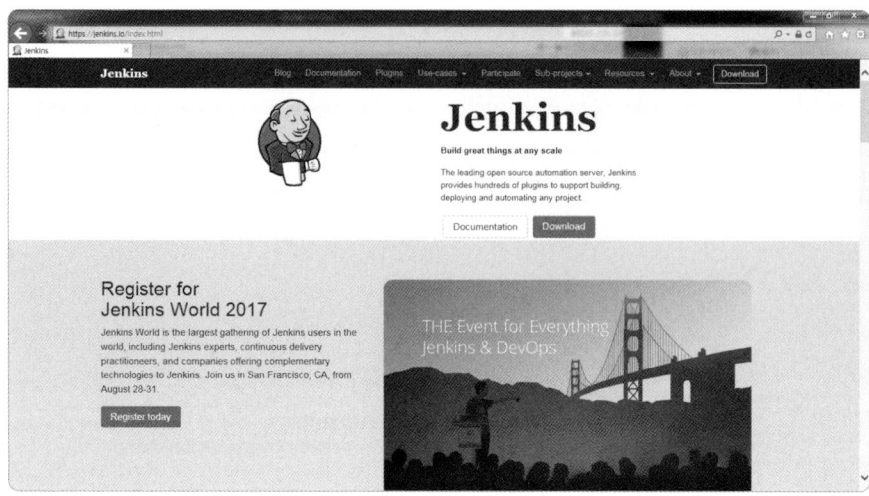

〈Download〉 버튼을 누르면 다음 그림처럼 Long-term Support (LTS)와 Weekly 두 가지가 보이는데, 둘 중 아무거나 해당 운영체제 환경을 고려하여 내려받으면 됩니다.

그림 14-6 내려받기 페이지

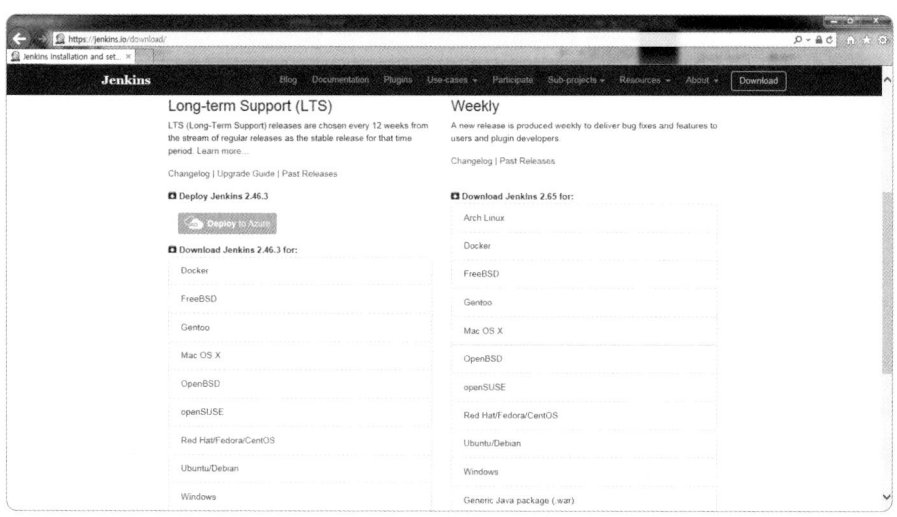

실습하는 운영체제 환경은 윈도우이기 때문에 'Windows'를 클릭하여 젠킨스를 설치할 수 있는 msi 파일을 내려받습니다. 내려받은 파일의 압축을 풀고 보면 Jenkins.msi 파일이 있는데, 해당 파일을 실행하여 젠킨스를 설치하면 됩니다.

그림 14-7 젠킨스 설치

젠킨스를 설치하게 되면 젠킨스 대시 보드 화면이 실행되는 것을 확인할 수 있는데, 대시 보드 화면은 http://localhost:8080에서 실행됩니다.

그림 14-8 젠킨스 대시 보드

참고로 젠킨스 역시 기본 포트로 8080을 사용하기 때문에 이전 실습이나 혹은 개인적인 설치 및 사용으로 톰캣의 포트와 충돌이 일어날 수 있습니다. 이럴 때는 톰캣의 포트를 변경하든가 아니면 젠킨스의 포트를 변경하면 됩니다. 젠킨스의 포트를 변경하는 방법은 젠킨스가 설치된 경로에서 jenkins.xml 파일에 있는 포트 번호를 변경 후에 젠킨스를 다시 구동하면 됩니다.

코드 14-1 jenkins.xml 포트 변경 시

```xml
...(생략)...
<!--
  Windows service definition for Jenkins

  To uninstall, run "jenkins.exe stop" to stop the service, then "jenkins.exe
uninstall" to uninstall the service.
  Both commands don't produce any output if the execution is successful.
-->
<service>
    <id>Jenkins</id>
    <name>Jenkins</name>
    <description>This service runs Jenkins continuous integration system.
        </description>
    <env name="JENKINS_HOME" value="%BASE%"/>
    <!--
       if you'd like to run Jenkins with a specific version of Java,
            specify a full path to java.exe.
       The following value assumes that you have java in your PATH.
    -->
    <executable>%BASE%\jre\bin\java</executable>
    <arguments>-Xrs -Xmx256m -Dhudson.lifecycle=hudson.lifecycle.
        WindowsServiceLifecycle -jar "%BASE%\jenkins.war" --httpPort=8080
            --webroot="%BASE%\war"</arguments>
    <!--
       interactive flag causes the empty black Java window to be displayed.
       I'm still debugging this.
    <interactive />
```

```
    -->
    <logmode>rotate</logmode>
    <onfailure action="restart" />
</service>
```

코드 14-1에서 httpPort=8080으로 지정되어 있는데, 이 부분을 원하는 포트 번호로 변경하면 됩니다. 포트를 변경하고 난 후에 PC에 있는 시스템 구성으로 가서 해당 젠킨스를 재시작해도 되지만 젠킨스 대시 보드에 들어와 있다면 http://localhost:8081/safeRestart를 입력한 다음 safeRestart를 통하여 적용 후 재시작을 할 수도 있습니다. safeRestart를 하게 되면 작업 중인 작업이 있다면 해당 작업에 대하여 종료해야 되는지 확인 후 재시작되는데, 그렇지 않고 바로 재시작을 원한다면 http://localhost:8081/restart를 입력하여 수행하면 됩니다.

이렇게 젠킨스 설치가 완료되었으면 젠킨스에 그레이들을 설치하도록 하겠습니다. 젠킨스 대시 보드의 [Jenkins 관리]에서 'Plugin Manager'를 클릭하여 'Gradle'입력하고 나면 설치 가능한 그레이들이 보이는데, 해당 부분을 설치해주시면 관련 플러그인이 설치됩니다.

그림 14-9 플러그인 관리

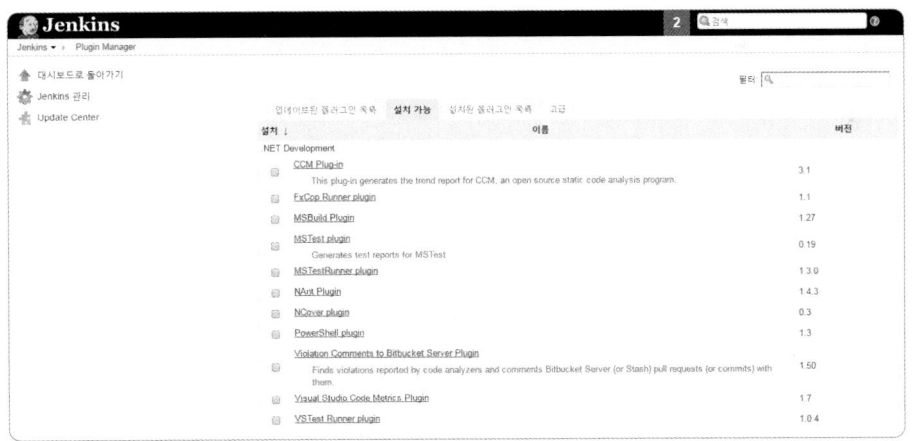

Plugin Manager에서 그레이들 플러그인 및 Git 플러그인을 찾아 설치하도록 하겠습니다. 이렇게 하면 젠킨스에 그레이들과 Git과 관련된 기능이 적용되어 관련 기능을 사용할 수 있습니다. 젠킨스에서는 그레이들의 다양한 버전을 관리할 수 있고 방금 플러그인을 설치한 것처럼 자동으로 설치할 수 있으며 젠킨스의 job에 그레이들을 포함해 실행하는 기능 등이 있습니다. 그럼 젠킨스에 그레이들 플러그인 설정을 해보도록 하겠습니다.

젠킨스 대시 보드 시작 화면의 좌측 메뉴 목록을 보면 다음과 같습니다. 여기서 [새로운 Item]을 클릭하여 이동하도록 하겠습니다.

그림 14-10 새로운 Item 추가

이동하면 'Enter an item name'이라는 부분이 나오는데, 이 부분에 생성하고자 하는 아이템 이름을 입력하면 됩니다. 여기서 아이템(item)은 프로젝트 개념으로 생각하시면 되고 아이템 이름을 입력하였으면 'Freestyle project'나 아래쪽의 'multi-configuration project'를 선택하면 됩니다. 실습을 위해 아이템 이름은 'GradleCI'로 하고 'Freestyle project'로 하여 생성하도록 하겠습니다.

그림 14-11 Item 검색

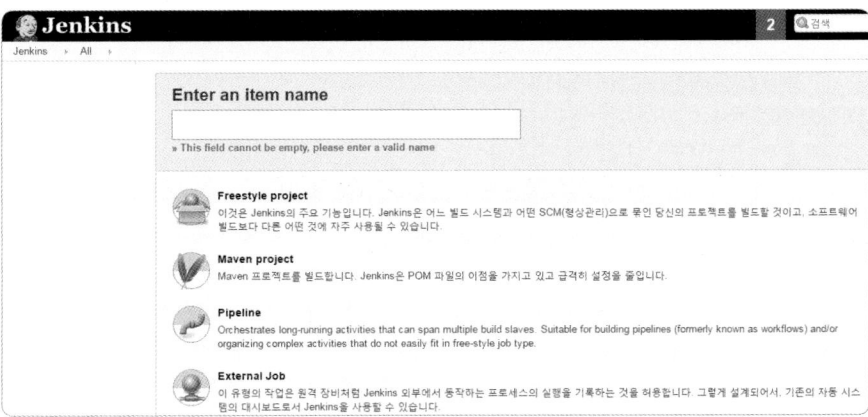

이렇게 생성하고 〈OK〉 버튼을 누르면 생성되는데, 생성한 후에 다시 젠킨스 대시 보드 시작 화면으로 이동하면 다음과 같이 방금 생성한 GradleCI가 생성된 것을 확인할 수 있습니다.

그림 14-12 생성한 GradleCI 확인

여기서 왼쪽에 있는 메뉴 중에서 [구성]을 선택하도록 하겠습니다. [구성]을 클릭하여 이동하면 GradleCI에 대한 빌드, 소스 코드 관리 등 다양한 설정 항목들을 볼 수 있습니다.

그림 14-13 구성 확인

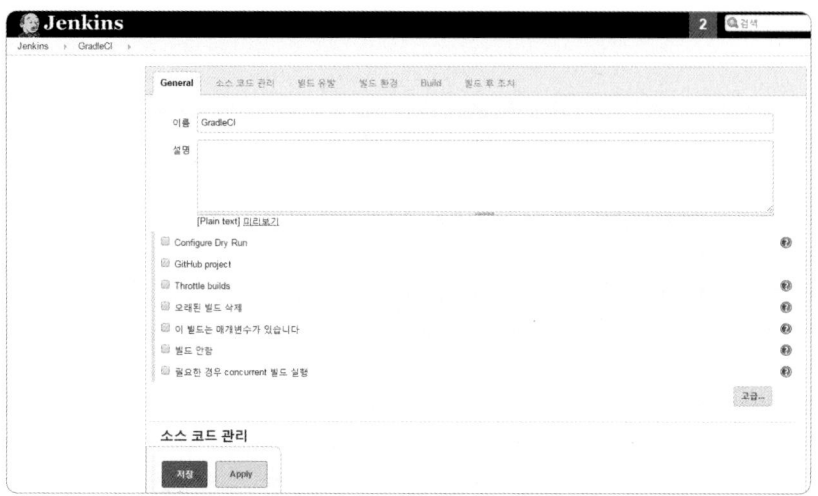

설정 항목을 보면 GitHub project 부분이 있습니다. 실습에서 Git을 사용할 예정이므로 젠킨스 설정에 앞서서 Git과 관련된 부분을 잠깐 살펴보도록 하겠습니다. GitHub는 https://github.com/을 방문하여 계정이 있으시다면 생성된 계정으로 로그인하고, 만약 없다면 새로 생성하면 됩니다. 계정 생성이 끝났으면 프로젝트를 생성하여 젠킨스에서 사용하기 위한 URL을 준비하면 됩니다.

그림 **14-14** GitHub

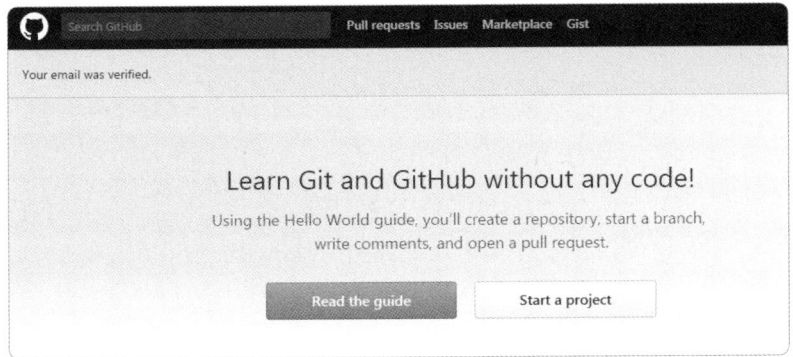

GitHub에서의 생성 작업이 끝났으면 다시 젠킨스로 돌아와서 나머지 설정 부분을 진행하도록 하겠습니다. 먼저 'GitHub project'를 선택하면 그 아래쪽에 'Project url'이 나오는데, 이곳에 GitHub에서 생성한 URL을 입력하면 됩니다.

그림 **14-15** GitHub URL

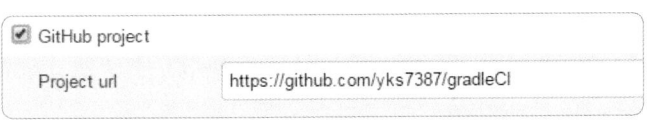

다음으로, 소스 코드 관리 부분으로 이동하겠습니다. 소스 코드 관리 부분은 소스 코드를 관리하기 위한 Repository를 등록하는 부분으로 Git을 이용할 예정이고 GitHub에서 생성한 Repository URL을 입력하면 됩니다. 입력이 완료된 후에 〈Add〉 버튼을 클릭하도록 하겠습니다.

그림 14-16 Repository 등록 ①

〈Add〉 버튼을 누르게 되면 하단에 젠킨스를 선택할 수 있도록 콤보박스가 나오는데, 해당 콤보박스를 선택하도록 하겠습니다.

그림 14-17 Repository 등록 ②

젠킨스를 선택하고 나면 팝업이 하나 나오는데, 이 부분은 Git을 사용하기 위한 계정과 패스워드를 설정하는 부분이므로 GitHub에서 생성한 계정 이름과 패스워드를 입력하면 되겠습니다.

다음으로, 젠킨스에서 빌드를 수행할 수 있도록 지정해주기 위하여 설정하는 페이지의 하단에 Build 부분으로 이동하도록 하겠습니다. Build에서 'Add build step'이라고 있는데, 이 부분을 클릭하면 하위로 빌드 수행할 수 있는 빌드 도구에 대한 콤보박스가 보입니다.

그림 14-18 Add build step 선택

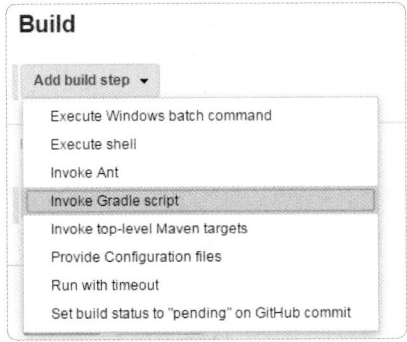

[Invoke Gradle script]를 선택하도록 하겠습니다. 선택하면 그레이들과 관련된 Build 설정 부분이 나오는데, 여기서 Tasks 부분에 'clean build'를 입력합니다.

그림 14-19 Build 설정

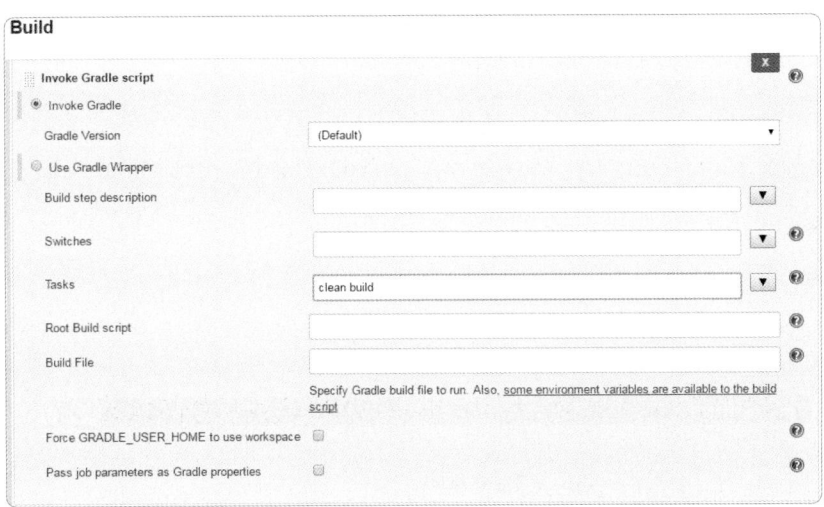

이렇게 설정을 작업한 후 저장 버튼을 눌러 설정된 정보를 입력하도록 하겠습니다. 설정이 마무리되었으면 젠킨스에서 그레이들을 이용한 빌드 수행 환경 설정은 마무리되었습니다.

젠킨스에서 왼쪽에 있는 [Build Now]를 클릭하게 되면 빌드가 수행되고 수행된 결과는 왼쪽 아래에 '#일련번호' 형식으로 색깔 원 기호와 함께 빌드의 성공 여부가 표시되는데, 빨간색 원은 빌드 실패고 녹색은 빌드 성공이라고 보면 되겠습니다.

그림 14-20 빌드 결과 확인

빌드를 수행한 결과인 '#일련번호' 부분을 클릭하고 들어가면 빌드 수행과 관련된 로그 및 정보를 확인할 수 있습니다. 빌드 수행 로그를 콘솔에서 확인하려면 [Console Output]을 눌러 보면 됩니다.

그림 14-21 콘솔로 빌드 수행 로그 확인

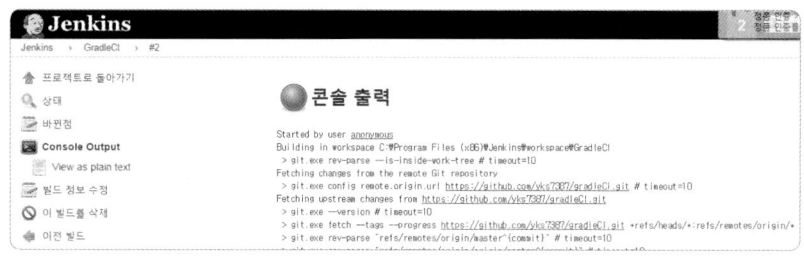

참고로 젠킨스에서는 Dry Run 기능도 제공하고 있는데, 이 기능은 테스트 빌드와 같이 디버그 모드처럼 빌드를 수행하는 기능입니다.

그림 14-22 Dry Run

GitHub에 빌드 스크립트 파일을 등록해 놓고 젠킨스에서 빌드를 수행해보도록 하겠습니다. GitHub에는 간단한 그레이들의 빌드 스크립트를 다음과 같이 올려놨으며 해당 파일을 젠킨스에서 빌드를 수행하겠습니다.

그림 14-23 GitHub 확인

그럼 다시 [Build Now]를 클릭하게 되면 빌드를 수행할 파일이 존재하게 되어서 빌드가 수행되며 젠킨스에서는 수행 결과를 파란색으로 보여주며 성공적으로 빌드가 되었음을 나타냅니다.

그림 14-24 빌드 결과

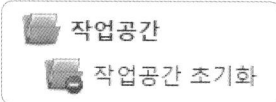

그리고 수행 대상으로 지정된 파일은 GitHub 상에 배포되었는데, 빌드 수행을 진행하면서 해당 수행 파일이 젠킨스에도 복사된 것을 확인할 수 있습니다.

그림 14-25 작업 공간

작업공간
작업공간 초기화

빌드를 수행하게 되면 작업 공간 메뉴를 선택하고 우측을 보면 빌드를 수행하고자 추가했던 디렉터리와 파일이 다음과 같이 보이는 것을 확인해볼 수 있습니다.

그림 14-26 디렉터리와 파일 확인

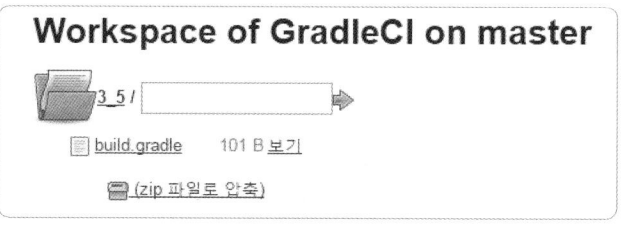

젠킨스에서 Build 부분에 대하여 몇 가지 더 설명을 하도록 하겠습니다. Build를 보면 Invoke Gradle이 있고 그 밑에 GradleVersion이 있어서 환경에 맞는 그레이들 버전을 지정하여 사용할 수가 있습니다. Use GradleWrapper는 Wrapper 태스크를 사용하는 부분이라고 보면 되겠습니다. Switches는 그레이들 명령어에 옵션을 지정할 때 사용하는 부분입니다. 옵션을 여러 개 지정해야 할 경우 스페이스로 옵션 간에 공백을 한 개를 주고 여러 개의 옵션을 지정할 수 있고 Tasks는 빌드 수행할 그레이들 태스크 이름으로 이 부분 역시 여러 개를 사용할 경우 공백으로 구분하면 되겠습니다. Root build script는 빌드를 수행할 스크립트의 경로를 지정하는 부분이고, Build File은 빌드 스크립트의 파일 이름을 지정하는 부분으로, 지정하지 않았으면 내부적으로 기본값인 build.gradle이 지정됩니다.

빌드 후 조치 부분이 있는데, 이 부분은 빌드가 완료된 후에 수행될 작업을 진행하는 것으로, Archive the artifacts는 결과물을 바로 압축 파일 형태로 만들어 주는 부분입니다. 그 밖에 다른 부분들도 지정하여 사용하게 되면 해당 기능에 의해 빌드 수행한 후 작업이 수행됩니다.

2.1 젠킨스 플러그인

그레이들에서 제공하는 젠킨스 플러그인 중에서 자주 사용되는 플러그인 몇 가지에 대하여 알아보도록 하겠습니다. 그레이들은 다양한 플러그인을 제공하고 있으며 젠킨스 역시 플러그인으로 제공되고 있습니다. 안드로이드 프로젝트에서 젠킨스를 사용하려면 pl.droidsonroids.jenkins 플러그인을 사용하면 되는데, 그레이들 플러그인 홈페이지에서 해당 플러그인과 함께 제공하는 buildscript 블록 소스 코드를 사용하면 됩니다.

그레이들 플러그인: https://plugins.gradle.org/

pl.droidsonroids.jenkins 플러그인: https://plugins.gradle.org/plugin/pl.droidsonroids.jenkins

코드 14-2 pl.droidsonroids.jenkins 플러그인 사용을 위한 buildscript 블록

```
buildscript {
    repositories {
        maven {
```

```
            url "https://plugins.gradle.org/m2/"
        }
    }

    dependencies {
        classpath "gradle.plugin.pl.droidsonroids.gradle.ci:plugin:1.0.51"
    }
}

apply plugin: "pl.droidsonroids.jenkins"
```

프로그래밍을 통해 젠킨스를 관리하고자 할 때에는 com.terrafolio.jenkins 플러그인을 이용합니다. 이 플러그인을 사용하게 되면 지금까지 살펴본 것처럼 UI에서 설정하던 부분을 젠킨스 플러그인에서 제공하는 DSL을 이용하여 설정할 수 있습니다. 플러그인을 적용하려면 buildscpript 블록에서 관련 내용을 작성하면 됩니다.

com.terrafolio.jenkins 플러그인: https://plugins.gradle.org/plugin/com.terrafolio.jenkins

코드 14-3 com.terrafolio.jenkins 플러그인 사용을 위한 buildscript 블록

```
buildscript {
    repositories {
        maven {
            url "https://plugins.gradle.org/m2/"
        }
    }

    dependencies {
        classpath "com.terrafolio:gradle-jenkins-plugin:1.3.3"
    }
}

apply plugin: "com.terrafolio.jenkins"
```

com.aoe.jenkins-job-dsl은 젠킨스의 job을 관리하기 위한 태스크들을 제공하는 플러그인으로, buildscript 블록을 가져다가 적용하면 됩니다.

com.aoe.jenkins-job-dsl 플러그인: https://plugins.gradle.org/plugin/com.aoe.jenkins-job-dsl

코드 14-4 com.aoe.jenkins-job-dsl 플러그인 사용을 위한 buildscript 블록

```
buildscript {
    repositories {
        maven {
            url "https://plugins.gradle.org/m2/"
        }
    }

    dependencies {
        classpath "gradle.plugin.gradle-jenkins-job-dsl-plugin:
                jenkins-job-dsl-gradle-plugin:2.1.0"
    }
}

apply plugin: "com.aoe.jenkins-job-dsl"
```

2.2 그레이들과 젠킨스 플러그인

그레이들과 젠킨스에서 함께 적용하면 유용한 플러그인을 살펴보도록 하겠습니다. CI 환경에 대하여 설명할 때 CI의 역할 중에 품질관리 및 향상 부분이 있었는데, 이 부분을 위하여 다양한 플러그인이 제공되고 있습니다. 그레이들의 빌드 스크립트에 관련 플러그인을 적용시키고 젠킨스에서도 관련 플러그인을 설치하는 방법으로 작업을 수행하면 되고 작성된 프로젝트가 젠킨스를 통하여 빌드를 수행할 때 관련 플러그인이 적용됨으로써 품질을 관

리할 수 있게 됩니다. 대표적으로 체크스타일, 파인트벅스, 커버리지 측정 등이 있습니다. 적용하는 방법은 비슷하므로 체크스타일을 적용하는 부분을 대표로 알아보도록 하겠습니다. 체크스타일은 그레이들에서는 기본으로 포함되어 제공되는 기능으로, 빌드 스크립트에서 apply plugin:'checkstyle'을 작성하게 되면 체크스타일 플러그인이 적용됩니다. 그리고 이렇게 플러그인 적용을 선언한 후에 프로젝트에 적용하고자 하는 체크스타일 규칙이 지정된 XML 파일을 추가하여 위치시켜야 합니다. 파일 이름은 checkstyle.xml이고 이 파일은 루트 프로젝트를 기준으로 config 밑 checkstyle 디렉터리 밑에 위치시키면 되겠습니다. 이렇게 프로젝트 준비가 끝났으면 GitHub에 퍼플리시(publish)하고 젠킨스 쪽을 설정하면 되겠습니다.

우선 젠킨스에서 체크스타일을 사용하려면 체크스타일 플러그인을 검색하여 설치하면 됩니다.

그림 14-27 체크스타일 플러그인

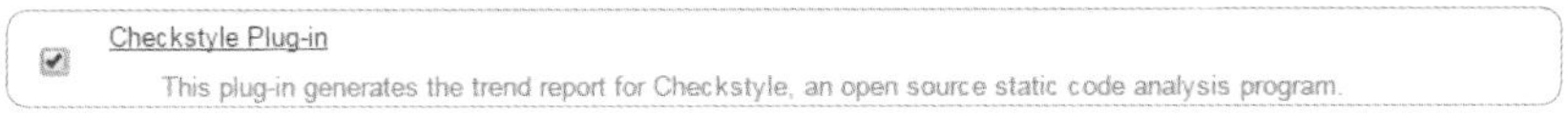

다음으로, 구성 부분에서 체크스타일을 위한 설정을 하면 되겠습니다. 체크스타일은 그레이들에서 기본으로 제공되는 기능으로, 젠킨스는 해당 빌드 수행을 통하여 자동으로 체크스타일이 적용되기 때문에 별도로 체크스타일 플러그인을 설치할 필요는 없습니다. 구성 부분에서 체크스타일과 관련된 설정은 빌드 후 조치 부분에서 설정하면 됩니다. 빌드 후 조치에서 'Publish Checkstyle analysis results'를 선택하고 Checkstyle results는 '/checkstyle/*.xml'로 지정하면 되고 'Agregate downstream test results'에 체크 후 관련 설정을 저장하면 됩니다.

그림 14-28 빌드 후 조치

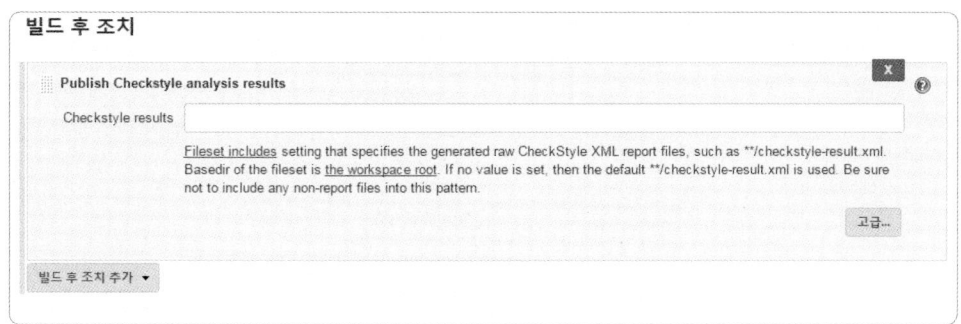

이렇게 설정이 완료되었으면 젠킨스에서 빌드를 수행해보면 빌드 수행 결과 부분에 체크스타일 관련 부분이 빌드 수행 결과와 함께 표시되는 것을 확인할 수 있습니다.

그림 14-29 수행 결과

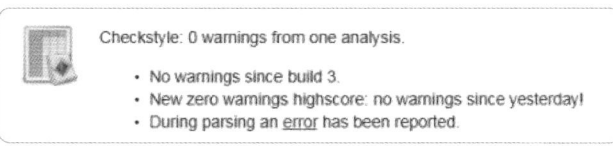

이 밖에도 많은 플러그인이 제공되고 있으며 프로젝트 수행 시에 많이 사용하고 있습니다. 이들 플러그인을 참고하여 프로젝트에 이용하시면 좋을 것 같습니다.

Chapter

15 그레이들의 기타 활용

1. 플러그인의 비교 **2.** 그레이들과 통합 테스트 **3.** 그레이들과 코드 품질 관리

1. 플러그인의 비교

그레이들에서 제공해주는 플러그인 중 플러그인을 비교할 수 있는 플러그인이 있습니다. 이 플러그인은 그레이들의 업데이트 전후에 대한 빌드 수행 결과가 같은지를 확인하는 플러그인입니다. 플러그인의 비교를 수행하는 플러그인을 사용할 경우 그레이들의 버전 변경에 따른 영향 여부를 확인할 수 있습니다. 그레이들은 계속해서 발전하고 보완되고 있기 때문에 이전 버전에서 사용 가능했던 기능이 폐지 상태 또는 비공개로 전환되거나 새로운 기능으로 대체되어 더는 지원이 되지 않을 수도 있습니다. 따라서 그레이들의 버전을 변경하였을 때 이 플러그인을 사용하여 비교 결과를 확인한다면 도움이 될 것이라 봅니다. 이 플러그인이 수행하는 개념을 **그림 15-1**과 같이 표현하였습니다.

그림 15-1 비교 플러그인 수행 개념

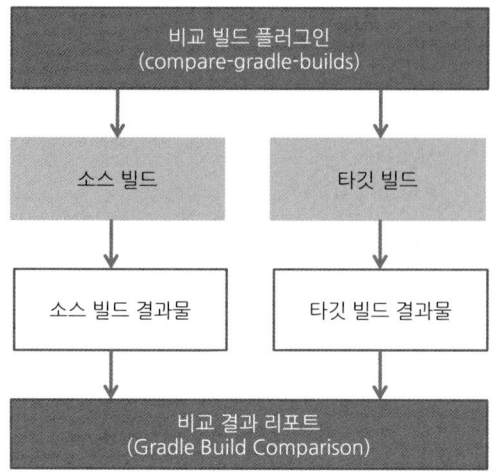

이 플러그인의 이름은 compare-gradle-builds인데, 이를 사용하면 그레이들의 버전에 따른 빌드 수행 결과를 비교하여 비교 결과를 리포트 형식의 결과물로 나타낼 수 있습니다. **그림 15-1**에서 소스 빌드는 비교 기준이 되는 프로젝트라고 보면 되고 타깃 빌드는 비교의 대상이 되는 프로젝트라고 보면 되겠습니다. 그럼 이 플러그인의 기능을 확인하기 위하여 프로젝트를 생성하여 실습을 진행해 보도록 하겠습니다. 실습은 IntelliJ IDEA에서 프로젝트를 생성하여 진행하겠습니다. 이클립스나 기타의 방법으로 프로젝트를 생성한 후에 실습을 진행하셔도 관계는 없습니다. 프로젝트 이름은 'GradleVersionComparison'으로 하여 생성하고 GroupID와 ArtifactID는 Comparison으로 하여 생성하도록 하겠습니다. 프로젝트 생성이 완료되었으면 build.gradle에 **코드 15-1**을 작성하도록 하겠습니다.

compare-gradle-builds 플러그인: https://docs.gradle.org/current/dsl/org.gradle.api.plugins.buildcomparison.gradle.CompareGradleBuilds.html

코드 15-1 build.gradle

```
group 'Comparison'
version '1.0'

apply plugin: 'java'
apply plugin: 'compare-gradle-builds'

sourceCompatibility = 1.8

// 비교 빌드 플러그인
compareGradleBuilds {
    sourceBuild {
        projectDir "CompA"
        gradleVersion "4.0"
    }
    targetBuild {
        projectDir "CompB"
        gradleVersion "3.1"
    }
}
```

코드 15-1을 보면 apply plugin에 compare-gradle-builds가 사용되었고 그레이들의 버전 비교를 위하여 compareGradleBuilds 블록이 사용되었습니다. compareGradleBuilds 블록을 보면 sourceBuild 블록과 targetBuild 블록이 있고 각각 블록에 비교 수행을 위한 프로젝트와 그레이들 버전이 지정되어 있습니다. projectDir 속성은 상대 경로로 비교를 위한 프로젝트의 경로를 지정하면 되고 gradleVersion 속성은 projectDir 속성에 지정된 프로젝트를 빌드하기 위한 그레이들 버전이라고 보면 되겠습니다. GradleVersionComparison 프로젝트 하위에 CompA와 CompB로 하여 프로젝트를 생성하도록 하겠습니다. 각각 프로젝트에는 build.gradle 파일과 임의의 자바 파일을 각각 생성하도록 하겠습니다. CompA 프로젝트의 build.gradle 파일에는 **코드 15-2**를 작성하도록 하겠습니다.

코드 15-2 build.gradle

```
group 'Comparison'
version '1.0'

apply plugin: 'java'
apply plugin: "application"

sourceCompatibility = 1.8

repositories {
    mavenCentral()
}

dependencies {
    testCompile group: 'junit', name: 'junit', version: '4.11'
}

mainClassName = "CompA"
```

그리고 src〉main〉java 아래에 CompA로 하여 임의의 클래스 파일도 생성하도록 하겠습니다 클래스 파일은 별도의 소스 코드는 없으며 비교 빌드 실습을 위하여 생성한 핀 파일이라고 보면 되겠습니다. 다음으로, CompB 프로젝트의 build.gradle에도 **코드 15-3**의 내용을 작성하도록 하겠습니다.

코드 15-3 build.gradle

```
group 'Comparison'
version '1.0'

apply plugin: 'java'
apply plugin: "application"

sourceCompatibility = 1.8
```

```
repositories {
    mavenCentral()
}

dependencies {
    testCompile group: 'junit', name: 'junit', version: '4.11'
}

mainClassName = "CompB"
```

그리고 CompB 프로젝트의 src〉main〉java 디렉터리 하위에도 CompB라는 명칭의 임의의 자바 클래스 파일을 생성해 놓도록 하겠습니다. IntelliJ IDEA 상에서 프로젝트의 전체 구조를 보면 다음과 같습니다.

그림 15-2 프로젝트 전체 구조

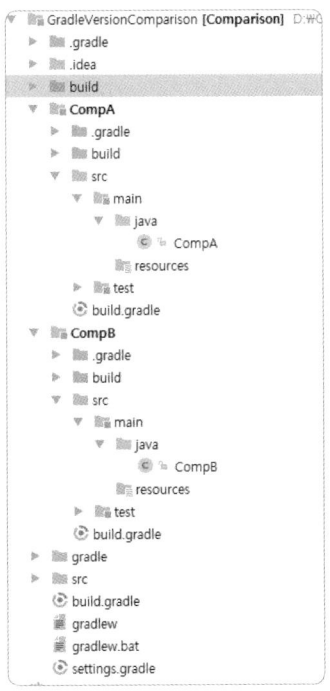

빌드 비교 플러그인을 사용하기 위한 준비가 끝났다면 빌드를 수행해보도록 하겠습니다. IntelliJ IDEA에서 실습한다면 우측 Gradle Project에서 'Tasks' 부분에 있는 compareGradleBuilds 태스크를 클릭하여 빌드를 수행하면 됩니다.

그림 15-3 빌드할 태스크 선택

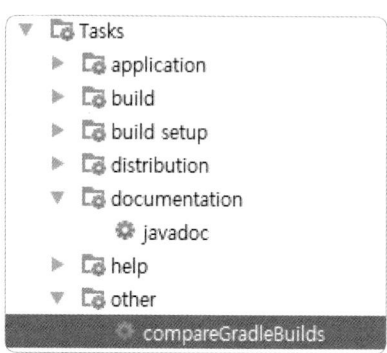

만약 그냥 디렉터리를 생성한 후에 프로젝트를 수행하였다면 명령 프롬프트에서 gradle compareGradleBuilds 명령어를 이용하여 빌드를 수행하면 됩니다.

그림 15-4 실행 결과

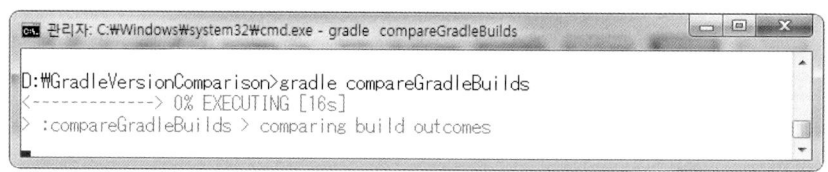

이렇게 빌드 수행이 마무리되면 compareGradleBuilds 태스크 수행을 통하여 두 개의 그레이들 버전을 비교한 결과물이 HTML 형식으로 나오는데, 이 파일은 build 디렉터리 하위에 생성됩니다.

그림 15-5 결과물의 디렉터리 구조

```
├─build
│  └─reports
│      └─compareGradleBuilds
│              index.html
│          └─files
│              ├─source
│              │   ├─_distZip
│              │   │    CompA_1.0.zip
│              │   │
│              │   └─_jar
│              │        CompA_1.0.jar
│              │
│              └─target
│                  ├─_distZip
│                  │    CompB_1.0.zip
│                  │
│                  └─_jar
│                       CompB_1.0.jar
```

위 그림은 해당 프로젝트 경로에서 명령 프롬프트로 'tree /f' 명령을 통하여 본 결과인데, source와 target 디렉터리에 해당 비교를 수행한 프로젝트의 수행 결과물과 함께 compareGradleBuilds 디렉터리에 index.html 파일이 생성된 것을 확인할 수 있습니다. 해당 index.html 파일을 열어서 해당 결과를 확인해 보면 다음과 같습니다. 이 HTML 결과 파일을 분석하여 그레이들의 버전 변경으로 말미암은 영향을 파악하여 조치하는 데 활용하면 유용할 것이라고 보입니다.

그림 15-6 결과 확인

2. 그레이들과 통합 테스트

그레이들과 연계하여 통합 테스트를 수행하는 부분을 알아보도록 하겠습니다. 앞에서 학습한 것이 단위 테스트와 관련된 부분이라면 지금 학습할 것은 통합 테스트로, 단위 테스트에 대한 완료 및 검증이 끝난 후에 각 단위를 연결하는 연결 부분까지를 포함하는 테스트라고 할 수 있습니다. 통합 테스트를 그레이들과 연계하여 알아보고자 통합 테스트를 지원하는 Geb라는 도구를 사용하도록 하겠습니다. Geb는 다른 통합 테스트 도구와 다르게 스크립트 작성을 통하여 통합 테스트를 진행할 수 있도록 하는 기능을 제공하고 있습니다. Geb는 그레이들과 궁합이 잘 맞는 통합 테스트 도구인데, Geb 역시 그루비로 작성된 웹 기반의 자동화 테스트 도구이기 때문입니다. Geb는 **그림 15-7**과 같이 Page Object, jQuery, Web Driver로 구성되어 있어 있습니다.

Geb: http://www.gebish.org/

| 그림 15-7 | Geb의 구성 요소

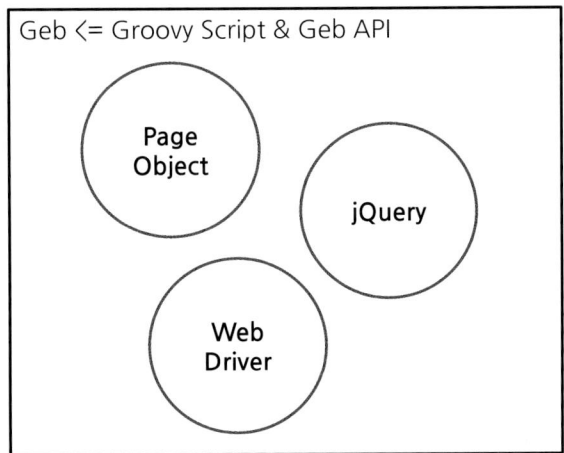

그레이들에서 Geb를 사용하려면 dependencies 블록에서 Geb를 사용하기 위한 라이브러리를 추가하면 됩니다. 추가해야 할 소스는 **코드 15-4**와 같이 작성하면 됩니다.

코드 15-4 Geb를 사용하기 위한 의존 관계 지정

```
dependencies{
    ...(생략)...
    def gebVersion = "0.10.0"

    testCompile "org.gebish:geb-core:${gebVersion}"
    testCompile "org.gebish:geb-waiting:${gebVersion}"

    testCompile "org.gebish:geb-junit4:${gebVersion}"

    testCompile "org.gebish:geb-spock:${gebVersion}"
    ...(생략)...
}
```

이렇게 추가하고 빌드를 수행하면 관련 라이브러리가 해당 프로젝트에 포함되는 것을 확인

할 수 있습니다. 다음으로, 통합 테스트를 위한 Geb 페이지를 만들어야 하는데, Geb 페이지를 만드는 형식은 다음 **코드 15-5**와 같습니다.

코드 15-5 Geb 페이지

```
import geb.spock.GebSpec

class TestClass extends GebSpec{
    def "PageMove Another Page"(){
        given : "Move the page"
        to ***Page

        when: "Data add Click"

        ***Move.click()

        then:
        title == "***add"
    }
}
```

Geb를 사용하는 방법에 대하여 간략히 알아봤습니다. Geb를 사용하기 위하여 **코드 15-5**와 같이 그루비 기반의 Geb 테스트 페이지를 작성해야 하며 작성이 완료되고 빌드를 수행하게 되면 Geb를 통하여 통합 테스트가 수행됩니다.

3. 그레이들과 코드 품질 관리

그레이들을 이용하여 소스 코드에 대한 일정한 규약을 지정하여 코드에 대한 품질을 유지할 수 있습니다. 소스 코드를 작성하는 것에 대하여 일정한 코딩 규약을 적용할 수 있는데, 이때 사용되는 도구가 체크스타일(checkstyle)입니다. 체크스타일은 메이븐에서도 적용되어 사용되는 등 다른 빌드 도구에서도 사용할 수 있지만, 그레이들 역시 해당 플러그인 사용을 통하여 체크스타일을 적용할 수 있습니다. 체크스타일은 코드에 대한 명명 규칙, 공백이나 파일의 헤더 부분 등을 검증하는 작업을 수행하게 됩니다. 체크스타일에 관련해서는 앤트를 그레이들로 변환할 때 잠깐 살펴봤는데, 이번에는 그레이들에서 어떻게 사용하는지 알아보도록 하겠습니다. 체크스타일을 사용하려면 **코드 15-6**과 같이 플러그인을 적용하면 되고 체크스타일에서 사용할 코드 규칙은 config 디렉터리를 생성한 후 그 하위 checkstyle 디렉터리에 checkstyle.xml로 파일을 추가하여 코드 규약을 XML 형식으로 정의하면 됩니다.

체크스타일: https://docs.gradle.org/current/userguide/checkstyle_plugin.html

코드 15-6 체크 스타일 플러그인

```
apply plugin : 'checkstyle'
```

참고로 checkstyle.xml 파일은 체크스타일 관련하여 소스포지에 다음과 같은 형식으로 되어 있습니다. 아니면 상황에 맞게 checkstyle.xml 파일에 코딩 규칙을 정의하여 작성해서 사용해도 됩니다.

소스포지: https://sourceforge.net/projects/checkstyle/files/

코드 15-7 checkstyle.xml

```
...(생략)...
<module name="TreeWalker">
    <property name="cacheFile" value="${checkstyle.cache.file}"/>
    <!-- Checks for Javadoc comments.                     -->
    <!-- See http://checkstyle.sf.net/config_javadoc.html -->
    <module name="JavadocMethod">
        <property name="allowUndeclaredRTE" value="true"/>
        <property name="allowThrowsTagsForSubclasses" value="true"/>
        <property name="allowMissingPropertyJavadoc" value="true"/>
```

```
            <property name="scope" value="protected"/>
        </module>
        <module name="JavadocType">
            <property name="scope" value="protected"/>
        </module>
        <module name="JavadocVariable">
            <property name="scope" value="protected"/>
        </module>
        <module name="JavadocStyle">
            <property name="scope" value="protected"/>
            <property name="checkFirstSentence" value="false"/>
        </module>
    ...(생략)...
```

다음으로, 정적 분석 도구인 파인드벅스에 대하여 알아보도록 하겠습니다. 파인드벅스는 주로 성능, 버그 가능성, 스레드의 동시성에 대하여 검증해주는 기능을 가지고 있으며 약 200여 개의 다양한 검증 기능을 제공하는 도구입니다. 파인드벅스를 알아보고자 우선 프로젝트를 생성하도록 하겠습니다. 프로젝트를 생성한 후에 build.gradle에 다음과 같은 소스 코드를 작성합니다.

파인드벅스: https://docs.gradle.org/current/userguide/findbugs_plugin.html

코드 15-8 build.gradle

```
apply plugin: 'findbugs'
apply plugin: 'java'

repositories {
    jcenter()
}

dependencies {
    compile 'org.slf4j:slf4j-api:1.7.21'
```

```
    testCompile 'junit:junit:4.12'
}

findbugsMain{
    reports{
        html{
            enabled = true
        }
        xml.enabled = false
    }
}
```

이렇게 apply plugin:'findbugs'라고 입력하게 되면 findbugs 플러그인에서 기본적으로 제공하는 태스크를 사용할 수 있습니다. 기본 태스크로는 findbugsMain, findbugsTest, findbugsSourceSet 등이 있으며 findbugsMain은 자바 파일에 대하여 findbugs를 실행하도록 하는 역할을 하며 findbugsTest는 테스트를 위해 구현된 자바 파일에 대하여 수행된다고 보면 되겠습니다. findbugsMain 블록이 있는데, 이 블록은 그 안에 해당 태스크 수행을 통하여 얻어지는 결과를 추출하는 파일의 종류를 지정하는 곳이라 보면 되겠습니다. html에 대하여 enabled=true로 지정하면 HTML 형식으로 결과물을 얻을 수 있으며 xml에 대하여 enabled=true로 지정하면 XML 형식으로 결과물이 출력됩니다. 만약 html과 xml 모두를 enable=true로 지정하면 에러가 발생하니 참고하기 바랍니다.

그림 15-8 실행 결과

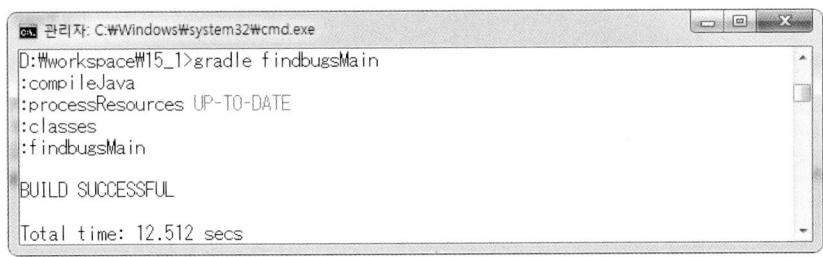

모두를 enable=true로 지정한 후 빌드 수행을 했을 경우는 다음과 같은 결과를 확인할 수 있습니다. 실행 결과를 확인해 보면 에러 원인으로 html과 xml 모두에 대하여 활성화(enable)해서 문제가 되었음을 알 수 있습니다.

그림 15-9 실행 결과

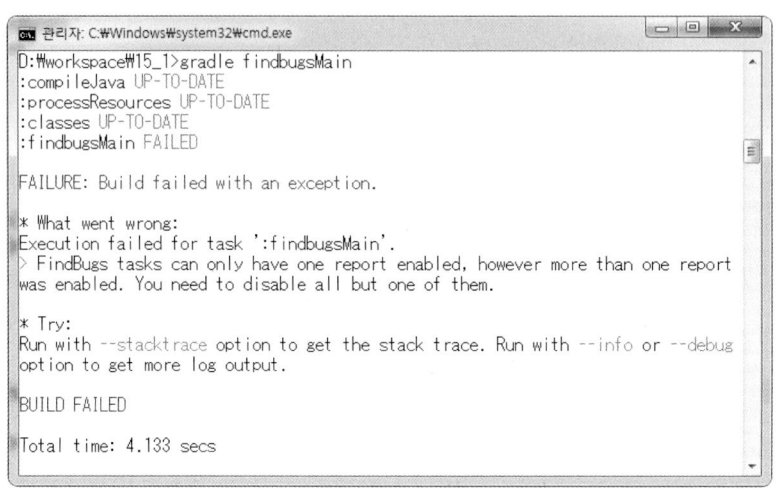

빌드 수행이 완료되었으면 빌드 실행 결과를 확인해 보도록 하겠습니다. build 디렉터리에 생성되는 생성 결과 구조는 다음과 같습니다.

그림 15-10 결과 구조

생성된 main.html을 보면 다음과 같이 분석 결과를 확인할 수 있습니다.

그림 15-11 분석 결과 확인

FindBugs Report

Project Information

Project:

FindBugs version: 3.0.1

Code analyzed:

- D:\workspace\15_1\build\classes\main\Library.class

Metrics

5 lines of code analyzed, in 1 classes, in 1 packages.

Metric	Total	Density*
High Priority Warnings		0.00
Medium Priority Warnings		0.00
Total Warnings	0	0.00

(* Defects per Thousand lines of non-commenting source statements)

만약 XML로 결과를 얻도록 했다면 다음과 같은 형식으로 확인할 수 있습니다.

그림 15-12 xml 확인

```xml
<?xml version="1.0" encoding="UTF-8" ?>
<BugCollection version="3.0.1" sequence="0" timestamp="1498060182197" analysisTimestamp="1498060183697" release="">
  <Project projectName="">
    <Jar>D:\workspace\15_1\build\classes\main\Library.class</Jar>
    <AuxClasspathEntry>C:\Users\yks\.gradle\caches\modules-2\files-2.1\org.slf4j\slf4j-api\1.7.21\139535a69a4239db087de9bab0bee568bf8e0b70\slf4j-api-1.7.21.jar</AuxClasspathEntry>
    <SrcDir>D:\workspace\15_1\src\main\java\Library.java</SrcDir>
  </Project>
  <Errors errors="0" missingClasses="0" />
  <FindBugsSummary timestamp="Thu, 22 Jun 2017 00:49:42 +0900" total_classes="1" referenced_classes="9" total_bugs="0" total_size="5" num_packages="1" java_version="1.8.0_131" vm_version="25.131-b11" cpu_seconds="9.87" clock_seconds="7.91" peak_mbytes="98.43" alloc_mbytes="878.50" gc_seconds="0.06">
    <PackageStats package="" total_bugs="0" total_types="1" total_size="5">
      <ClassStats class="Library" sourceFile="Library.java" interface="false" size="5" bugs="0" />
    </PackageStats>
    <FindBugsProfile>
      <ClassProfile name="edu.umd.cs.findbugs.classfile.engine.ClassDataAnalysisEngine" totalMilliseconds="1070" invocations="287" avgMicrosecondsPerInvocation="3728" maxMicrosecondsPerInvocation="343637" standardDeviationMircosecondsPerInvocation="24477" />
      <ClassProfile name="edu.umd.cs.findbugs.classfile.engine.bcel.ConstantPoolGenFactory" totalMilliseconds="451" invocations="1" avgMicrosecondsPerInvocation="451701" maxMicrosecondsPerInvocation="451701" standardDeviationMircosecondsPerInvocation="0" />
      <ClassProfile name="edu.umd.cs.findbugs.classfile.engine.ClassInfoAnalysisEngine" totalMilliseconds="387" invocations="286" avgMicrosecondsPerInvocation="1353" maxMicrosecondsPerInvocation="122628" standardDeviationMircosecondsPerInvocation="7432" />
      <ClassProfile name="edu.umd.cs.findbugs.classfile.engine.bcel.JavaClassAnalysisEngine" totalMilliseconds="274" invocations="21" avgMicrosecondsPerInvocation="13066" maxMicrosecondsPerInvocation="217226" standardDeviationMircosecondsPerInvocation="46607" />
      <ClassProfile name="edu.umd.cs.findbugs.detect.NoteDirectlyRelevantTypeQualifiers" totalMilliseconds="231" invocations="9" avgMicrosecondsPerInvocation="25687" maxMicrosecondsPerInvocation="204071" standardDeviationMircosecondsPerInvocation="63364" />
      <ClassProfile name="edu.umd.cs.findbugs.detect.FieldItemSummary" totalMilliseconds="140" invocations="9" avgMicrosecondsPerInvocation="15587" maxMicrosecondsPerInvocation="70915" standardDeviationMircosecondsPerInvocation="25090" />
      <ClassProfile name="edu.umd.cs.findbugs.detect.OverridingEqualsNotSymmetrical" totalMilliseconds="91" invocations="9" avgMicrosecondsPerInvocation="10130" maxMicrosecondsPerInvocation="81506" standardDeviationMircosecondsPerInvocation="25288" />
      <ClassProfile name="edu.umd.cs.findbugs.detect.FunctionsThatMightBeMistakenForProcedures" totalMilliseconds="87" invocations="9" avgMicrosecondsPerInvocation="9748" maxMicrosecondsPerInvocation="72874" standardDeviationMircosecondsPerInvocation="22503" />
    </FindBugsProfile>
  </FindBugsSummary>
  <ClassFeatures />
  <History />
</BugCollection>
```

지금 살펴본 findbugsMain 이외의 다른 두 개의 태스크에 대해서도 findbugsMain 태스크와 같이 실습을 진행하여 결과물을 확인해 보기 바랍니다.

이 밖에도 그레이들에서는 다양한 플러그인이 제공되고 있으며 플러그인을 통하여 빌드 수행 결과를 결과물 형식으로 얻을 수 있습니다. 그레이들의 플러그인 사용과 관련하여 그레이들에서 제공하는 사용자 가이드에는 이 책에서 소개하지 못한 다양한 플러그인들이 있으니 참고하여 프로젝트의 빌드 수행을 분석하는 데 활용하면 좋을 것 같습니다.

Gradle User Guide: https://docs.gradle.org/current/userguide/userguide.html

찾아보기

기호

==	42
$	40
@Bean	424
@Before 어노테이션	197
BinTray	176
-b 옵션	199
@Configuration	424
@Controller	422
--daemon	34
<description> 태그	284
–D 옵션	45
Gradle 객체	30
--gui	34
Map 형식	69
--project-prop 옵션	48
<project> 태그	284
<property> 태그	284
-P 옵션	48
@RequestMapping( )	369
@ResponseBody	369
--system-prop 옵션	45, 48
@TaskAction 어노테이션	309
--tests 옵션	203
@Test 어노테이션	197
--type 옵션	291
<< 연산자	62

ㄱ

개발 환경	184
검증 환경	184
공개 상태	17
그루비	16
깃허브	261

ㄷ

데몬	34
도메인 객체	89
디플로이	435

ㄹ

리스트	41

ㅁ

맵	42
메이븐	15
명령문	41
문자열	40
문자열 비교	42

ㅂ

방향성 비순환 그래프	81
병렬 테스트	203
비공개	17
빈트레이	176
빌드	27
빌드 도구	15, 28
빌드 스크립트	30
빌드 시스템	28
빌드 자동화	29
빌드 캐시	25

ㅅ

생명주기	35
설정 스크립트	30
소스 빌드	456
소프트웨어 빌드	27
속성 파일	29
스코프	157
스크립트 블록	42
스크립트 파일	29
스프링	57
스프링 MVC 모델	403
스프링 부트	339
스프링 프레임워크	339
시스템 속성	45
식별자	159
실험 상태	17

ㅇ

아이비 저장소	153
안드로이드 스튜디오	55
앤트	15
앤트 패턴	138
오버로딩	104
운영 환경	184
의존 관계	80, 155
이벤트 리스너	109
이클립스	51

ㅈ

전이적 의존 관계	169
젯브레인	381
종료 태스크	83, 84
지속적인 통합	431
지역 변수	45

ㅊ

처리문	42
체크스타일 플러그인	452
초기화 스크립트	30

ㅋ

커밋	162
컨벤션	24
컴파일	26
클래스 파일	27
클로저	41

ㅌ

타깃 빌드	456
태스크	37, 61
태스크 그래프	37, 81
테스트 환경	184

ㅍ

파인드벅스	466
파일	119
퍼블리싱	213
폐지 상태	17
폴링	433
프로젝트 속성	45
프로젝트의 종속성	153
플러그인	51

ㅎ

하이버네이트	153
확장 속성	45
환경 변수	29

A

absolutePath 속성	120
AbstractArchiveTask 클래스	225
addListener( )	109
afterEvaluate( )	95
allprojects	44, 93
allprojects 블록	349
Ant	15
AntBuilder 인스턴스	277
ant 키워드	278
Ant 태스크	277
AOP	339
API	17
appendix	223
archiveName 속성	222
artifact( )	242
ArtifactHandler	91
artifacts	44
asPath	132
as 연산자	127

B

baseName 속성	222
Bean	424
beforEvaluate( )	95
bintrayKey	271
bintrayUser	271
bintray 블록	268
Build	27
Build Automation	29
Build Cache	25
build.gradle	31
build script	30
buildscript	44
buildscript 블록	267
buildSrc	32
Build System	28
Build Tool	28
buildType	74

C

cacheChangingModulesFor	168
cacheDynamicVersionsFor	168
CalcuGradle 클래스	330
call( )	41
Callable 인터페이스	121
childProjects	93
CI	431
class	27
classifier	159, 223
classpath	418
CLI	34, 434
com.aoe.jenkins-job-dsl	451
commit	162
compare-gradle-builds	456
compile	302
Compile	26
compression 속성	226

ConfigSlurper 클래스 ... 191
ConfigurableFileTree 인터페이스 ... 135
ConfigurationContainer ... 90, 174
configurations ... 44
configurations 블록 ... 156
conf.properties ... 185
contains( ) ... 132
Controller ... 403
Convention ... 24
copy( ) ... 142
CopySpec 인터페이스 ... 142
Copy 태스크 ... 142

D

defaultTasks ... 97
def 형 ... 39
delete( ) ... 150
deleteAllActions( ) ... 106
Delete형 태스크 ... 150
dependencies 블록 ... 44, 156
DependencyHandler ... 91, 166, 174
dependsOn ... 103
Deploy ... 435
deploymentDescriptor 블록 ... 236
Deprecated ... 17
destinationDir ... 222
dev ... 190
Distribution 플러그인 ... 238
doFirst( ) ... 70
doLast( ) ... 70
Domain Object ... 89
DSL ... 16, 39

E

each 키워드 ... 73
ear ... 234
Ear 태스크 ... 234
eclipse 블록 ... 416
entryCompression 속성 ... 225
environments 블록 ... 189
equals( ) ... 42
events 블록 ... 198
excludeCategories( ) ... 203
excludes ... 418
exclude 키워드 ... 136
exec( ) ... 100
ext ... 46
extendsFrom ... 174
ExtensionAware ... 116
ExtraPropertiesExtension 객체 ... 46, 116

F

failOnVersionConflict( ) ... 171
Fail 정책 ... 171
file( ) ... 119
FileCollection 인터페이스 ... 124
files( ) ... 124
fileTree( ) ... 135
FileTree ... 134
File 객체 ... 119
filter ... 131
filter( ) ... 146
filter 블록 ... 193
finalizedBy ... 84
Finalizer Task ... 84

찾아보기 **475**

finally	84
flatDir 블록	182
followSymlinks	150
force( )	173
for 문	73
from( )	142
from 블록	215

G

Geb	462
getAsPath( )	132
getSingleFlie( )	128
Getter	387
GitHub	261
gradleApi( )	156
GRADLE_HOME	21
gradleHomeDir	107
gradle.properties	31
gradleUserHomeDir	107
GradleUserPlugin 클래스	333
gradle -version	22
gradleVersion	107
gradlew build 명령어	292
Gradle 객체	107
gradle 명령어	61
Groovy 클래스	325
GUI	34

H

Heap 메모리	195
HeidiSQL	383
HTML	38

Hudson	433

I

if 문	76
include( )	115
includeBuilds	107
includeCategories( )	203
includeEmptyDirs	218
includeFlat( )	115
includes	418
includeTestsMatching	202
Incubating	17
init.gradle	31
init script	30
initscript	44
init 태스크	291
install 명령어	300
IntelliJ	57, 373
Internal	17
into( )	142, 215
into 블록	215
is( )	42
isDirectory( )	140
isEmpty( )	132
IvyPublication	253
Ivy Publish 플러그인	239
ivy.xml	179
ivy 블록	178

J

jar	227
Javadoc	100

javaexec( )	100
jcenter( )	177
JCenter 메이븐 저장소	177
jdbc 드라이버	381
JDK	18
Jenkins	433
JetBrain	381
Junit	195
JVM	16
jvmArgs	418

K

key	268
Kotlin	381

L

layout( )	179
leftShift( )	62
licenses 블록	248
List	41
List 형	127
localGroovy( )	165

M

main 블록	401
Make	275
makeby 블록	248
manifest 블록	228
Map	42
match( )	139
Maven	15
mavenCentral( )	160
mavenDepoloyer 블록	302
MavenPublication 블록	246
Maven Publish 플러그인	239
maven 블록	177
maxHeapSize	418
maxParallelForks	204
META-INF	228, 309
mid	190
minHeapSize	418
mkdir( )	151
Model	403
mustRunAfter	77
MVC	403
Mybatis	364
MySQL	381

N

name 속성	251
Newest 정책	171
null	93

O

onlyIf 키워드	74

P

PathValidation 객체	123
Path 설정	22
path 속성	120
Plugin 인터페이스	308
plus 블록	337

POJO	339	Setter	387
polling	433	settings.gralde	31
pom	291	settings script	30
pom.xml	258	Settings 객체	30, 113
POM 요소	294	shouldRunAfter	77
prod	190	singleFile	128
project( )	99, 163	Sonar	346
Project 객체	30, 89	SourceSet	116
project 블록	319	sourceSets 블록	401
prop 블록	337	Spring Boot	339
providedRuntime	302	spring.io	360
proviedCompile	302	startParameter	107
Public	17	statement	42
Publishing	213	stopExecutionIfEmpty( )	132
publishing 블록	242	STS	352
		subprojects	44, 93
		systemProp	45

R

rename( )	145
rename 속성	220
repositories	44
repositories 블록	160
RepositoryHandler	91
resolutionStrategy 블록	171, 173
rootProject	93
runtime	302

T

tar	225
Task	61
TaskContainer	90
taskGraph	107
Task Graph	37
Task 객체	37, 70, 100
TeamCity	433
testCompile	302
testLogging 블록	198
testRuntime	302
test 블록	198, 401
times	67
toLowerCase( )	66

S

Scala 클래스	395
SCM	433
scope	157
Script	116
script block	42

toUpperCase( ) ... 66
type 속성 ... 328

U

uploadArchives 블록 ... 302
URI ... 403
url 속성 ... 251
useJUnit( ) ... 203, 418
user ... 268

V

version ... 223
version 속성 ... 287
View ... 403
visit( ) ... 140

W

WebConfig 클래스 ... 424
WebToolPlatform ... 352
web.xml ... 229
while 문 ... 73
wrapper 태스크 ... 291

X

XML ... 38

Z

zip ... 214
ZipEntryCompression ... 225
zipTree( ) ... 100

Zip 태스크 ... 214